"十四五"时期国家重点出版物出版专项规划项目
交通运输科技丛书·公路基础设施建设与养护
交通运输重大科技创新成果库入库成果

国内外沥青混合料设计方法研究与工程应用

王 林 王晓燕 等 编著

人民交通出版社股份有限公司
北京

内 容 提 要

本书对国内外沥青混合料设计体系、沥青路面结构及设计方法、沥青混合料性能差异以及沥青混合料设计技术转化和大规模工程应用进行了系统和较为全面的叙述,内容包括国内外沥青混合料设计方法的研究现状、现阶段面临和需解决的问题、国内外沥青混合料设计体系、国内外沥青路面结构及设计方法、国内外沥青路面沥青胶结料特点与应用选择、沥青混合料级配结构对性能的影响、新型沥青混合料设计与性能评价、欧美沥青路面技术在我国的工程实践、按编号排序的欧洲标准、按编号排序的法国标准、按编号排序的美国标准等。

本书可供从事公路设计、施工、科研等工作的人员学习参考,亦可供大专院校相关专业师生参考。

图书在版编目(CIP)数据

国内外沥青混合料设计方法研究与工程应用 / 王林等编著. — 北京:人民交通出版社股份有限公司,2022.11

ISBN 978-7-114-13932-1

Ⅰ.①国… Ⅱ.①王… Ⅲ.①沥青拌和料—研究 Ⅳ.①U414

中国版本图书馆 CIP 数据核字(2017)第 120618 号

Guoneiwai Liqing Hunheliao Sheji Fangfa Yanjiu yu Gongcheng Yingyong

书　　名:	国内外沥青混合料设计方法研究与工程应用
著 作 者:	王　林　王晓燕　等
责任编辑:	潘艳霞　王景景
责任校对:	赵媛媛　魏佳宁
责任印制:	刘高彤
出版发行:	人民交通出版社股份有限公司
地　　址:	(100011)北京市朝阳区安定门外外馆斜街 3 号
网　　址:	http://www.ccpcl.com.cn
销售电话:	(010)59757973
总 经 销:	人民交通出版社股份有限公司发行部
经　　销:	各地新华书店
印　　刷:	北京市密东印刷有限公司
开　　本:	787×1092　1/16
印　　张:	20.5
字　　数:	496 千
版　　次:	2022 年 11 月　第 1 版
印　　次:	2022 年 11 月　第 1 次印刷
书　　号:	ISBN 978-7-114-13932-1
定　　价:	90.00 元

(有印刷、装订质量问题的图书,由本公司负责调换)

交通运输科技丛书

编审委员会
（委员排名不分先后）

顾　　问：王志清　汪　洋　姜明宝　李天碧

主　　任：庞　松

副 主 任：洪晓枫　林　强

委　　员：石宝林　张劲泉　赵之忠　关昌余　张华庆
　　　　　郑健龙　沙爱民　唐伯明　孙玉清　费维军
　　　　　王　炜　孙立军　蒋树屏　韩　敏　张喜刚
　　　　　吴　澎　刘怀汉　汪双杰　廖朝华　金　凌
　　　　　李爱民　曹　迪　田俊峰　苏权科　严云福

《国内外沥青混合料设计方法研究与工程应用》

编写委员会

主　任：王　林　王晓燕

副主任：马士杰　韦金城

GENERAL ORDER 总　　序

科技是国家强盛之基,创新是民族进步之魂。中华民族正处在全面建成小康社会的决胜阶段,比以往任何时候都更加需要强大的科技创新力量。党的十八大以来,以习近平同志为核心的党中央做出了实施创新驱动发展战略的重大部署。党的十八届五中全会提出必须牢固树立并切实贯彻创新、协调、绿色、开放、共享的发展理念,进一步发挥科技创新在全面创新中的引领作用。在最近召开的全国科技创新大会上,习近平总书记指出要在我国发展新的历史起点上,把科技创新摆在更加重要的位置,吹响了建设世界科技强国的号角。大会强调,实现"两个一百年"奋斗目标,实现中华民族伟大复兴的中国梦,必须坚持走中国特色自主创新道路,面向世界科技前沿、面向经济主战场、面向国家重大需求。这是党中央综合分析国内外大势、立足我国发展全局提出的重大战略目标和战略部署,为加快推进我国科技创新指明了战略方向。

科技创新为我国交通运输事业发展提供了不竭的动力。交通运输部党组坚决贯彻落实中央战略部署,将科技创新摆在交通运输现代化建设全局的突出位置,坚持面向需求、面向世界、面向未来,把智慧交通建设作为主战场,深入实施创新驱动发展战略,以科技创新引领交通运输的全面创新。通过全行业广大科研工作者长期不懈的努力,交通运输科技创新取得了重大进展与突出成效,在黄金水道能力提升、跨海集群工程建设、沥青路面新材料、智能化水面溢油处置、饱和潜水成套技术等方面取得了一系列具有国际领先水平的重大成果,培养了一批高素质的科技创新人才,支撑了行业持续快速发展。同时,通过科技示范工程、科技成果推广计划、专项行动计划、科技成果推广目录等,推广应用了千余项科研成果,有力促进了科研向现实生产力转化。组织出版"交通运输建设科技丛书",是推进科技成果公开、加强科技成果推广应用的一项重要举措。"十二五"期间,该丛书共出版72册,全部列入"十二五"国家重点图书出版规划项目,其中12册获得国家出版基金支持,6册获中华优秀出版物奖图书提名奖,行业影响力和社会知名度不断扩大,逐渐成为交通运输高端学术交流和科技成果公开的重要平台。

"十三五"时期,交通运输改革发展任务更加艰巨繁重,政策制定、基础设施建设、运输管理等领域更加迫切需要科技创新提供有力支撑。为适应形势变化的需要,在以往工作的基础上,我们将组织出版"交通运输科技丛书",其覆盖内容由建设技术扩展到交通运输科学技术各领域,汇集交通运输行业高水平的学术专著,及时集中展示交通运输重大科技成果,将对提升交通运输决策管理水平、促进高层次学术交流、技术传播和专业人才培养发挥积极作用。

当前,全党全国各族人民正在为全面建成小康社会、实现中华民族伟大复兴的中国梦而团结奋斗。交通运输肩负着经济社会发展先行官的政治使命和重大任务,并力争在第二个百年目标实现之前建成世界交通强国,我们迫切需要以科技创新推动转型升级。创新的事业呼唤创新的人才。希望广大科技工作者牢牢抓住科技创新的重要历史机遇,紧密结合交通运输发展的中心任务,锐意进取、锐意创新,以科技创新的丰硕成果为建设综合交通、智慧交通、绿色交通、平安交通贡献新的更大的力量!

2016年6月24日

PREFACE 前 言

改革开放四十多年来,我国公路交通建设取得了历史性成就,至2021年年底我国公路总里程达到528万公里,路网规模已位居世界前列,高速公路通车里程达到16.9万公里,位居世界第一。高速公路不仅是交通运输现代化的重要标志,也是国家现代化的重要标志。

路面作为高等级公路的重要组成部分,其厚度相对于路基而言,虽然占比较小,但工程造价却占到了工程总造价的20%以上。同时,路面作为直接与车辆接触的界面,也是外界最直观看到的道路结构层,具有更加特殊的意义。在我国已建成的高等级公路中,沥青路面占绝大部分,特别是在高速公路中,占比已超过90%,沥青混合料作为沥青路面的最重要材料,也越来越引起人们的重视。随着我国公路通车里程的增加以及使用时间的延长,技术人员对路面技术要求、使用要求的认识也越来越深入,对其路用性能指标也提出了更高的要求。采用新材料、新方法和新理论提升沥青混合料的设计水平和性能指标是道路科研人员不断努力的方向,对促进我国道路建设事业的发展起到了重要的推动作用。

沥青混合料设计不同于常规的材料设计,它是高新技术时代材料科学与技术发展的重要标志,按照道路工程的环境特点、交通特性、结构特性、建设经费约束及其他功能要求,科学、准确地设计满足使用要求、功能要求与建设要求的沥青混合料,是沥青路面技术发展的重要环节。

自20世纪70年代以来,山东省交通科学研究院就开展大交通量下黑色路面结构与材料的研究,至今已持续开展40余年,取得了丰硕的成果,编写组主持研发了多级嵌挤密级配沥青混合料、大粒径透水性沥青混合料、新型高模量耐疲劳沥青混合料等新型混合料。20世纪90年代开始引进Superpave设计理念与全套设备并进行研究与尝试,并于1999年在京台高速公路济南西绕城段成功铺筑了国内第一条Superpave混合料试验路,也为该项技术的大面积推广奠定了应用基础。进入 21 世纪,编写组对沥青混合料设计与性能持续开展研究,开始关注与研究法国 LCPC 沥青混合料设计方法,并于 2011 年引进全套 LCPC 沥青混合料设计方法所需仪器设备,并在后续混合料设计的推广应用与本土化开展了系列研究。

编写组在交通运输部联合攻关项目、山东省重点研发计划及山东省交通科技创新计划等项目支持下,系统开展了国内外沥青混合料设计方法的研究,在材料技术要求、混合料设计方法对比、体积指标与性能指标要求、质量控制标准等多方面取得丰硕研究成果。目前国内外常用混合料设计方法有多种,主要包括马歇尔法、Superpave 法、LCPC 沥青混合料设计方法等,但不同的设计方法都有其各自的优缺点,设计的混合料有不同的性能特点,且其适用情况也不一样,因此,只有清楚地了解其设计原理,才能有助于我们在配合比设计时,针对不同要求,选择不同的设计方法,设计出符合特定要求的沥青混合料。

本书是在对前期研究成果的基础上,对国内外沥青路面技术规范体系进行了总体梳理,使读者对法国、美国和中国沥青路面规范体系有一个宏观的认识和把握。首先,对混合料设计体系进行详细对比分析;其次,分别对沥青路面结构设计与组合进行细致的介绍;然后,对各国沥青混合料材料选择、级配确定等进行了全面的比较;最后,对新型沥青混合料及其工程应用进行了简要介绍。通过本书的对比和梳理,揭示了国外沥青路面技术规范体系给中国沥青路面技术规范体系的发展带来的启示。相信本书的内容可以帮助工程技术人员能够初步掌握法国、美国规范的脉络体系,也希望本书能为广大技术人员提供学习帮助和技术指导。

本书依托研究项目得到了交通运输部科技司、山东省交通运输厅、交通运输部公路科学研究院、山东高速集团、山东省交通运输厅公路局等单位的大力支持,在编写过程中也得到了业内多位教授、专家的支持,编写组谨向所有项目研究参加单位和研究人员以及为本书编写提供帮助的专家学者表示衷心的感谢。最后,特别感谢我国 Superpave 技术的推动人、高模量沥青混凝土技术应用的发起人、国际沥青路面协会(ISAP)前主席、江苏省交通科学研究院贾渝教授级高工的大力支持。

本书的主要编写人员有:

王林,山东省交通科学研究院院长、研究员、硕士生导师,统筹全书组织架构并统稿,负责编写绪论和第 2 章概述,并对全书进行修改和补充。

王晓燕,山东省交通科学研究院研究员,负责编写国内外沥青混合料设计规范体系的对比、国内外沥青混合料设计流程的比对、沥青混合料级配结构对性能的影响、新型沥青混合料设计与性能评价和附录A～附录C。

马士杰，山东省交通科学研究院研究员、博士、硕士生导师，负责编写国内外沥青混合料类型的差异、国内外沥青路面结构及设计方法和第7章概述。

韦金城，山东省交通科学研究院研究员、博士、硕士生导师，负责编写国内外沥青混合料设计内容的对比和设计方法的对比。

付建村，山东省交通科学研究院研究员、博士，负责编写地理、气候特点与使用需求的差异和密水型高模量沥青砂防水调平层在桥面上的应用。

樊亮，山东省交通科学研究院研究员、博士、硕士生导师，负责编写国内外沥青路面沥青胶结料特点与应用选择。

余四新，山东省交通科学研究院高级工程师，负责编写新型高模量耐疲劳沥青混合料在道路中的应用。

鉴于作者水平有限，书中难免有不妥之处，敬请读者批评指正。

编写组
2022年8月

CONTENTS 目 录

第一章 绪论

第一节　概述 ·· 001

第二节　国内外沥青路面技术 ··· 002

第三节　国内外高模量混合料技术转化及现状 ·································· 016

第二章 国内外沥青混合料设计体系

第一节　概述 ·· 021

第二节　地理、气候特点与使用需求的差异 ····································· 024

第三节　国内外沥青混合料设计规范体系的对比 ······························ 025

第四节　国内外沥青混合料设计内容的对比 ···································· 030

第五节　国内外沥青混合料设计流程的对比 ···································· 033

第六节　国内外沥青混合料设计方法的对比 ···································· 053

第七节　国内外沥青混合料类型的差异 ··· 101

第三章 国内外沥青路面结构及设计方法

第一节　概述 ·· 115

第二节　各国重载交通沥青路面结构组合 ······································· 117

第三节　各国沥青路面设计方法 ·· 130

第四节　各国沥青路面设计指标 ·· 138

第四章　国内外沥青路面沥青胶结料特点与应用选择

第一节　概述 ………………………………………………………………… 141
第二节　沥青路面技术中的沥青及评价体系 ………………………………… 142
第三节　沥青胶结料评价与硬质沥青的研制 ………………………………… 153
第四节　复合硬质沥青的优越性 ……………………………………………… 162

第五章　沥青混合料级配结构对性能的影响

第一节　概述 ………………………………………………………………… 170
第二节　车辙产生的机理 ……………………………………………………… 170
第三节　沥青混合料强度 ……………………………………………………… 172
第四节　集料特性对沥青混合料抗剪性能的影响 …………………………… 175
第五节　级配结构对沥青混合料抗剪性能的影响 …………………………… 178

第六章　新型沥青混合料设计与性能评价

第一节　概述 ………………………………………………………………… 198
第二节　新型沥青混合料设计 ………………………………………………… 198
第三节　沥青混合料性能评价 ………………………………………………… 217
第四节　新型沥青混合料设计方法与设计指标 ……………………………… 223

第七章　欧美沥青路面新技术在我国的工程实践

第一节　概述 ………………………………………………………………… 225
第二节　新型高模量耐疲劳沥青混合料在道路中的应用 …………………… 226
第三节　密水型高模量沥青砂防水调平层在桥面上的应用 ………………… 262

| 附录 A | 按编号排序的欧洲标准 | 296 |

| 附录 B | 按编号排序的法国标准 | 303 |

| 附录 C | 按编号排序的美国标准 | 306 |

| 参考文献 | | 308 |

第一章 绪 论

第一节 概 述

在全世界范围内,交通量随经济的发展增长很快,车辆轴载均在不断增加,使得沥青路面出现破坏的时间大大提前,这对沥青路面提出了新的挑战。当前的沥青路面结构和材料应如何改变才能适应新的公路交通形势是各国公路建设中一个急需解决的问题。

目前我国通常采用的沥青混合料设计方法是 Mashall 法,与美国 Superpave 体系一样,采用体积法进行级配设计,所设计的沥青混合料有一定的空隙率要求,常用 70~90 号基质沥青或改性沥青作为胶结料,此方法限制了高黏度域沥青(如低标号沥青)的应用。由于普通沥青混凝土具有较强的温度敏感性,在高温季节沥青混凝土的劲度模量远低于常温时的模量,在重载交通的作用下容易产生车辙和推移等永久变形,一定的空隙率又使得混合料的耐久性常常无法满足沥青路面对材料的要求。相关研究表明,在我国高等级公路的半刚性沥青混凝土路面结构中,对车辙病害产生影响最大的是中面层。持续的高温作用加上重载交通条件,会使沥青路面的不可恢复残余变形迅速累积,产生车辙。分析原因,除级配设计等因素外,主要是沥青作为黏弹性材料,在持续的高温下,其应变量急剧增大,使得混合料的抗变形能力迅速下降,因此,在相同荷载作用条件下,如何选择合适的材料、优化混合料的级配、以适当的工艺铺筑沥青混凝土路面来推迟车辙的出现并大幅度降低车辙的深度是摆在科研人员面前的一个难题。国外资料显示,沥青混合料动态模量在 15℃、10Hz 条件下由 9000MPa 左右提高到 14000MPa 以上可以较好地解决这一问题。从这个角度讲,推出一种在高温状态下具有较高模量的沥青混凝土,可以减少沥青混合料在荷载作用下的应变,增强混合料的高温稳定性,加大中面层混合料向下传递荷载的扩散角,减少底面层的荷载作用,充分发挥路面各结构层功能,从而减轻路面结构病害。在不降低沥青混合料低温性能、耐疲劳性能的同时,大幅度提高中面层沥青混凝土的高温稳定性,确保路面结构的服务功能、延长沥青混凝土路面的使用寿命,科学地解决路面建设初期投资与后期使用性能、全寿命周期费用最优的矛盾,对我国建立在半刚性基层基础上的长寿命路面研究具有普遍的指导意义。

为了保证沥青路面在重载交通下具有良好的抗高温变形能力和抗疲劳性能,延长路面的使用寿命,20 世纪以来,世界各国都在努力研究探索中,以法国 LCPC 基于性能指标的沥青混合料设计方法的高模量耐疲劳沥青混凝土最为突出,在法国使用已经超过 20 年的时间。除法国外,许多欧美国家都先后对其展开研究。由于各国材料组成和设计方法均不相同,高模量耐疲劳沥青混凝土也呈现出不同的性能表现。究竟何种途径可以更好地实现模量及其他路用性能的提高,各个国家均有不同经验,并且已经进行了大量试验。目前各国对高模量沥青混凝土的设计理念、方法、标准均未统一,对美国、欧洲和国内的沥青混合料设计体系和方法的对比研究仍然是一项空白。

国内现在掀起了高模量沥青混合料的研究热潮,但是国内进行的研究是中国化的高模量,与法国的高模量有着很大的区别,并且处于尝试阶段,并没有对高模量沥青混合料的设计体系和试验方法、路用性能和施工工艺进行系统地研究。高模量沥青混凝土设计没有具体的指标和标准,在路面结构中的合理层位、结构组合、厚度等问题并没有得到解决,特别是在重载交通条件下的路面结构组合问题尚待研究。本书从设计材料、级配结构、设计、施工、管理等各方面系统地介绍了现阶段国内外沥青混合料设计方法的异同、差距与优势,同时本书也对依托的交通运输部科技攻关项目"欧美沥青混合料设计方法比较与我国的工程实践"中的一系列相关研究成果进行了叙述,其中研究成果中的新型高模量耐疲劳型沥青混合料与新型路面结构的应用将会是高速公路沥青路面结构、材料综合设计的一场革命。

第二节 国内外沥青路面技术

一、法国沥青路面技术

法国沥青路面技术不论是结构设计还是材料设计都是以功能性为目标。

1. 法国沥青路面材料设计的发展过程

法国的沥青路面配合比设计从20世纪50年代开始进入探索和研究阶段,也曾经以经验型的Marshall法为主要的配合比设计方法。后来由于Marshall方法存在种种问题(如成型方法和实际状况出入很大、试验结果无法直接应用于结构计算以及和其他试验难以建立关联等)而被新的配合比设计方法逐步取代。20世纪70年代起法国已基本形成一套完整的沥青路面材料设计体系,起初是在SETRA-LCPC技术文件中进行了规定,随后又列入了法国的规范体系中。

法国沥青混合料配合比设计方法主要考虑了三方面因素:一是组成集料的多样性;二是气候条件的多变性,特别是温度的变化;三是汽车轮载作用的破坏性。由于这些因素的变化和公路网的实际要求,沥青混合料材料本身及其配合比设计方法均处于不断的变化发展之中。同时,合同化了的业主和承包商之间的关系也要求在满足客户指定的目标需求下,给设计者以充分的选择自由,从而导致了沥青混合料设计方法的实用型研究与开发。

目前法国已形成了以水稳定性(通过Duriez试验测定)、热稳定性(通过车辙试验测定)、刚度和抗疲劳为基础的4档试验法。这种方法得到的模量(E)和疲劳的试验结果(ε_6)直接作为计算参数应用于路面结构设计中,两者结合更加紧密。这一点与我国的沥青路面配合比试验和路面结构设计相互脱节的现象形成了非常鲜明的对比(我国目前的沥青混合料试验仍然以Marshall试验为主,其试验结果并不能直接应用于路面结构设计中)。图1-1为法国沥青混合料配合比设计流程图。

1)原材料规范

法国沥青路面的原材料设计,主要是为实现混合料的各种功能(比如抗车辙、抗疲劳等)选择合适的原材料。依据的主要规范有T 65-001(沥青的要求),现已被EN 12591替代;XP P 18-540(集料的要求),现已被EN 13043替代等。

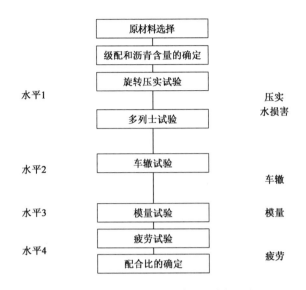

图 1-1　法国沥青混合料配合比设计流程图

2）混合料设计

(1) 沥青混合料的试验项目及试验分档。

1 档:PCG 试验(NF P 98-252),18℃时的 Duriez 试验(NF P 98-251-1)。

2 档:1 档试验 + 车辙试验(NF P 98-253-1)。

3 档:2 档试验 + 复合模量试验(NF P 98-260-2)或直接拉伸试验(NF P 98-260-1)。

4 档:3 档试验 + 疲劳试验(NF P 98-261-1)。

第 1 档试验(基础试验和水稳定性试验)对于所有的热拌沥青混合料而言都是必需的,其余档次的试验则依据混合料所在结构层的功能而定。比如磨耗层一般仅做 2 档试验,而联结层需要做 3 档试验,基层和底基层则需要进行 4 档试验。

(2) 法国沥青混合料试验。试验主要分为基础性试验、水稳定性试验、热稳定性试验、刚度试验和抗疲劳试验 5 种,每种试验都是以混合料的功能性作为出发点。

旋转剪切压实试验简称 PCG,法国于 20 世纪 70 年代初开始标准化应用。PCG 试验研究有三个主要目的:①确定混合料的可压实性;②预估现场混合料的空隙率;③研究影响混合料配合比设计的参数。沥青混合料压实性能的最终评价方法是:依据规范(NF P 98-252),对于一个给定的旋转次数,考察压实度的值是否满足经验或规范所推荐的取值范围。

法国的旋转剪切压实试验(PCG)类似于美国的旋转压实试验,是沥青混合料最基本的试验项目。根据旋转次数,就可以观测到压实度的提高(空隙率下降)。通过该试验可以估算现场的空隙率,可以观察抗车辙强度的情况,还可以发现集料的一些通过普通试验无法察觉的微小变化。因此,旋转剪切试验可用来检测配合比随着时间变化稳定性。

法国的 NF P 98 规范系列对各种类型的混合料在一定的旋转压实次数条件下需要满足的空隙率的范围都有详细的规定。

3）法国高模量沥青混凝土(EME2)

1969 年 9 月,法国道路理事会发布了沥青路面建设指导出版物,其中指出:较硬的沥青—

一般只有在要求非常苛刻的条件下(高温或交通流量极大)或对沥青型号有具体的要求时才考虑使用。直馏硬质沥青有较好的高温性能,但其低温性能较差,如何发挥它的长处,避免它的短处,沥青混凝土合理的设计是非常必要的。国外经验认为不能把硬质沥青简单地认为是对沥青混凝土中胶结料的简单替换,采用硬质沥青的混凝土需要进行专门的设计。像法国研究的高模量沥青混凝土就具有较高的胶结料含量和较小的空隙率,且主要用于基层材料,这样设计主要用来弥补硬质沥青的低温性能不佳所带来的问题,以期取得与传统较高强度等级的沥青混凝土相同的低温性能。

最早的高模量沥青混合料是在20世纪70年代中期用煤沥青和聚氯乙烯制成的。

正式的高模量沥青混凝土出现在1980年。最初由法国提出高模量混凝土(HMAC)的理念,同年,以GBTHP(法文名称)命名的高模量沥青混凝土问世,主要应用于路面补强和路面部分开挖重建工程中。同时针对城市道路因受到地下管道、路缘石等障碍的约束,开挖深度受到限制,而首次使用此高模量沥青混凝土,发挥其高模量和更高的抗疲劳能力,从而降低铺筑层厚度,同时保证其在路面设计寿命内提供相同的服务能力的同时,不会出现早期的结构破坏情况。

20世纪80年代末期,新建高速公路大量采用铺筑薄层高模量沥青混凝土+BBTM的路面结构形式,据法国LCPC(道路与桥梁中心试验室)专家介绍,1960年以前,法国采用针入度80~100或180~200道路沥青;1960年开始用针入度40~50或60~70沥青;1968年部分地区采用了针入度20~30沥青,但随后出现路面开裂问题。分析其原因是沥青生产过程中普遍采用了氧化工艺。

20世纪80年代后期,溶剂脱沥青工艺以及新的评价沥青高低温方法的出现,使低标号沥青再次得到广泛使用并在使用过程中克服了路面开裂问题,已有近30年的成功应用经验,使用量达到了4000万t,每年的使用量接近500万~700万t。1990—2005年在法国的使用量如图1-2所示。

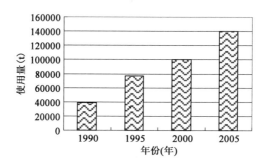

图1-2 法国低标号沥青年使用量

法国高模量沥青混凝土有EME1和EME2两种,EME1的沥青用量基本与传统的沥青混合料沥青用量相当,较EME2沥青用量低,其疲劳性能和耐久性能较差,因此应用较少,目前已经不再使用,得到普遍应用的是EME2。法国高模量沥青混凝土(EME2)具有以下特点:

(1)采用15~25号硬质沥青(或30/50号低标号沥青加添加剂)。

(2)连续级配。

(3)高沥青用量(最低丰度系数 Richness Modulus $K \geqslant 3.4$)。

第一章 绪 论

(4)低空隙率(法国旋转压实空隙率要求小于6%,用法国旋转压实计算方法得到的试件的实际空隙率为3%左右,用中国空隙率计算方法得到的试件的实际空隙率为2%左右,取决于计算方法的不同)。

表1-1汇总了EME2技术指标和要求。

EME2 技术指标和要求 表1-1

项 目	EME2 指标要求		备 注
适宜的单层压实厚度	AC10-EME2	6~8cm	EME2 根据最大工程粒径分为 0/10、0/14、0/20 三种
	AC14-EME2	7~13cm	
	AC20-EME2	9~15cm	
最低沥青用量 (丰度系数 K)	3.4		对于 $\rho=2.75\text{g/cm}^3$ 的集料,油石比最低5.5%
旋转压实次数及空隙率	AC10-EME2	80 转	采用法国/欧洲旋转压实标准(EN 12697-31),内部角0.82°,外部角1°;空隙率按旋转前后高度比计算
	AC14-EME2	100 转	
	AC20-EME2	120 转	
	空隙率 $V\leq6\%$		
水稳定性	ITSR≥70%		采用 Duriez 试验(EN 12697-12 Method B)
高温稳定性	车辙变形率≤7.5%		采用法国车辙试验(EN 12697-22,Large Size Device),试验条件为30000次、60℃;车辙板空隙率3%~6%,胶轮成型
模量	模量≥14000MPa		采用梯形梁模量试验(EN 12697-26,2PB-TR)或直接压缩试验(EN 12697-26,DT-CY),试验条件为15℃,10Hz/0.02s
疲劳	ε_6≥130με		采用梯形梁疲劳试验(EN 12697-24,2PB-TR),试验条件为10℃、25Hz、10^6 次

2. 法国沥青路面结构设计的发展过程

法国在路面结构计算方面的研究是在第二次世界大战之后广泛开展起来的。1948年HORTET得出了与CBR路面结构方法相近的试验数据,1959年BOUSSINESQ提出了路面结构计算的力学解答,随后JEUFFROY和BACHELEZ得出了三层体系计算应力和应变的诺漠图。

20世纪50年代,法国的路面结构设计主要参考了美国各种试验研究所得出的结论。

20世纪60年代,法国颁布了《高速公路及大交通量路面结构计算推荐书》,对路面结构计算进行了总结。这份资料已经包含了不少至今仍被使用的概念,如轴载的因素(从AASHTO试验中选取),或与弹性理论结果相关联的厚度等效系数在道路材料刚度上的考虑等。与此同时,由于传统的沥青路面难以适应大交通量的要求,法国又率先采用了"半刚性"的沥青路面结构,并配套研究了新的路面结构设计方法。另外,在这个时期,法国的路面设计体系也更加关注路面建筑材料的标准化,以限制其自身的物理均衡性。1968年法国的道路部门出台了一系列相关的条文和法则,对路面成型、要达到的额定物理特性以及具体实施工艺予以明确。

20世纪70年代,法国的LCPC(道路与桥梁中心试验室)开发了ALIZE软件(1964),为路面结构的计算提供了计算机软件。

20世纪80年代,法国先后发布了《典型路面结构卡片》(1971)和《新建路面典型结构卡片》(1977)。

20世纪90年代至今,法国的沥青路面结构设计体系日趋完善,1998年的《典型路面结构卡片》及《柔性路面的补强设计指南》中对合理的结构计算步骤进行了规定,直至形成现有的理论计算(以路面结构计算软件ALIZE为代表)和经验法(以《典型路面结构卡片》为代表)相结合的路面结构设计体系。

3. 法国典型沥青路面结构应用

法国的沥青路面结构经过了一个不断发展的过程,现在法国沥青路面结构主要有全厚式、柔性基层、混合型、复合型以及倒装结构共5种。其中混合型、复合型以及倒装结构为三种不同类型的半刚性路面。

20世纪50年代前,法国路面的主要结构形式为粒料层+软沥青的表处。1955—1963年,交通量迅速增长了约3倍,同时在1960年前后,法国连续经过了2个寒冷冬季的冰冻期,导致路面结构产生了很大的破坏,表现为原有路面结构的承载能力严重不足。当时,为了提高路面结构的承载能力,开始大量采用半刚性基层。同时由于法国沥青全靠进口,为了降低造价,沥青混合料的应用受到了限制。"复合结构"(Composite Structure)成为20世纪60~70年代沥青路面的主要结构形式,该结构同我国现在半刚性路面大体相同,沥青层较薄,一般在8~16cm,半刚性基层较厚,一般在28~42cm。

但是,随之而来的是,大量的半刚性基层反射裂缝成为道路维修的又一个非常头痛的问题。为了缓解半刚性基层反射裂缝问题,先后又采用了复合型、倒装型两种半刚性路面类型。这种方法也是目前南非主要采用的模式。

20世纪80年代后期,"混合结构"(Hybrid of Mixed Structure)逐步代替"复合结构"成为半刚性沥青路面的主要形式。"混合结构"的思路是在尽量减薄半刚性材料层厚度的情况下,采用半刚性材料做底基层,在半刚性底基层与面层之间,要求设置一定厚度的沥青混合料基层,使得沥青层总厚度为19~27cm,以此解决半刚性基层的反射裂缝问题,水泥稳定碎石底基层的厚度一般为18~25cm。

二、英国沥青路面技术

英国的沥青路面结构较多采用沥青混凝土层作为路面基层,其路面设计规范中对沥青混凝土基层的级配和沥青用量等有相应的规定,并且为了保证沥青混凝土基层的抗疲劳性能,英国建议采用尽可能高的沥青用量。进入20世纪90年代以来,原先20年的设计寿命已经无法满足快速增长的交通量的需要,英国道路研究所又开展了长寿命道路的研究。这种路面能够应付未来更大的交通量。在表面开裂后只需要更新磨耗层,不会因为基层的疲劳开裂影响路面的使用寿命。英国推荐的长寿命沥青路面的典型结构见表1-2。

英国长寿命沥青路面典型结构　　　　表1-2

结构层	面层	基层	底基层	土基
结构类型	沥青磨耗层	高模量沥青混凝土	稳定土	压实过的土基
厚度(cm)	2~3	20~40	一定厚度	—

英国从20世纪90年代初开始评价和研究法国的高模量沥青混合料,用英国常规混合料级配和沥青用量,只是把沥青变为10~20号沥青,形成了自己的高模量沥青基层材料HMB

(High Modulus Base),到 1997 年发现 40% 的路面发生了破坏,2000 年就停止了 HMB 混合料的使用。2005 年正式发布了英国 EME 的规范,主要沿用了法国 EME 的设计思想和特点,仅模量试验方法有所不同。

三、德国沥青路面技术

德国高速公路以其历史久远、良好的性能而闻名于世。

1. 沥青混合料

1) 原材料

(1) 集料

在德国,沥青面层矿物集料一般采用辉绿岩。从使用情况来看,辉绿岩具有良好的抗压、抗击碎、高温稳定和抗磨耗性能。有的高速公路路面面层也使用玄武岩。在德国考虑使用玄武岩时,Sonnenbrand 试验是必须要做的。在德国,热铺沥青路面(温度大于 120℃)中的矿物集料都要做高温稳定性试验。

(2) 沥青

德国公路沥青标号按温度在 25℃ 时的针入度划分,共分 5 类。

稀释沥青按德国标准 DIN 1995 用 FB500 表示。这种沥青在稀释剂蒸发后残留下来的物质针入度通常为 500(0.1mm),残留物的最小针入度为 100 (0.1mm),软化点不小于 30℃。

乳化沥青分为非稳定性和稳定性两大类。非稳定性乳化沥青是在高速公路上常用的乳化沥青。非稳定性乳化沥青按照德国标准 DIN 1995 分为 U60K 和 U70K 两类。根据含水率要求,U60K 含水率不超过 45%,U70K 含水率不超过 32%。蒸发后残留沥青软化点在 37~49℃ 之间。

按照德国标准 DIN 1995 冷铺沥青用 KB 表示。这种沥青允许最大溶剂不超过 30%,冷铺沥青在蒸发后的残留物软化点在 27~49℃ 之间。

德国采用的聚合物改性沥青分为弹性改性沥青和热塑性改性沥青,用 PmB 开头和后面的数字表示。弹性改性沥青分为 A、B 两类,热塑性改性沥青为 C 类。

2) 混合料设计

一个合理的级配设计是保证沥青路面经久耐用、稳定、耐磨的重要条件。德国高速公路的沥青路面面层、联结层、承重层根据不同的路面结构类型都有相应的级配设计程序,只要将部分粒径的通过百分率确定下来,并输入到已编好的计算程序中,其他粒径的筛余百分率、通过百分率及级配曲线会自动生成。在级配设计中,0~2mm 粒径是级配设计中的控制粒径。0~2mm 之间又分为四组粒径,分别是 0~0.09mm、0.09~0.25mm、0.25~0.71mm、0.71~2mm。这四组粒径的集料从 0~2mm 细粒料中进行水洗法筛分,得到每种筛子筛余量,允许 2mm 筛子上有筛余集料。

2. 路面结构

德国高速公路沥青路面部分自下而上(不含基层、底基层)分别为承重层、联结层和面层。

1) 承重层

承重层由级配的矿物集料与公路沥青拌和而成,必须具有足够的稳定性和承载能力。按照德国规范 ZTV Asphalt-StB 规定,承重层施工时分为一层和多层,其沥青混合料共分 5 个类型,分别是 AO、A、B、C、CS。每层压实厚度不小于 8cm,多层厚度大于 16cm。承重层除了每层最小碾压厚度外,层数和总厚度取决于公路等级。在高速公路上采用的是多层结构,通常为二层或三层。

2)联结层

德国高等级公路的沥青路面结构中均设置联结层,位于面层下面,类似于我国的中面层。它由级配矿物集料与公路沥青拌和而成,必须有良好的稳定性和承载力,起到调平下面承重层和吸收由于交通荷载而引起的水平剪力的作用。为了达到稳定性和抗剪切效果,联结层中的用砂要专门加工成优质轧制砂。在联结层中采用聚合物改性沥青并具有相应的黏度是十分有益的。联结层施工方法为热铺法,其表面没有保护层,不宜长时间跑车。联结层的施工厚度按德国规范 ZTV Asphalt-StB,取决于混合料的最大粒径及碾压条件等因素。

3)面层

德国高等级公路沥青路面面层通常采用以下三种结构:

(1)热拌沥青混凝土(HMA)

热拌沥青混凝土由级配矿物与公路沥青拌和而成。施工铺筑厚度由规范 ZTV Asphalt-StB 中规定的混合料粒径以及碾压条件等因素决定。沥青路面面层厚度按德国规范 RStO 一般是 4cm。如果面层 3.5cm 改为 3.0cm,则下面联结层厚度增加 0.5cm。热铺沥青混凝土目前在德国高速公路上作为面层使用不多见。

(2)沥青玛琋脂碎石混合料路面(SMA)

沥青玛琋脂碎石混合料路面具有良好的抗磨耗和稳定性能,因此在德国高等级公路上作为面层使用很广。沥青玛琋脂碎石混合料路面摊铺厚度按规范 ZTV Asphalt-StB 规定的混合料中的最大粒径和碾压条件等因素决定。

(3)浇注式沥青面层(Gussasphalt)

浇注式沥青面层是一种密实型面层,在热状态下能够浇注和涂抹,用普通拌和设备就能生产。浇注式沥青面层无空隙率,具有很好的防水性能;又因其表面撒布石屑,具有很好的粗糙度,抗滑性能好;同时由于采用浇注方式,整体性能和稳定性能都很好,所以在德国高速公路上使用最广。摊铺厚度(包含撒布的石屑)按照规范 ZTV Asphalt-StB 中的混合料最大粒径和摊铺条件决定。

四、美国沥青路面技术

1. 沥青混合料设计方法

1)原材料规范

(1)胶结料

美国的沥青胶结料规范有三种,即针入度分级规范(AASHTO M20)、黏度分级规范(AASHTO M226)和性能规范(AASHTO M320)。

在美国公路战略研究计划(SHRP)以前,美国的沥青胶结料规范有两种,即针入度分级规范(AASHTO M20)和黏度分级规范(AASHTO M226)。

SHRP 计划完成以后,美国公路与运输官员协会(AASHTO)就立刻推出了性能分级暂行规范(MP-1),2002年正式推出了AASHTO M320性能规范。

2010年,AASHTO废除了针入度分级规范,针入度分级规范从此退出了美国历史的舞台,然而黏度分级规范仍保留。即便采用针入度分级规范,在最新版本的《2009 AASHTO运输材料规范和试验方法及采样方法》一书中M20-70(2004)已经废除,美国各州均采用性能分级——PG分级。也就是说,在2009版的规范中已找不到针入度分级规范,当然在2009年以前的版本中仍可以找到。

性能规范PG分级也经历了三个阶段,从最初的PG到后来的PG Plus,再到PG MSCR。

1993年公布了性能规范的暂行规范,2000年转为正式规范M320。

SHRP研究期间,改性沥青应用较少,随着PG规范的问世,改性沥青应用逐步增加,也发现PG规范不能正确反映改性沥青性质,于是出现了PG Plus。各州在PG规范基础上增加了一些经验指标,如弹性损失测力黏度、软化点等指标,企图保证改性沥青性能。

随着研究的深入,在NCHRP 9-10改性沥青的Superpave体系研究基础上,出现了多应力重复蠕变试验,PG规范进入了PG MSCR的第三阶段,企图替代一些经验的Plus指标。

事实上,PG分级规范采用旋转薄膜烘箱,针入度规范采用薄膜烘箱,许多研究证明旋转薄膜烘箱老化试验要比薄膜烘箱更接近现场。然而中国的旋转薄膜烘箱试验方法与ASTM试验方法有很大的不同,这是需要注意的。

(2)集料

美国集料规范在SHRP期间没有进行深入的研究,在各州以前规范基础上,提出了两种要求,即认同特性,各州必须强制执行料源特性,各州根据自身情况选择,指标自定。表1-3为NCHRP 405报告中给出的与HMA性能相关的集料试验分类。

与HMA性能相关的集料试验分类 表1-3

集料属性或试验	相关性能
级配和尺寸	永久变形和疲劳开裂
粗集料的堆积空隙率	永久变形和疲劳开裂
粗集料中扁、长(2:1比例)颗粒	永久变形和疲劳开裂
细集料的堆积空隙率	永久变形
细集料的亚甲蓝试验	HMA剥落导致的永久变形
通过200目筛的材料颗粒尺寸分析,用以确定通过率为60%和10%的颗粒尺寸	交通荷载和剥落导致的永久变形
通过200目筛的材料的亚甲蓝试验	HMA剥落导致的永久变形
微狄法尔试验	剥落、松散、坑槽
硫酸镁安定性试验	剥落、松散、坑槽

2)混合料设计

美国沥青混合料设计主要经历了三个大的阶段,即从早期菜谱式的经验方法阶段,到后来的马歇尔和维姆设计方法阶段,以及目前使用的Superpave设计方法阶段。

(1)早期菜谱式的经验方法阶段(1920—1940年)

①采用Richardmn归纳法设计砂质地沥青混合料。通过对砂质地沥青路面性能的广泛调

查与分类研究,针对重、轻交通,提出其沥青混合料中砂的级配。

②Warren 法。利用粒径较大的集料级配,使混合料具有一种固有的稳定性且空隙率最小,可使用较软的结合料。

③芝加哥实验中心的 Hugh Skidmore 提出一种类似 Warren 法的以石料为基础的沥青混合料。它用矿物填料填充细料空隙,增加沥青胶结料填充粗集料空隙以获取极小的空隙率,且混合料具有一定的抗剪强度。

④哈费氏沥青混合料设计。细料居多,该混合料在推挤方面存在一最小哈费稳定度值。

(2) 马歇尔和维姆设计方法阶段(1940—1960 年)

到 20 世纪 50 年代末,马歇尔和维姆设计方法得到广泛应用。期间一些地方应用哈费氏设计法、Smith 三轴法和得克萨斯旋转法。马歇尔认为,试验压实须达到实际交通量下的压实度,并强调选择合适的沥青用量,使混合料密度达到最大的同时满足稳定度和流值的要求。

维姆法没有马歇尔法流行,主要应用于美国西部,其混合料设计理论主要可以总结为以下三点:对裹覆沥青的最佳优选、承受荷载的稳定性及混合料耐久性。

(3) 目前的 Superpave 设计方法阶段

Superpave 混合料设计与分析体系是建立在沥青与集料的体积性质以及用 Superpave 旋转压实仪对沥青混合料进行室内压实基础上的,其设计目标是既有能抵抗车辙的集料骨架又具有足够的沥青和空隙以提高混合料的耐久性。在以上集料级配设计中,均采用控制点和限制区来指定必须通过和避开的区域。通过 Superpave 剪切试验机(SST)和间接拉伸仪(IDT)来完成混合料的性能试验和性能预测,从而预测混合料的实际路用性能。

美国热拌沥青混合料设计在 SHRP 以前,美国沥青混合料设计绝大部分州使用马歇尔设计方法,美国西部少数几个州使用维姆法。SHRP 以后,在全国推广了 Superpave 混合料设计方法,现在旋转压实设计方法已成为美国绝大部分州的标准实践方法。

Superpave 混合料设计根据 AASHTO R35 进行,而设计出来的混合料必须满足 AASHTO M323 的技术指标要求,见表 1-4。

Superpave HMA 设计要求 表 1-4

设计 ESALs (10^6)	要求密度(最大相对密度,%)			矿料间隙率(VMA)(%)最小						沥青填隙率(VFA)(%)范围最小	粉-胶比范围
	$N_{初始}$	$N_{设计}$	$N_{最大}$	最大公称尺寸(mm)							
				37.0	25.0	19.0	12.5	9.5	4.75		
<0.3	≤91.5	96.0	≤98.0	11.0	12.0	13.0	14.0	15.0	16.0	70~80	0.6~1.2
0.3~<3	≤90.5	96.0	≤98.0	11.0	12.0	13.0	14.0	15.0	16.0	65~78	0.6~1.2
3~<10	≤89.0	96.0	≤98.0	11.0	12.0	13.0	14.0	15.0	16.0	65~75	0.6~1.2
10~<30	≤89.0	96.0	≤98.0	11.0	12.0	13.0	14.0	15.0	16.0	65~75	0.6~1.2
≥30	≤89.0	96.0	≤98.0	11.0	12.0	13.0	14.0	15.0	16.0	65~75	0.6~1.2

2. 沥青路面结构设计

1) CBR 设计方法

1929 年,美国加州道路局首创了路基土与粒料材料加州承载比(CBR)的相对强度试验法。到 1942 年,通过十余年的路面调查,建立了土基 CBR 与路面经验厚度的关系,得出图解,提出了 CBR 设计方法,路面设计逐渐向经验法发展,其中心内容就是解决了土基强度设计问题。20 世纪 40~50 年代,CBR 法成为全球最主要的路面设计方法,主要优点:一是简便,二是建立了室内与现场的关系。但 CBR 设计方法只能解决总厚度设计,而且当时的经验是从以粒料基层为主的薄沥青面层类路面总结得到的,只适用于轻交通(BZZ-60)。

2) AASHTO 经验方法

第二次世界大战结束后,随着交通轴载的不断增加,轴数的不断增多,路面的破坏不再以土基承载力为主,更多地表现为车辙、裂缝和路面平整度等使用性能的破坏。基于力学理论的单元荷载路面模型,已不能反映路面结构的受力状态。

为此,基于 CBR 的不足,1956 年美国开展了大规模的试验研究工作,这就是著名的 AASHO 试验路。经过近 6 年的研究,于 1962 年提出了初步研究成果。

AASHO 试验路的试验研究成果非常丰富,很多成果都成为现在沥青路面结构设计的基础。通过 AASHO 试验,建立了路面现时服务能力指数(PSI)与路面工作状态的关系,提出了沥青路面设计指标的设计标准;建立了路面设计方法的基本过程,提出了不同设计标准的路面厚度计算列线图和不同路面材料的等值系数;同时提出了不同轴载的等效关系与换算公式。

AASHTO 路面结构设计指南作为美国国家的主要路面设计方法已经用了几十年了,但是要继续使用仍存在着严重的局限性,或者说缺陷。

(1) 交通荷载缺陷

重型载货汽车交通荷载比起 20 世纪 60 年代已有 10~20 倍的增长,当时州际公路 500 万~1000 万次 ESALs,现在达到了 $50 \times 10^6 \sim 200 \times 10^6$ 次。有时,会更大。当时为 AASHO 道路试验设计的交通荷载仅 100 万次,比现在的交通量要低得多。

(2) 重建缺陷

当时的 AASHO 道路试验并没有考虑重建。1993 年指南完全是经验的、很有限的资料。特别对于重载交通的考虑,改进重建设计方法有利于设计寿命更长、更经济的重建路面。

(3) 气候影响缺陷

由于当时 AASHO 道路试验只在一个特定的气候区,不可能强调不同气候条件对路面性能的影响。例如,道路试验严重的路面破坏发生在春融时期,而美国大多数地方并不存在这种状态。因此考虑特定工程项目气候条件,可以改进路面性能和可靠性。

(4) 路基缺陷

当时只考虑一种路基土类型,显然和全国许多类型路基土相比是不够的,更多的路基土特性可改善路面性能和可靠性。

(5) 路面材料缺陷

当时只有一种沥青混凝土(AC)混合料、一种水泥混凝土(PCC)混合料应用在道路试验中。当今有许多种类型的热拌沥青混合料(HMA),如 Superpave、SMA、高强 PCC,它们对路面的影响并没有得到充分考虑。

(6) 基层缺陷

当时无论是柔性路面还是刚性路面,都只有两种未黏结基层,密级配粒料基层/垫层材料。现有许多不同类型的稳定基层。

(7) 载货汽车特性缺陷

车辆的弹簧、轴的布置、轮胎的类型和压力也与 50 年前差别很大。当时轮胎压力为 0.55MPa,现在为 0.8MPa。

(8) 施工和排水缺陷

路面设计、材料和施工都代表了 20 世纪 50 年代的技术,没有地下排水,而今地下排水已相当普及。

(9) 设计寿命

由于道路试验寿命很短,气候和老化的长期影响无法考虑。当时只有 2 年,现在的路面设计寿命是 20~50 年,而直接考虑对材料反应的周期影响和老化的影响是更合理可靠的。

(10) 性能缺陷

早期的 AASHO 设计方法仅与沥青层或水泥板的厚度与服务性指数有关,然而研究与观察表明,许多需要重建的路面与厚度不直接相关,而与车辙、温度开裂、错台有关。这在以前的 AASHO 方法中没有考虑,因此导致了许多早期损坏。

(11) 可靠度缺陷

尽管 1986 年 AASHTO 指南已经将可靠度概念引入到设计方法中,但是从来没有充分地验证过。而为了要达到要求的可靠度,本来 5000 万 ESALs 变成了 22800 万 ESALs。多次乘积虽然大大增加了可靠度,但厚度也大大增加了,事实上不需要那么厚。

过去 AASHTO 设计方法针对路面的服务性,指数主要是由路面纵断面平整度控制,在许多情况下,不是行驶舒适性的破坏因素,如车辙、开裂、接缝错台等,影响着路面重建。为了改进设计的可靠度和满足资产管理的需要,路面设计与路面管理要有相同的可测量的性能因数。所以对柔性路面和刚性路面都使用了国际平整度指数 IRI,作为路面平整度或行驶质量的衡量指标。

3) SHELL 和 AI 理论法

20 世纪 40 年代,Burmistert 提出了弹性层状体系理论。1962 年,SHELL 完成了以弹性层状体系上圆形均布荷载下路面结构内应力/应变的分析,使路面设计逐步走向力学设计方法。

20 世纪 70 年代,随着稳定类基层的研究应用,路面设计理论又向双圆荷载下的弹性层状理论体系发展,具有代表性的美国的 AI 路面设计法和 Shell 路面设计法逐渐形成,路面设计理论和设计方法也更加完善起来。

4) MEPDG 力学-经验法

作为美国国家重点公路科研项目(NCHRP 1~37A),美国各州公路与运输工作者协会于 2002 年推出《力学-经验法路面设计指南》,指南汲取了以往力学-经验设计研究的精华,旨在建立 21 世纪公路设计规范,最终产品为便于使用而且灵活的计算机软件,指南不仅仅适用于新建路面设计,还适用于修复和重建路面设计。

5) 目前的路面结构设计方法与形式

美国是世界上最早采用沥青路面的国家,目前的高速公路主要修建于 20 世纪 50~70 年代,近30年来,主要围绕路面的维修和罩面开展工作,新建公路很少。在美国各个州有不同的路面结构,并没有全国统一的路面设计方法和统一的路面结构形式。

半刚性基层沥青路面在美国的应用并不广泛,目前只有较少的州如印第安纳州应用,其反射裂缝是面临的主要问题,以加州为代表的大多数州的常用路面结构见表1-5。

美国加州沥青路面典型结构　　　表1-5

结构层	沥青面层	基层	底基层	土基
结构类型	沥青混凝土	粒料基层或稳定基层	各种水泥、沥青	压实过的土基
土	稳定土			
厚度(cm)	15~30	15~30	15~20	—

五、中国沥青路面技术

1. 沥青混合料设计方法

我国从建设高速公路以来,沥青路面的设计一直采用马歇尔设计方法,在试验室进行沥青混合料设计时,希望设计出来的混合料能最大限度地反映其在实际路用荷载下真实的体积状况。马歇尔设计方法中混合料室内试验是通过冲击进行的,目前我国常规的沥青混合料组成设计方法是采用从生产实践中总结出来的矿料级配组成范围作为矿质集料配料参考要求,按最佳级配设计原则进行级配的理论设计,然后采用无侧限抗压强度、水稳定性系数、温度稳定性系数、空隙率等试验结果来确定最优沥青用量。

我国对Superpave技术的应用是积极的,在一定程度上,并不亚于欧洲和日本。"九五"以来Superpave技术开始影响我国。1995年,江苏省交通科学研究院(简称"江苏交科院")利用世界银行贷款引进美国全套Superpave沥青、沥青混合料试验设备。此后连续三次参加加拿大沥青交换项目试验工作,SHRP沥青胶结料试验水平得到了快速提升。1997年,山东省交通科学研究所对Superpave混合料设计方法和"贝雷法"级配设计进行研究,首次提出了多级嵌挤沥青混合料级配设计理论与方法;1999年,山东省交通科学研究所通过主持承担的科研项目"Superpave™技术的开发与应用",对Superpave级配组成、集料干涉和填充状态等深入研究,并与国内传统沥青混合料设计和施工控制方法相结合,探索出一条适合于中国国情的Superpave技术及在实际工程中的应用之路,在京福高速公路济南西外环段成功铺筑国内第一条Superpave沥青混合料试验段,为今后Superpave技术在全国的推广应用具有里程碑的意义。2001—2003年,山东交通科学研究所陆续在青海平西高速公路、内蒙古呼集高速公路、山西大运高速公路、山东同三高速公路、日兰高速公路等多条高速公路上进行大面积推广应用,截止到2003年,推广应用里程已超过1000km,同时科研项目获得山东省科学技术进步一等奖,其级配设计理念被纳入《公路沥青路面施工技术规范》。2004年,沪宁高速公路扩建工程全线中下面层采用Superpave技术。自2005年起,以山东、江苏、天津和湖北为代表,为Superpave技术的深入研究和我国的实际工程的大面积的推广应用提供了技术支撑。交通部公路司已将Superpave技术列入"九五"科技专题并进行跟踪研究。

近年来国内越来越重视高模量沥青混合料的研究,国内的研究机构、大学分别从不同方面逐步开始研究高模量混合料。我国目前的高模量沥青混合料研究采用了较多的技术途径[30号沥青,50号沥青,70号沥青+岩沥青,90号沥青+抗车辙剂,SBS改性沥青+湖沥青,高模量沥青($G^* > 10\text{kPa}, 60℃$)、橡胶沥青等],研究结果表明模量与动稳定度均有大幅度的增加,但均未对最低沥青用量提出过要求。尽管国内学者对疲劳和动态模量进行过试验,然而均未对是否能达到法国 EME 的模量和疲劳要求做出明确的回答,也未提出适合中国特点的高模量沥青混凝土技术指标。

我国第一项应用 SMA 技术的公路工程是 1992 年的首都机场高速公路工程,其同时采用改性沥青和 SMA 两种新技术。1996 年在首都机场东跑道改造工程中采用了我国自行研制的 SMA 面层,6cm 的面层用反复调整的 SMA-16 混合料级配,3% PE + 3% SBS,对日本 AH-10 重交通道路沥青进行改性,同时掺加 0.3% 的德国进口木质素纤维。这种面层还是在国际上首次使用。同年,八达岭高速公路北京昌平段沥青面层开始全面采用改性沥青和 SMA 技术进行铺筑。1997 年,北京长安街改性沥青及 SMA 沥青路面整修工程,标志着我国改性沥青和 SMA 结构实现完全国产化并可以大规模推广应用的时代的到来。我国应用 SMA 较多的省有河北省,如津保高速公路、西黄高速公路、京秦高速公路等,江苏省,如宁通高速公路、宁合高速公路、淮江高速公路等。此外,在广东省尤其是广州市也得到了大规模的应用,福建省在福州市的市政工程中也多使用 SMA。通过试验和铺筑实体证明 SMA 路面是一种具有良好的热稳定性、抗滑耐磨、密实持久、减少低温开裂、抗疲劳、使用寿命长的新型路面结构。

2. 沥青路面结构设计

1) 规范的不断更新

随着我国公路建设的发展,我国沥青路面结构设计一直处在不断修订和完善的过程中。迄今为止,我国分别在 1958 年、1978 年、1986 年和 1997 年正式颁布过 4 个版本的公路路面设计规范,包括沥青路面和水泥混凝土路面设计规范。

新中国成立前,我国路面设计参照美国 CBR 设计方法进行路面结构设计,并于 1904 年编制并颁布了《公路工程设计准则草案》,这是我国历史上第一部关于路面结构设计的规范。

新中国成立后,交通部制订了《中华人民共和国公路工程设计准则修订草案》并于 1951 年 9 月颁布实施。1954 年 9 月又颁布了《公路工程设计准则》,这个准则分为路线和桥梁两篇,路面设计被列为路线部分的第五章。1954 年颁布的《公路工程设计准则》在 1956 年进行了修订。1958 年,交通部根据苏联 1945 年发布的《柔性路面设计须知》,制定并颁发了《路面设计规范(草案)》,包括柔性路面设计和刚性路面设计两个部分,这次规范修订主要参考了苏联的路面技术,摒弃了美国的 CBR 法而以苏联的伊万诺夫设计法替代。1966 年,交通部组织相关单位对 1958 年的规范进行了修订,但未正式出版。1968 年以后,国内有关科研、设计部门及高等院校在路面测试技术、设计理论、设计方法、设计参数等方面进行了深入广泛的研究,获得了大量的基础数据,初步提出了一套适合新建路面设计和旧路补强的设计方法。1978 年,在 1967 年开展全国性测试调研工作的基础上,把全国资料汇总分析,编制了《公路柔性路面设计规范(内部试行)》。这一规范的编写适当参考了部分城市道路高等级路面的资料,适应了当时大量修建三级公路表面处治路面的需要,但用于高速公路和一、二级公路路面设计尚感不足。在 1978 年修订完成的《公路柔性路面设计规范(内部试行)》的基础上,1986 年,对其进一步完善后,交通部正式发布了《公路柔性路面设计规范》。1997 年,交通部颁布了《公路沥青路面设计规范》(JTJ 014—1997),这一规范的制订主要依据了当时大量半刚性基层沥青路面结构的研究成果,因此在设计参数选择方面虽有据可依,但路面设计弯沉值的标准进一步提高,设计参数的值进一步加大,甚至出现了路面结构层材料抗压回弹模量在进行验算时的取值从理念上就是错误的现象,使得其他路面结构形式成为设计上的不可能,而半刚性基层沥青路面结构成为唯一可以满足设计要求的路面结构形式。

2006年,在总结多年来的工程实践经验和科研成果的基础上,经过大量的调研,颁布了《公路沥青路面设计规范》(JTG D50—2006)。

2)设计指标的变迁

我国沥青路面结构设计方法是以理论解析为基础的。

1966年以前的方法以布辛尼斯克均质弹性半空间体系位移解析为基础,以整体形变为设计指标,通过当量等效换算方法形成了整个设计体系,在大规模调查基础上,形成了设计参数系列。

1966—1978年的设计方法以弹性双层体系、双圆荷载作用下的垂直位移解析为基础,以路面表面轮隙中心弯沉为设计指标,通过调查研究和引用国外资料,形成了容许弯沉、车辆换算及参数设计系列。

1986年颁布的《公路柔性路面设计规范》有了进一步的发展,主要特点是以弹性三层体系,双圆荷载图式,水平、垂直荷载综合效应下的应力、位移解析为基础,以轮隙弯沉和整体材料层底拉应力以及面层抗剪强度为设计指标,并形成了车辆换算、多层体系等价换算,考虑疲劳效应建立的容许设计指标,以及整套设计参数等。

1997年颁布的《公路沥青路面设计规范》(JTJ 014—1997)以高等级公路重交通半刚性基层路面结构为主要结构形式,在深入研究的基础上,提出了双圆垂直均布荷载作用下的多层弹性连续体系理论,以轮隙设计弯沉值为路面整体刚度的设计指标计算路面结构厚度,对二级以上公路的沥青混凝土面层和半刚性材料的基层、底基层形成了进行层底拉应力验算的设计体系。

3)现行沥青路面设计方法特点

我国现行沥青路面设计方法采用力学-经验法。

(1)理论基础:采用双圆垂直荷载作用下的弹性多层体系,假设层间接触完全连续,材料各向均质同性。

(2)设计标准和损坏模式:采用弯沉控制指标,同时验算沥青层底或基层层底弯拉应力。

(3)轴载换算原则:采用标准轴重100kN双轮单轴轴载作为标准轴载,以弯沉或弯拉应力等效为原则。

(4)设计参数:

①根据公路等级、设计年限内累计标准轴载、结构层次类型确定设计弯沉。

②采用劈裂试验并考虑抗拉强度结构系数确定结构层容许弯拉应力。

③根据试验论证确定各层材料回弹模量和抗压强度的设计值。

④确定土基回弹模量值,必须保证大于30MPa,否则需采取处治措施。

(5)简要设计过程:

①根据设计要求,确定路面等级和面层类型,计算设计年限内设计车道的累计标准轴次和设计弯沉。

②确定路基土类型和干湿类型,确定各路段土基回弹模量。

③参考规范推荐结构,拟定几种可能的路面结构层组合与厚度方案。

④根据设计弯沉值计算路面设计层所需的厚度,若不满足要求,调整材料配合比,重新计算。

⑤进行技术经济对比,确定路面结构方案。

第三节 国内外高模量混合料技术转化及现状

高模量沥青混合料,来源于法国高模量沥青混合料(EME)以及美国永久性路面概念中的中面层高模量沥青混合料(High Modulus Asphalt Concrete,HMAC)。其核心是提高沥青混凝土的模量和高温稳定性能,减少荷载作用下沥青混凝土的应变,从而达到提高路面抗车辙能力、减薄路面厚度和提高路面耐久性的目的。

除法国外,高模量沥青混凝土在美国、英国和北非部分国家中得到了一定的应用,并成为国内外研究的热点之一,许多欧美国家都先后对其展开研究。由于各国材料组成和设计方法均不相同,高模量沥青混凝土也呈现出不同的性能表现。法国高模量沥青混凝土有 EME1 和 EME2 两种,EME1 的沥青用量基本与传统沥青混合料沥青用量相当,较 EME2 沥青用量低,其疲劳性能和耐久性能较差,因此应用较少,目前已经不再使用,得到普遍应用的是 EME2。正是由于 EME 优异的性能,可达到提高路面抗车辙能力、减薄路面厚度和提高路面耐久性的目的,因此是永久性路面的实现途径之一。法国 EME 的技术指标中并没有低温稳定性指标的评价,这与其气候特点有关,由于采用了硬质沥青或低标号沥青,如在中国应用,其低温抗裂性能值得关注。

欧洲对高模量沥青混合料试验段的研究表明,路面开裂与沥青标号的相关性并非很好,采用低标号沥青的试验段开裂现象各不相同,但对路面抗车辙问题有显著贡献。

一、英国

英国从 20 世纪 90 年代初开始评价和研究法国的高模量混合料,采用英国常规混合料级配和沥青用量,只是把沥青变为 10～20 号沥青,形成了自己的高模量沥青基层材料 HMB(High Modulus Base),到 1997 年发现 40% 的路面发生了破坏,2000 年就停止了 HMB 混合料的使用。

英国的沥青研究部门 Tarmac 和 Nynas 于 2002 年启动了一项针对高模量沥青混凝土 EME2 R&D 的专项研究,目的在于制定出一套新的适用于英国的关于高性能沥青混凝土的规范。该项目取得了较为显著的成果,大量的试验显示高模量沥青混凝土 EME2 是一种强度和耐久性都令人满意的路面材料,已经被交通部门推荐给公路代理商和养护部门。

由于 EME2 混合料是集料和沥青胶结料经过特殊的配合比组合来满足特定的性能要求,因此要发展 EME2,关键是要形成一套专门的混合料配合比设计方法。因此,英国 EME2 R&D 项目的研究过程为:

(1)项目的三个主要负责人专程到法国参观。Nynas 和 Tarmac 的代表参观了南特的试验中心,并带去了英国的沥青和集料。

(2)他们用法国的配合比设计方法和设备制成了试件,带回英国。

(3)利用英国的试验设备完成了与法国规范中类似的试验。英国试验设备上完成的试验结果显示与法国试验设备得到的结果接近,说明法国 EME2 的设计原则适用于英国的试验设备。

(4)用英国本土的沥青和集料以及试验设备,来生产完全英国化的 EME2。

整个试验采用许多类型的集料和沥青,Nynas 和 Tarmac 分别承担了相关的试验,试验结果反馈给 EME2 R&D 项目,积累了大量有效的试验数据。EME2 R&D 项目还有小部分的试验在 TRL 的路面试验设备上继续进行,截至 2004 年,更多的试验段在进行中。

(5)在 2004 年底,将整个项目的研究结果总结为 TRL636 报告,由沥青生产商、公路代理商和施工单位等起草出第一套 EME2 规范,其中包括 EME2 设计、生产和铺筑要求,该规范目前已经投入使用。

(6)EME2 在较大规模实际工程中的应用,是 2005 年 5 月在苏格兰的一项工程中。大约要生产 6000t 的 EME2 基层混凝土,材料配合比由 Nynas 和 Tarmac 在试验室完成,其中沥青来自 Nynas 的炼制厂,集料来自 Tarmac 在 Stirling 的采石场,该项目是相当成功的。

2005 年正式发布了英国 EME 规范,主要沿用了法国 EME 的设计思想和特点,仅模量试验方法有所不同。

根据英国《道路和桥梁设计手册》,高模量耐疲劳沥青混合料 EME2 采用硬质沥青针入度范围为 15~20,并要求 EME2 层的下卧层顶面模量至少为 120MPa。EME2 的模量参数按照英国标准进行试验,试验条件为温度 20℃,5Hz。

二、美国

美国将高模量沥青混凝土用于长寿命路面结构的中面层,其提高模量的手段是通过改性沥青的方式。

Virginia Transportation Research Council 在 2004 年发起了对高模量沥青混凝土作为长效性沥青路面中、下面层的研究,并着重对高模量沥青混凝土的设计方法和费用展开研究,该项目计划历时两年完成。

在美国永久性路面概念里面,表面层是 Superpave、SMA 或 OGFC,中面层为高模量沥青混合料,下面层是一层高沥青用量的抗疲劳层。其高模量沥青混合料(HMAC)是一种范畴的概念,泛指使用 PG76-22 胶结料,同时通过更好的骨架嵌挤,使得形成的混合料具有较高的模量,没有专门的门槛值和专门的规范,不像法国是一种专门的混合料。

美国正在设计一种具有特高抗疲劳性能的新型 HMAC,并且已经进行了大量试验。

三、意大利

A Montepara 和 G Tebaldi 等人曾对高模量沥青混凝土和三种改性沥青混合料基层展开调查研究,目的是分析高模量沥青混凝土的路用性能以及提高基层承载力的实际效果,他们还提出了正确使用高模量沥青混凝土基层的要点。

四、葡萄牙

J Transp Engrg 等人针对葡萄牙的炎热气候,展开了对高模量沥青混凝土抵抗车辙能力的研究,通过对 16km 试验路的跟踪测试,总结了高模量沥青混凝土的永久变形参数,从而为准确地预估车辙量提供依据。

五、澳大利亚

澳大利亚有自己的沥青混合料设计体系,但是为了应对重载交通的挑战,作为 Austroads(澳大利亚和新西兰交通局联合会)"TT1353 沥青特性及混合料设计程序项目研究"(为期6年)的一部分,Austroads 在项目最后两年开始调查法国高模量热拌沥青混合料技术的潜在转化可行性,2013 年 10 月发布的 *EME Technology Transfer to Austrilia:An Explorative Study* (AP-T249-13),2014 年发表的 *High Modulus High Fatigue Resistance Asphalt(EME2) Technology Transfer*(AP-T249-14),显示 EME2 技术具有很好的应用前景并且降低了重载交通路面的结构厚度,减少了建设和维护的费用。报告结尾提供了澳大利亚转化后的高模量沥青混合料设计体系。

澳大利亚最常用 20mm 公称最大粒径混合料,沥青针入度为 35 的密级配沥青混凝土。

六、波兰

为了帮助波兰在加入欧盟后应对日益严峻的交通问题,法国公路部门与波兰公路部门展开合作,引进法国高模量 EME2 技术。在进行一系列试验验证后,于 2013 年制定了波兰高模量沥青混合料 EME2 标准,波兰将其简称为 AC WMS。考虑到波兰气候与法国不同,波兰冬季比法国冷,波兰采用针入度范围为 20~30 的硬质沥青,公称粒径有 16mm 和 22mm 两种,用于基层或联结层(相当于我国的下面层和中面层)。

七、瑞士

瑞士高模量沥青混合料分为 AC EME C1 和 AC EME C2 两种类型:AC EME C1 具有非常高的抗高温车辙稳定性,AC EME C2 则兼具非常高的抗疲劳和抗车辙稳定性能。对新建公路工程采用 AC EME C2 混合料,对于养护改造公路工程则采用 AC EME C1 混合料。在瑞士,对于养护改造工程,混合料抗车辙是主要考虑的性能。

瑞士高模量沥青混合料现场压实度要求大于混合料设计密度的 99%(单值)和大于 100%(平均值),这意味着混合料设计密度要与现场密度一致。

特别指出的是,瑞士规范采用间接拉伸试验作为施工质量控制手段来评价压实后混合料的性能。间接拉伸试验温度为 45℃,间接拉伸强度对于 AC EME C1 要求大于 0.30MPa,对于 AC EME C2 要求大于 0.35MPa。

瑞士路面结构设计方法(VSS 2011)采用材料结构数(SN)作为参数。不同材料结构数汇总见表1-6。从中可以看出 AC EME 的结构数比普通混合料大很多,表明它是一种非常高性能的混合料。

瑞士路面结构设计普通沥青混合料与高模量 EME2 结构数比较　　　　表1-6

沥青混合料类型	结 构 数	沥青混合料类型	结 构 数
传统沥青稳定基层	3.2	AC EME C1	4.4
普通联结层和磨耗层	4.0	AC EME C2	5.6
SMA	4.0		

八、印度洋地区

有学者于 2013 年对印度洋地区几条道路、机场和港口应用高模量沥青混合料的结果和经济效益进行了分析(表 1-7)。结论认为,应用高模量沥青混合料 EME2 的关键是选择合适的硬质沥青并采用合理的级配集料,相对于传统沥青混合料,EME2 可有效减薄路面结构。

路面结构计算 表 1-7

工程项目	设计代码	原路面结构厚度(mm)	高模量路面结构厚度(mm)	传统沥青基层厚度(mm)	EME2 沥青基层厚度(mm)	EME2 用量(t)
Tamarind 高速公路—留尼汪岛	EN	425	375	240	190	350000
Tamatave 港—马达加斯加岛,重载路面结构	BPA/EN	490①	180~220	N/A	120~160	N/A
Tamatave 港—马达加斯加岛,升船机路面	BPA/EN	1200②	630	N/A	260	N/A
SSR 机场—滑行道连接处路面,毛里求斯岛	FAA/EN	695	510	N/A	210	N/A
SSR 机场—新建滑行道路面,毛里求斯岛	FAA/EN	525	420	N/A	120	120000
Savexpress 高速公路,新喀里多尼亚	EN	N/A	N/A,报告减薄30%厚度	N/A	N/A	N/A

注:①包含水泥稳定层。
②包含水泥混凝土基层。
BPA-英国港口局;FAA-美国联邦航空管理局。

九、中国

近年来国内越来越重视高模量沥青混合料的研究,国内研究机构、大学分别从不同方面逐步开始研究高模量沥青混合料。中国目前的高模量沥青混合料采用了较多的技术途径[30 号沥青,50 号沥青,70 号沥青 + 岩沥青,90 号沥青 + 抗车辙剂,SBS 改性沥青 + 湖沥青,高模量沥青($G>10kPa,60C$),橡胶沥青等],研究结果表明模量与动稳定度均有大幅度的增加,但均未对最低沥青用量提出要求。尽管对动态模量和疲劳进行过试验,然而均未对其是否能达到法国 EME 的模量和疲劳要求做出明确的回答,或者提出适合中国特点的高模量沥青混凝土技术指标。国内现有的高模量沥青混合料是完全不同于法国 EME 的另一种技术途径,也不同于美国永久性路面的高模量沥青混合料,因为它下面还有一层高沥青用量的抗疲劳层。

国内相关科研机构、高校主要针对高等级公路沥青路面,采用高模量沥青混凝土来解决沥青路面早期产生的车辙病害。从不同的角度,包括低标号硬质沥青胶结料、混合料级配类型、添加高模量外加剂等开展研究,并铺筑试验路观测研究其长期路用性能。

(1)辽宁交通科学研究院主持的交通部西部建设科技项目"高模量沥青混凝土应用技术研究"中,着重从添加高模量外掺剂来提高沥青混合料高温动态模量;并且在抚顺—南杂木高速公路中面层铺筑了掺加法国 PR-M、"路宝牌"高模量外掺剂和低标号沥青三种技术方案共计 2.7km 的试验路段;鹤岗—大连高速公路(东港段)表面层铺筑掺加法国 PR-M、PR-S 和德国 Duroflex 外掺剂三种技术方案共计 2km 的试验路段。试验路通车运行后,路面粗糙、密实、没有出现推移、拥包、松散、坑槽、车辙及水损害等早期破坏,但路面的高温抗车辙能力和低温抗裂性能需经过冬季严寒、夏季高温的考验后再进一步验证。

(2)江苏省交通科学研究院与江苏高速公路建设指挥部对高模量沥青混合料在宁常高速公路上的应用开展了大量室内外研究。着重通过改善沥青胶结料性能,来提高沥青路面中面层用 HMAC20 高模量沥青混凝土的路用性能,并于宁常高速公路 NC-22 标中面层铺筑了厚度 6cm 橡胶沥青 HMAC20 高模量沥青混合料。

(3)长安大学主要从高模量沥青混凝土级配组成设计、路用性能、施工工艺等方面对高模量沥青混凝土开展了室内试验及应用研究。研究过程中针对沥青路面的中、下面层用粗粒式高模量沥青混合料,采用韩国 SK-70 沥青与法国 PR 公司生产的高模量添加剂,对 AC20、AC25、SUP20、SUP25、EME14 和 EME20 六种级配进行室内路用性能试验研究。

总体而言,国内外的成功应用经验和室内初步评估表明,EME 具有优异的性能,在中国的应用具备较为广阔的前景,尤其是对于解决路面重载交通问题、提高路面耐久性、减薄路面厚度、节约资源和保护环境都具有重要的意义。

目前对高模量材料的探索和推广主要存在以下几个问题:

(1)国外的交通、气候和材料条件与国内差异很大,需要研发出一种适用于我国实际情况的高模量沥青混合料。法国属于亚热带地中海气候,夏季比较炎热,冬季比较温和;我国幅员辽阔,气候差异很大。由于法国的气候特点,并没有低温指标的要求。

(2)不同国家的试验条件、试验设备、性能评价手段不同,需要一个技术移植和转化的过程,经过长期的探索形成基于我国现有试验条件和性能评价手段的高模量沥青混合料设计方法。由于法国配套设备价格较昂贵,国内很少单位有其设备,尤其针对模量和疲劳指标,需要建立起相关性评价指标。

(3)国内提高沥青混合料的模量的主要途径有两个,一是使用高黏硬质(30 标号以下)沥青,二是掺加外加剂。没有基于现有试验条件,建立系统设计方法和关键指标的评价体系。

(4)国内只注重混合料的模量提供,而往往忽视了高模量沥青混合料的其他性能,如水损、抗疲劳方面的性能,一些高模量外加剂的添加是以牺牲混合料的其他性能为前提的,没能真正实现高模量。模量提高的同时混合料性能的同步提升是法国 EME 设计理念的实质。

山东省交通科学研究院于 2009 年在交通运输部联合攻关科技计划等项目的支持下,在适应复杂重载条件下高劲度沥青及混合料设计理论与方法、新材料研发、设计生产一体化等方面实现了重大突破,取得了关键技术、材料、结构、生产装置及质量控制等系列成果,编制出版了《抗车辙抗疲劳高模量沥青混合料设计与施工技术规范》(DB37/T 3564—2019),部分成果纳入国家和行业标准,2017 年获得山东省科技进步二等奖。

(1)建立了以功能需求为基础,新一代高品质耐久性沥青混合料设计理论与方法,攻克了沥青混合料性能全面提升技术难题,为各类严酷荷载环境下的耐久性铺面设计奠定基础。

(2)发明了基于沥青胶体体系、沥青质团簇重构理论的胶结料性能综合提升方法,以及先模量梯级升级-后改性的新一代高劲度改性沥青制备技术,突破了配伍性和存储稳定性差的技术瓶颈。

(3)开发了高劲度沥青规模化工业生产装置和工艺技术流程,攻克了高劲度沥青均匀性控制和施工温度确定技术难题。实现了新一代高品质沥青混合料在不同严酷条件下的规模化应用。

第二章 国内外沥青混合料设计体系

第一节 概 述

沥青混合料的设计要求是与使用需求紧密联系的,同时要经受交通与环境的实际考验,从这个角度来讲,无论混合料设计体系是偏重理论指导性还是生产经验性,都不可与路面的使用性能脱节,混合料体系的设计理念、设计框架、设计方法、试验方法、考察性能、技术标准等都要按照"确定交通、环境特性与需求→满足长期使用性能要求→结构设计响应要求→层位功能的材料设计→满足材料组合设计的原材料选择"这一流程进行确定。各国对沥青混合料设计都有着自己的体系。

美国的规范体系较为清晰,美国的技术体系根据原材料规范、试验方法、混合料设计方法和指南、结构设计指南、施工和质量保证体系制定,各部分相对独立;而欧洲的技术体系根据不同材料编制,融合了试验、设计和施工等各方面的技术;就中国目前的实际情况来看,与美国的规范体系相近,而欧洲对各种材料制定单独的一体化标准,局部可以借鉴和吸收;美国的国家规范相对中国国家规范更具指导性,而地方则自行制定地方规范,这一特点值得中国借鉴;中国同美国及欧盟一样,各个省份有其各自的特点,国家规范可能只对全国起到指导作用,而不是作为地方规范,应鼓励各地方自行结合本地区的条件制定地方性规范;中国国家标准宜更加原则化,实现相关试验方法的统一,提出最低的性能要求和相关政策;在国家规范的框架内,具体的要求、设计过程由各省自行制定执行;由于建设体制的不同,欧美沥青路面建设更多的是设计施工总承包模式,主要责任由施工单位承担,因此,其规范也更多地采用了性能相关规范和质量保证/质量控制规范;中国由于设计和施工分离,中国的施工规范的属性是具有方法特性的不完全的质量保证和质量控制规范,责任更多地由投资单位承担;因此,中国的规范宜与建设体制改革相适应,向性能相关规范和质量保证/质量控制规范发展;在结构设计方面,也宜根据中国各省自己的特点,建立自己的典型路面结构目录,指导各省的结构设计,简洁、方便;在设计方法上,应结合欧美最新的结构设计研究进展,对中国现有的力学-经验结构设计方法进行进一步的提高和完善,尤其是柔性基层上的沥青路面设计。

在沥青混合料设计方面,国内外对沥青混合料设计理念、设计流程及关键指标也有着不同的理解(表2-1)。

法国、美国和中国沥青混合料设计对比表 表2-1

内容	法国	美国	中国
混合料种类	非常丰富	一般	较丰富
混合料压实	旋转压实	旋转压实	马歇尔击实

续上表

内容	法国	美国	中国
压实次数	依据混合料粒径进行选择	依据交通量选择	主要采用双面击实75次
密级配混合料分级	①采用性能设计方法时,依据性能进行分级; ②采用经验方法时,依据沥青用量和抗车辙性能分级	依据关键筛孔的通过率分级	依据关键筛孔的通过率分级
中、下面层粒径	粒径较小,以0~14mm,0~10mm为主	粒径较大,以0~20mm,0~30mm为主	粒径较大,以0~20mm,0~30mm为主
中、下面层层厚	层厚较好	细级配大于3倍的公称最大粒径; 当采用粗级配时,混合料面层需要适当增厚,大于4倍的公称最大粒径	细级配大于2.5倍的公称最大粒径; 粗级配与细级配要求没差异
级配范围要求	要求最为严格	要求较宽泛	要求相对严格
性能要求	法国沥青混合料,特别是EME、BBME等混合料都具有明确的性能指标要求和力学指标要求	注重混合料空隙率的指标要求,4%; 仅有T283试验要求	有相对完善的性能指标要求
法国GB混合料	既可以采用经验方法进行设计,也可以采用性能方法进行设计; 粒径以0~14mm,0~10mm为主; 混合料厚度较厚	其性能与普通的Superpave13基本相同; 其混合料使用厚度明显厚于Superpave13	其性能与普通的AC13基本相同; 其混合料使用厚度明显厚于AC13
法国EME混合料	中、下面层混合料; 具有明确的体积指标要求,具有较高的模量、抗车辙性能、抗疲劳性能	其综合性能高于常规的美国中、下面层混合料	其综合性能高于常规的美国中、下面层混合料
法国BBSG混合料	既可以采用经验方法进行设计,也可以采用性能方法进行设计	其性能与普通的Superpave13基本相同	其性能与普通的AC13基本相同
法国BBME混合料	上面层或联结层混合料; 具有明确的体积指标要求,具有较高的模量、抗车辙性能、抗疲劳性能	其综合性能高于常规的美国上面层混合料; 其混合料使用厚度明显厚于Superpave13	其综合性能高于常规的美国上面层混合料; 其混合料使用厚度明显厚于AC13
SMA	法国混合料粒径偏小,级配相对更间断	较间断	较间断

续上表

内容	法国	美国	中国
BBMA、BBTM、BBUM	法国特殊的面层混合料类型，以断级配为主	没有类似混合料类型	没有类似混合料类型
PA 与 OGFC	级配非常间断	级配非常间断	级配不如法国、美国混合料间断

法国沥青混合料设计是包括体积分析、经验指标、性能指标和力学指标的方法，该指标体系是基于法国应用条件建立的，在波兰等欧洲个别国家进行过应用，对于更大区域的应用经验较少。法国人"实用为主、功能至上"的设计理念在沥青路面设计中体现得淋漓尽致，法国的结构设计与材料设计均以功能性实现为目标，要根据各层的功能需求来针对性地设计该层材料，按使用性能需求设计结构组合、按功能要求定位结构材料、按照性能要求设计材料组成是沥青路面混合料设计行之有效的方法；法国的混合料考察指标是按水平递进的，其放开了设计操作的要求而强调了技术指标的科学性和标准的限制门槛，美国在 PG 分级方面的思想与之是一致的，这样可以提高设计者的主动性，使得设计方向由被动的"材料设计"转向了主动的"设计材料"。我们国家，在混合料的设计方面采用的是并列式的技术考察指标，虽然因为地域的复杂性原因，强调了不同的技术标准，但是，路用性能的考察指标并不能与混合料使用阶段的长期性能建立良好的关系，这种考察体系，使得我们容易在设计阶段更侧重考虑材料设计的过关而忽略其使用阶段的变异及质量可靠度。

美国 Superpave 沥青混合料设计方法和中国马歇尔沥青混合料设计方法，具体的性能和模量评价方法不如法国先进，但混合料指标的完备性较好，都包括低温性能的考量，适用的广泛性较好，其中 Superpave 方法对于沥青采用了性能规范，采用旋转压实模拟现场压实比我国规范中的方法要先进。法国和美国都是采用旋转压实仪器成型混合料，但是理念不同。美国方法中不同交通量采用不同压实次数；法国设计方法中，不同混合料选用不同的压实次数。对其原理有待深入研究。与体积性质相关的指标，中国沥青混合料设计方法的要求最多，美国沥青混合料设计方法次之，法国沥青混合料设计方法中虽然也有相应技术指标的定义，但是没有 VMA、VFA 的技术要求。美国和法国旋转压实仪仅内部角不同，法国内部角为 $0.82°$，美国为 $1.16°$，法国内部角小，所以压实功小，达到相同的压实度，美国旋转压实次数比法国少。由于美国和法国计算空隙率的方法不同，法国计算空隙率时把表面空隙计算在内，因此在计算同一个试件时，法国空隙率比美国的要大。几种水损害性能试验方法各有千秋。成型条件可以分为固定空隙率和固定压实功两种方法，两种方法各有千秋；AASHTO T283 试验采用 (60 ± 3)℃烘箱中老化 (16 ± 1)h 老化条件，更接近实际情况；法国多列士试验采用 7d 浸水，试验条件更接近实际情况；评价指标包括劈裂强度比、抗压强度比和马歇尔稳定度比，前两种是力学指标，与路面受力更为符合。两点弯曲模量和四点弯曲模量属于弯拉模量，可以与疲劳试验结合起来；其他模量属于抗压或间接拉伸模量，不能与疲劳试验结合起来；中国抗压模量属于静态模量，其他属于动态模量；ITSM 模量试验方法最为简便，方便应用。两种疲劳试验方法对比可知，法国两点弯曲疲劳试验较为复杂，法国疲劳试验温度较低，对于温度条件的适用性有待进一步研究。约束试件温度应力试验与路面实际受力情况最为相符,低温小梁弯曲试验相对简单一些,方便实际操作。考虑到研究条件,建议采用低温小梁弯曲试验进行混合料低温性能的评价。

第二节 地理、气候特点与使用需求的差异

一、欧洲

欧洲面积为1017万 km^2,有近50个国家和地区。在地理上习惯分为北欧、南欧、西欧、中欧和东欧五个地区(表2-2)。

欧洲国家分类　　　　　　　　　　　表2-2

地区	气候特点
北欧	绝大部分地区属温带针叶林气候;仅大西洋沿岸地区因受北大西洋暖流影响,气候较温和,属温带阔叶林气候
南欧	大部分地区属亚热带地中海式气候
西欧	绝大部分地区属海洋性温带阔叶林气候,雨量丰沛、稳定、多雾
中欧	地处海洋性温带阔叶林气候向大陆性温带阔叶林气候过渡的地带
东欧	北部沿海地区属寒带苔原气候,往南过渡到温带草原气候,东南部属温带沙漠气候

欧洲大部分为温带海洋性气候,也有地中海气候、温带大陆性气候、极地气候和高原山地气候等。以法国为例,大部分地区是海洋性的,东北是大陆性的,东南是地中海式的,高山地区属于山区气候(表2-3)。

法国不同区域的气候特征(国外沥青路面设计方法汇总)　　表2-3

项目	海洋性	大陆性	地中海式	山区性
年降雨量(mm)(d)	600~1000	700~1000	600~900	600~1000
年降雨≥0.1mm 天数(d)	150~180	160~190	70~100	120~190
7月份日平均最高温度(℃)	20~27	23~25	28~30	<25
1月份日平均最低温度(℃)	-1~+6	-3~-1	0~+5	<-1
年冰冻天数(d)	5~70	70~100	1~30	>100

欧洲绝大部分地区气候具有温和湿润的特征,降雨丰富;东边的挪威、丹麦与德国等地区降雨量则少,相对湿度低;阿尔卑斯山南面山区移动性的季节以亚热带高压系统为主,因此此地区的雨量,随着季节而有显著的不同,冬季多雨,夏季则干旱。夏季最高温度是在地中海地

区,7月的平均气温是25℃左右,夏季平均温度向北方及沿海地区逐渐下降,挪威的特浪索和瓦尔多7月平均气温约为11℃和9℃。冬季时,温度由西南向东北逐渐下降;因此葡萄牙里斯本一月平均气温为10.5℃,俄罗斯的阿甘折同月平均气温却是－14.5℃,大西洋沿岸冬天的平均气温颇高,例如挪威境内的北极圈沿岸冬季并不比纽约市冷。降雨量多集中在大西洋与地中海沿岸地区,而西北海岸的岛屿降雨量也不少,例如不列颠群岛。西北岸的降雨量多超过2000mm,降雨量逐渐往东南方的黑海递减。

二、美国

美国位于北美洲中部,领土还包括北美洲西北部的阿拉斯加和太平洋中部的夏威夷群岛。北与加拿大接壤,南靠墨西哥湾,西临太平洋,东濒大西洋。面积约为937.26万km^2,本土东西长4500km,南北宽2700km,海岸线长22680km。美国大部分地区属于大陆性气候,南部属亚热带气候。中北部平原温差很大,芝加哥1月平均气温－3℃,7月24℃。

三、中国

(1)冬季气温的分布从1月等温线图可看出:0℃等温线穿过了淮河—秦岭—青藏高原东南边缘,此线以北(包括北方、西北内陆及青藏高原)的气温在0℃以下,其中黑龙江漠河的气温在－30℃以下;此线以南的气温则在0℃以上,其中海南三亚的气温为20℃以上。因此,南方温暖,北方寒冷,南北气温差别大是中国冬季气温的分布特征。

(2)夏季气温的分布从中国夏季7月等温线图上可以看出:除了地势高的青藏高原和天山等以外,大部分地区在20℃以上,南方许多地区在28℃以上;新疆吐鲁番盆地7月平均气温高达32℃,是中国夏季的炎热中心。所以除青藏高原等地势高的地区外,全国普遍高温,南北气温差别不大,是中国夏季气温的分布特征。

(3)中国的温度带。中国采用积温来划分温度带,当日平均气温稳定升到10℃以上时,通常把日平均气温连续≥10℃的天数叫生长期。

第三节　国内外沥青混合料设计规范体系的对比

一、法国沥青路面规范

作为欧洲标准化委员会(CEN)的重要成员,法国标准化委员会(AFNOR)的许多路面标准(NF)都已经纳入了欧洲的规范体系,并且在比利时、奥地利、波兰、捷克及瑞士等20多个欧洲国家和多数非洲法语区国家得到广泛应用。

法国沥青路面规范体系主要包括法国沥青路面材料规范体系和法国路面结构设计体系,法国沥青路面材料规范体系又包含法国沥青路面材料规范和法国LPC沥青混合料设计指南(图2-1)。

1. 法国沥青路面材料规范

法国沥青路面材料规范是由法国标准化协会(AFNOR)制定的,主要包括NF P18集料规范体系、NF T 胶结料规范体系、NF P98 沥青混合料规范体系和路面试验规范体系,并且每一部分中既包含原材料的性能规范,也包含原材料的试验方法规范,同时相关的施工规范也被包含在其中。

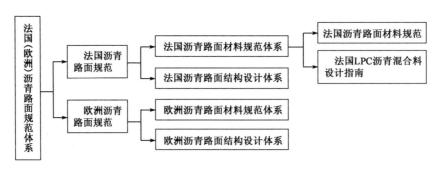

图 2-1　法国(欧洲)沥青路面规范体系

2. 法国 LPC 沥青混合料设计指南

法国 LPC 沥青混合料设计指南收集了法国公共工程部科学和技术工作组(RST)关于设计热拌沥青混合料所积累的资料和知识(图 2-2)。主要包括:

(1)RST 使用的沥青混合料设计方法;

(2)在沥青混合料设计研究中专家和实践者的经验。它标准化了各道桥试验室现在应用的方法。

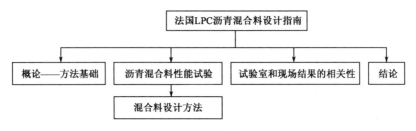

图 2-2　法国 LPC 沥青混合料设计指南

法国沥青路面结构设计参照的是法国路面结构设计指南(French Design Manual for Pavement Structures),主要包括六大部分(图 2-3)。

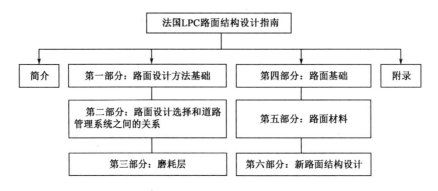

图 2-3　法国路面结构设计指南

二、欧洲沥青路面规范

欧洲自20世纪60年代以来,由欧洲标准化委员会CEN负责除电工电子以外所有领域的标准化工作,促进成员国之间的标准化协作,制定本地区需要的欧洲标准。同美国类似,各欧盟国家的国家标准由各国家标准化机构自行管理,如法国由法国标准化委员会AFNOR、英国由英国标准化委员会BSI各自制定各国的标准,但受欧盟标准化方针政策和战略所约束。

欧洲的规范体系与美国不同,由于欧洲成员国众多,欧洲尚未形成完全统一的沥青路面设计体系,到目前仅形成了材料、试验规程、混合料性能要求等部分统一的规范体系,而混合料设计方法、结构设计方法、质量保证体系根据各国各自的特点自成体系。主要包括CEN TC154集料规范体系、TC336胶结料规范体系、TC227混合料体系,并且每一部分中既包含原材料的性能规范,也包含原材料的试验方法规范,同时相关的施工规范也被包含在其中。

1. 欧洲沥青路面材料规范体系

欧洲沥青路面材料规范体系是由欧洲标准化委员会(CEN)制定的,主要包括TC154集料规范体系、TC336胶结料规范体系、TC227混合料体系,并且每一部分中既包含原材料的性能规范,也包含原材料的试验方法规范,同时相关的施工规范也被包含在其中。EN 13108沥青混合料-材料规范体系如图2-4所示。

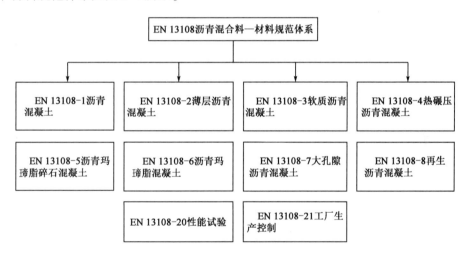

图2-4　EN 13108沥青混合料-材料规范体系

2. 欧洲路面结构设计体系

欧洲没有统一的路面结构设计体系,每个国家根据自己的实际情况制定自己国家的路面结构设计体系。

三、美国沥青路面规范

由于美国采用联邦政治体制的特点,美国目前的规范体系包括国家规范体系和地方标准体系,国家规范体系由联邦公路局FHWA及美国公路和运输官员协会AASHTO制定,即常说的AASHTO标准,AASHTO标准在各州并不具备法律效用,更主要的意义是提供一种国家层面上的指导。各个州在 AASHTO 的规范体系基础上,可根据自身的情况确定适合各自州的标准体系,并在各州具备相应的法律效力。总体而言,各州均是在 AASHTO 规范体系的基础上,有选择性地应用和改良。美国沥青路面规范体系如图 2-5 所示。

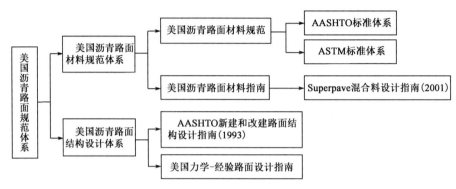

图 2-5　美国沥青路面规范体系

美国沥青路面规范体系主要包括美国沥青路面材料规范体系和美国沥青路面结构设计体系,在美国沥青路面材料规范体系中又包含美国沥青路面材料规范和美国沥青路面材料指南。

此次调研的美国沥青路面材料规范体系包括美国 AASHTO 标准体系和 ASTM 标准体系两部分。其中的 AASHTO 标准体系又分为 AASHTO 材料规范标准、AASHTO 取样与试验方法标准和 AASHTO 暂行标准,相关的施工规范也被包含在其中。

美国沥青路面设计方法是 AASHTO R35-09《热拌沥青混合料(HMA)的 Superpave 体积设计标准实践》。

该标准用于混合料设计评价,即根据集料和混合料的性质制定热拌沥青混合料(HMA)工地配合比。混合料设计建立在 HMA 的体积性质,也就是空隙率、矿料间隙率(VMA)和沥青填隙率(VFA)的基础上。

美国沥青路面结构设计参照的是《AASHTO 路面结构设计指南(1993)》(AASHTO Guide for Design of Pavement Structures 1993)及《AASHTO 2008 力学-经验路面设计暂行指南》(Mechanistic-Empirical Pavement Design Guide)。

四、中国沥青路面规范

调研的中国沥青路面规范体系主要包括:①中国沥青路面材料规范;②中国沥青路面施工规范;③中国沥青路面设计规范。其中的中国沥青路面材料规范又包括原材料性能规范、原材料试验规范(图 2-6)。

1. 原材料性能规范

中国的沥青路面规范体系中,有关道路用沥青的性能规范、集料和混合料的性能规范均被包含在《公路沥青路面施工技术规范》(JTG F40—2004)中。

2. 原材料试验规范

原材料试验规范主要包括《公路工程集料试验规程》(JTG E42—2005)和《公路工程沥青及沥青混合料试验规程》(JTG E20—2011)。

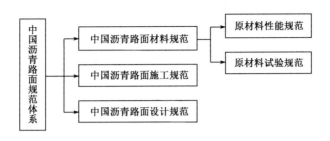

图 2-6　中国沥青路面规范体系

中国沥青路面施工规范主要是指《公路沥青路面施工技术规范》(JTG F40—2004)。

中国沥青路面设计规范主要是指《公路沥青路面设计规范》(JTG D50—2006)。

五、国内外规范体系的宏观对比

各国的沥青路面规范在体系上存在一定的差异,如下所述:

(1)法国沥青路面规范体系主要包括两大方面,法国沥青路面材料规范体系和法国路面结构设计体系。在法国沥青路面材料规范体系中又可分为材料规范和实用指南。同时在材料规范中涵盖了原材料性能规范、试验方法规范以及相关的施工规范等内容。

(2)欧洲沥青路面规范体系也主要包括欧洲沥青路面材料规范体系和欧洲路面结构设计体系。同时在材料规范体系中涵盖了原材料性能规范、试验方法规范以及相关的施工规范等内容。欧洲各个国家有其自身的特点,各国根据自己的实际特点自行确定各国的具体要求,同时也没有统一的实用指南以及统一的路面结构设计体系,每个国家根据自己的实际情况,在欧洲沥青路面规范体系的基础上制定了各自的路面结构设计体系。这同美国类似,各自基本均有各自的应用说明,像规范 PP6691、PP6692 分别是欧标 EN 13108、EN 12697 在英国的具体应用说明。

(3)美国沥青路面规范体系主要包括美国沥青路面材料规范体系和美国沥青路面结构设计体系,在美国沥青路面材料规范体系中又包含美国沥青路面材料规范和美国沥青路面设计方法。美国沥青路面材料规范包括美国 AASHTO 标准体系和 ASTM 标准体系两部分。

(4)中国沥青路面规范体系主要包括中国沥青路面材料规范、中国沥青路面施工规范和中国沥青路面设计规范,三部分的内容分得比较清楚,没有相应的实用指南。

除了体系框架的基本区别外,各方规范体系还有各自的技术特点。

(1)欧洲沥青路面标准体系具有以下技术特点:

①欧盟的体系与美国技术体系不尽一致,其主要依据不同的材料进行分类,而每种材料的规范体系又包括了原材料、测试、性能、施工等方面的要求。

②混合料设计方法不统一,但基本没有采用 Superpave 设计方法的国家,各自均有自己的混合料设计方法,如英国、德国主要采用 Marshall 设计方法,而法国的沥青混合料设计方法自成体系,采用旋转压实仪,不同于 Superpave 也不同于 Marshall 设计方法。

③结构设计方法各个国家均不尽相同,但基本采用了力学-经验法以及典型结构的设计方法,设计过程较为简洁、方便。

④施工规范总体上初步形成了最终产品规范,提出产品所需要达到的性能要求。

⑤规范体系各部分相互关联但相互独立,互相应用,重复较少。

(2)美国沥青路面标准体系具有以下技术特点:

①由于美国各州气候、经济、交通量、政治体制的不同和特点,美国各州基本均有各自的地方标准。

②混合料设计主要采用了 Superpave 的设计方法,Superpave 设计方法是美国沥青路面主流技术。

③结构设计方法由经验法逐渐向力学-经验法发展、过渡,设计过程复杂。

④施工规范总体上初步形成了与性能相关的规范或者部分性能相关规范。

⑤规范体系各部分相互关联但相互独立,互相应用,重复较少。

(3)中国的沥青路面规范体系中,有关道路用沥青的性能规范、集料和混合料的性能规范均被包含在《公路沥青路面施工技术规范》(JTG F40—2004)中;而试验规范分列到《公路工程集料试验规程》(JTG E42—2005)和《公路工程沥青及沥青混合料试验规程》(JTG E20—2011)中。

第四节　国内外沥青混合料设计内容的对比

沥青混合料设计方法多种多样,基本上每个国家都有一套设计方法及其指标体系。从原理来讲,基于性能验证和力学指标的法国 LCPC 沥青混合料设计方法、基于体积指标的 Superpave 沥青混合料设计方法及马歇尔沥青混合料经验设计方法最具有代表性,大多国家都是采用上述三种方法体系,并根据其具体国情建立相应的指标体系。本节重点对法国沥青混合料设计方法、美国 Superpave 设计方法及我国马歇尔沥青混合料设计方法进行系统地比较,分析各种设计方法的设计理念、关键指标、性能评价体系,为我国沥青混合料设计方法演变提供技术参考。

一、法国

(1)设计轴载:130kN。

(2)胶结料选择:以针入度分级体系为主,增加了胶结料与矿粉混合物的试验评价内容。

(3)混合料压实:法国在 20 世纪 60~70 年代开发了其沥青混合料设计方法,该设计方法基于一个特殊的设计理念,即热拌沥青混合料在设计和施工过程中应该压实到最终密度,并且没有进一步的压实,在整个服务期内,密度与混合料施工完成后相同。

在实验室压实方面,通过 1959 年访问得克萨斯州,在得克萨斯州旋转压实仪的基础上进一步研究,1968 年提出了一个适用于法国的旋转压实草案,法国旋转压实仪的内部角为 0.82°。在现场压实方法方面,通过建设试验段建立不同粒径混合料现场压实与室内压实的关系曲线。LCPC 也证实在使用期车辆作用下,混合料密度仅有微小增加或没有。

法国混合料压实次数依据不同混合料的粒径进行选择,混合料粒径越大,其压实次数越多。

(4)短期老化:法国要求,在沥青混合料拌和后半个小时到两个小时内,进行压实。

(5)级配选择:法国沥青混合料总体上,粒径较小,采用典型级配曲线。法国沥青混合料的级配选择,中、下面层按照连续密实的原则进行,上面层粗集料相对较多。

(6)沥青用量选择:在混合料沥青用量选择方面,通过丰度系数(Richness Modulus)确定最小沥青用量,不同于美国或者中国采用体积指标等参数确定沥青用量的方法。

(7)性能评价:法国沥青混合料设计方法是一个逐渐发展的过程,以往沥青混合料采用经验设计方法,沥青混合料依靠沥青用量和抗车辙性能进行混合料分级,目前其设计规范当中仍然可以采用经验设计方法进行混合料设计。为了满足道路建设的需求,开发了基于性能指标和力学指标的混合料设计方法。通过旋转压实,考虑了体积性质;通过抗水损害反映经验指标,通过车辙试验反映性能指标,通过动态模量和疲劳抗力反映力学指标。

通过40多年的应用,形成了一个适用于法国应用条件,包含材料性质、体积指标、经验指标、性能指标和力学指标的沥青混合料设计方法。准确来讲,对于结构层沥青混合料都可以采用基于性能指标和力学指标的方法。对于其他的沥青混合料,也许包含性能相关的试验方法,也被认为是基于经验的设计方法。

(8)混合料类型:通过基于性能指标和力学指标的沥青混合料设计方法的研究,开发了EME2和BBME等新型的高模量沥青混合料,这些混合料只能采用基于性能指标和力学指标的混合料方法进行混合料设计与评价。

二、美国

(1)设计轴载:80kN。

(2)胶结料选择:Superpave采用动态剪切流变和弯曲流变试验等评价胶结料在工作温度条件下的性能,通过固定胶结料试验标准,改变试验温度的方法,确定不同胶结料适宜的工作温度。

(3)短期老化:Superpave要求在压实温度条件下保存两个小时后,进行压实,达到短期老化的目的。

(4)混合料压实:1991年美国联邦公路局基于法国LCPC旋转压实仪,开发出了美式旋转压实仪,通过一系列的研究确定内部角为1.16°。在混合料压实标准的选择上,由于空隙率8%以上的沥青路面容易破坏,沥青混合料的设计空隙率宜控制在4%,施工过程中控制在4%~8%。在混合料压实次数的选择方面,Superpave设计体系按照交通量选择压实次数。交通量越大,压实次数越多。

(5)级配选择:Superpave设计方法最早根据控制点和限制区的方式进行级配选择,限制区主要是用来避免采用天然砂时产生驼峰级配,在AASHTO M323中已经没有限制区的要求。

为了更好地选择级配,Superpave设计方法有级配选择的过程。Superpave设计方法有粗级配、细级配的划分,通过关键筛孔的控制进行划分。

(6)沥青用量选择:在Superpave设计方法中,沥青用量的选择是按照4%的空隙率进行选择的。

(7)性能评价:SHRP研究小组提出的最初Superpave体系,试图随着交通等级的提高增加复杂试验的要求和标准。希望通过路面性能模型预测随时间或交通作用,路面的破坏形态,但是性能试验和预测模型存在缺陷,一直在完善过程中。目前,已经纳入混合料方法体系的只有AASHTO T283试验。在性能评价和预估方法当中,开发了系列的混合料性能评价方法,如动态模量试验、Flow number、Flow time 试验、AMPT 试验等。

(8)混合料类型:以密级配混合料为主,新型混合料类型较少。

三、中国

我国沥青混合料设计方法是在"沥青混合料矿料级配及配合比设计方法的修订""沥青路面透水测定方法及指标要求""SUPERPAVE 设计方法的引进与开发""高速公路沥青路面抗滑技术标准""沥青混合料水稳定性评价指标""道路用乳化沥青技术要求的修订"等研究专题的基础上,形成的以马歇尔设计方法为基础的沥青混合料设计方法。

(1)设计轴载:100kN。
(2)胶结料选择:采用针入度分级进行沥青胶结料的选择。
(3)混合料压实:主要是采用马歇尔方法双面击实 75 次。
(4)短期老化:没有压实前对于压实温度下保温的技术要求。
(5)级配选择:借鉴 Superpave 方法,增加了级配选择的过程。
(6)沥青用量选择:按照空隙率、VMA 等指标,综合确定。
(7)性能评价:为了适应我国不同地区气候、交通的特点,对于不同区域提出了相应的性能要求。具体的性能要求包括:
①水稳定性:浸水马歇尔试验、冻融劈裂试验。
②高温稳定性:抗车辙试验。
③低温性能:低温小梁弯曲试验。

中国马歇尔沥青混合料设计方法在材料选择的基础上,进行马歇尔试验,确定沥青用量;然后进行浸水马歇尔试验、冻融劈裂试验、抗车辙试验和低温小梁弯曲试验一系列性能试验进行检验。在中国规范当中,也允许采用 Superpave 等方法进行沥青混合料设计。

四、法、美、中沥青混合料设计内容对比

综合比较法国、美国和中国沥青混合料设计内容如表2-4所示。

法国、美国和中国沥青混合料设计内容比较　　表2-4

项目	法国	美国	中国
设计轴载	130kN	80kN	100kN
胶结料选择	以针入度分级体系为主,增加了胶结料与矿粉混合物的试验评价	基于性能评价的 PG 分级试验	以针入度分级体系为主
混合料压实	旋转压实,依据混合料粒径和现场压实确定	旋转压实,依交通量确定	马歇尔击实,一般采用双面75 次
短期老化	半小时到两小时	两小时	没有明确要求
级配选择	粒径较小,采用典型级配曲线	有限制点,有级配选择过程	有级配范围,有级配选择过程

续上表

项目	法国	美国	中国
沥青用量选择	依据丰度系数确定最小沥青用量	采用4%的空隙率确定	依据空隙率等指标综合确定
性能评价	需要进行系统的水损害、高温、模量和疲劳性能评价	目前仅有 AASHTO T283 水损害性能评价；已有其他评价方法，但是没有纳入规范	具有较为系统的性能评价方法，但是没有力学指标要求

第五节 国内外沥青混合料设计流程的对比

一、法国

法国沥青混合料的设计流程包括集料、细料、沥青胶结料、矿物或有机添加剂等原材料性能评价，混合料组成设计及一系列试验评价沥青混合料的性能。根据性能试验水平（水平1到水平4）来选择试验，根据合同也可以有一些附加试验。性能试验选取通常取决于：混合料类型，沥青混合料在路面中的层位、厚度，交通水平，特殊的加载条件（如匝道、交叉口、当地温度），路面结构以及道路建设项目的性质等。具体的混合料设计流程如图2-7所示。

1. 原材料技术要求

1）关于掺加填料的技术要求

关于填料的技术要求见欧标 EN 13043，其中，以下参数值得注意：

(1) 颗粒筛分：0.125mm 和 0.063mm 的低限和最大范围。

(2) 有害细集料的亚甲蓝值[亚甲蓝试验（欧标 EN 933-9）]。

(3) 干压填料空隙率[Rigden 空隙指数（欧标 EN 1094-4）]。

(4) 增强指数，环球法软化点差（欧标 13179-1）。

(5) 关于 Blaine 比表面积（EN 196-6）的附加规定表征填料生产的一致性。

表 2-5 总结了填料特征。

沥青混合料用填料的典型特征　　　　表 2-5

颗粒尺寸指标，筛分尺寸(mm)						有害细料	增强性质	
2	0.125		0.063			MBF(g/kg)	(Rigden)空隙率 V(%)	$\Delta_{R\&B}$(℃)
通过率	通过率	范围	通过率	范围				
≥100	85~100	≤10	≥70	≤10		≤10 记为 MBF10	28~38 记为 $V_{28/38}$	8~16 记为 $\Delta_{R\&B}8/16$

2）关于混合料中含有填料的要求

法国有关于来自细集料的石粉（Fine）或外掺填料的技术要求（也就是石粉来自细集料和单独掺加的填料）。用 0.125mm 干筛筛出来自细集料的石粉或外掺填料需满足表 2-5 的技术要求。当在拌和厂生产混合料时,大部分的填料不仅来自细集料中的石粉,也来自粗集料表面的细颗粒,同时还有干燥和拌和阶段机械搅拌产生的细颗粒。这些来自破碎集料的细料也必须符合 EN 13043 要求,这些要求列于表 2-6。

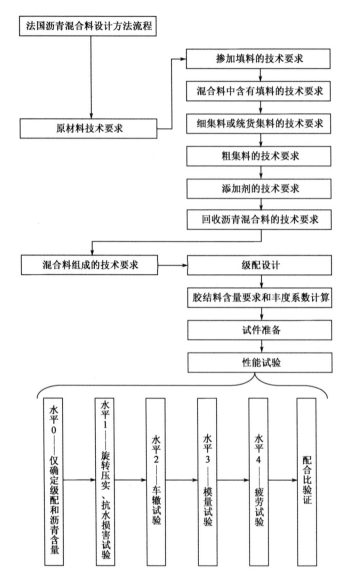

图 2-7 法国沥青混合料设计流程图

从细集料、统货集料或混合填料中关于细集料的规范　　　　表 2-6

特性	MBF(g/1000g)	(Rigden)空隙率(%)	$\Delta_{R\&B}$(℃)
标准 EN 13043	≤10 记为 MBF10	28~38 记为 $V_{28/38}$	8~16 记为 $\Delta_{R\&B}8/16$

含有氢氧化钙的填料使用还有一个严格的规定,它的含量不能超过混合料的 1%。

3)关于细集料或统货集料(0/4,0/6❶)的技术要求

对于大多数沥青混合料,细集料是 0/2(欧标 EN 13043 定义的)或 0/4 统货集料。若用于低交通荷载的柔性路面中(AC-BBS),基层半粗密级配沥青混凝土(AC-GB)、高模量沥青混凝土(AC-EME)和"软"沥青混凝土,0/6 是可以接受的。

根据 EN 13043 的规定,细集料 0/2 的分类为 G_F85,这就是说 100% 超过 4mm 筛,85% ~ 99% 通过 2mm 筛。这套特性相当于法标 XP P18-545 即 EN 13043 的法国版本应用指南中定义的"a"类。

0/4 和 0/6 统货集料归于 G_A85[100% 通过 $2D$(D 为集料或沥青混合料的上限尺寸),98% ~ 100% 通过 $1.4D$ 和 85% ~ 99% 通过 D]。

细集料和粗集料的颗粒尺寸分布的允许波动范围必须符合规范的 $G_{TC}10$ 要求[D 尺寸 ± 5%,$D/2$ 尺寸 ± 10%,0.063mm,± 3%]。

细集料和粗集料的有害物质必须满足 MB_F10(细集料中的石粉测定)或 MB_2(0/2 颗粒尺寸测量),比 MB_F10 更严格。

细集料中的细料含量一般在 10% ~ 22%,细料含量在 16% ~ 22% 的细集料也可以用,但在所有情况下,细集料中的细料含量必须满足所规定的值。

当细集料用于表面层时,要测定细集料的最小棱角性(EN 933-6),一般来说这个值为 35 ~ 38s,除非用于低交通量柔性路面的"软"沥青混合料,30s 也可以接受。

对于其他沥青混合料(用于联结层和基层),如果要求进行轮辙试验测试,棱角性不作规定。

对于表面和联结层沥青混合料(AC-BBSG)圆状颗粒($E_{CS} < 30$)要限制在 10% 以内,同样标准适用于机场道面沥青混凝土、AC-BBA、"软"沥青混凝土、AC-BBS、表面层和联结层的高模量沥青混凝土 AC-BBME。

沥青混凝土细集料易碎颗粒最大值 0/4 为 40,0/2 为 45。这些要求可能已不再包括在产品规范中,然而这些指标经证明仍具有重要作用。

4)关于粗集料的技术要求

(1)物理特性(力学强度)和生产特性

粗集料的最小力学强度值和最小产品特性,取决于它们在路面结构中的层位以及作为表面层时的厚度。

生产特性主要是级配、形状和粉尘含量。

关于级配特性,一般要求 $G_C85/20$[D 筛通过率 85% ~ 99%,d(d 为集料或沥青混合料的下限尺寸)筛通过率为 0 ~ 20%,$2D$ 通过率 100%,$d/2$ 筛通过率为 0 ~ 5%]。对于间断级配混合料,必要的级配类型可采用 $G_C85/15$(即 d 筛通过率 0 ~ 15%,而不是 20%;对于单一尺寸粗集料,当间断级配用于表面层时,要求 $D/d < 2$,D 筛通过率为 90% ~ 99%,$2D$ 筛通过率 100%,$d/2$ 筛通过率为 0 ~ 5%)

对于基层材料,中等尺寸筛子($D/1.4$)的通过率应在 25% ~ 85% 之间;而对于表面层和联结层材料,通过率应在 20% ~ 70% 之间。两种情况的级配在生产过程中常用的允许波动误差

---

❶ 0/4,0/6 表示 0 ~ 4mm,0 ~ 6mm,全书余同。

±15%，分别为 G25/15 和 G20/15。

粗集料的形状用术语扁平指数 FI 来表达。FI_{25} 是一般要求，对于很薄层混合料需要 FI_{20}。

粗集料中的粉尘含量用 0.063mm 筛通过率来测量，通常使用 f_1（0.063mm 筛通过率小于1%），对于很薄层混合料使用 $f_{0.5}$（0.063mm 筛通过率 0.5%）。

表 2-7 给出了这些特性的概述。

粗集料的最低特性要求：力学强度和生产特性　　　表 2-7

使用类型	力学强度 EN 13043 XP P 18-545	生产特性
底基层	$LA_{40}M_{DE35}$ $LA_{40}M_{DE35}{}^{(1)}$	$G_C 85/20$ $G_{25/15}$ $FI_{25}\quad f_1$
上基层	$LA_{30}M_{DE25}$ $LA_{30}M_{DE25}{}^{(1)}$	$G_C 85/20$ $G_{25/15}$ $FI_{25}\quad f_1$
原层联结层（≥5cm）	$LA_{30}M_{DE25}$ $LA_{30}M_{DE25}{}^{(1)}$	$G_C 85/20$ $G_{25/15}$ $FI_{25}\quad f_1$
薄层结层（AC-BBM）	$LA_{25}M_{DE20}$ $LA_{25}M_{DE20}{}^{(1)}$	$G_C 85/20$ $G_{25/15}$ $FI_{25}\quad f_1$
厚表层和轻型机场道面	$LA_{25}M_{DE20}$ $PSVM_{DE50}$ $LA_{25}M_{DE20}{}^{(1)}$	$G_C 85/20$ $G_{25/15}$ $FI_{25}\quad f_1$
薄表面层（BBTM 和排水沥青 PA-BBDr）和重型机场道面	$LA_{20}M_{DE15}$ $PSV_{50}{}^{(2)}$ $LA_{20}M_{DE15}{}^{(1)}$	$G_C 85/15$ (gap-gradedgrading) $G_C 85/20$ $G_{20/15}$ $FI_{20}\quad f_{0.5}$

①在任何可能的应用时，当能判断和给出明确的判断，材料合同文件的最大值在 LA 和 MDE 之间可以互换 5 个百分点（见 XP P 18-545），例如：

　　对于 $M_{DE}=10, LA=25$ 的集料，LA 可为 $LA_{20}, M_{DE}15$ 的集料。

　　对于 $LA=15, M_{DE}=20$ 的集料，LA 可以为 $LA_{20}, M_{DE}15$ 的集料。

　　对于 $LA=13, M_{DE}=18$ 的集料，LA 可以为 $LA_{20}, M_{DE}15$ 的集料。

②对于唯一的点，有必要预测 PSV_{53}（规范值），甚至 PSV_{56}

注：最低值黑体字是从 EN 13043 中摘出来的，相当于小于和等于以前法国集料标准，斜体字相应于法国集料标准 XP P 18-545。

（2）颗粒尺寸分布

粗集料通用的规格为 2/4、2/6、4/6、4/10、6/10 和 10/14。

对于道路基层，也可以使用 2/10、6/14、6/20、10/20 和 14/20 等规格。每一种混合料类型

及可能的 D 值列于表 2-8。

混合料类型和 D 值　　　　表 2-8

沥青混合料	D(mm)
表面层和联结层沥青混凝土(AC-BBSG) 表面层和联结层高模量沥青混凝土(AC-BBME) 表面层和联结层机场道面沥青混凝土(AC-BBA) 薄层沥青混凝土 A 或 B 型(AC-BBM,A 或 B 型)	10~14
基层沥青混凝土-半粗(AC-GB)	14~20[②]
基层高模量沥青混凝土(AC-EME)	10~14~20[②]
薄层沥青混凝土,C 型	10
很薄层沥青混凝土(BBTM) 排水沥青混合料(PA-BBDr)	6~10[①]

注:①有可能用 8mm(欧标)。
　　②有可能用 16mm(欧标)。

欧标 EN 13043 强制使用基本筛系列+2 类筛系或基本筛系列+1 类筛系。通常实践是使用基本筛系列+2 类筛系。

AC-BBM A,薄层沥青混凝土在 2mm 和 6mm 处间断,而 AC-BBM B 在 4mm 和 6mm 处间断,而 AC-BBM C 混合料设计是连续的。

(3)棱角性

粗集料的棱角性对表面层的纹理有很大的影响,这也是在混合料设计中必须经常考虑的因素。

粗集料棱角性测量根据欧标 EN 933-5 破碎集料的棱角性大致为 C100/0。

对于从沉积岩中获取的粗集料用于表面层。棱角性值必在 C95/1,对于用于低交通量的"软"沥青混合料类型(AC-BBS)也可以用棱角性 C50/10。

5)关于添加剂的技术要求

关于添加剂没有很明确的规范。

术语添加剂包括了抗剥落剂,实践表明其在高温下存在降解的可能,如 NF P 98-150-1,这也包括了改变混合料的物理和力学性质的有机和无机添加剂。必须指出按照欧标 EN 13108 体系,只有通过评估认为合适的才能作为组成材料使用。适用性评估根据下列或下列之一:欧洲标准、欧洲技术认证(ETA)和建立在有满意应用历史基础上的材料。这些证据可以是研究成果和实践证明。

欧洲沥青工业界使用无机和有机纤维、彩色沥青、蜡等,这些是常规添加剂,并没有包括在欧洲标准中或 ETA 中。欧洲产品规范允许使用这些添加剂。

应当指出,对于抗剥落剂的用量,采用其与沥青胶结料的质量比来表示,可以采用内掺或外掺计算。而添加剂的使用量(不同于黏附剂),用其与集料质量的外掺比来表示,或者可以用其占混合料质量的内掺百分比表示。

添加剂在拌和作业中添加。

6)关于胶结料的规范(European Bituminous Specifications)

对于所有沥青混合料,胶结料有若干选择:铺路等级沥青(EN 12591)、聚合物改性沥青(EN 14023)、硬质沥青(EN 13924),根据混合料性能要求的水平而异。

事实上,对于聚合物改性沥青的性能规定,还没有一个可靠的规范,欧标 EN 14023 只限于一个类别。

尽管如此,还是根据最小塑性间隔、软化点的差和弗拉斯脆点以及最大弗拉斯温度等指标,对两种类型的改性沥青做出规范上的限制。

第一个指标显示改性的程度。对于4级改性沥青要求软化点温度>75℃,对于6级,软化点温度>65℃。第二个指标取决于当地的气候条件,如等级5(弗拉斯脆点温度<-10℃)或等级7(弗拉斯脆点温度<-15℃)。

关于硬质沥青等级规范包括在 EN 13924。法国建议的胶结料为针入度10~20,软化点温度60~76℃以及针入度15~25,软化点温度55~71℃。供应商应保证软化点在中值±5℃范围内。用 RTFOT 旋转薄膜老化试验(EN 12607-1 后要求的),等级为2(质量变化<0.5%,软化点增加<8℃,残留针入度>55%)。

当添加天然沥青,要符合 EN 13108-4 附录 B 天然沥青的要求。天然沥青定义了两个类别,分成高粉尘含量和低粉尘含量。对于第一类,25℃针入度应在0~4,软化点为93~99℃,溶解度52%~55%,灰分含量在35%~39%,密度在1.39~1.42g/m^3。对于第二类,25℃针入度0~1,软化点为160~182℃,溶解度大于95%,灰分含量在0~2%之间,密度为1.01~1.09g/m^3。

7)关于回收沥青混合料的规范

回收沥青混合料的规范见 EN 13108-8。

再生沥青混合料用外掺物质含量来表示,第一组 F1 为外掺物质(水泥混凝土,砖,水泥砂浆,金属)含量小于1%,第二组 F2 外掺物质(人造材料、木、塑料)含量小于0.1%。

回收沥青混合料 U(颗粒尺寸)值小于等于35mm。

回收沥青混合料中集料上筛子尺寸 D 不应该超过所生产混合料的上筛子尺寸。回收沥青混合料集料性质应达到混合料集料的要求(历史资料也可接受)。

当表面层使用超过10%的 RA 或其他层超过20% RA,若 RA 中含有的沥青为铺路等级沥青,同时新掺配的沥青也是铺路等级沥青,若需要确定合成后的胶结料等级,沥青的等级应符合下列要求:

从回收沥青混合料中回收胶结料以及新添加胶结料的针入度或软化点应满足最终胶结料针入度或软化点要求。

当进料主要是含有铺路等级沥青的回收沥青混合料,如果回收胶结料针入度均不低于10,所有样品平均针入度至少15,这种回收沥青混合料可以归类为 P15,如果这个回收沥青软化点不大于77℃,所有样品平均软化点不超过70℃,这种回收沥青混合料标志为 S70。

对于其他回收沥青混合料分类，Pdec 或 Sdec 就是所有样品的平均针入度或平均软化点温度。

对于回收沥青混合料，宜根据其基本的技术信息（通过试验或历史数据）对不同来源的回收料进行区分，也可以根据回收的胶结料和集料的特性进行区分。

第 1 类回收沥青混合料 10% 的 RA 用量，可以用于除表面层以外的其他层次。其他类的回收沥青混合料，可以再生用作磨耗层，在较高用量时则取决于特定的应用环境条件。

然而对于排水沥青混合料 PA 和很薄层沥青混凝土 BBTM，不推荐掺入回收沥青混合料，对于薄层沥青混凝土的 A 类和 B 类，作为默认的预防性建议措施，是不允许采用回收沥青混合料的。

在法国标准应用指南中提供了对应于一定技术特性的回收沥青混合料使用比例表，这张表来自法国标准 XP P 98-135 回收沥青混合料。

针对回收沥青混合料的使用目的需要确定的特性总结见表 2-9。

回收沥青混合料特性和 RAP 掺量 表 2-9

				RAP 掺配比率(%)			
在路面中应用	层位						
	表面层			0	0	10 根据[1]	30	40
	联结层			10	20	30	40	
	基层			10	20	30	40	
回收沥青组成材料	胶结料含量		范围	无规定	≤2%	≤1%	
	沥青胶结料	残留物性质（针入度或软化点）	针入度 0.1mm	无规定	≥5	≥5	
			针入度范围		—	≤15	
			软化点（℃）		≤77	≤77	
			软化点范围		—	≤8	
	集料	颗粒尺寸分布	D, 通过率范围	无规定	80~99 ≤15	85~99 ≤10	
			2mm, 通过率范围		≤20	≤15	
			0.063mm, 通过率范围		≤6	≤4	
		内在特性	分类	无规定	例如 LA_{20}, M_{DE20}		
			棱角性	—	$C_{90/1}$		

注：如果 RAP 平均油石比超过 5.5%，可以认为这种回收料是一种沥青混合料，只不过其集料选择的技术标准与回收混合料的集料最低标准非常接近，不管如何，石灰岩集料不能用于表面层。

2. 级配设计与性能要求

1）级配设计

法国标准中没有规定集料颗粒分布曲线。然而对于 0.063mm、2mm、D 和 1.4D 筛规定了目标组成的总的范围（级配范围），相应的要求列于表 2-10。

目标组成的全部范围 表2-10

沥青混合料	0.063mm 筛通过率（%）	2mm 筛通过率（%）	D 筛通过率（%）	1.4D 筛通过率（%）
AC10	2.0~12.0	10~60	90~100	100
AC14	0.0~12.0	10~50 10~60（机场）	90~100	100
AC20	0.0~11.0	10~50 10~60（机场）	90~100	100
BBTM6A	7.0~9.0(11)	25~35	90~100	100
BBTM6B	4.0~6.0	15~25	90~100	100
BBTM10A	7.0~9.0	25~35	90~100	100
BBTM10B	4.0~6.0	15~25	90~100	100
PA-BBDr	2.0~10.0	5~25	90~100	100

2）胶结料含量要求和丰度系数计算

在前期法国的体系中，沥青用量建立在"丰度系数"概念的基础之上，丰度系数概念接近于沥青膜的厚度，独立于混合料级配以外的要求。

EN 13108 系列没有使用这个概念，为了与 EN 13108 保持一致，丰度系数的要求已经转换为"沥青胶结料用量"。在经验方法中，提出各种材料类型的最低沥青用量值 B_{min}。在基本力学方法中，B_{min} 即最小沥青用量固定在3%。但是对于法国沥青混合料设计而言，最低沥青用量的要求明显不合理，实际设计当中应以最小丰度系数作为控制指标。表2-11 同时给出了最低沥青用量和丰度系数。

最低沥青用量和丰度系数值 表2-11

沥青混合料	最低沥青胶结料用量（%）		最小丰度系数 K
	经验方法	基本力学方法	
AC10-BBSG	$B_{min5,2}$	3.0	3.4
AC14-BBSG	$B_{min5,0}$	3.0	3.2
AC10-BBAC（Continuous）	$B_{min5,4}$	3.0	3.6
AC14-BBAC（Continuous）	$B_{min5,2}$	3.0	3.5
AC10-BBAD（Discontinuous）	$B_{min5,2}$	3.0	3.4
AC14-BBAD（Discountinuous）	$B_{min5,0}$	3.0	3.2
AC10-BBM	$B_{min5,0}$	—	3.3
AC14-BBM	$B_{min5,0}$	—	3.2
PA6-BBDr class1	$B_{min4,0}$	—	3.4
PA6-BBDr class2	$B_{min4,0}$	—	3.2
PA10-BBDr class1	$B_{min4,0}$	—	3.3
PA10-BBDr classs2	$B_{min4,0}$	—	3.1

续上表

沥青混合料	最低沥青胶结料用量(%)		最小丰度系数 K
	经验方法	基本力学方法	
BBTM6	$B_{min5,0}$	—	3.5
BBTM10	$B_{min5,0}$	—	3.4
AC-GB class1	$(B_{min3,4})$	—	—
AC-GB class2	$B_{min3,8}$	3.0	2.5
AC-GB class3	$B_{min4,2}$	3.0	2.8
AC-GB class4*	—	3.0	2.9
AC-EME class1*	—	3.0	2.5
AC-EME class2*	—	3.0	3.4
AC10-BBME*	—	3.0	3.5
AC14-BBME*	—	3.0	3.3

注：* 由于基本的方法，最低沥青用量不再规定。3%是 EN 13108-1 对所有类型沥青混凝土基本方法规定的最低值。

3)试件准备

(1)密度测量

最大密度 ρ_{mv}（法国文献中 MVR），按照 EN 12697-5（3 个样品平均）方法"A"水中重法直接用混合料测量(1.5kg 热拌样品,符合配合比范围)。这个方法是 EN 13108-20"性能试验"试件空隙率测定和旋转压实试验的基本方法。这个方法与以各个砾料部分最大密度为基础的计算法相比，其推广优点是可以减少进行试验的数量。

(2)回收沥青混合料重新加热和加入拌和

欧洲标准对回收料的使用提出了要求,在回收料进行分散之后,在规定的回收使用率水平下,回收料的称量精确度要达到 0.1%。

①在拌和厂回收沥青混合料加入前重新加热的情况。将回收沥青混合料重新加热到建议温度±5℃,通过带有通风的料斗,放入设有固定温度的烘箱(2.5±0.5)h,料斗必须定期振动,以避免产生过分的压力。

②在拌和厂回收沥青混合料加入前不加热的情况。通过通风烘箱将回收沥青混合料重新加热到 110℃±5℃,2.5h±0.5h,与集料加热的标准温度相比,新加入的集料加热温度要根据回收料加入的比例进行适当提高。当使用铺路等级沥青,拌和时间增加 1min。

(3)拌和

按 EN 12697-35"试验室拌和"生产混合料。在欧标中填料可以和集料一起加入,也可以在沥青加入后加入。经常选用的是前者。与以前的法国标准相反,如果拌和锅没有加热控制设备的话,欧标不强调提高集料的加热温度。

(4)试件压实

水敏感性试验试件可以通过旋转压实仪或平板压实仪成型板钻取芯样来获取。但是为了与以前法国标准 NF P 98-251-1(多列士试验)获得的结果相比较,最好用 EN 12697-12 方法 B 的双面净压法成型试件。对于力学试验,其所需要的板也采用 EN 16097-33 进行轮碾成型,使试件压实到目标压实度,为了改善板的表面状态,在压实完成时使用垫板整平,由于这种操作已经被证实影响车辙试验结果,目前已不允许这种操作。

(5)试件切割和黏结

圆柱形和梯形试件按 NF P 98-250-3 指南要求进行切割和黏结。这一点在欧洲规范中没有提到。

(6)试件存放条件

对于 ITSR 水敏感性试验,试件在成型和开始执行试验前最少储存 16h。

对于车辙试验,试件在压实结束后到开始轮辙试验(EN 12697-22 轮辙试验)的时间为至少 2d。对于疲劳和劲度模量试验,在钻芯或切割和开始试验时间差在 2 周和 2 个月之间。

(7)试件空隙率

用于轮辙试验或力学试验(劲度模量或疲劳)试件必须满足规范中关于空隙率的一系列要求。

空隙率可用 EN 12697-7 规定的通过三个层次的 γ 射线来测定。如果不能进行这种测量,可用体积法(轮辙试验)、劲度模量或疲劳试件的孔隙率来测定。最常见的空隙率值列于表 2-12。

试件特性　　　　　　　　　　　　　　　　表 2-12

沥青混合料	轮辙试验(大轮辙仪)		疲劳/劲度模量	
	板厚度(mm)	空隙率(%)	板厚度(mm)	空隙率(%)
AC-BBSG 和 AC-BBME	100	5~8	120	5~8
AC-BBM class A	50	7~10	—	
AC-BBA(除了 AC10-BBA D)	100	4~7	120	4~7
AC10-BBA D	50	4~7	120	4~7
AC-BBM class B 或 C	50	8~11	—	
AC-GB class2	100	8~11	120	7~10
AC-GB class3	100	7~10	120	7~10
AC-GB class4	100	5~8	120	5~8
AC-EME class1	100	7~10	120	7~10
AC-EME class2	100	3~6	120	3~6
BBTM 10	50	9~16		
BBTM 6	50	16~22		
—	用于测量车辙深度的两个试件的毛体积密度的变异不得超过平均毛体积密度的±1%		—	

4)性能试验

水平 0,根据级配和沥青用量描述的混合料,不需要进行任何试验,这些混合料用于非交通量道路地区。其他试验水平,从最简单的水平 1,到最全面复杂的水平 4,通常高的设计水平要在低设计水平的要求满足之后进行。根据欧标 EN 13108-1,水平 0、水平 1 和水平 2 相当于通用的经验方法,水平 3 和水平 4 相当于通用的 + 基本力学的方法。

(1) 水平 1

混合料必须满足旋转压实试验使用的所有空隙率的要求,同时满足水敏感性的门槛值。

除了非交通荷载地区,对于所有试验方法来说,这个水平是最基本的。对于交通荷载低的道路应用,水平 1 不需要进行更进一步的试验已经足够了。水敏感性试验按欧标 EN 12697-12 方法 B 压缩方法测定。

(2) 水平 2

水平 2 包含了水平 1 的试验(旋转压实和水敏感性)。同时增加了轮辙试验,或抗车辙试验。

(3) 水平 3

水平 3 包含了水平 1 的旋转压实试验和水敏感性试验,以及水平 2 的轮辙试验,同时包括了测量混合料劲度模量的步骤。

劲度模量试验是在大的道路工程中,包括了所在层位在路面结构中的功能,反映所在的层位在路面结构中的力学水平。这个水平意味着欧标中的基本力学试验方法,15℃,10Hz 或 0.02s 的劲度模量值与结构设计模型直接有关。

由于它们的主要特性,AC-GB,4 型、AC-BBME 和 AC-EME 混合料都必须包含劲度模量试验。对于其他沥青混合料,根据要求进行经验或基本力学试验。

(4) 水平 4

水平 4 通过水平 1 的旋转压实和水敏感性试验,水平 2 的轮辙试验和水平 3 的劲度模量试验,当然还要通过疲劳的测定。水平 3 相当于基本力学方法。疲劳试验用于大的工程,目标层承受疲劳,在结构设计模型中直接使用 ε_6 值。

AC-BBME 和 AC-EME 属于基本力学方法,对于其他沥青混合料,根据需要来决定进行经验的还是基本力学的试验。

(5) 配合比验证

对于沥青混合料设计,即使只进行了水平 1 的常规性能试验,也要进行配合比的验证。材料来源、颗粒筛分曲线和沥青用量都要保持不变。

然而对于集料,例如形状的变异可能有明显的不同,但通用的测量方法(毛体积密度、颗粒筛分曲线等)不能表征,而且会对材料性能有重要的影响。

验证方法包括选择尽可能多的试验水平以检测这些变化,换而言之,用以确定所研究混合料内在特性的一致性。

最适用的试验设备是旋转压实仪。选择的标准是整个曲线得到的孔隙率偏差要在 ±1.5% 范围内,作为一般规则,这个标准对于确定混合料设计会否有重大变化来说是足够的。其他特性(轮辙试验、劲度模量等)在提供使用的沥青符合标准情况方面是有价值的(这句话的整体意思应该是:若更换沥青的话,可采用车辙模量等试验确定能否代替配合比使用的沥青)。沥青的任何改变必须对这些特性进行新的验证。

在特定情况下,要有针对性地选择需要进行验证的目标特性,例如对于专门用于抗车辙目的的混合料进行轮辙试验验证,专门用于高模量目的的混合料进行劲度模量值的验证。

二、美国

Superpave 体系的一个主要特性是改变了试验室压实方法。
Superpave 沥青混合料设计流程如图 2-8 所示。

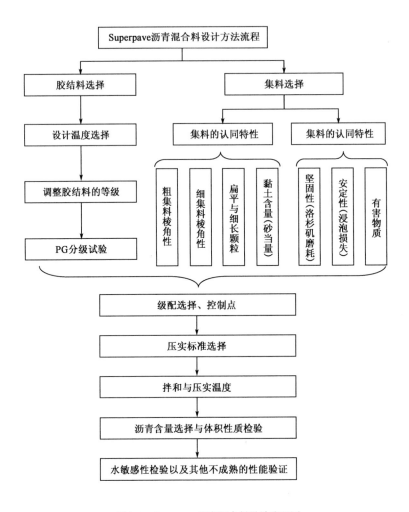

图 2-8　Superpave 沥青混合料设计流程图

1. 原材料技术要求

1）胶结料选择

Superpave 是建立在性能基础上的规范，要求胶结料满足 AASHTO M320 的技术要求。胶结料将根据其使用地区的气候和交通条件来选择。Superpave 胶结料规范的显著特色在于，它未采用在固定温度进行试验，改变规定值的做法，而采用规定值固定不变，用于获得此规定值的试验温度变化的做法。

PG 性能分级胶结料由诸如 PG64-22 的术语来定义，前面的数字 64 为"高温等级"，意思是胶结料在高达 64℃温度时仍具有足够的物理特性，相应于胶结料所期望的服务气候的路面高温。同样,后面的数字(-22)为"低温等级",意指胶结料在路面温度降至至少-22℃时仍具有足够的物理特性。

Superpave 胶结料规范的精髓在于,通过模拟胶结料寿命期三个重要阶段进行沥青胶结料试验。第一阶段采用原样沥青进行试验,以模拟沥青胶结料的运输、储存和装卸阶段;第二阶段采用旋转薄膜烘箱老化后的试样进行试验,以模拟在沥青混合料拌和、摊铺过程中的沥青老化过程,旋转薄膜烘箱老化试验方法是将胶结料薄膜暴露于高温(163℃@4h)和空气中老化,相当于混合料在拌和、运输和摊铺过程中的胶结料老化;第三阶段采用压力老化箱老化后的试样进行试验,以模拟沥青路面层混合料中胶结料的长期老化,压力老化箱老化试验方法是将沥青试样暴露于热(85℃@5d)和压力条件,以模拟路面服务期间的老化年份。

在所有的 PG 分级中规范要求的物理性能指标是一样的。不同级别胶结料的区别在于满足要求的温度是不同的。例如,一种标识为 PG64-22 的胶结料表示其要符合的高温物理性质指标要求的最低试验温度不小于 64℃,低温物理性质指标要求的试验温度要低于-22℃。这些物理性质直接与实际的路用性能相关,因此第一个指标(温度)越高,沥青胶结料抵抗高温车辙及推移变形的能力越强,同样第二个指标(PG 温度)越低,其抵抗低温开裂的性能越好,高温、低温的标识在各自的方向(高、低)以 6℃ 递增,这样使其可能的分级几乎是无限的。在美国最常用的铺路沥青等级是 PG64-22、PG70-22、PG76-22、PG58-22、PG64-28、PG58-28 和 PG52-34。

(1)设计温度选择

选择沥青胶结料应用的设计温度是路面温度,而非空气温度。因此气象台站的空气温度必须转变成路面的温度。对于表面层,Superpave 定义路面高温设计温度是路表面下 20mm 处的路面温度,路面低温设计温度是在路表面的最低温度。沥青胶结料等级选择方法经历了两个阶段,首先在 SHRP (1987—1993 年)期间,SHRP 研究者提出了将历史气温转化为路面设计温度,提供了计算公式;根据路面季节观测项目(SMP)建立了另一套计算公式。在这两个期间,加拿大学者曾提出低温计算公式,其提出的建议被采纳。因此,对高温有 SHRP、LTPP 两个公式,对低温总共有三个公式即 SHRP、LTPP 和加拿大低温计算公式。

M323 中,推荐用 LTPP Bind 软件来确定路面设计温度。其中,需要输入可靠度参数,即一年中实际温度不超过设计温度的百分率,高可靠度意味着低风险。

(2)按交通荷载及交通速度来调整胶结料的等级

胶结料的选择过程是典型公路荷载条件下胶结料选择的基本程序。在这些条件下,路面性能受设计时速、瞬时作用荷载的影响,对于高温设计情况,特定的性能指标影响其抗永久变形能力,同时荷载作用的速度也会影响该项性能。

对于低速、停滞荷载情况,Superpave 需要另外的办法来选取胶结料的高温等级。对于设计荷载下低速度的道路,高温等级需要高一级,例如上述就应是 PG64 而非 PG58,对于停滞的交通荷载、高温等级应提高两级,为 PG70,而非 PG58。同样,对于特重的交通情况,应采用另外的胶结料选取办法。如果设计交通量在 1000 万~3000 万 ESALs 之间,工程师就宜考虑提高高温等级一级。如果设计交通量超过 3000 万 ESALs,那么胶结料高温等级则需要提高一级。这种按交通荷载和速度来调整高温等级有时叫作"grade-bumping"(跳级),表 2-13 简要表述了 AASHTO 的"跳级"规则。

基于交通速度和交通量水平的沥青胶结料选择（AASHTO M323）　　表 2-13

设计 ESALs① (百万次)	沥青胶结料 PG 等级的调整⑤ 交通轴载速度		
	静止②	慢③	标准④
<0.3	—⑥		
0.3～3	2	1	
3～10	2	1	
10～30	2	1	—⑥
≥30	2	1	1

注：①设计交通量是设计 20 年内的远景交通量，不管路面实际设计年限是多少年，用 20 年的设计交通量 ESALs，据此选择合适的 $N_{设计}$。
②静止交通——平均交通速度 <20km/h。
③慢速交通——平均交通速度 20～70km/h。
④标准交通——平均交通速度 >70km/h。
⑤增加高温等级（一个等级 6℃），不调整低温等级。
⑥考虑增加一个高温等级。事实上，沥青胶结料 >PG82-XX 时，应避免使用；当需要调整的高温等级 >PG82 时，应考虑用 PG82-XX。

2）集料选择

集料在混合料中起到一个整体作用来抵抗路面的变形。疲劳及低温开裂受集料性能的影响较小。SHRP 将集料性质分两类：认同特性及料源特性。

（1）集料的认同特性

路面专家认同集料的一些特定性质对性能优良的 HMA 相当重要。这些性质称为集料的认同特性，具体包括粗集料棱角性、细集料棱角性、扁平与细长颗粒以及黏土含量。

这些集料认同特性的标准建立在交通量水平和路面结构层位置的基础上。靠近路面受荷载作用较大的层位需要具有更严格的认同特性的集料，这些标准不是针对单个的集料组成成分，而是对于整个混合料而言，然而，许多机构目前将这些要求应用于单一集料，因此很可能混合料不合要求。表 2-14 是详细的集料认同特性。

Superpave 集料认同特性要求（AASHTO M323）　　表 2-14

设计 ESALs① (百万次)	粗集料棱角性 (%) 最小		细集料未压实的空隙率 (%) 最小		砂当量(%) 最小	针片状含量③(%) 最大
	≤100mm	>100mm	≤100mm	>100mm		
<0.3	55/—	—/—	—	—	40	—
0.3～3	75/—	50/—	40	40	40	10
3～10	85/80②	60/—	45	40	45	10
10～30	95/90	80/75	45	40	45	10
≥30	100/100	100/100	45	45	50	10

注：①设计交通量是设计 20 年内的远景交通量，不管路面实际设计年限是多少年，用 20 年的设计交通量 ESALs，据此选择合适的 $N_{设计}$。
②85/80 表示有 85% 的粗集料有一个破碎面，80% 的集料有两个或更多的破碎面。
③标准建立在最大与最小的比例为 5:1 的基础上。
（如果一层有 25% 在表面 100mm 以下，这个层在设计过程中就可能认为其小于 100mm）

①粗集料棱角性。这种特性可以确定集料内部具有较高的摩擦力以及很好的抗车辙能力。它的定义是大于 4.75mm 集料中具有一个或更多的破碎面的集料百分率。Superpave 对此的试验方法见 ASTM D5821"确定粗集料破碎面百分率的试验方法"。表 2-14 给出了对于粗集料在特定交通量作用水平及路面位置下棱角性要求的最小值。

②细集料棱角性。这个特性确保细集料具有很好的内部摩擦力及抗车辙能力。它的定义是小于 2.36mm 集料未压实空隙率。Superpave 试验方法见 AASHTO T304 "未压实细集料的空隙率",这种特性受集料颗粒形状、表面纹理以及级配的影响,高的空隙率表示其具有更多的破碎面。

③扁平与细长颗粒。这个特性是指粗集料中最长边与最短边之比大于 5 的集料的百分比。在施工和以后的交通中这种集料易于压碎,所以这种料是不好的集料。试验方法见 ASTM D4791,用大于 4.75mm 的集料进行这项试验。

黏土含量(砂当量)是集料小于 4.75mm 的部分中黏土含量百分率,它采用 AASHTO T176 方法来量测,"用砂当量方法来确定塑性细粒料及黏土含量"(ASTM D2419)。

(2)集料料源特性

除了认同特性外,集料其他的特性也很重要,但是这些特性的要求值难以取得一致,因为其是由料源所决定的。具体包括坚固性、安定性和有害物质含量。

①坚固性。坚固性指的是在洛杉矶磨耗试验(AASHTO T96 或 ASTM C131 或 C535)中集料混合料损失百分率。这个试验测试在运输、施工和使用中粗集料抵抗磨耗和机械破坏的能力。它采用大于 2.36mm 的集料,用钢珠来冲击、碾磨。试验的结果是指粗集料损失百分率,典型的值在 35%~45% 之间变化。

②安定性。安定性指的是集料混合物在硫酸钠或硫酸镁溶液中浸泡损失的百分率(AASHTO T104 或 ASTM C88)。这个试验测试了集料在路用服务过程中抵抗风化的能力,它可以用粗集料或细集料进行试验。这个试验是在集料烘干后将其置于饱和的硫酸钠(镁)溶液浸泡,一次浸泡和烘干被认为是安定性试验的一个循环,在烘干的过程中,盐分沉淀于集料的空隙中。重新浸泡后盐分再水化,施加一个内部的膨胀力,这个力模拟结冰后水的膨胀力作用。

试验的结果是在要求的循环次数下,各种筛孔间的集料损失百分率,在五次循环下,最大损失量值通常在 10%~20% 之间变化。

③有害物质含量。有害物质含量的定义为污染物(泥块、页岩、木块、云母、煤)等的质量百分率,可以采用粗集料和细集料来进行分析。试验采用规定的筛子,进行集料水洗法筛分,水洗法筛分中损失百分率被称作是泥块和易脆碎颗粒含量。对于有害物质含量有一个很广的范围标准,要求值可以在 0.2%~10% 之间变化,取决于污染物的确切组成成分。

2. 级配设计与性能要求

Superpave 体系的一个主要特性是改变了试验室压实方法。室内压实是用 Superpave 旋转压实仪(SGC)完成。面层混合料的最大公称粒径范围是 4.75~19.0mm,下面层最大公称粒径不大于 37.5mm。

1)级配选择

Superpave 混合料是基于 0.45 次方的级配图来确定允许的级配,主要依靠控制点控制级配范围,不同最大公称粒径混合料的控制点如表 2-15 所示。在 M323 设计方法当中,不再提原来的限制区的概念。

Superpave 集料级配控制点(M323-07)　　　　　　　　　　　表 2-15

标准筛孔 (mm)	通过百分率标准(控制点)					
	最大公称尺寸					
	37.5mm	25mm	19mm	12.5mm	9.5mm	4.75mm
50	100					
37.5	90~100	100				
25		90~100	100			
19			90~100	100		
12.5				90~100	100	100
9.5					90~100	95~100
4.75					<90	90~100
2.36	15~41	19~45	23~49	28~58	32~67	
1.18						30~60
0.075	0.0~6.0	1.0~7.0	2.0~8.0	2.0~10.0	2.0~10.0	6~12

级配分类:当混合料级配的通过率小于表 2-16 中的主要控制筛孔的控制点时,称为粗级配;其他的称为细级配。

Superpave 级配分类(M323)　　　　　　　　　　　表 2-16

不同最大公称尺寸的主要控制筛孔及其通过百分率					
最大公称粒径(mm)	37.5	25	19	12.5	9.5
主要控制筛孔(mm)	9.5	4.75	4.75	2.36	2.36
控制点筛孔通过率(%)	47	40	47	39	47

2)压实标准选择

Superpave 混合料设计方法取决于所设计 HMA 路面的交通量大小。在 Superpave 沥青混合料设计中,采用设计旋转压实次数 $N_{设计}$ 来区别不同混合料的压实功,设计旋转压实次数 $N_{设计}$ 是交通水平的函数,交通水平由设计 ESALs 表示,$N_{设计}$ 值的范围见表 2-17。

Superpave 旋转压实次数(R35)　　　　　　　　　　　表 2-17

设计 ESALs (百万次)	压实参数			应用的典型道路
	$N_{初始}$	$N_{设计}$	$N_{最大}$	
<0.3	6	50	75	很轻的交通量(地方/县级道路;货车被禁止通行的城市街道)
0.3~<3	7	75	115	中等交通量(集散道路;大多数县级道路)
3~<30	8	100	160	中等至重交通量(城市街道;省道;国道;一般高速公路)
≥30	9	125	205	重交通量(大交通量高速公路;爬坡道路;货车称重站)

当由公路部门自己规定或沥青层厚度≥100mm 时,估计交通量≥0.3×10⁶ ESALs,除了混合料使用在重要的交通线路上和施工车辆超载很多的情况,估计的设计交通量可以降一级。

从混合料设计来说,如果这一层厚度的1/4在路面下100mm以内,这一层视为路面100mm以下。

3)拌和与压实温度

用黏度对温度的关系图来确定拌和与压实温度。选择拌和与压实温度相应的胶结料黏度分别为$(0.17\pm0.02)Pa\cdot s$和$(0.28\pm0.03)Pa\cdot s$。当使用改性沥青时,黏度范围并不适用,拌和与压实温度的确定应咨询制造商的建议。

旋转压实前要求在压实温度条件下保温两个小时,保证了试件结果的稳定性。

4)沥青含量选择

选择设计沥青胶结料含量就是通过设计不同的级配结构来确定沥青含量,使得到混合料的体积和压实性质与混合料标准(依据交通量及环境条件而定)相比可以接受。Superpave沥青混合料的体积性质如表2-18所示。当采用粗级配时,粉胶比范围调整为0.8~1.6。

Superpave混合料体积设计要求(M323) 表2-18

设计ESALs[①] (百万次)	要求密度(最大理论密度,%)			矿料间隙率(%)最小					沥青填隙率[②] (%)	细级配粉胶比[③]	粗级配粉胶比
	$N_{初始}$	$N_{设计}$	$N_{最大}$	最大公称尺寸(mm)							
				37.5	25.0	19.0	12.5	9.5			
<0.3	≤91.5								70~80[④]		
0.3~<3	≤90.5								65~78		
3~<10		96.0	≤98.0	11.0	12.0	13.0	14.0	15.0		0.6~1.2	0.8~1.6
10~<30	≤89.0								65~75[⑤]		
≥30											

注:①设计的ESALs是20年设计车道预期的当量累计单轴荷载作用次数。
②对于37.5mm公称最大粒径的混合料,所有交通水平的VFA的下限应该是64。
③对于4.75mm公称最大粒径的混合料,粉胶比范围是0.9~2.0。
④对于25mm公称最大粒径的混合料,当交通量<0.3百万当量轴载,VFA的下限应该是67。
⑤当设计轴载>0.3百万当量轴载,25mm公称最大粒径的混合料的VFA为73~76,4.75mm公称最大粒径的混合料的VFA是75~78。

5)水敏感性检验

采用AASHTO T283试验评价设计混合料的水敏感性是否满足要求,主要进行"压实沥青混合料对水损害的抵抗力"试验,试验方法为:将拌和好的沥青混合料放在60℃烘箱中16h,用旋转压实机将试件压实到现场要求空隙率7%±0.5%的水平,其中一半试件作为对比试件,而另一半试件作为条件试件。将条件试件进行局部真空饱水,接着进行冻融循环-18℃@16h,然后在60℃条件下进行24h融化循环,对所有试件进行试验以确定其间接抗拉强度。水敏感性依据条件试件的平均抗拉强度与对比试件平均抗拉强度的比值来判断,此比值的标准为最小80%。

三、中国

根据中国的实际情况、经验与技术水平,仍然采用马歇尔设计方法进行沥青混合料设计。在有条件的地方和工程,鼓励学习国际上的先进经验,使配合比设计水平得到提高。因此,中国允许采用其他配合比设计方法在工程中应用。但是考虑到目前施工质量检验阶段一般都采用马歇尔方法,而且便于与标准的马歇尔方法、以往的实践经验进行对比,所以也要求在采用其他配合比设计方法时按规范规定的马歇尔方法进行检验,并提出相应的指标。中国典型的马歇尔设计方法流程如图2-9所示。

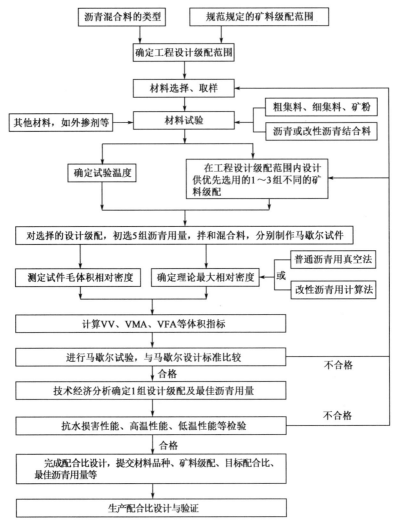

图2-9 密级配沥青混合料设计流程图

1. 材料选择与准备

我国沥青混合料设计规范当中,对于沥青、集料、填料都有明确的规范,需要按照《公路沥青路面施工技术规范》(JTG F40—2004)、《公路工程集料试验规程》(JTG E42—2005)等进行选择。总体而言,我国集料的规范相对国外规范要求更严格。

2. 矿料级配设计

级配设计的第一步是绘制沥青混合料的最大密度线,其画法应按照试验规程的方法。我国原规范的一个缺点在于要求矿料级配曲线尽量靠近中值。借鉴美国Superpave混合料设计体系对矿料级配的优选,中国规范增加了级配曲线进行优选的内容,在设计级配范围内计算 1～3 组粗细不同的配比,使包括0.075mm、2.36mm、4.75mm 筛孔在内的较多筛孔的通过量分别位于设计级配范围的上方、中值及下方,然后进行一系列比较。

3. 马歇尔试验

空隙率是由沥青混合料试件的密度和最大理论密度计算得到的,统一空隙率计算方法就必须统一试件相对密度和最大理论相对密度的测定或计算方法。采用真空法测定沥青混合料的最大理论相对密度作为我国的标准方法。在测定过程中,要求完全按照试验规程的方法,将混合料充分分散,达到规定的真空度和抽气时间,以便真正做到混合料处于零空隙率状态。对改性沥青混合料和 SMA 混合料,用计算法求取混合料的最大理论密度。我国在沥青混合料体积指标的计算上与美国现行方法基本上已经没有区别。只是由于改性沥青的最大相对密度确定方法有差异,所以表面上公式都相同,实际结果略有所不同。

在我国马歇尔试验过程中,在完成拌和后,没有明确的保温时间的要求,没有短期老化的要求,这也造成了不同试验室、不同试验人员击实试件的误差。

4. 确定最佳沥青用量(或油石比)

如果采用马歇尔试验作为配合比设计方法、空隙率指标测定不准确以及各地成功经验的推荐沥青用量,最佳沥青用量没有一个固定值。

采用综合指标和各地成功经验确定最佳沥青用量,能更广泛地探索因地制宜的混合料设计提供了规范依据。同时,由于要求不严格,也为不合理的混合料设计提供了可能。

5. 目标配合比设计检验

在车辙、浸水马歇尔等性能检验的基础上,增加了沥青混合料的渗水试验要求。研究表明,渗水性与空隙率有很大的关系,但又有很大的区别,空隙率是反映总的空隙,而渗水性只反映开口空隙,它与级配类型、集料粒径等多种因素有关。

6. 生产配合比设计与检验

取生产配合比的最佳沥青用量 OAC、OAC±0.3% 三个沥青用量进行马歇尔试验和试拌,通过室内试验和拌和楼取样综合确定最佳沥青用量,确定的沥青用量与目标配合比设计结果的差值不宜大于±0.2%,对于连续式拌和楼可以忽略生产配合比步骤。然后,对拌和楼生产的混合料和现场芯样进行检测,进行级配、空隙率、水损害性能以及高温性能的检测。

四、各国高模量沥青混合料的技术对比

各国高模量沥青混合料的技术对比见表 2-19～表 2-23。

法国 EME2 技术指标　　　　　　　　　　表 2-19

项　目	EME2 指标要求		备　注
适宜的单层压实厚度	AC10-EME2	6～8cm	EME2 根据最大工程粒径分为 0/10,0/14,0/20 三种
	AC14-EME2	7～13cm	
	AC20-EME2	9～15cm	

续上表

项 目	EME2 指标要求			备 注
最低沥青用量（丰度系数 K）	3.4			对于 $\rho=2.75\mathrm{g/cm^3}$ 的集料，油石比最低 5.5%
旋转压实次数及空隙率	AC10-EME2	80 转	空隙率 $V\leqslant 6\%$	采用法国/欧洲旋转压实标准（EN 12697-31），内部角 0.82°，外部角 1°；空隙率按旋转前后高度比计算
	AC14-EME2	100 转		
	AC20-EME2	120 转		
水稳定性	ITSR≥70%			采用 Duriez 试验（EN 12697-12 Method B）
高温稳定性	车辙变形率≤7.5%			采用法国车辙试验（EN 12697-22, Large Size Device），试验条件为 30000 次，60℃；车辙板空隙率 3%~6%；胶轮成型
模量	模量≥14000MPa			采用梯形梁模量试验（EN 12697-26, 2PB-TR）或直接压缩试验（EN 12697-26, DT-CY），试验条件为 15℃, 10Hz/0.02s
疲劳	$\varepsilon_6\geqslant 130\mu\varepsilon$			采用梯形梁疲劳试验（EN 12697-24, 2PB-TR），试验条件为 10℃, 25Hz, 10^6 次

英国低标号沥青技术指标　　　　　　　　　　　　　　　　　　　　　　表 2-20

性能指标	EME0/20
25℃针入度(0.1mm)	18
软化点(℃)	66
弗拉斯脆点(℃)	-3
135℃黏度($\mathrm{mm^2/s}$)	1490
闪点(℃), ≥	250
溶解度(%), ≥	99.9
RTFOT 后	
质量损失改变(%), ≤	0.07
25℃残余针入度比(%)	70
软化点增大值(℃), ≤	6
弗拉斯脆点(℃)	-3

比利时 EME2 设计指标要求　　　　　　　　　　　　　　　　　　　　　　表 2-21

性能指标	要 求	试验标准
水敏感性	≥60%	EN 1269-12
空隙率(旋转压实100次)	≥2%, ≤6%	EN 1269-31
高温稳定性(50℃, 30000加载循环)	≤5%	EN 12697-22[①]
劲度模量(30℃, 10Hz)	≥4000MPa	EN 12697-26, Annexe A[②]
疲劳(ε_6)(15℃, 30Hz)	≥100$\mu\varepsilon$	EN 12697-24, Annexe A

波兰 EME2 设计指标要求　　　　　　　　　　　　　　　表 2-22

性 能 指 标	AC WMS16	AC WMA22	试 验 标 准
最小沥青含量(K 丰度系数)	3.4	3.4	N/A
空隙率(马歇尔试件)	2.0%~4.0%	2.0%~4.0%	EN 12697-8
水敏感性(TSR)	≥80%	≥80%	EN 1269-12
高温稳定性(60℃,30000 次,板厚 100mm)	<7.5%	<7.5%	EN 12697-22
劲度模量(10℃,10Hz)	≥11000MPa, ≤17000MPa	≥11000MPa, ≤17000MPa	EN 12697:26, 4PB-PR[①]
疲劳(ε_6)(10℃,10Hz)	ε_6-130	ε_6-130	EN 12697:24, 4PB-PR[①]

瑞士高模量沥青混合料设计要求　　　　　　　　　　　表 2-23

性 能 指 标	AC EME 22 C1	AC EME 22 C2	试 验 标 准
最小沥青含量(混合料总重%)	≥4.6%	≥5.2%	N/A
最小沥青含量(丰度系数)	≥2.7%	≥3.3%	N/A
空隙率(马歇尔试件)	3.0%~6.0%	1.0%~4.0%	EN 12697-8
水敏感性(TSR)	≥70%	≥70%	EN 1269-12[②]
高温稳定性(60℃,30000 次,板厚 100mm)	<5.0%	<7.5%	EN 12697-22
劲度模量(15℃,10Hz)	≥11000MPa	≥14000MPa	EN 12697:26, 2PB-PR[①]
疲劳(ε_6)(10℃,25Hz)	≥100	≥130	EN 12697:24, 2PB-PR[①]

注：①梯形梁两点疲劳试验。表 2-21、表 2-22 同此。
　　②试件空隙率与现场一致。

第六节　国内外沥青混合料设计方法的对比

一、沥青技术标准的差异

本节主要对几种主要的沥青胶结料,包括普通沥青、改性沥青和硬质铺路沥青进行介绍。其中在每种沥青的介绍里面又分不同的国家进行阐述,分别是法国(欧洲)、美国和中国。期望通过本节的介绍使工程技术人员了解每种沥青胶结料在各个国家是如何分类、分成几类、评价指标有哪些,通过这几方面的比较和研究,使大家明确各指标的用途及意义,以区别其重要性。本节结构框图如图 2-10 所示。

1. 普通沥青类

法国(欧洲)关于普通沥青的定义及相关分级标准和指标要求均在规范 EN 12591 中。

目前美国的沥青胶结料规范有两种,即:黏度分级规范(AASHTO M226)和性能规范(AASHTO M320-10),分别对应于 ASTM 规范体系中的 D3381-09、D6373-07e1。

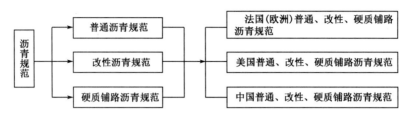

图 2-10 本节结构框图

在美国公路战略研究计划(SHRP)以前,美国的沥青胶结料规范有两种,即:针入度分级规范(AASHTO M20)和黏度分级规范(AASHTO M226)。SHRP 计划完成以后,美国公路与运输官员协会(AASHTO)就立刻推出了性能分级暂行规范(MP-1),2002 年正式推出了 AASHTO M320 性能规范。2010 年,AASHTO 废除了针入度分级规范,针入度分级规范从此退出了美国历史的舞台,然而黏度分级规范仍保留。

中国的普通沥青技术规范被包含在《公路沥青路面施工技术规范》(JTG F40—2004)中。各国的普通沥青规范如图 2-11 所示。

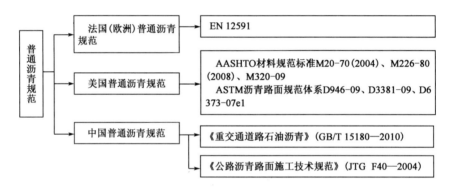

图 2-11 各国的普通沥青规范

1) 分级体系的比较

目前,国内外关于沥青的分级标准主要有以下三种:针入度分级、黏度分级和性能分级(PG)。

(1) 法国(欧洲)关于普通沥青的技术规范 EN 12591 中的分级标准有两个:

根据 25℃针入度对针入度为 20×0.1mm ~ 220×0.1mm 及 250×0.1mm ~ 900×0.1mm 的普通铺路沥青进行分级。

根据 60℃时的动力黏度对软质沥青进行分级。

每种分级中又分别分为通用性的、强制性的指标要求和地方性的、选择性的指标要求。

(2) 美国的沥青胶结料规范共有三种,即:

针入度分级规范[AASHTO M20-70(2004)],对应于 ASTM 规范体系中的 D946-09,根据针入度将道路用普通沥青分为 5 个等级,分别是 40~50、60~70、85~100、120~150 和 200~300,但已废止。

黏度分级规范[AASHTO M226-80(2008)],对应于 ASTM 规范体系中的 D3381-09,根据 60℃的动力黏度对道路用普通沥青提出了三组限制值。

性能规范(AASHTO M320-10),对应于 ASTM 规范体系中的 D6373-07e1,根据沥青胶结料的性能进行分级,分级的标准与路面设计平均 7d 的最大和最小温度相关。

(3)中国的《公路沥青路面施工技术规范》(JTG F40—2004)按照 25℃的针入度将普通道路石油沥青分为 160 号、130 号、110 号、90 号、70 号、50 号、30 号,共 7 个等级。

2)针入度分级和黏度分级存在的缺陷

(1)25℃针入度的单点表征问题

对针入度分级标准来说,现行的 25℃针入度只能表征沥青在 25℃一点温度下的黏稠程度,而不能以此评价整个路用温度范围的沥青性能,同时同一级别的针入度区间较大,因此,某一点温度下的针入度作为沥青的分级标准并不能真正区分沥青的性能,甚至可能带来误导,同样的缺陷也存在于黏度分级标准中。

(2)没有考虑长期老化对沥青的影响

除了美国性能分级标准以外,法国(欧洲)和中国的沥青规范中均没有考虑沥青在路面整个使用期间的老化,即长期老化对路用性能的影响。在施工过程中,基质沥青的技术性质发生了改变,这种短期老化在现行规范中可以由薄膜加热试验 TFOT 或旋转薄膜加热试验 RTFOT 来模拟。在使用过程中,沥青也将逐步地老化,老化带来的劲度增加、延度下降等变化在规范中没有相应的模拟手段。在考察沥青的耐久性能时所选用的试验沥青只是短期老化后的沥青残留物,与路面实际经过长期老化后的残留物有很大差别。用路面使用初期的沥青性能来评价路面使用末期的性能显然是不对的。

(3)没有低温评价指标

除了美国标准以外,法国(欧洲)和中国标准中使用的温度只有 15℃和 25℃,而冬季气温条件下的路面使用性能却没有试验和相应的指标来描述。很显然,沥青在路面主要工作温度下的性质与负温度下的性质是不一致的。

(4)沥青指标与路用性能联系不紧密

目前沥青的大部分指标都是经验指标,其直观效果很好,但与真实的性能有多大关联却很难说明。一个指标可以反映多个路用性能,而沥青使用过程中的主要路用性能要求又缺乏相关的指标来描述。

3)评价指标的比较

将目前关于普通道路沥青的主要分级标准,即法国(欧洲)——针入度分级、美国——PG 分级和中国——针入度分级所涉及的指标要求(包括通用性的和选择性的指标要求),根据其反映的路用性能如高温、低温、老化等进行分类,如表 2-24 所示。

法国(欧洲)、美国和中国关于普通道路沥青的评价指标对比　　　　表 2-24

指标		法国(欧洲)	美国	中国
物理		针入度	—	针入度
		闪点	闪点	闪点
		溶解度	—	溶解度
		动力黏度	—	动力黏度
		运动黏度	运动黏度	—

续上表

指　　标	法国(欧洲)	美　国	中　国
物理	—	—	蜡含量
	—	—	密度
高温	软化点	DSR	软化点
低温	弗拉斯脆点	BBR	延度
		DT	
		临界开裂温度	
温度敏感性	针入度指数	—	针入度指数
老化	RTFOT	RTFOT	RTFOT
		PAV	TFOT

4) 各类评价指标的差异

由表 2-24 可以看出,法国(欧洲)和中国的评价指标多具有经验性,而美国的评价指标基本是和路用性能相关的。因此,在各类评价指标中所涉及的试验不完全相同,存在一定的差异。

(1) 物理指标

在物理指标中,与法国(欧洲)和美国普通道路沥青规范相比,中国普通道路沥青技术指标缺少对运动黏度的指标要求,但是增加了蜡含量和密度的指标要求。

运动黏度:黏度是对流体流变特性的一种量度,反映流体发生流动时其内部分子间摩擦阻力的大小。沥青的黏度是表征沥青在黏性区内流变特性的重要指标。测定某一温度下的黏度,或测定不同温度下的黏度,可以考察沥青对温度的敏感性。135℃运动黏度可以表征沥青混合料在施工温度下的黏度,即用来评价沥青混合料的施工和易性。

目前最新的法国(欧洲)规范 EN 12591 是于 2009 年出版的,与 1999 年出版的 EN 12591 相比,对于 250~900(0.1mm) 针入度沥青,不同国家增加了运动黏度要求,当然也可以没有要求;在美国 AASHTO M320-10 性能相关的沥青胶结料规范中也有关于运动黏度的要求,但并没有具体的数值;而我国普通沥青规范体系中不曾提到关于运动黏度的要求。

鉴于 135℃运动黏度与沥青混合料的施工和易性具有一定的相关性,建议我国普通沥青标准中可以引进这一指标,具体要求可参考(法国)欧洲 EN 12591 中关于 135℃运动黏度的要求,但由于我国普通沥青规范与法国(欧洲)普通沥青规范 EN 12591 对不同针入度的沥青的划分标准不一样,因此,还需在进一步试验验证的基础上进行调整。

蜡含量:由于沥青化学组成的复杂性,在现有条件下对沥青中的蜡给出准确的定义是不可能的,因此沥青中蜡含量的测定一般都是条件性的,至今国际上还没有一个公认的、统一的测定沥青蜡含量的分析方法。蜡的定义也是条件性的,测定方法不同,所得的结果和反映的内涵意义是不同的。原油、渣油或沥青中的蜡,泛指样品在冷冻时能结晶析出、熔点在 25℃以上的混合组分,其主要成分是高熔点的烃类混合物。

目前法国(欧洲)最新的 2009 年出版的 EN 12591 规范与 1999 年出版的 EN 12591 规范相比,取消了蜡含量作为选择性指标的要求。美国 AASHTO M320-10 性能相关的沥青胶结料规范中均没有关于蜡含量指标的要求;而我国关于普通道路石油沥青的标准却明确规定了对蜡含量的指标要求。

在中国,沥青的蜡含量是出现在我国重交通道路沥青产品标准中的唯一一项与化学组成有关的指标。早期,2%蜡含量技术指标的出现,很大程度上基于这样一个认识:蜡含量越低,沥青路用性能越高。后来,关于道路沥青标准要不要列入蜡含量指标,蜡含量应该限制为多少,一直是我国道路部门和石油化工部门关注的焦点,鉴于此,交通部"七五"国家重点科技项目(攻关)74-24-02-01对蜡含量的技术标准做了深入研究。蜡含量指标在JTJ 032—1994表C.1重交通道路石油沥青技术要求中规定为3%。3%的蜡含量是我国"七五"攻关的科研成果,是经过大量的试验研究和工程应用实践而最终确定的技术指标。

江苏交科院在沥青关键指标研究中研究了蜡含量与路用性能的关系,采用了6种普通沥青,分别进行了高温性能、低温性能及抗水损害性能的试验研究。根据混合料路用性能和蜡含量指标之间的数据分析表明,蜡含量大于2%的沥青与小于2%的沥青其高温性能、低温性能和抗水损害性能并没有明显的区别。课题组认为蜡含量为2%的限制没有太大的必要,建议仍然采用3%的蜡含量技术要求。

同时,根据研究,蜡含量只是影响路用性能的一方面因素,而蜡的结晶形态和分子结构的不同使得蜡对路用性能的影响程度也大为不同;另外,采用的测试方法不同,蜡含量的测试结果相差很大,究竟哪种测试方法得到的蜡含量是所界定的影响路用性能的那部分蜡,目前尚不清楚。

因此,由以上分析可以看出,中国比较注重蜡含量指标的测定,这和中国沥青资源的性质有关。但是根据研究,用蜡含量指标评价沥青对路用性能的影响存在片面性,蜡含量小于2%及2%~3%的沥青其路用性能并没有太大差别,因此,关于蜡含量指标存在的意义还有待于进一步验证。

密度:石油沥青的密度是试样在规定温度下单位体积的重量,用g/cm^3表示。石油沥青的密度主要用于体积和重量的换算,在生产和销售、沥青储罐容量计算和混合料配合比设计中是不可缺少的参数。一般道路沥青的密度为$0.99\sim1.10g/cm^3$。

在法国(欧洲)的EN 12591标准中和美国AASHTO M320-10性能相关的沥青胶结料规范中均没有关于密度指标的要求;而我国关于普通道路石油沥青的标准中明确规定了要对密度进行测定。

根据密度在沥青及沥青混合料中所起的作用及目前我国沥青密度的一般情况,综合考虑密度在普通道路沥青规范中存在的意义,并可对其进行进一步优化。

(2)高温指标

高温指标中,法国(欧洲)和中国都是用软化点指标,而美国则是采用DSR试验进行定义。

软化点:软化点是经常用来反映道路沥青高温性能的最基本的一项性质指标,也是我国道路沥青最常用的三大指标之一,为一般技术人员所熟悉,数值表达也很直观,直接与表示路面发软变形的程度相关联。

国外相关的研究显示,普通沥青软化点指标与路用性能存在一定的相关性,一定程度上反映沥青高温性能。但是软化点有其本身的局限性,这是因为普通沥青软化点的分布范围比较窄,加上测试精度对试验结果的影响,软化点不能很好地表征普通沥青的高温性能。

DSR：美国 SHRP 在沥青混合料路用性能规范中提出的评价沥青混合料高温性能的方法是采用动态剪切流变仪(DSR)，对原样沥青及 RTFOT 后残留沥青试样分别进行两次动态剪切试验，以 $G^*/\sin\delta$ 作为评价指标，反映普通铺路沥青材料的永久变形性能。研究认为，DSR 试验的评价结果与路用性能具有较好的相关关系。

根据研究发现，软化点在反映沥青的性能时发挥了重要的作用，但是随着沥青品种以及路用要求的不断改变，软化点在表征普通沥青高温性能时存在一定的缺陷，尤其是其会受到含蜡量的影响而出现数值上的偏差。相比之下，美国普通道路沥青的 DSR 试验方法则与路用性能存在较好的相关性，值得我们进行进一步的研究，逐步将其用于我国普通道路沥青的高温性能评价。

(3) 低温指标

低温指标中，法国(欧洲)规范中用弗拉斯脆点试验，中国规范中用延度指标，而美国规范中关于低温性能的评价指标则较多，分别是 BBR、DT 和临界开裂温度。

①法国(欧洲)：弗拉斯脆点试验。

弗拉斯脆点是在等降温速度的条件下用弯曲受力的方式测定沥青脆裂时的温度，主要描述路面荷载作用下开裂的模式。

1999 年的欧洲沥青会议认为尽管美国的沥青结合料路用性能规范很好，但是试验方法并不新鲜，而且并不适应于广大的炼油厂和公路建设部门。对于这些部门来说，还是应该选择普通的、简单的方法和指标。因此，欧洲沥青协会(CEN)在重点研究沥青的低温指标时仍然注重针入度和脆点的研究，并在其标准中着重推荐用脆点或针入度(5℃)来评价沥青的低温性能。但弗拉斯脆点试验方法存在很大的不足，主要是试验的重复性差，试验用的钢片刚度不一，试件的制备和降温条件各异，都会对试验的结果产生影响。实测的弗拉斯脆点难以反映沥青低温抗裂性能的主要原因仍然是受沥青中蜡含量的影响。对于蜡含量较少的沥青来说，弗拉斯脆点能较好地位于针入度温度的半对数回归直线上；而对于蜡含量较多的沥青来说，弗拉斯脆点温度往往偏离回归曲线，位于低温的一侧，且蜡含量越高，偏离越大。总的来说，弗拉斯脆点虽然在一定程度上最直接地反映了沥青的低温脆性，但试验方法和蜡含量制约了其使用范围。

江苏交科院也曾经对十种沥青进行了弗拉斯脆点试验，试验结果表明：脆点对于普通沥青的相关性比较差，用弗拉斯脆点来表征普通沥青胶结料的低温性能不合适。

②中国：延度试验。

延度是表征条件延性的一项指标，它反映了沥青受到外力拉伸作用时所能承受的塑性变形的总能力。

沥青延度作为评价低温性能的指标，由于其方法简单、比较直观等优点，一直为众多国家所采用，尤其在我国，延度指标显得特别重要。"八五"攻关课题"道路沥青及沥青混合料路用性能的研究"项目对多种国产沥青的低温抗裂性能进行了专题研究。其成果认为，低温延度能很好地反映沥青的低温抗裂性能，建议采用 10℃ 延度试验取代 25℃ 或 15℃ 延度试验，并认为 10℃ 延度值、当量脆点 T1.2 分别与低温蠕变劲度 S(由弯曲梁流变试验得)之间存在良好的相关性。但是也有些国家对沥青的延度并不重视，沥青标准中没有延度指标，他们认为延度与路用性能没有太大的关系，过多地强调延度指标意义不大。

目前我国使用的延度指标一般是10℃或15℃,这与寒冷地区的实际环境温度差距较大,因此低温延度并不能真正地反映沥青的低温性能。在低温延度试验中,使用的是原样沥青,而路面温缩开裂反映了沥青在服务年限内逐渐老化所产生的影响,所以用原样沥青的10℃或15℃延度不能真实表征沥青的低温变形能力。

在我国,低温延度由于多年的使用经验,在一定程度上反映了沥青的低温性能;但随着各种新型沥青的使用,以及现代交通对沥青提出的要求越来越高,现有的延度指标由于其局限性已不能完全满足实际要求,必须对其进行进一步的修正与完善。

根据改性沥青研究中心的Bahia等的研究成果表明,延度与沥青材料的低温性能不存在直接的联系。

③美国:BBR、DT和临界开裂温度试验。

所有低温控制指标都是使用间接指标反映沥青的低温性能,其标准是经验性的,没有与路用性能联系起来。美国Superpave沥青胶结料规范的最大特点是改变了以往规范的纯经验性质,首次将沥青的性能与路用性能相联系。为评价沥青结合料的低温抗裂性能,美国SHRP沥青结合料路用性能规范中提出了基于弯曲梁流变仪(BBR)的小梁弯曲蠕变试验及直接拉伸试验(DT)两种试验方法。其中BBR是主要的,用于测定低温时沥青的劲度,它主要测定沥青的蠕变劲度(S)和沥青劲度变化率(m)。SHRP的研究认为,弯曲蠕变试验的极限劲度温度及蠕变应变速率m值与反映沥青混合料的低温抗裂性能的温度应力试验(TSRST)的破断温度具有良好的相关关系,从而说明BBR试验的价值。DDT的试验结果即沥青的拉伸破坏应变,同BBR试验目的一样,DTT试验也是为了保证沥青在低温下抵抗变形能力达到最大。

通过对Superpave沥青胶结料规范的改进,又提出了AASHTO MPla规范,MPla规范采用的是临界开裂温度来评价沥青胶结料的低温性能。现在的M320-10中表2就是采用临界开裂温度来评价沥青的低温性能的。

研究表明,Superpave的低温分级指标与路面开裂有较好的相关性。因为Supepave沥青胶结料规范综合考虑了施工期和使用期的沥青老化问题,且各项指标明确与路用性能指标直接相关,因此,Superpave沥青胶结料规范中的低温性能指标,对于我们具有重大的借鉴意义。

(4)温度敏感性指标

关于温度敏感性指标,法国(欧洲)和中国规范都是用针入度指数,而美国规范中则没有。

针入度指数PI通常反映的是沥青在中等温度范围内的感温性,采用25℃针入度和软化点得到PI值。PI体系的优点是试验操作简便,但许多研究成果表明,针入度并不能表示沥青的真实黏度,而且PI体系只能用相当窄的温度范围内的沥青性质的变化来表示它的性能,试验结果不能随意外推。因此,PI的应用存在一定的局限性。

针入度指数PI的计算是根据不同温度下的针入度回归计算得到的,而针入度的测量方法是严格的条件试验,在针入度测量方法精密度要求的范围内,会对PI值产生较大的影响,因此,当出现产品质量纠纷时,仲裁结果的公正性、准确性将受到质疑。所以,本书建议取消普通沥青针入度指数PI指标或只将PI作为参考指标。

(5)老化指标

老化指标中,法国(欧洲)规范中用旋转薄膜烘箱试验(RTFOT),美国规范中使用了RTFOT和PAV两个试验,而中国规范中采用TFOT(或RTFOT)。

旋转薄膜烘箱试验(RTFOT)方法中沥青膜的厚度仅 5~10μm,所以沥青老化的过程不仅有轻质油分的挥发,还有氧化作用的发生,老化的进程要比 TFOT 快得多。同时,采用旋转薄膜烘箱试验(RTFOT)可以模拟沥青在施工期的老化;对 RTFOT 后的残留物采用压力老化仪 PAV 老化 20h,可以模拟沥青在使用 5 年期间的老化。

SHRP 评价沥青混合料的性能主要是确定一个模拟实践状态的老化条件,使沥青混合料经受模拟生产过程中的短期老化和模拟使用过程中的长期老化,然后采用不同老化程度的沥青结合料进行试验。我国普通沥青的老化试验通常采用 TFOT,也可用 RTFOT 进行替代。PAV 这样的方法目前在我国还未得到广泛应用。

在法国(欧洲)标准中,对于老化后的沥青增加了黏度变化和软化点变化的测定,而没有延度变化的测定,这与其原样沥青的评价指标相对应。老化前后 60℃ 黏度的比值能比较明显地反映老化程度;老化后沥青的软化点明显增加,但根据我国的研究认为:不同的沥青提高幅度不同,并且提高程度差别不大(少数例外)。

因此,在分析和研究的基础上,本书建议借鉴 Superpave 沥青胶结料规范,增加 PAV 老化试验,用以模拟沥青在使用过程中的老化。对于老化后指标的测定方面通过研究我国各种普通沥青的软化点及黏度的变化确定增加这些指标的意义所在。

2. 改性沥青类

各国的改性沥青规范如图 2-12 所示。

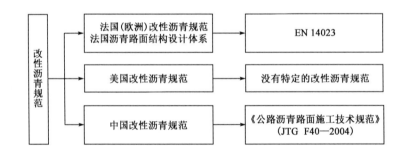

图 2-12 各国的改性沥青规范

法国(欧洲)规范 EN 14023 目前只是一个规范框架,还不是完全的规范,许多规范门槛值均未确定。

美国规范体系中没有特定的改性沥青规范。美国 ASTM 规范体系中原本有关于改性沥青的规范,即:SBS 类改性沥青技术规范 D5976、SBR 类改性沥青技术规范 D5840、EV 类改性沥青技术规范 D5841、非交联 SBS 类改性沥青技术规范 D5892,但目前均已废止。目前改性沥青规范被包括在 PG 规范内,如 PG Plus 和 PG MSCR。

美国性能规范 PG 规范经历了三个阶段,从最初的 PG 规范到后来的 PG Plus(PG +),再到现在的 PG MSCR。

1993 年公布了性能规范的暂行规范,2002 年转为正式规范 M320 性能规范。由于 SHRP 研究期间,改性沥青应用较少,随着性能规范(PG)问世,改性沥青应用逐步增加,也发现 PG 规范不能正确反映改性沥青性质,于是出现了 PG Plus,即各州在 PG 规范基础上增加了一些经验性的指标,如弹性损失测力黏度、软化点等指标,企图保证改性沥青性能。随着研究的深入,在 NCHRP 9-10 改性沥青的 Superpave 体系研究基础上,出现了多应力重复蠕变试验,PG 规范进入了 PG MSCR 的第三阶段,企图替代一些经验的 Plus 指标。

中国的改性沥青技术规范被包含在《公路沥青路面施工技术规范》(JTG F40—2004)中。

1) 三种体系适用范围比较

法国(欧洲)改性沥青技术体系 EN 14023 在第 1 部分中提到该规范适用于道路、机场施工和维护过程中采用的聚合物改性沥青,但是并没有明确适用于哪几种聚合物改性沥青,仅仅是从一个技术要求的表格上面获得的信息,普通的技术人员很难了解或判断相应等级改性沥青的改性剂类型,这样也不可能根据改性剂所确定的改性沥青技术特点去重点关注其主要的技术指标。因此,法国(欧洲)规范体系中对改性剂类型的信息还需要进一步详细,以让技术人员在使用过程中根据成品改性沥青的改性剂类型对其主要技术指标有所针对性。

美国的规范 MP19-10 只提出了对改性沥青采用多应力蠕变恢复(MSCR)试验,而并未指明适用的改性剂类型;美国各个州针对改性沥青的规范,也只是在原有的普通铺路沥青规范的基础上增加了一些附加指标,也并未指明适用于不同改性剂类型的改性沥青;已经废止的 ASTM 体系中关于改性沥青的技术规范根据改性剂的不同分别制定了针对该类改性沥青的技术要求。因此,针对目前的情况,美国应及时颁布关于不同改性剂类型的改性沥青规范。

对于中国改性沥青的技术规范,主要还是借鉴了已经废止的美国 ASTM 体系中的规范,可以看出中国对于改性沥青也是根据改性剂的类型进行划分的,包括了 SBS 类、SBR 类、EVA 和 PE 类。

2) 三种体系所涵盖的技术指标比较

对于改性沥青而言,由于技术的进步和新的改性剂和改性方法的出现,改性沥青产品的实现途径越来越丰富,包括各种物理改性、化学改性及综合改性等技术手段,不过在世界范围内应用比较多的还是聚合物改性沥青,包括 SBS、SBR、PE、EVA 等热塑性橡胶或塑料类改性剂,也有一些采用岩沥青、特立尼达湖沥青生产的改性沥青,另外还有近几年出现的硫黄改性沥青及多磷酸改性沥青等。

一般而言,不同的改性剂或改性方法得到的改性沥青产品有其各自的技术特点或优势,因此有可能对相应产品技术指标的评价侧重点也有所区别。一般对于聚合物改性沥青而言,SBS 改性沥青的高温、低温性能均好,且有良好的弹性恢复性能,所以采用软化点、5℃低温延度、回弹率作为主要指标,离析是一个量化的控制指标。SBR 改性沥青的低温性能较好,所以以 5℃低温延度作为主要指标,另外黏韧性试验对评价 SBR 改性沥青特别有价值。EVA 及 PE 改性沥青的特点是高温性能改善明显,以软化点作为主要指标,离析作为量化的控制指标,由于 PE 不溶于三氯乙烯,对溶解度不要求。

(1) 法国(欧洲)规范体系下聚合物改性沥青的检测指标

法国(欧洲)对于改性沥青的试验项目还是比较多的,如表 2-25 所示。除了熟知的针入度、软化点等指标外,还有针对改性沥青的弹性恢复、测力延度等指标。还有一点需要指出的是,法国(欧洲)体系中对聚合物改性沥青提出了一个内聚力特性(Cohesion)的技术指标,该指标用两种方法进行评价,一种方法是将测力延度试验 EN 13589 结合 EN 13703 的方法计算得到一个能量结果,评价胶结料的变形性能,另一种方法是将直接拉伸试验 EN 13587 纳入到了改性沥青的检测项目中,但是其评价指标并不是试样断裂时的强度或变形,而是结合 EN 13703 中的计算方法,根据变形和应力曲线得到的一个能量的概念进行评价,这是美国体系和中国体系所没有的。法国(欧洲)体系中的这种以能量的方法评价胶结料的变形性能,理论上比单纯得到力的概念进行变形性能评价更为全面,也更为合理,可以说,这一点是法国(欧洲)在试验评价体系中的一个创新。但在法国改性沥青技术规范框架 EN 14023 的表 1 中还采用摆锤法 EN 13588 进行评价,但这一方法只适用于表处改性沥青。

法国(欧洲)规范聚合物改性沥青的检测指标　　表 2-25

指　　标		试 验 方 法
原样沥青		
针入度		EN 1426
软化点		EN 1427
内聚力	测力延度变形性能(慢速拉伸)	EN 13589&EN 13703
	直接拉伸变形性能5℃(快速拉伸)	EN 13587&EN 13703
闪点		EN ISO 2592
弗拉斯脆点		EN 12593
存储稳定性的确定		EN 13399
弹性恢复		EN 13398
高低温区间(软化点-脆点)		第5.1.9条(源自 EN 14023)
老化后的沥青		
耐久性 (EN 12607-1 或-3)	质量的变化	EN 12607-1 EN 12607-3
	残留针入度比	EN 1426
	软化点提高	EN 1427

另外,法国(欧洲)改性沥青规范体系比较特殊的地方还体现在一个塑性温度区间的技术指标上,该指标是软化点和弗拉斯脆点之间的温度区间宽度。该指标理论上是改性沥青服务温度范围宽度的一个概念,其目的是对胶结料的温度适应性作出一个优劣的判断,这种理念有一定的道理,但是对于一些改性沥青的软化点,如高掺量的 SBS 改性沥青,其软化点结果容易受到改性剂的影响而失真,因此这个指标若要真正发挥其评价效果,还依赖于软化点及脆点试验的准确性。

(2)美国规范体系下聚合物改性沥青的检测指标

由于美国 ASTM 规范体系中根据改性剂的不同制定的关于改性沥青的技术规范已经废止,目前各个州实行的改性沥青规范没有统一的指标要求,基本是在原有普通道路沥青规范的基础上增加了一些附加指标,即在针入度、黏度、动态剪切流变试验、老化后的质量损失等试验基础上,有的州增加了一些如相位角、弹性恢复、MSCR 试验等指标。

美国改性沥青的常规检测项目如针入度和黏度在整个体系中占有比较重要的地位,这是美国根据自身对沥青性能评价经验传承下来的。

因为在美国,对普通沥青的评价上,针入度分级规范体系 M20 规定的技术指标中,与物理力学性能或路用性能有关系的只有沥青的针入度和25℃延度指标;在黏度分级体系M226规定的技术指标中,与物理力学性能或路用性能有关系的有针入度、60℃和135℃黏度、25℃延度。但是值得注意的是,针入度分级体系并没有纳入到2009年的ASTM体系中,而只保留了黏度分级体系M226。从评价指标的温度涵盖范围上来讲,M20及M226这两个体系只是对常温(25℃针入度及延度)及高温(60℃黏度)有所涉及,而对较低温度(如低温延度和弗拉斯脆点)并没有包括。另外从沥青评价手段的发展来看,PG分级体系以其先进的理念正在大规模地推广应用,原有的技术体系也因其局限性正在慢慢失去其技术上的优势地位,但是从M226仍然保留沿用至今,可以看出美国体系对沥青的黏度非常重视,另外PG体系中仍然有黏度指标的技术要求。

美国没有聚合物改性沥青规范,从ASTM沥青规范体系的变迁及PG分级的研究进展上来看,未来ASTM体系下改性沥青的技术要求仍然会以黏度为重点检测指标,针入度作为一个古老而操作简单的指标,也会保留下来。但是对于低温方面和离析控制及老化后检测方面会不会纳入新的手段还不可知。

(3)中国规范体系下聚合物改性沥青的检测指标

中国规范体系下聚合物改性沥青的检测指标见表2-26。从表中可以看出,中国体系下聚合物改性沥青的检测项目更重视软化点和5℃延度的指标检测。对于针对改性沥青的离析、弹性恢复、黏韧性等试验依赖于改性剂的类型而进行有针对性的选择。

中国规范聚合物改性沥青的检测指标 表2-26

试验项目	试验方法	SBS类	SBR类	EVA及PE类
针入度	T 0604	√AB	√AB	√AB
针入度指数	T 0604	√	√	√
软化点 $T_{R\&B}$	T 0606	√	√	√
5℃延度	T 0605	√AB	√AB	
弹性恢复25℃	T 0662	√		
135℃黏度	T 0625 T 0619	√	√	√
离析	T 0661	√($\Delta T_{R\&B}$)		√(视觉检查)
黏韧性	T 0624		√	
RTFOT老化	T 0609	√	√	√
TFOT老化	T 0610	√	√	√

注:表中√-原样沥青试验项目;√AB-老化前后都进行的试验项目。

另外,中国体系下还对改性沥青的针入度指数PI提出了要求。关于PI对胶结料温度敏感性的评价方面,江苏交科院在《沥青路用性能关键指标研究》中专门进行了研究,PI最初提出来用以对普通沥青的温度敏感性和胶体结构类型进行判断,但是改性沥青由于改性剂的加入,其流变性质和胶体结构发生了很大的改变,已经不能用PI进行衡量,另外研究认为PI所代表的温度范围过窄,并不能代表沥青路面的使用温度范围,这都限制了PI对改性沥青的评价效果;另外,对于SBS改性沥青而言,软化点不能对混合料高温性能进行优劣辨别,因此采用软化点评价改性沥青高温性能存在局限性;聚合物改性沥青由于改性剂的添加会提高沥青的弹性和延迟变形,降低黏性变形,车辙因子 $G^*/\sin\delta$ 忽略了在外力卸去后延迟弹性使得一部分变形逐渐恢复的特性,所以 $G^*/\sin\delta$ 指标并不是评价改性沥青高温性能的最佳指标。

3)三种体系各自的特点

(1)法国(欧洲)体系的特点

试验温度范围:法国(欧洲)体系下包括了低温(弗拉斯脆点、测力延度、直接拉伸等试验)、中等温度(针入度、弹性恢复等试验)、较高温度(软化点)等方面的试验内容。从这方面来讲,法国(欧洲)体系涵盖的温度范围比较广。

试验手段及评价方法:法国(欧洲)针对改性沥青的测试手段比较丰富,例如弹性恢复、直接拉伸、测力延度试验等,另外对改性沥青还提出了一个内聚力特性的概念,来反映聚合物改性沥青流变性质方面的特性。

对于直接拉伸和测力延度试验,以前常用的结果是荷载和变形曲线上的特征点作为结果,但值得注意的是,法国(欧洲)的做法已经有很大的改变,用整个曲线特征得到试验结果,这样从理论上来讲,考虑了胶结料的整个变形过程,这样从评价方法上能够更加全面,也更加合理。

(2)美国体系的特点

美国规范体系中没有特定的改性沥青规范。但是在 NCHRP 9-10 改性沥青的 Superpave 体系研究基础上,出现了多应力重复蠕变试验,企图替代一些经验性的 Plus 指标。美国各个州的改性沥青规范就是在原有的普通铺路沥青规范的基础上增加了一些附加指标,例如:相位角、弹性恢复、多应力重复蠕变试验等,但每个州都不完全一样。而美国 ASTM 体系中关于改性沥青的 4 个技术规范即 SBS 类改性沥青技术规范 D5976、SBR 类改性沥青技术规范 D5840、EV 类改性沥青技术规范 D5841 和非交联 SBS 类改性沥青技术规范 D5892,已在 2005 年被撤销,截至目前,新的改性沥青规范还没有出台。

(3)中国体系的特点

试验温度范围:中国体系下改性沥青的温度范围比较窄,较低温度下的试验有5℃延度,中间温度下的试验有25℃针入度(100g、5s)和弹性恢复、黏韧性等,较高温度下的试验为软化点。

各国关于改性沥青规范体系检测指标对比见表2-27。

法国(欧洲)、美国和中国关于改性沥青规范体系检测指标对比表　　　表2-27

指　　标		法国(欧洲)	美　国	中　国
原样沥青				
针入度		√	各州根据自己的实践在 PG 规范的基础上增加了一些经验指标	√
针入度指数		—		√
延度		—		√
软化点		√		√
内聚力	测力延度性能(慢速拉伸)	√		—
	直接拉伸性能5℃(快速拉伸)	√		—
135℃运动黏度				√
闪点		√		√

续上表

指　　标	法国(欧洲)	美　国	中　国
原样沥青			
溶解度	—	各州根据自己的实践在PG规范的基础上增加了一些经验指标	√
弗拉斯脆点	√		—
离析,软化点差	—		√
存储稳定性	√		—
弹性恢复	√		√
黏韧性	—		√
韧性	—		√
高低温区间(软化点—脆点)	√		—
老化后的沥青			
质量的变化	√		√
残留针入度比	—		√
软化点提高	√		—
延度	—		√

试验指标：中国针对改性沥青进行的试验有弹性恢复、离析、黏韧性指标，这些指标也根据改性剂的类型有所选择地进行试验。

从表2-27中可以看出，法国(欧洲)体系中针对改性沥青进行的检测手段较多，除了弹性恢复之外，还有测力延度、直接拉伸试验；并且评价的方法在原有检测指标的基础上有了进一步的发展，如测力延度及直接拉伸试验，其采用的评价指标已经从力的概念发展到能量的概念，这样从原来的特征点评价过渡到了试验过程的评价。法国(欧洲)这些新的测试手段概念和目的比较明确，理论上有所进步，其评价的效果值得国内进一步验证。

美国由于SHRP研究期间，改性沥青应用较少，随着性能(PG)规范问世，改性沥青应用逐步增加，也发现PG规范不能正确反映改性沥青性质，于是各州为了保证性能，在过去经验基础上推出了PG Plus(PG+ 或SHRP+)规范，然而这些指标也不是基本性质的，与性能也不一定相关。因此，随着研究的深入，在NCHRP 9-10改性沥青的Superpave体系研究基础上，出现了多应力重复蠕变试验，企图替代一些经验的Plus指标。

中国目前的改性沥青规范，主要还是借鉴了已经废止的美国ASTM体系中的规范，但是根据美国对改性沥青研究的进一步深入，及MP19-10 MSCR规范的发布和进一步推广，相信以MSCR试验为代表的改性沥青规范将是未来的发展方向。

3. 硬质道路沥青类

各国的硬质铺路沥青规范如图2-13所示。

欧洲沥青规范框架体系如图2-14所示。从图中可以看出，法国(欧洲)有专门的硬质铺路沥青规范，即EN 13924。这一规范定义了用于道路、机场及其他铺路场所建设及养护所使用的硬质沥青的性能和相关试验方法的规范框架。该规范虽然列出了5个等级的硬质铺路沥青，但实际应用的只有针入度10~20(0.1mm)和15~25(0.1mm)两个标号。

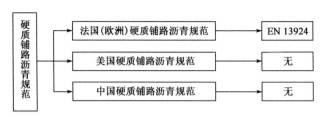

图 2-13 各国的硬质铺路沥青规范

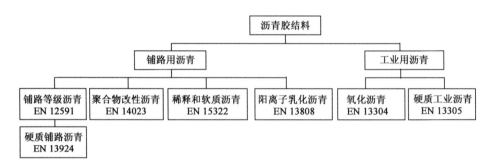

图 2-14 欧洲沥青规范框架体系

美国规范体系中没有硬质铺路沥青规范。

中国规范体系中也没有硬质铺路沥青规范。

目前,国内外关于硬质铺路沥青的研究和应用逐渐增多。国外的应用经验也表明,硬质铺路沥青具有良好的高温抗变形能力,适用于一些对沥青混合料高温性能要求较高的地方,如交叉口、长大纵坡、重交通路段等,因此,中国有必要在借鉴法国(欧洲)硬质铺路沥青规范的基础上,开展本国硬质铺路沥青规范的编制工作,这对于新型沥青材料的应用及提高中国公路沥青路面建设质量具有重大的意义。

二、集料技术标准的差异

根据国内外规范,集料主要包括粗集料、细集料和矿粉,各国的规范体系针对以上三种分类也有着各自不同的要求。本节按上述三类对中欧美集料规范分别进行对比研究。

欧洲集料规范:《路面、机场道路及其他交通地区所用的沥青混合料及表面处置用集料》(EN 13043)。

美国集料规范:《道路桥梁建筑用集料的尺寸》(AASHTO M43-05)、《铺路沥青混合料用细集料》(AASHTO M29-03)、《铺路沥青混合料用矿粉》(AASHTO M17-07)。

中国集料规范:《公路沥青路面施工技术规范》(JTG F40—2004)。

1. 粗集料

各国对粗集料粒径范围定义不同,比较见表 2-28。

中法美粗集料粒径范围比较　　　　表 2-28

国家	法国(欧洲)	美国	中国
规范	EN 13043	ASTM D8-02	JTG E42—2005
粒径范围	2~45mm	4.75~90mm	>2.36mm

在 Superpave 混合料设计时,粗集料的定义为大于 2.36mm 的颗粒,细集料为 ≤2.36mm 的颗粒,不同试验方法取样时有不同的规定。

三种体系在粗集料方面的检测指标见表 2-29,下面按国家分别介绍各种体系。

中法美三种体系粗集料检测指标与试验方法 表 2-29

特 性	检测指标	法国(欧洲)	美 国	中 国
生产特性	粒径范围	EN 933-1	T27	T 0302
	粉尘含量	EN 933-1	—	T 0310
	针片状颗粒含量	EN 933-3	D4791	T 0312
	破碎颗粒含量	EN 933-5	D5821	T 0346
	吸水率	—	T85	T 0304
	压碎值	—	—	T 0316
	密度	—	—	T 0304
	软石含量	—	—	T 0320
	黏附性	—	—	T 0616
力学特性	洛杉矶磨耗	EN 1097-2	T96	T 0317
	微狄法尔磨耗	EN 1097-1	T327	—
	磨光值	EN 1097-8	—	T 0321
	安定性	—	T104	T 0314

(1)欧标要求

欧洲粗集料性能要求主要在 EN 13043 中进行了较为详尽的规定,《法国混合料设计指南》中规定了每个指标的具体要求。粗集料的性能要求包括生产特性和力学性能。对于不同的混合料,生产特性和力学特性有不同的要求,具体见表 2-30。

法国不同类型混合料粗集料最低特性要求 表 2-30

混合料使用范围			底基层	上基层	厚联结层(≥5cm)	厚表面层和轻型机场道面	薄表面层(BBTM)、排水沥青	混合料(PA-BBDr)、重型机场道面
力学特性	磨耗值(%)		(40,35)	(30,25)	(30,25)	(25,20)	(25,20)	(20,15)
	磨光值 PSV(%)		—	—	—	—	≥50	≥50
生产特性	通过率(%)	D	85~99	85~99	85~99	85~99	85~99	85~99
		d	≤20	≤20	≤20	≤20	≤20	≤20
		0.063mm	≤1	≤1	≤1	≤1	≤1	≤0.5
	片状指数 Fl(%)		≤25	≤25	≤25	≤25	≤25	≤25

注:磨耗值(a,b)表示材料的洛杉矶磨耗值 LA≤a 和微狄法尔磨耗值 MDE≤b,LA 和 MDE 之间可以互换,最多只能互换 5 个百分点(XP P 18-545),例如可以把 LA = 25、MDE = 10 的集料归为(LA20,MDE15)这一等级;可以把 LA = 15、MDE = 20 的集料归为(LA20,MDE15)这一等级;可以把 LA = 17、MDE = 18 的集料归为(LA20,MDE15)这一等级。

（2）美标要求

《Superpave 混合料体积设计标准规范》(M323-07)中对粗集料的性能要求主要是两个指标，粗集料具有一定数量破碎面颗粒的含量和针片状颗粒含量。根据不同的设计要求，性能要求不同，见表2-31。

Superpave 粗集料要求　　　　　　　　　　　　　　表2-31

设计 ESALs($\times 10^6$ 次)	粗集料破碎面(%)				针片状颗粒含量(%)
	厚度≤100mm		厚度>100mm		
	1个	2个	1个	2个	
<0.3	≥55	—	—	—	—
0.3~3	≥75	—	≥50	—	≤10
3~10	≥85	≥80	≥60	—	≤10
10~30	≥95	≥90	≥80	≥75	≤10
≥30	100	100	100	100	≤10

（3）中国规范要求

《公路工程集料试验规程》(JTG E42—2005)定义，在沥青混合料中，粗集料是指粒径大于2.36mm 的碎石、破碎砾石、筛选砾石和矿渣等。

粗集料应该洁净、干燥、表面粗糙，质量应符合表2-32~表2-34 的规定。

沥青混合料用粗集料质量技术要求（JTG F40）　　　　表2-32

指　标	单位	高速公路及一级公路		其他等级公路	试验方法
		表面层	其他层次		
石料压碎值	%	≤26	≤28	≤30	T 0316
洛杉矶磨耗损失	%	≤28	≤30	≤35	T 0317
表观相对密度	t/m³	≤2.60	≤2.50	≤2.45	T 0304
吸水率	%	≤2.0	≤3.0	≤3.0	T 0304
坚固性	%	≤12	≤12	—	T 0314
针片状颗粒含量(混合料)	%	≤15	≤18	≤20	
其中粒径大于 9.5mm	%	≤12	≤15	—	T 0312
其中粒径小于 9.5mm	%	≤18	≤20	—	
水洗法<0.075mm 颗粒含量	%	≤1	≤1	≤1	T 0310
软石含量	%	≤3	≤5	≤5	T 0320

粗集料与沥青的黏附性、磨光值的技术要求（JTG F40）　　　　表2-33

雨量气候区	1（潮湿区）	2（湿润区）	3（半干区）	4（干旱区）	试验方法
年降雨量（mm）	>1000	1000~500	500~250	<250	
粗集料的磨光值 PSV 高速公路、一级公路表面层	≥42	≥40	≥38	≥36	T 0321

续上表

雨量气候区	1（潮湿区）	2（湿润区）	3（半干区）	4（干旱区）	试验方法
年降雨量（mm）	>1000	1000~500	500~250	<250	
粗集料与沥青的黏附性 高速公路、一级公路表面层	≥5	≥4	≥4	≥3	T 0616
粗集料与沥青的黏附性 高速公路、一级公路的其他层次 及其他等级公路的各个层次	≥4	≥4	≥3	≥3	

粗集料对破碎面的要求（JTG F40） 表2-34

路面部位或混合料类型	具有一定数量破碎面颗粒的含量（%）		试验方法
	1个破碎面	2个或2个以上破碎面	
沥青路面表面层 高速公路、一级公路 其他等级公路	100 >80	>90 >60	T 0346
沥青路面中下面层、基层 高速公路、一级公路 其他等级公路	>90 >70	>80 >50	
SMA 混合料	100	>90	T 0346
贯入式路面	>80	>60	

从三种体系的检测指标上来看：

法国粗集料的检测内容比较多，包含了集料的强度、针片状颗粒含量等方面的内容，对于磨耗层的集料也提出了集料抗磨光的要求。由于法国常年气候比较温和，集料发生冻胀破坏的可能性比较小，因此规范中对粗集料坚固性没有技术要求。

美国的检测内容就比较简单，Superpave 中主要对粗集料的针片状和棱角性进行了要求，而且其棱角性试验手段也比较简单，只是采用具有破碎面的颗粒的含量来评价。对于磨耗层，美国规范里面没有提磨光值的技术要求。

中国的集料检测内容相对前两者就比较多，除了强度、洁净度、针片状颗粒含量方面的要求，中国还要求进行集料的黏附性试验和软石含量测试，前者保证与沥青的黏结，后者是为了避免过多的软弱颗粒影响沥青混合料的性能。

1）吸水率

中法美规范粗集料吸水率指标比较见表2-35。

筑路的一个基本要求就是要就地取材，为了要最大限度地使用地方材料，过去各个国家或地区设定了一个集料最大吸水率的限制。根据 Ken Kandhal 对北美的调查。尽管 Superpave 的集料技术指标中已经没有最大吸水率的指标，但是过去的经验还是可以用的。

中国在2005年集料吸水率指标为≤2%，与日本、英国相同。然而中国地域广，地质构造复杂，这样的指标完全不能充分利用地方材料。2005年后对《公路沥青路面施工技术规范》（JTG F40）进行了修订，除了高速公路的表面层仍为2%外，其余放宽到3%。我们认为各地根据自己的情况,是远运还是就地取材取决于经济分析,就吸水率本身,不存在使用了集料吸水率小的比使用了集料吸水率大的路用性能好的说法,而且 JTG F40 已经考虑了有效沥青的概念,吸水率大的集料可能吸收沥青多一些,增加了一点沥青的费用,应作经济分析比较。

中法美规范粗集料吸水率指标比较 表 2-35

规范	法国混合料设计指南	美标 AASHTO M320	中国规范 JTG F40
吸水率	无要求	1993 年以前各州吸水率指标不同,从 0~6%,其中 69% 的州要求最大吸水率 4%~6%	2005 年以前所有公路要求吸水率 ≤2%
		1993 年后集料要求中没有吸水率指标,SMA 要求 <2%	2005 年后,高速公路表面层和 SMA 要求 <2%,高速公路中下面层及其他等级公路 <3%

2)针片状

比较发现各国对针片状指标要求差异比较大(表 2-36),具体表现在:

(1)检测指标。法国只要求检测片状集料的比例,中美对针状和片状都要求检测。

(2)制定标准依据。法国根据混合料类型,美国根据设计轴载次数,中国根据公路等级和层位,总体来说都是根据交通量的不同,针片状要求不同。

(3)具体指标要求。美国采用 5:1(长度:厚度),针片状最大不能超过 10%。中国采用 3:1,最大为 20%。法国采用 2:1,最大可以到 25%。比例越大,同样的集料针片状指数越小。

中法美规范针片状指标要求 表 2-36

规范	法国混合料设计指南	美标 AASHTO M323-07	中国规范 JTG F40
针片状指标	检测片状指数,长度和厚度之比为 2:1,一般要求 ≤25%,薄层混合料 ≤20%	检测针片状,长度和厚度之比为 5:1,根据设计轴载次数,小于 30 万次无要求,大于等于 30 万次要求针片状颗粒含量 ≤10%	检测针片状,长度和厚度之比为 3:1,根据公路等级和层位,一级公路、高速公路表面层和其他层要求 ≤15% 和 ≤18%,其他等级公路要求 ≤20%

3)棱角性

比较发现各国对粗集料棱角性指标要求差异比较大(表 2-37),具体表现在:

(1)检测指标。法国无要求,中美要求检测有一个以上破碎面的集料比例。

(2)制定标准依据。美国根据设计轴载次数,中国根据公路等级和层位,总体来说都是根据交通量的不同,棱角性要求不同。

(3)具体指标要求。美国相对要求宽松一些,对于设计轴载次数在 300 万次以下的道路,无两个破碎面的要求,一个破碎面的最低要求 55% 以上,中国检测两个破碎面和一个破碎面,最低要求为 50% 和 70%。

中法美规范粗集料棱角性要求 表 2-37

规范	法国混合料设计指南	美标 AASHTO M323-07	中国规范 JTG F40
破碎颗粒含量	无要求	根据设计轴载次数,具体指标见表 2-14	根据道路等级和层位分级,具体指标见表 2-32

4）粉尘含量

中法美规范粉尘含量指标要求见表2-38。

中法美规范粉尘含量指标要求 表2-38

规范	法国混合料设计指南	美标 AASHTO M323-07	中国规范 JTG F40
粉尘含量	通常要0.063mm通过率小于1%，薄层混合料要求小于0.5%	无要求	称为泥含量，检测0.075mm通过率，要求≤1%

美标对粉尘含量无指标要求，中国、法国都要求检测粉尘含量，由于筛分标准不同，法国检测0.063mm通过率，中国检测0.075mm通过率。对于指标要求，法国通常要求小于1%，薄层混合料要求小于0.5%。中国要求统一小于1%。

5）洛杉矶磨耗值

中法美规范磨耗值指标要求见表2-39。

中法美规范磨耗值指标要求 表2-39

规范	法国混合料设计指南	美标	中国规范 JTG F40
洛杉矶磨耗值	根据混合料类型不同，指标要求见表2-7	属于料源特性，各地根据实际情况自己制定标准，大多数州的要求是洛杉矶磨耗值最大值为35%～45%	只检测洛杉矶磨耗值，一级公路、高速公路表面层和中下面层要求分别是≤28%和≤30%，其他公路≤35%

洛杉矶磨耗值检测干燥状态下集料抵抗摩擦、撞击能力。

法国根据不同混合料的类型，指标要求不同，其中表面层要求最高。材料的洛杉矶磨耗值LA和微狄法尔磨耗值MDE之间可以互换5个百分点（XP P 18-545），例如LA＝25、MDE＝10的集料，可以表示为LA＝20、MDE＝15。

美国《Superpave混合料体积设计标准规范》对洛杉矶磨耗值无要求。磨耗值属于料源特性，根据各地情况制定要求。

中国用洛杉矶磨耗值表征集料抗摩擦、撞击的能力，根据不同公路等级，要求不同。

6）微狄法尔磨耗值

中法美规范磨耗值指标要求见表2-40。

中法美规范磨耗值指标要求 表2-40

规范	法国混合料设计指南	美标 T327-09	中国规范 JTG F40
微狄法尔磨耗值	根据混合料类型不同，指标要求见表2-7	根据层位要求不同，表面层要求≤17%，中下面层≤21%	无该试验

微狄法尔磨耗值检测集料的水中抗摩擦、撞击的能力。

中国没有微狄法尔试验。法国根据不同混合料的类型，指标要求不同，其中表面层要求最高。美国对微狄法尔指标的要求在 AASHTO T 327 微狄法尔试验方法中有规定。

法国对磨耗值要求最大特点是微狄法尔和洛杉矶两种磨耗值结果可以互换，这主要是考虑到不同的集料在干燥状态下和水中磨耗敏感性不同，有的集料干燥状态下耐磨性好，有的集料水中磨耗性好，这样可以平衡集料试验结果，扩大集料应用范围。

7) 磨光值

中法美规范磨光值指标要求见表2-41。

中法美规范磨光值指标要求　　　　　　　　表2-41

规范	法国混合料设计指南	美标 AASHTO M323-07	中国规范 JTG F40
磨光值	表面层需要检测，要求磨光值≤50%	无要求	一级以上公路的表面层需要检测，磨光值最小值根据年降雨量从42%到36%，具体数据见表2-33

磨光值是路面表面层的要求，美国没有提出指标要求，由于法国气候湿润，对磨光值要求较高，法国要求≤50%，中国根据年降雨量要求有所不同，降雨量越大，要求磨光值越高，要求略低于法国，最小值在36%~42%之间。

8) 坚固性(Soundness)

坚固性是表征集料抵抗风化的能力，坚固性试验可以采用两种溶液硫酸镁和硫酸钠，法国使用硫酸镁，但无该指标要求(表2-42)。美国将坚固性作为料源特性看待，根据各地情况制定要求。两种溶液都采用，不同溶液要求不一样。中国把坚固性作为一级公路、高速公路检测指标，当采用硫酸钠溶液时，要求经过5次循环，质量损失不超过12%。

中法美规范坚固性指标要求　　　　　　　　表2-42

规范	法国混合料设计指南	美标 AASHTO M323-07	中国规范 JTG F40
硫酸钠	无该试验	料源特性，≤15%	一级公路、高速公路要求≤12%
硫酸镁	无要求	料源特性，≤20%	无该试验

9) 其他指标

中国规范对粗集料检测项目较多，还有密度、压碎值、软石含量、黏附性的要求(表2-43)。

中法美规范其他指标要求　　　　　　　　表2-43

规范	法国混合料设计指南	美标 AASHTO M323-07	中国规范 JTG F40
压碎值	无该试验	无要求	根据道路等级和层位，要求不同，具体要求见表2-32和表2-33
软石含量	无该试验	无要求	
黏附性	无该试验	无要求	
密度	无要求	无要求	

2. 细集料

各国对细集料粒径范围定义不同，比较见表2-44。

中法美细集料粒径范围定义　　　　　　　　表2-44

国家	法国(欧洲)	美国	中国
规范	EN 13043	AASHTO D8-02	JTG E42—2005
粒径范围	0.063~2mm	0.075~4.75mm	<2.36mm

三种体系在细集料方面的检测指标见表2-45。

中法美规范细集料检测指标　　　　　　　表2-45

检测指标		法国(欧洲)	美国	中国
粒径范围		EN 933-1	T27	T 0327
粉尘含量		EN 933-1	—	T 0333
砂当量		—	T176	T 0334
亚甲蓝值		EN 933-9	—	T 0349
棱角性	流动时间	EN 933-6	—	T 0345
	间隙率	—	T327	—
坚固性		—	T104	T 0340
密度		—	—	T 0328

(1)欧标要求

对于大多数沥青混合料,细集料是0～2mm(EN13043)或0～4mm的统货集料。若用于低交通荷载的柔性路面中(AC-BBS),基层半粗密集配沥青混凝土(AC-GB)、基层用高模量沥青混凝土(AC-EME),0～6mm也是可以接受的。主要的指标有规格、亚甲蓝值、粉尘含量、棱角性。根据EN 13043的规定,0～2mm细集料,2mm通过率要求85%～99%。细集料中粉尘含量一般在12%～22%,砂中粉尘含量为16%或22%也可以用。细集料有害粉尘含量通过亚甲蓝值测定,欧洲规范是《细料评估亚甲蓝法》(EN 933-9)。有害物质必须满足亚甲蓝值≤10%。如果细料粉尘含量≤3%不需要进行亚甲蓝试验。细集料的棱角性欧洲规范是《集料的表面特性评估——集料的流动系数》(EN 933-6)。当细集料用于表面层时,棱角性一般为35～38s,若用于低交通量柔性路面,30s也是可以接受的。对于其他用于基层混合料,如果要求进行轮辙试验,棱角性不作规定。

(2)美标要求

《Superpave混合料体积设计标准规范》(M323-07)中对细集料的性能要求主要是两个,细集料的未压实空隙率和砂当量。根据不同的层位和交通量要求,性能要求不同,见表2-46。

Superpave 细集料要求　　　　　　　表2-46

设计ESALs(百万次)	细集料未压实空隙率(%)		砂当量(%)
	厚度≤100mm	厚度>100mm	
<0.3	—	—	≥40
0.3～3	≥40	≥40	≥40
3～10	≥45	≥40	≥45
10～30	≥45	≥40	≥45
≥30	≥45	≥45	≥50

(3)中国规范要求

沥青路面的细集料包括天然砂、机制砂、石屑。质量要求见表2-47。

沥青混合料用细集料质量要求（JTG F40） 表 2-47

项 目	单 位	高速公路、一级公路	其他等级公路	试验方法
表观相对密度	t/m³	≥2.50	≥2.45	T 0328
坚固性（>0.3mm 部分）	%	≥12	—	T 0340
含泥量（小于0.075mm 的含量）	%	≤3	≤5	T 0333
砂当量	%	≥60	≥50	T 0334
亚甲蓝值	g/kg	≤25	—	T 0349
棱角性（流动时间）	s	≥30	—	T 0345

注：坚固性试验可根据需要进行。

从三种体系的检测指标上来看，对于细集料法国主要是强调材料的清洁程度，检测亚甲蓝值、粉尘含量、棱角性。

美国的检测内容就比较简单，Superpave 中对于细集料检测的内容，包含了清洁度和棱角性方面的内容。不过在 SMA 技术规范中的要求内容就比较多，细集料采用了坚固性、液限和塑性指数三个指标。

中国的细集料检测内容相对前两者就比较多，中国对于细集料的检测内容主要是洁净度，包含了三种方法，即含泥量、砂当量、亚甲蓝试验，而且细集料必须同时满足这三方面的要求，这一点与法国的做法有显著的区别，欧标只要砂当量、亚甲蓝值一个能满足要求就认为材料合格，这反映出中国规范在一些指标的要求上比较高。

从三种体系总的比较来看，美国的要求比较宽松，检测内容比较少；法国的要求适中，欧标对原材料的主要技术指标均结合实际情况进行了考虑，如由于气候温和，不考虑集料的坚固性；中国对原材料的要求就比较严厉，这体现在检测内容方面要比前两者都要多。

1）砂当量和亚甲蓝值

评价细集料的洁净度有两种方法，砂当量和亚甲蓝，美国《Superpave 混合料体积设计标准规范》只有砂当量的要求，根据设计轴载次数，最小值从40%到50%。法国混合料设计指南只对亚甲蓝提出要求，不能超过10%，粉尘含量在3%以内的，可不进行此试验。我国《公路沥青路面施工技术规范》（JTG F40—2004）对两个指标都有要求。中法美规范砂当量和亚甲蓝要求见表2-48。

中法美规范砂当量和亚甲蓝要求 表 2-48

规范	法国混合料设计指南	美标 AASHTO M323-07	中国规范 JTG F40
砂当量	无要求	根据设计轴载次数要求不同，具体指标见表2-46	一级以上公路要求≥60%，其他公路≥50%
亚甲蓝值	≤10%（粉尘含量≤3%，可不进行此试验）	无要求	一级以上公路要求≤25%

对砂当量和亚甲蓝值两个试验哪个更好的问题，各有各的看法，一般认为，较粗的细集料适宜于采用砂当量试验，取4.75mm 以下部分试验。亚甲蓝值适用于较细的细集料，甚至于采用0.15mm 以下的粉料试验，4.75mm 以上集料不适用。这两种试验在我国应用的时间都不

长,还需更多实践。

2）棱角性

评价细集料棱角性以前没有标准方法,美国 SHRP 研究过程中强调砂的棱角性重要性,提出标准方法 AASHTO T304 细集料未压实空隙率。法标 P18-564 规定砂的流动时间的标准方法,在 17 届国际道路会议得到认可,建议各国用此法评价砂的棱角性。流动时间测量方法比间隙率法测定更为简单,我国选用流动时间作为测量细集料棱角性的标准方法,但缺乏相关方法的试验研究。中法美规范对细集料棱角性要求见表 2-49。

中法美规范细集料棱角性要求 表 2-49

规范	法国混合料设计指南	美标 T323-07	中国规范 JTG F40
间隙率法	无该试验	根据设计轴载次数要求不同,具体指标见表 2-46	无要求
流动时间	表面层,≥35~38s;低交通量柔性路面,≥30s;基层混合料,进行轮辙试验,棱角性不作规定	无该试验	一级公路、高速公路要求流动时间在 30s 以上

3）粉尘含量

中法美规范细集料粉尘含量要求见表 2-50。

中法美规范细集料粉尘含量要求 表 2-50

规范	法国混合料设计指南	美标 AASHTO M323	中国规范 JTG F40
粉尘含量（最小粒径通过率）	细集料 12%~22%；砂 16% 或 22% 也可以用	6%~12%	根据集料规格 0~10% 或 0~15%

4）其他指标

中法美规范细集料其他指标要求见表 2-51。

中法美规范细集料其他指标要求 表 2-51

规范	法国混合料设计指南	美标 AASHTO M320	中国规范 JTG F40
密度	无要求	无要求	指标要求见表 2-47
坚固性	无要求	硫酸钠要求≤15% 硫酸镁要求≤20%	

美国将坚固性作为料源特性看待,无固定要求,根据各地情况制定要求。中国将密度和坚固性作为检测指标。

3. 填料

三种体系在填料方面的检测指标如表 2-52、表 2-53 所示。

中法美填料粒径范围定义 表 2-52

国家	法国（欧洲）	美国	中国
规范	EN 13043	AASHTO D8-02	JTG E42—2005
粒径范围	<0.063mm	<0.075mm	<0.075mm

中法美填料技术指标的比较　　　　　　　　　表 2-53

规 范 标 准	法国混合料设计指南	美标 AASHTO M17	中国规范 JTG F40—2004
表观密度	—	—	一级以上公路≥2.50t/m³ 其他等级公路≥2.45t/m³
含水率	—	—	≤1%
亲水系数	—	—	<1
塑性指数	—	<4	<4
亚甲蓝值	≤10%	—	—
干压空隙率	28%~38%	—	—
软化点差值	8~16℃	—	—

法国填料的检测指标与我国差异很大：亚甲蓝值，注重填料的清洁程度；沥青的软化点差，主要是看沥青和填料混合后，软化点变化，这个试验是欧标特有的，美国和中国都没有这个试验。干压缩空隙率越高表明随着沥青用量升高，产生的自由沥青量越多。

美国规范对填料要求指标很少，只有一个塑性指数。

中国规范和美国规范相比，看重沥青和矿粉的亲和程度，因此有亲水系数的要求，矿粉系数是矿粉在水中膨胀体积与同一试样在煤油中膨胀体积之比。亲水系数大于1，表示矿粉对水的亲和力大于对沥青的，反之，对沥青亲和力大。另外，对安定性也有要求，检测加热后矿粉不变质。

三、沥青试验方法的差异

沥青混合料试验框图如图 2-15 所示。

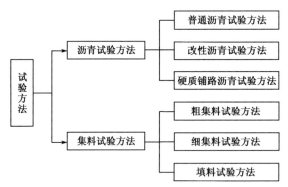

图 2-15　沥青混合料试验框图

1. 普通沥青

本部分进行比较的关于普通沥青的试验方法列于表 2-54。

本部分进行比较的关于普通沥青的试验方法汇总表　　　表 2-54

试　　验	法国（欧洲）	美　国	中　国
针入度试验	EN 1426	AASHTO T49-07 （ASTM D5-06e1）	T 0604

续上表

试验	法国（欧洲）	美国	中国
软化点试验	EN 1427	AASHTO T53-09 （ASTM D36-06） （环球法）	T 0606 （环球法）
延度试验	无	AASHTO T51-09 （ASTM D113-07）	T 0605
薄膜烘箱加热试验	EN 12607-2	AASHTO T179-05 （ASTM D1754-97）	T 0609
旋转薄膜烘箱加热试验	EN 12607-1	AASHTO T240-09 （ASTM D2872104）	T 0610
PAV 老化试验	EN 14769	AASHTO R28-09 ASTM D6521	SH/T 0774
闪点和燃点试验	无	AASHTO T 48-06 （ASTM D92-05a）	T 0611
溶解度试验	EN 12592	AASHTO T44-03	T 0607
蜡含量试验	EN 12606-1	无	T 0615
弗拉斯脆点试验	EN 12593	无	T 0613
密度试验	EN 15326	AASHTO T228-09	T 0603
动力黏度试验	EN 12596 （真空减压毛细管法）	AASHTO T202-09 （ASTM D2171-07）	T 0620 （真空减压毛细管法）
运动黏度试验	EN 12595	AASHTO T201-09 （ASTM D2170-07）	T 0619 （毛细管法）
DSR 试验	EN 14770	AASHTO T315	SH/T 0777
BBR 试验	EN 14771	AASHTO T313	SH/T 0775
DT 试验	EN 13587	AASHTO T314	SH/T 0776

在普通沥青试验方法比较中，发现存在较大差异的试验方法主要是 RTFOT 试验。具体差异见表 2-55。

法国（欧洲）、美国和中国 RTFOT 试验方法差异比较表　　　　　表 2-55

试验	法国（欧洲）	美国	中国
旋转薄膜烘箱加热试验（RTFOT）	EN 12607-1 163℃ 加空瓶，1h 足够	AASHTO T240-09 （ASTM D2872-04） 163℃加空瓶，至少 2h； 试样倒入瓶内，立刻放至水平，并至旋转一周，水平架上冷却 60~180min； 取出每个试样，关门，加热电源仍开，热空气仍喷射，整个取出时间 5min	T 0610 163℃预热至少 16h； 时间到达，停止转动和喷射热空气，立即逐个取出盛样瓶

针对美国和中国旋转薄膜烘箱加热试验(RTFOT)在方法上存在的差异是否会对试验结果产生影响,项目组开展了相关的对比试验。试验采用 30 号(溶剂脱)沥青、50 号(中海油)沥青、两种普通 70 号沥青进行中国和美国的旋转薄膜烘箱加热试验(RTFOT),比较试验后的质量变化、残留针入度、延度(10℃、15℃)、软化点、60℃黏度的差异。具体结果见表 2-56。

中国和美国的旋转薄膜烘箱加热试验(RTFOT)结果　　　　表 2-56

试验	试验条件	普通沥青			
		沥青类型			
		30 号(溶剂脱)	50 号(中海油)	普通 70 号(江苏宝隆)	普通 70 号(马鞍山)
质量变化(%)	RTFOT(中国法)	-0.53	-0.03	0.12	0.02
残留针入度比(%)		56.1	56.8	64.3	61.5
延度(10℃)(cm)		脆断	脆断	8	6
延度(15℃)(cm)		4	14	113	25
软化点(℃)		67	56	52.5	54.5
60℃黏度(Pa·s)		8740	1075	550	653
质量变化(%)	RTFOT(美国法)(试验室进行)	-0.49	-0.04	0.06	-0.02
残留针入度比(%)		65.2	66.8	67.8	65
延度(10℃)(cm)		脆断	6	12	7
延度(15℃)(cm)		5	39	>150	34
软化点(℃)	RTFOT(美国法)(试验室进行)	61	56	52.5	54
60℃黏度(Pa·s)		8570	990	550	650

从以上试验结果可以看出:

(1)老化后沥青的质量变化:中国方法与美国方法差异不大。

(2)残留针入度:中国方法均比美国方法的试验结果小,说明中国方法试验后沥青的老化比较严重。

(3)延度(10℃、15℃):中国方法均比美国方法的试验结果小,说明中国方法试验后沥青的老化比较严重。

(4)软化点:中国方法与美国方法的试验结果相差不大。

(5)60℃黏度:中国方法试验结果有两组数据比美国方法大,另两组数据相当。

因此,从残留针入度和延度两个指标反映出的情况可以说明中国方法比美国方法老化后的沥青更严重,而其他指标存在的差异不大。但总体而言,两种试验方法的差异确实会对试验结果产生一定的影响。

2. 改性沥青

总结归纳法国(欧洲)、美国和中国改性沥青规范中沥青指标所涉及的试验方法包括:针入度、软化点、闪点、延度、老化、弗拉斯脆点、弹性恢复、黏韧性等。对于针入度、软化点、闪点、延度、老化、弗拉斯脆点试验等在普通沥青试验方法部分中均有比较,因此,本部分不再赘述,只针对前文未提及的针对改性沥青的试验方法,如离析、黏韧性、弹性恢复等试验方法进行比较。本部分进行比较的关于改性沥青的试验方法列于表 2-57 中。

本部分进行比较的关于改性沥青的试验方法汇总表　　表 2-57

试　验	法国(欧洲)	美　国	中　国
离析试验	EN 13399	D5982 第 6 部分、D5976 第 6 部分、D5841 第 5 部分	T 0661
黏韧性试验	无	D5801	T 0624—1933
弹性恢复试验	EN 13398	AASHTO T301-08	T 0662

在改性沥青试验方法比较中,发现存在较大差异的试验方法主要是弹性恢复试验。具体差异见表 2-58。

法国(欧洲)、美国和中国弹性恢复试验方法差异比较表　　表 2-58

试验	法国(欧洲)	美　国	中　国
	EN 13398	AASHTO T301-08	T 0662
弹性恢复试验	延度仪试模,仍为八字形	延度仪试模;但中间部分换为直线侧模	延度仪试模;但中间部分换为直线侧模
	以 5cm/min ± 0.25cm/min 拉伸试样达 200mm ± 1mm 时停止;在此状态下保持 10s,之后用剪刀在中间将试样剪断,保持试样在水中 30min,保持水温不变	以 5cm/min ± 0.25cm/min 拉伸试样达 20cm 时停止;在此状态下保持 5min,之后用剪刀在中间将试样剪断,保持试样在水中 1h,保持水温不变	以 5cm/min ± 0.25cm/min 拉伸试样达 10cm ± 0.25cm 时停止,立即用剪刀在中间将试样剪断,不得有时间间隙,保持试样在水中 1h,保持水温不变

针对弹性恢复试验在模具及方法上存在的差异是否会对试验结果产生影响,项目组开展了相关的比对试验。试验采用两种 SBS 改性沥青进行法国(欧洲)、美国和中国的弹性恢复试验,比较试验后的恢复率的差异。具体结果见表 2-59。

法国(欧洲)、美国和中国的弹性恢复试验结果　　表 2-59

试验方法	SBS 改性沥青(浙江嘉悦)			SBS 改性沥青(绍诸)		
	法国(欧洲)方法	美国方法	中国方法	法国(欧洲)方法	美国方法	中国方法
弹性恢复率(%)	98	98	97	99	99	99

从以上试验结果可以看出,三种试验方法下的试验结果基本没有差异,因此,可以认为虽然法国(欧洲)、美国和中国的弹性恢复试验在模具及方法上存在较大的差异,但是这些差异对试验结果几乎没有影响。

3. 硬质铺路沥青

法国(欧洲)关于硬质铺路沥青的规范是 EN 13924。这一规范规定的硬质沥青的技术指标所涉及的试验主要包括:针入度、软化点、60℃ 动力黏度、RTFOT 老化、135℃ 运动黏度、弗拉斯脆点、闪点和溶解度。这些试验方法在普通沥青的试验方法中已进行过介绍,此处不再赘述。

美国规范体系和中国规范体系中没有关于硬质铺路沥青的规范。

四、集料试验方法的差异

集料的试验方法分为生产特性和力学特性两种,中国、美国、欧洲试验规范有很多不同的地方,本节主要对三种不同的试验方法进行比较,分析它们的差异。

欧洲集料试验规范:《集料的一般性能的测定》(EN 932)、《集料几何特性的测定》(EN 933)、《集料物理力学性能测定》(EN 1097)、《表面处置—试验方法》(EN 12272)、《沥青混合料用填料试验》(EN 13179)。

美国集料试验规范:AASHTO 和 ASTM 中集料试验方法。

中国集料试验规范:《公路工程集料试验规程》(JTG E42—2005)。

中法美规范中集料试验方法比较汇总见表2-60。

集料试验方法比较汇总表　　　　　　　　　　表2-60

特性	试验内容		法国(欧洲)	美国	中国
生产特性	筛分		筛孔尺寸		
	密度吸水率		4.0~31.5mm(容量瓶法)31.5~63mm(篮网法)	≥2.36mm(篮网法)	2.36~75mm(篮网法、容量瓶法)
	针片状		长宽比2:1	长宽比5:1	长宽比3:1
	破碎砾石含量		无差异		
	亚甲蓝值		集料的粒径和质量		
	砂当量		无差异		
	棱角性	流动时间	无差异	无该试验	无差异
		间隙率	无该试验	集料的粒径	
力学特性	洛杉矶磨耗		集料的粒径、钢球的数量和质量		
	微狄法尔		集料的粒径、质量、磨耗结束筛余粒径		无该试验
	磨光值		轮胎、磨料		
	坚固性		$MgSO_4$	$MgSO_4$ 或 Na_2SO_4	Na_2SO_4

1. 生产特性

1)筛分试验

欧标集料的筛分方法对粗集料、细集料、填料均采用 EN 933-1。集料先烘干再水洗筛分。

美标集料筛分包括粗集料和细集料筛分 AASHTO T85-08,填料筛分采用 AASHTO T37-07。确定0.075mm的通过率,要进行 T11 的操作,即先进行水洗确定0.075mm的通过率,之后收集0.075mm以上集料进行筛分。

中国规范针对粗集料、细集料和矿粉分别采用不同的方法,但确定0.075mm通过率都需要进行水洗。

通过对比三种筛分,主要有两个不同点:

(1)试验筛孔径不同。法国筛孔孔径主要包括 0.063mm、0.08mm、0.25mm、0.315mm、1mm、2mm、4mm、6.3mm、8mm、10mm、12.5mm、14mm、16mm、20mm,中国和美国的筛孔孔径基本一致,主要有 0.075mm、0.15mm、0.3mm、0.6mm、1.18mm、2.36mm、4.75mm、9.5mm、13.2mm、19mm 等,但中国多一个 16mm 粒径。在水洗法时,欧标要求水洗通过 0.063mm 的试验筛,而美国和中国都要求通过 0.075mm 试验筛。

(2)判断筛分是否充分的条件不同,中国标准比欧标和美标都严格很多,欧标为 1min 内筛分变化小于 1%,美标为 0.5%,中国标准为 0.1%;另外在试验结果是否有效的处理上,欧标为筛分前后质量相差不超过 1%,中国标准和美标为 0.3%,中国规范还要求平行试验中 0.075mm 通过率相差不能超过 1%,为了满足这个要求,就要求在筛分过程中谨慎认真,两次平行操作尽量相近。

2)密度和吸水率

粗集料的密度试验,欧标和中国规范都用篮网法和容量瓶法两种方法来测量,美标只有篮网法一种,但欧标使用哪种方法与集料粒径有关,欧标规定粒径在 31.5~63mm 之间的集料需要使用篮网法测密度,粒径在 4.0~31.5mm 之间要使用容量瓶法。中国规范在使用这两种方法时对粒径没有特殊要求。美标 AASHTO T85-08 只有篮网法这一种方法。集料浸泡时间有所不同,欧标和中国规范要求浸泡 24h,美标时间比较短,要求为 15~19h。中国规范精确度要高于欧美标准,但只有重复性要求。欧标、美标对集料的毛体积密度、表观密度、吸水率有重复性和再现性要求。

3)针片状含量

三种针片状试验差异如下:

(1)欧标对集料针状和片状检测分为两个试验,美标和中国规范都采用一个试验进行。

(2)欧标的片状定义比例为 2,针状定义为 3,美标中对针片状的比例有 2、3、5 三种比例,但是没有明确是采用哪个比例,其中 Superpave 对集料的认同特性中的针片状比例采用的是 5:1(或 0.2),中国标准的比例为 3(1/3)。欧标操作过程中,对于特定集料 d/D,先进行筛分,确定两个连续标准筛孔 d_i/D_i 之间集料的质量,再对该部分集料采用相应 D/2 进行筛分,通过物即为片状颗粒,对于 D_i/d_i(如 6.3/4、8/6.3、10/8、12.5/10、16/12.5、20/16)的比值,一般小于 1.58,所以即使是对于 D_i 的颗粒中的片状颗粒通过 $d_i/1.58$,其实际的片状比例也不超过 1.58×1.58=2.5,因此相对于中国规范和美标中的针片状比例 3 或 5 而言,欧标的片状颗粒的要求比较苛刻,即有可能在美标和中国规范中不是片状颗粒,而在法标定义下可能被认为是片状颗粒。

(3)美标和中国规范中,操作仪器不同。美标采用规准仪,而中国规范则在水泥混凝土中采用该仪器确定针片状。对于公路集料针片状测定,中国规范采用游标卡尺,欧标分别用直接筛分和游标卡尺测量。

(4)取样方法不同。美标和中国规范由于要从代表试样中挑选出 100 个颗粒,这个过程的人为因素可能影响试验结果,从试验操作步骤来看,欧标对片状检测更加客观,直接采用筛分的方式取样,受人为因素影响的程度较小;从三者平行性要求来看,欧标的 R 及 r 都最小。

（5）试验平行性要求差异。欧标对片状颗粒的定义比例比较严格，操作过程比较客观，受人为因素或经验影响较小，得到的试验结果平行性也较好。美标提供了3个针片状比例参数供选择，但是试验过程中在具有代表性测试颗粒的选择上可能存在人为因素的影响，对试验的准确性和平行性影响较大。中国规范存在与美标相同的弱点。

4）破碎砾石含量

粗集料棱角性试验测试的指标是具有要求数量（一个或两个）破碎面的粗集料占粗集料总量的比例，以百分率表示。被机械破碎的砾石破碎面大于或等于该颗粒最大横截面积的1/4者为破碎面。

我国粗集料棱角性试验规范是参照美标ASTM D5821编写的，叫作破碎砾石含量试验，编号为T 0346。欧标的粗集料棱角性试验在EN933-5中，试验方法与中国和美国方法基本相同，只有粒径方面的差异。

欧洲标准在测试棱角性方面还有一种方法，在一个频率50Hz、振幅0.5mm的振动台上，将一定体积粗集料放入漏斗中，打开开关计时，在振动条件下由斜槽全部漏出粗集料的秒数作为该粗集料的粗糙度指标，这个试验和细集料棱角性流动时间法类似。该试验在欧标EN 13043中没有技术要求，我国基本上没做过，所以还没列入我国试验规范。

5）亚甲蓝值

亚甲蓝试验是为了检测集料中的有害黏土含量，用亚甲蓝值来作为评价指标。欧标和中国规范是针对细集料和矿粉，而美标是针对0.075mm以下的集料。

搅拌器和滤纸的差异。欧标中搅拌器参数和中国规范是一样的，滤纸的参数要求都很明确，比美标和中国规范都详细，但表中没有搅拌器的搅拌速度。美标对搅拌器没有提出要求，滤纸有固定的型号。中国规范中对定量滤纸没有具体参数。

试样要求：欧标采用0~2mm的填料；美标采用的是0.075mm以下的颗粒，也就是说可以适用于矿粉等填料，对于石屑中要提取该部分的颗粒进行试验；中国规范针对0~2.36mm的石屑或矿粉等填料。对于亚甲蓝溶液的浓度，欧标采用10mg/L，美标采用5mg/L，中国规范与欧标相同；对于配置过程及保质期，欧标和中国规范都有明确的描述，美标没有相关描述。

对于试验步骤，法标和中国规范基本相同，明确的操作过程信息有试样质量、蒸馏水的用量、不同搅拌阶段持续时间及相应速度、试验结束评判标准等，美标在操作过程中没有提供搅拌速度信息。欧标相对于中国规范还增加了一种情况，即在试样亚甲蓝结果较小时利用高岭土保证晕圈出现。

采用欧标和中国规范分别进行试验，两者试验结果相差不大。

6）砂当量

砂当量试验检测各种细集料中黏性土或杂质的含量，用来评定集料的洁净程度。对于砂当量试验，欧标、美标及中国规范的试验过程基本相同。

欧标砂当量集料要求是0~2mm，美标及中国规范都是4.75mm以下，欧标的集料要细很多，同样的集料砂当量结果会比美标和中国规范小。

通过阿尔及利亚东西高速公路西标段现场的生产检测发现，对于0~2mm石屑，砂当量很难满足不小于60%的要求，但是欧标的集料技术要求中对石屑中黏土有害物质含量的检测有两个试验方法,一个是砂当量,一个是亚甲蓝值,要求其中一个指标合格便认为石屑合格。

7) 细集料棱角性(间隙率和流动时间)

棱角性试验用以测试细集料的粗糙度,国际上对如何评价有两种方法——间隙率法和流动时间法。我国规范采用这两种方法。间隙率法是根据美国规范 AASHTO T304 改编的,流动时间法是参照欧标的 EN 933-6 集料流动系数中细集料流动系数测试方法编写的。间隙率试验取样见表 2-61。

间隙率试验取样　　　　　　表 2-61

美标 AASHTO T304-08		中国规范 T 0344—2000
第一种	0.15 ~ 0.3mm,17g 0.30 ~ 0.6mm,72g 0.6 ~ 1.18mm,57g 1.18 ~ 2.36mm,44g 共计 190g	0.075 ~ 2.36mm 或 0.075 ~ 4.75mm, 190g 四分法称取试样不少于 3 份
第二种	0.30 ~ 0.6mm,190g 0.6 ~ 1.18mm,190g 1.18 ~ 2.36mm,190g	
第三种	与我国规范取样方法相同	

通过比较发现中美选用的间隙率法差异表现在试样的选择上,美标多采用两种标准试样,我国之所以没有是因为在工程实际,细集料不会再进行筛分后使用,因此引入美国规范时,只选择了它的第三种取样方法。

流动时间法,由于也是直接引用欧洲标准,所以取样时只有粒级的微小差异,其他完全相同。

2. 力学特性

1) 洛杉矶磨耗试验

欧标、美标的仪器相同,中国规范与二者基本一样。对于钢球,欧标明确了使用的材料标准为 Z30C,对于直径,三个体系下的参数要求也很相近,只是对钢球的质量要求上有少许区别,欧标的质量范围相对较窄,质量范围分布宽度为 445 - 400 = 45g,美标和中国规范相同,为 445 - 390 = 55g。相应集料质量及所需钢球质量见表 2-62 ~ 表 2-64,可以看出在对应粒级的质量分配比例上的差异,这个差异主要是由各国在相应工程应用中所采用的材料尺寸及筛孔体系所决定,这也是在粒级的质量分配上各种体系难于统一的原因。对于磨耗值的确定,法国采用 1.6mm 筛孔,美国及中国采用 1.7mm 筛孔。洛杉矶磨耗试验仪器见图 2-16。

欧标粒级分类主要参考了其各自路面混合料设计和生产控制常用的材料分档,因为法国混合料生

图 2-16　洛杉矶磨耗试验仪器

产在控制级配时有3个关键筛孔，分别是0.08mm（0.063mm）、2mm、6.3mm，所以对于法国路面集料便于生产控制的合理材料分档为0~4mm或0~2mm、4~6.3mm或2~6.3mm、6.3~10mm，这三个是针对各种路面混合料比较通用的集料分档，这样能够方便地控制生产混合料的级配曲线。之所以选用4~6mm而非2~6mm进行洛杉矶磨耗试验，这可能是考虑到2mm与确定磨耗损失的1.6mm太近，有可能导致一些形状经过衰减后的颗粒主体通过1.6mm筛孔，这样一来已经不是磨耗损失的概念，所以选择了4~6.3mm。因此欧标的几个粒级类别也正是满足混合料生产所常用的粗集料颗粒分档。

欧标钢球要求钢球质量 表2-62

粒级范围(mm)	试样质量(g)	钢 球 数	钢球总质量(g)	转动次数
4~6.3	5000±5	7	2930~3100	500
4~8		8	3410~3540	
6.3~10		9	3840~3980	
8~11.2		10	4250~4420	
11.2~16		12	5120~5300	

美国也与之类似，美国生产控制的筛孔有0.075mm、2.36mm、4.75mm三个主要筛孔，且从路面混合料生产经验上来看，与生产控制相适应的颗粒分档为0~3mm、3~5mm、5~10mm三个适用于各种混合料的通用分档，因此美标中包含了2.36~4.75mm及4.75~10mm两个粒级分类。针对上面层和中下面层可以有10~13mm、10~20mm、10~25mm的集料分档。

美标钢球要求钢球质量 表2-63

粒度大小	粒级(mm)	试样质量(g)	试样总质量(g)	钢球数量	钢球质量	转动次数
A	25.0~37.5	1250±25	5000±10	12	5000±25	500
	19.0~25.0	1250±25				
	12.5~19.0	1250±10				
	9.5~12.5	1250±10				
B	12.5~19.0	2500±10	5000±10	11	4850±25	500
	9.5~12.5	2500±10				
C	6.3~9.5	2500±10		8	3330±20	
	4.75~6.3	2500±10				
D	2.36~4.75	5000±10		6	2500±15	

中国方法与美国相比，多了E、F、G三个等级，E级磨耗适用的粒径范围是37.5~75mm，F级磨耗适用的粒径范围是26.5~53mm，G级磨耗适用的粒径范围是19~37.5mm，三个级别都采用转动10000次，其粒径范围很少应用于沥青路面。A、B、C、D四个分级和美标也有差别，它是以15mm分级，包括5~15mm、15~25mm两个级别。

中国标准钢球要求钢球质量 表2-64

粒度大小	粒级(mm)	试样质量(g)	试样总质量(g)	钢球数量	钢球质量	转动次数
A	26.5~37.5	1250±25	5000±10	12	5000±25	500
A	19.0~26.5	1250±25	5000±10	12	5000±25	500
A	16.0~19.0	1250±10	5000±10	12	5000±25	500
A	9.5~16.0	1250±10	5000±10	12	5000±25	500
B	19.0~26.5	2500±10	5000±10	11	4850±25	500
B	16.0~19.0	2500±10	5000±10	11	4850±25	500
C	9.5~16.0	2500±10	5000±10	8	3330±20	500
C	4.75~9.5	2500±10	5000±10	8	3330±20	500
D	2.36~4.75	5000±10	5000±10	6	2500±15	500
E	63~75	2500±50	10000±100	12	5000±25	1000
E	53~63	2500±50	10000±100	12	5000±25	1000
E	37.5~53	5000±50	10000±100	12	5000±25	1000
F	37.5~53	5000±50	10000±75	12	5000±25	1000
F	26.5~37.5	5000±25	10000±75	12	5000±25	1000
G	26.5~37.5	5000±25	10000±50	12	5000±25	1000
G	19~26.5	5000±25	10000±50	12	5000±25	1000

比较三种规范可以发现,欧标及美标的粒级分类比较合理,但是中国标准中路面集料的分档与实际生产应用的匹配关系上还有待改善。因为国内路面集料分档一般采用0~3mm、3~5mm、5~10mm,对于面层混合料则有10~15mm 最大集料,对于中下面层可能有10~20mm 或 10~25mm 的集料,但是对于比较常用的 5~10mm 的集料,没有与之相对应的磨耗等级。

但是中国标准对于 9.5~16mm 的粒级,采用的钢球个数为 8 个;如果这一粒级对照美标的标准,采用 B 级磨耗标准,这样钢球个数是 11 个,如果参照欧标 11.2~16mm 这一等级的磨耗标准,钢球的个数是 12 个。这样一来,对于9.5~16mm 的粒级,国标与目前其他国标存在较大的试验参数差别,钢球个数差异作为一个重要的试验参数,对磨耗试验的结果就有很大的影响。

从与国际接轨的角度而言,中国标准中应该将 5~10mm 这一粒级的试验参数明确地确定下来,另外对于中国标准中 C 级包含的 9.5~16mm 这一颗粒范围,应重新考虑其粒级所属范围,对其磨料即钢球的个数及质量考虑与国际上其他规范体系要求一致。

2) 微狄法尔磨耗试验

对于微狄法尔试验,中国标准没有列入该项内容,对于欧标和美标,其主要差别体现在4个方面:粒级的分类、试样质量、磨料质量及旋转次数,具体比较见表2-65 和表2-66。微狄法尔磨耗试验仪器见图2-17。

法国 Micro-Dival 试验参数   表 2-65

粒级(mm)	试样质量(g)	水(L)	钢球质量(g)	转数	时间(h)
10~14	500±2	2.5±0.05	5000±5	12000±100	2

美国 Micro-Dival 试验参数   表 2-66

粒度(mm)	粒级(mm)	试样质量(g)	试样总质量(g)	水(L)	钢球质量(g)	转数	时间(h)
9.5~19.0	16.0~19.0	375				12000±100	2
	12.5~16.0	375					
	9.5~12.5	750					
6.3~12.5	9.5~12.5	750	1500±5	2.0±0.05	5000±5	10500±100	1.75
	6.3~9.5	375					
	4.75~6.3	375					
4.75~9.5	6.3~9.5	750				9000±100	1.5
	4.75~6.3	750					

图 2-17 微狄法尔磨耗试验仪器

欧标 EN 1097-1 定义了 1 种粒级。美标定义了 3 个粒级,其中有两个粒级在洛杉矶磨耗试验 AASHTO T96-02 中也有定义。两种不同磨耗试验条件的粒级分类上,主要考虑各自国家范围内的集料分档使用习惯,两种试验的粒级分类应该相对应。

在试样的质量、磨料质量、旋转次数等试验参数上,欧标和美标均有较大的差别,这就需要根据各自试验的特点,在一定经验基础上确定各自体系下的技术要求。这一点不利于两个规范体系下相同试验结果的对比参考。对玄武岩和石灰岩进行试验,欧标试验结果比美标稍大,这与磨耗完筛分粒径有关。

3) 磨光值

通过比较各国规范,磨光值欧标和中国规范较为接近,美标和它们相比差异较大,下面从轮胎、磨料、磨耗时间等多个方面进行比较。

对于轮胎类型,欧标及中国采用两个实心轮胎,一个用于粗砂磨光,一个用于细砂磨光;美国采用一个充气轮胎,其中给出了两种选择,首先选用仪器自带的 Dunlop 轮胎,充气压力 310.26kPa±13.79kPa,在前者不可获取得情况下可以采用工业手推车轮胎,充气压力 241.32kPa±13.79kPa;轮胎的硬度,法国与中国相同,为(69±3)IRHD,美国的轮胎硬度为(55±3)IRHD。加速磨光试验机如图 2-18 所示。

另外,欧标及中国规范采用两种磨料,粗金刚砂与细金刚砂,流速分别为 27g/min±7g/min、3g/min±1g/min,美国采用的一种磨料为 150 号金刚砂,流速为 6g/min±2g/min。在对橡胶轮胎施加的荷载方面,美国为 391.44N±4.45N,欧标和中国规范都是 725N±10N,中国和欧洲施加的荷载较美国高出很多。

对于测定磨光值的橡胶片及滑动距离,三个标准体系比较相近。磨光试件采用的集料粒径,法国采用6.3~10mm,美国采用9.53~12.7mm,中国采用9.5~13.2mm,粒径大小影响到测试过程中轮胎与试件接触的有效面积,这将最终对试验结果产生一定影响,这也可能是法标中标准试件的标准值与中国存在区别的另外一个原因。

在试验过程中的磨耗时间,欧标与中国规范相同,粗砂和细砂磨光均为3h,美标为10h,通过测试不同磨耗时间下的磨光值得到磨耗速率。

对于试验过程是否有效的判断,欧标采用标准

图2-18 加速磨光试验机

试件是否在标准值范围内进行判断,这样对试件在试验过程中是否受力均匀能够进行有效的判断,从而保证试验过程的有效;但是美标没有这样的措施;中国的做法与欧标相同,相对而言,欧标及中国规范的做法更加合理。

欧标及美标没有明确金刚砂是否可以重复使用;美国规范没有提出对试件在道路轮上摆放次序的限制,欧标及中国规范均有限制,但是次序有所区别。

4)坚固性

坚固性试验是集料在硫酸钠或硫酸镁溶液中多次浸泡与烘干循环,承受硫酸钠结晶而不发生显著破坏或强度降低的性能,中国规范采用硫酸钠饱和溶液进行该项试验,欧标采用硫酸镁溶液,美标两种溶液都可以,在经过一定的结晶循环次数后,检测集料在硫酸盐结晶膨胀作用影响下的耐候性能。试样质量要求见表2-67。

坚固性试验对试样的质量要求　　　　　表2-67

规范	粒级(mm)		质量(g)	
AASHTO T104-99 (2007)	37.5~63	37.5~50.0	2000±200	5000±300
		50~63	3000±300	
	19~37.5	19~25	500±30	1500±50
		25~37.5	1000±50	
	9.5~19	9.5~12.5	330±5	1000±10
		12.5~19	670±10	
	4.75~9.5		300±5	
T 0314—2000	63~75		5000	
	37.5~63		3000	
	19~37.5		1500	
	9.5~19		1000	
	4.75~9.5		500	
	2.36~4.75		500	

三者之间的差异在于:在配制饱和硫酸盐溶液时,欧标要求的是密度,美标和中国规范提出的溶液检测指标是相对密度,从其对溶液密度或相对密度的限制要求上看,中国规范的要求相对欧标比较宽松。

另外三种方法还在结晶循环过程中细节部分的操作上有些区别：在浸泡试样时，法标要求篮网在液面以下 20mm，篮网间距在 20mm 以上；美标要求篮网在液面以下 12.5mm，对篮网间距没有提出明确要求；中国规范要求液面以下深度及间距均为 30mm。在浸泡期间的溶液温度方面，欧标要求为 20℃±2℃，美标为 20.3~21.9℃，中国规范要求为 20~25℃。在一次循环过程中，三者的浸泡时间有所差异，欧标、美标的要求分别为 17h±0.5h、17h±1h，中国规范的要求为首次 20h，此后均为 4h，完成 5 次循环。在浸泡之后，浸泡试验的烘干处理三者也有区别，法标是沥水 2h±0.25h，在 110℃±5℃烘箱中 24h±1h，取出在室温下冷却 5h±0.25h，美标是沥水 15min±5min，在 110℃±5℃烘箱中烘干至恒重，取出冷却到 20~25℃；中国规范是直接放在 105℃烘箱中烘干 4h，待冷却到 20~25℃，进入下一个循环。在新的循环开始，欧标和美标均要求检查溶液是否有沉淀情况并进行可能必要搅拌，中国规范在这方面没有明确要求。在浸泡的次数上，法标明确要求 5 次，美标没有明确要求，中国规范与法标相同。在循环结束后的集料处理上，法标用水流冲洗后烘干 24h，美标采用 43℃±6℃的水对集料进行清洗，采用 $BaCl_2$ 进行检查是否干净，中国规范采用在 20~25℃的水中冲洗干净，在烘箱中烘干，这个步骤中美标的做法可以借鉴的是采用试剂检测集料是否漂洗干净。

五、与体积相关的指标确定及计算方法

1. 与体积相关的指标

综合比较法国、美国和中国沥青混合料设计方法，三种混合料设计方法与体积相关的指标不尽相同，具体如表 2-68 所示。

法国、美国和中国沥青混合料设计关键指标　　　　表 2-68

国家	法国	美国	中国	备注
空隙率	★	★	★	其中，法国沥青混合料压实试件的空隙采用体积法，与美国、中国不同
马歇尔稳定度			★	
流值			★	
丰度系数	★			
VMA		★	★	
VFA		★	★	
粉胶比		★	★	

由表 2-68 可知，与体积性质相关的指标，中国沥青混合料设计方法的要求最多，美国沥青混合料设计方法次之，法国沥青混合料设计方法中虽然也有相应技术指标的定义，但是没有 VMA、VFA 的技术要求。

通过沥青混合料设计流程的研究，法国沥青混合料设计方法中丰度系数、最大密度及毛体积密度指标的计算方法如下：

1）丰度系数

丰度系数 K(Duriez,1950)是表示沥青胶结料裹覆在集料的沥青膜厚度的一个值，K 与砾料密度无关，与油石比有下列关系：

$$\mathrm{TL}_{\mathrm{ext}} = K \times \alpha \sqrt[5]{\Sigma} \mathrm{TL}_{\mathrm{ext}} \tag{2-1}$$

式中：Σ——比表面积（m^2/kg）；

　　　$\mathrm{TL}_{\mathrm{ext}}$——油石比；

　　　α——与集料密度有关的相关系数，$\alpha = 2.65/PG$，PG 是集料密度（g/cm^3）。

比表面积由下式计算：

$$100\Sigma = 0.25G + 2.3S + 12s + 150f \tag{2-2}$$

式中：G——粒径大于 6.3mm 的集料比率；

　　　S——粒径为 6.3~0.25mm 的集料比率；

　　　s——粒径为 0.250~0.063mm 的集料比率；

　　　f——粒径小于 0.063mm 的集料比率。

沥青用量 $\mathrm{tl}_{\mathrm{int}}$ 和丰度系数 K 有下列关系：

$$\mathrm{tl}_{\mathrm{int}} = \frac{100 \times K \times \alpha \sqrt[5]{\Sigma}}{100 + (K \times \alpha \sqrt[5]{\Sigma})}, \quad K = \frac{\dfrac{100 \times \mathrm{tl}_{\mathrm{int}}}{100 - \mathrm{tl}_{\mathrm{int}}}}{\alpha \sqrt[5]{\Sigma}} \tag{2-3}$$

注：这个公式不能应用于含有专门的粉料或外掺剂，如纤维的沥青。

2）最大密度测量、计算

最大密度可按 EN 12697-5 中方法 A 水中重法直接测量，标以 MVR。

也可以用组成材料密度（通过不同方法获得，水中、溶剂、液状石蜡）MVR_C 表示：

$$\mathrm{MVR}_C = \frac{\text{集料质量} + \text{沥青质量}}{V_g + V_b} \tag{2-4}$$

用油石比表示的情况：

$$\mathrm{MVR}_C = \frac{100 + \mathrm{TL}_{\mathrm{ext}}}{\dfrac{G_1}{v_{g1}} + \dfrac{G_2}{v_{g2}} + \cdots + \dfrac{G_n}{\rho_{gn}} + \dfrac{\mathrm{TL}_{\mathrm{ext}}}{\rho_b}} \tag{2-5}$$

用沥青用量（内掺）表示的情况：

$$\mathrm{MVR}_C = \frac{100}{\dfrac{G_1}{\rho_{g1}} + \dfrac{G_2}{\rho_{g2}} + \cdots + \dfrac{G_n}{\rho_{gn}} + \dfrac{\mathrm{tl}_{\mathrm{int}}}{\rho_b}} \tag{2-6}$$

式中：G_i——集料组分通过百分率（%），$i = 1, 2, \cdots, n$；

　　　ρ_{gi}——相应的质量密度，$i = 1, 2, \cdots, n$；

　　　v_{gi}——各档集料的体积；

　　　ρ_b——沥青的密度。

应指出的是，采用油石比 $\mathrm{TL}_{\mathrm{ext}}$ 时，$G_1 + G_2 + \cdots + G_n = 100$；而采用沥青用量（内掺）$\mathrm{tl}_{\mathrm{int}}$ 时，$G_1 + G_2 + \cdots + G_n = 100 - \mathrm{tl}_{\mathrm{int}}$。

3) 毛体积密度

毛体积密度是试样质量及其视体积之比,这个视体积根据材料空隙率(MVa)大小可以用体积法测量(MVA)或通过静水称重法根据材料空隙率用蜡或不用蜡来测定(EN 12697-6)。毛体积密度也可以用 γ 射线法测量 MVaγ(EN 12697-7)。

2. 体积指标计算方法

综合比较中、美、法沥青混合料设计方法及其关键指标,可以得出中、美、法三国沥青混合料体积指标计算方法的差别,如表 2-69 所示。

法国、美国、中国在体积指标计算方法上的差别　　表 2-69

指标	法国方法	美国方法	中国方法	备注
试件毛体积相对密度 γ_f	体积法测量; 静水称重; γ 射线法	表干法或蜡封法	表干法或蜡封法	中美完全相同,法国可以采用多种方法
混合料最大相对密度 γ_t	真空法或计算法	真空法	普通沥青:真空法; 改性沥青:计算法	中美普通沥青相同,改性沥青不同
集料的有效相对密度	—	$\gamma_{sb} = \dfrac{100}{\dfrac{P_1}{\gamma_1}+\dfrac{P_2}{\gamma_2}+\cdots+\dfrac{P_n}{\gamma_n}}$	$\gamma_{sb} = \dfrac{100}{\dfrac{P_1}{\gamma_1}+\dfrac{P_2}{\gamma_2}+\cdots+\dfrac{P_n}{\gamma_n}}$	中美普通沥青相同,改性沥青不同,法国没有
空隙率	$VV = \left(1-\dfrac{\gamma_f}{\gamma_t}\right)\times 100$	$VV = \left(1-\dfrac{\gamma_f}{\gamma_t}\right)\times 100$	$VV = \left(1-\dfrac{\gamma_f}{\gamma_t}\right)\times 100$	要求不同
	不同混合料有不同要求	4%	3%~5%	
VMA	$VMA = \left(1-\dfrac{\gamma_f}{\gamma_{sb}}\times P_s\right)\times 100$	$VMA = \left(1-\dfrac{\gamma_f}{\gamma_{sb}}\times P_s\right)\times 100$	$VMA = \left(1-\dfrac{\gamma_f}{\gamma_{sb}}\times P_s\right)\times 100$	完全相同
VFA	$VFA = \dfrac{VMA-VV}{VMA}\times 100$	$VFA = \dfrac{VMA-VV}{VMA}\times 100$	$VFA = \dfrac{VMA-VV}{VMA}\times 100$	完全相同
丰度系数	$TL_{ext} = K\times\alpha\sqrt[5]{\Sigma}$	—	—	中美没有,法国有

中美两国沥青混合料体积指标基本相同,不同仅在于中国采用真空法确定普通沥青混合料最大密度,采用计算法确定改性沥青混合料最大密度,美国采用真空法确定最大密度。

法国沥青混合料体积指标与中美具有明显的不同,采用类似于沥青膜厚度的丰度系数作为评价混合料的关键指标。法国沥青混合料计算有效沥青用量的方法与中美方法有区别,但基本理论是相同的。

此外,中、美两国设计方法对于混合料的体积指标都有严格而且明确的要求,特别是规定VMA、VFA 等指标,法国设计方法对于沥青混合料仅规定了空隙率要求,而且相对宽泛。

六、与性能相关的评价指标与方法

1. 性能评价体系

沥青混合料的性能评价体系是沥青混合料设计方法中的关键组成部分,法国、美国和中国的沥青混合料性能评价指标体系如表2-70所示,其中加粗部分为混合料设计过程中具有技术要求的,未加粗的部分不是混合料设计过程中必须进行的。

法国、美国和中国沥青混合料性能评价指标体系　　　表2-70

指　标	法　国	美　国	中　国	说　明
压实特性	旋转压实 内部角0.82°±0.02°	旋转压实 内部角1.16°±0.02°	马歇尔击实试验	中国制定了旋转 压实标定规范
抗水损害性能	多列士试验	AASHTO T283	浸水马歇尔试验	
	欧洲间接拉伸试验 (法国暂不用该方法)		冻融劈裂试验	
抗车辙性能	法国车辙试验	汉堡车辙试验	中国车辙试验	美国混合料 设计过程中不要求
		Flow number 试验		
模量性能	两点弯曲模量	动态模量	静态回弹模量	
	在探索 ITCY			
疲劳性能	两点弯曲疲劳试验	四点弯曲疲劳试验	参考美国方法	
低温性能	—	约束试件温度 应力试验	低温小梁弯曲	

从表2-70可知:

(1)法国沥青混合料性能评价试验当中,除没有低温性能方面的技术要求,其技术要求涵盖了抗水损害性能、抗车辙性能、模量性能和疲劳性能。其中,法国对于沥青混合料模量和疲劳性能试验方法采用同一种加载方式、试件,试验方便,指标更明确,更适用于路面结构设计。

(2)美国沥青混合料设计方法中,仅要求水损害性能评价,其他性能评价方法没有列入规范要求。

(3)中国沥青混合料设计方法中具有明确的抗水损害性能、抗车辙性能和低温性能。中国对于沥青混合料模量和疲劳性能有一定的研究,但是目前仍然采用静态模量,没有疲劳试验方法规范。

2. 性能评价方法

本节针对法国、美国和中国的沥青混合料旋转压实、抗水损害性能、抗车辙性能、模量和疲劳性能的试验方法进行对比。

1)旋转压实

美国和法国沥青混合料旋转压实的原理是相同的,旋转压实是将沥青混合料放到一个圆柱形的模具中,保证沥青混合料的温度在一定范围内,对混合料施加竖向静压力和因旋转而产生的剪切力,从而将混合料压密,如图2-19所示。

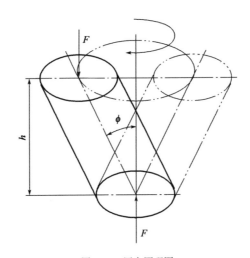

图 2-19 压实原理图

F-竖向压力;ϕ-旋转角度;h-平均的高度

本节重点介绍两种方法的不同之处。美国和法国沥青混合料旋转压实参数和空隙率计算方法不同,具体参数见表 2-71。

美国、法国沥青混合料旋转压实参数比较　　表 2-71

试验参数	法国旋转压实仪试验 EN 12697-31(法标 NF P 98-252)	美国旋转压实仪试验 AASHTO T312
旋转压实角度	内部角(0.82°±0.02°) 外部角(1°±0.02°)	内部角(1.16°±0.02°)
转速	30r/min±0.5r/min	30r/min±0.5r/min
竖向压力	0.6MPa±0.018MPa	0.6MPa±0.018MPa
试件直径	150mm±0.1mm	150mm±0.1mm

美国和法国的沥青混合料旋转压实,在计算空隙率的方法上也有差异,以下为两种空隙率的计算公式。

美标空隙率计算公式:

$$V_{美标} = \left(1 - \frac{\rho_a}{\rho_{max}}\right) \times 100 \quad (2\text{-}7)$$

式中:$V_{美标}$——按美国标准计算出的空隙率(%);

ρ_a——试件毛体积密度(g/cm³);

ρ_{max}——试件的最大理论密度(g/cm³)。

法标空隙率计算公式:

$$V_{法标} = \left(1 - \frac{h_{min}}{h_i}\right) \times 100 \quad (2\text{-}8)$$

式中:$V_{法标}$——按法国标准计算出的空隙率(%);

h_{min}——压实试件的最小高度(mm),对应的空隙率为 0;

h_i——旋转 i 次后试件的高度(mm)。

由于毛体积密度的计算方法不同,两种空隙率计算结果有差异,根据法国方法得出的空隙率比美国空隙率大。

2)抗水损害性能

抗水损害性能评价方法主要有法国多列士试验、欧洲间接拉伸试验、美国的 AASHTO T283 试验以及中国的浸水马歇尔试验和冻融劈裂试验。汉堡车辙试验也可以用于评价沥青混合料的抗水损害性能,但是由于其对某些沥青混合料的抗水损害性能并不敏感,本研究将其列入抗车辙性能评价方法当中。以下具体介绍各种试验方法:

(1)法国多列士(Duriez)试验

法国多列士(Duriez)试验根据 EN 12697-12 的方法 B(以前的 NF P 98-251-1)进行。拌和好的混合料在 5min 的时间内以 180kN ±9kN 完成静压成型,之后将试件根据毛体积密度均匀地分成两组,其中一组在温度 18℃ ±1℃,相对湿度 50% ±10% 的空气中保存 7d,另一组在完成 47kPa ±5% 的负压饱水 2h 后在水中保持 7d。最后在 18℃ ±1℃ 下根据两组试件的抗压强度比来评价混合料的水敏感性,试件如图 2-20 所示。

(2)欧洲间接拉伸试验

欧洲间接拉伸试验根据 EN 12697-12 中方法 A 进行。拌和好的混合料按照法国旋转压实成型法成型,压实次数 50 次,试件尺寸为 ϕ150mm,h 为 35~75mm。根据试件的毛体积密度将试件均匀地分成两组,其中一组在 20℃ ±5℃ 的室温下放置 68~72h,另一组在完成 (6.7 ± 0.3)kPa 负压饱水后在 (40 ±1)℃ 的水中浸泡 68~72h。最后在 (25 ±2)℃ 的条件下测定两组试件的间接抗拉强度,以其比值来评价混合料的水敏感性,试验如图 2-21 所示。

图 2-20 多列士试件

图 2-21 间接拉伸试验

(3)AASHTO T283 试验

根据 AASHTO T283-07 试验方法对使用两种沥青的 EME2 混合料进行水敏感性评价。拌好的混合料首先要在 (60 ±3)℃ 烘箱中老化 (16 ±1)h。旋转压实成型 2 组试件,要求试件直径、高度分别为 150mm、(95 ±5)mm,空隙率为 (7 ±0.5)%。试件分为两组,一组室温下保存,另一组先在 (13~67)kPa 下真空饱水 (5~10)min,然后将饱水试件用塑料膜裹好,将裹好试件放入防水塑料袋中,将塑料袋放入 (-18 ±3)℃ 冰箱保持 16h,再在 (60 ±1)℃ 水箱保温 (24 ±1)h,将两组试件同时浸水在 (25 ±0.5)℃ 保温 2h ±10min。最后计算两组试件的劈裂强度比。AASHTO T283 采用间接拉伸强度进行试验评价,方法与欧洲间接拉伸试验相同。

(4)浸水马歇尔稳定度试验

浸水马歇尔稳定度试验根据《公路工程沥青及沥青混合料试验规程》(JTG E20—2011)进行。标准马歇尔稳定度试验双面击实75次,击实成型2组试件,试件直径为(101.6±0.2)mm,高度为(63.5±1.3)mm。试验水箱温度(60±1)℃,试件分为两组,一组在水箱中存放0.5h,一组存放48h,如图2-22所示。

图2-22　浸水马歇尔稳定度试验

(5)冻融劈裂试验

冻融劈裂试验根据《公路工程沥青及沥青混合料试验规程》(JTG E20—2011)进行。马歇尔双面击实50次,成型2组试件,要求试件直径、高度分别为(101.6±0.2)mm、(63.5±1.3)mm。试件分为两组,一组室温下保存,另一组先在98.3~98.7kPa下真空饱水15min,然后在(-18±2)℃下保持(16±1)h,再在(60±0.5)℃水箱保温24h,最后将两组试件同时浸入(25±0.5)℃水中保温2h。试验设备与欧洲间接拉伸试验、AASHTO T283相同。

综合上述五种试验方法,各种试验方法的参数如表2-72所示。

水损害试验参数汇总　　　　表2-72

试验方法	法国多列士试验	欧洲间接拉伸试验	AASHTO T283	浸水马歇尔试验	冻融劈裂试验
成型方法	静压成型	压实次数50次	旋转压实(7%)	马歇尔双面击实75次	马歇尔双面击实50次
老化			(60±3)℃烘箱中老化(16±1)h		
条件	47kPa±5%的负压饱水2h后在水中保持7d	(6.7±0.3)kPa负压饱水后在(40±1)℃的水中浸泡68~72h	13~67kPa下真空饱水5~10min;(-18±3)℃冰箱保持16h,再在(60±1)℃水箱保温(24±1)h	(60±1)℃存放48h	98.3~98.7kPa真空饱水15min,然后(-18±2)℃保持(16±1)h,再在(60±0.5)℃水箱保温24h
试验温度	18℃	25℃	25℃	60℃	25℃
评价指标	抗压强度比	劈裂强度比	劈裂强度比	马歇尔稳定度比	劈裂强度比

通过表2-72可知,不同的水损害性能评价方法具有不同的特点:

①成型条件:可以分为固定空隙率和固定压实功两种方法,两种方法各有千秋。

②老化条件:AASHTO T283试验更接近实际情况。

③条件:法国多列士试验更接近实际情况。

④评价指标:劈裂强度比、抗压强度比和马歇尔稳定度比,前两种是力学指标,与路面受力

更为符合。

3)抗车辙性能

(1)法国车辙试验(NF P 98-252)

法国车辙试验试件尺寸:长500mm,宽180mm,高100mm(EME、BBME)、50mm(BBMA)。使试件达到试验温度60℃,用安装在模具壁上的探测器测得的空气的温度不应超过75℃,如果测试温度高于60℃则不应超过测试温度+15℃。测试前,测试试件应放置在这样的环境中12~16h。在测试过程中保持试件内的温度为指定的温度±2℃。当试件经受指定的荷载循环次数100次、300次、1000次、3000次、10000次、30000次,停止设备的运转。计算试件一系列的测量值 i 所对应的车辙深度 P_i,根据15个变形值 m_{ij} 和试件的厚度 h,用下面的关系表示:

$$P_i = 100 \times \sum_{j=1}^{15} \frac{m_{ij} - m_{0j}}{15 \times h} \qquad (2\text{-}9)$$

式中:P_i——测得运行 i 次的对应的车辙深度(%);

m_{ij}——变形值(mm);

m_{0j}——在 j 点的初始测量值(mm);

h——试件的厚度(mm)。

法国车辙试验设备如图2-23所示。

(2)汉堡车辙试验(ASSHTO T324-04)

汉堡车辙试验仪用于测定压实沥青混合料的水稳定性及高温稳定性。试验的基本过程是,使一定重量和规格的钢轮在沥青混合料的表面来回滚过20000次,通过测量沥青混合料的车辙深度和变形曲线的特征判断沥青混合料的水稳定性和抗车辙性能。沥青混合料一般浸在45℃或50℃的水中。汉堡车辙试验设备如图2-24所示。

图2-23 法国车辙试验设备　　图2-24 汉堡车辙试验设备

平板试件压实:利用线性搓揉压实仪(Linear Kneading CoMPactor,或等效设备)进行试件压实,试件长320mm,宽260mm,厚度一般在38~100mm之间。平板试件最小厚度应该为混合料公称最大粒径的两倍。压实的试件应放置在干净的平面上,冷却至室温后才能触摸。

压实SGC试件:利用旋转压实仪按T312进行试件压实。试件厚度在38~100mm之间,即可用于试验;试件最小厚度应为集料最大公称粒径的两倍。需要两个直径150mm的试件。

压实后的试件应放置在干净的平台上,冷却至室温后才能触摸。

(3) Flow number 试验(ASSHTO TP79)

Flow number 试验采用 SPT 试验机进行性能试验(图 2-25)。试件由旋转压实仪成型为高 170mm、直径 150mm(图 2-26),钻芯切割成直径 100mm ± 2.0mm、高度 150mm ± 2.0mm。

一组试验 4 个试件,试验温度 55℃,围压 0MPa,竖向压强 600MPa,周期 1s,加载 0.1s,间歇 0.9s。

(4) 中国车辙试验(T 0719—2000)

参照《公路工程沥青及沥青混合料试验规程》(JTG E20—2011)的要求进行车辙试验(图 2-27),轮碾成型机成型长 300mm、宽 300mm、高 50mm 板块状试件。试验温度为 60℃,轮压为 0.7MPa,计算动稳定度时间为 45~60min。

图 2-25　Flow number 试验

图 2-26　Flow number 试件

图 2-27　试验结束后的车辙板

综合对比四种高温稳定性试验方法,其试验参数如表 2-73 所示。

高温性能试验参数汇总表　　　　表 2-73

试验方法	法国车辙试验	汉堡车辙试验	Flow number 试验	中国车辙试验
试件成型	现场空隙率	现场空隙率	试件 7%	现场空隙率
试验温度	60℃	50℃	路面以下 2cm	60℃
试验环境	空气	水	空气	空气
荷载	0.6MPa	0.6MPa	可变	0.7MPa
作用次数	30000 次	20000 次	10000 次	2620
评价指标	车辙深度/厚度	车辙深度	Flow number	次/mm

从表 2-73 可知:

①四种方法采用的试件都是用于模拟现场条件,其中 Flow number 试验是模拟最不利条件。

②从试验温度而言,汉堡车辙试验最低,与路面实际高温值不相符,不能模拟高温情况。

③从荷载而言,Flow number 试验更为合理。

④从荷载作用来讲,中国车辙试验作用次数较少,不能完全反映混合料的高温性能的第二阶段。

4)模量试验方法

模量试验方法多种多样,主要有法国两点弯曲复数模量,英国的 ITSM(IT-CY)模量、四点弯曲模量,美国 AASHTO 动态模量和中国的静态回弹模量试验。各种试验方法如下所述:

(1)两点弯曲复数模量试验(NF P 98 260-2)

两点弯曲复数模量试验是法国沥青混合料设计的关键性试验,试件尺寸如图 2-28 所示,一组试验要求 3 个试件,EME 试件的空隙率在 3%~6% 之间,试验温度 15℃、20℃,试验频率 10Hz,试件尺寸如图 2-28 所示。

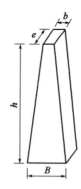

试件尺寸	混合料的类型		
	$D \leqslant 14mm$	$14 < D \leqslant 20mm$	$20 < D \leqslant 40mm$
B	(56 ± 1) mm	(70 ± 1) mm	(70 ± 1) mm
b	(25 ± 1) mm	(25 ± 1) mm	(25 ± 1) mm
e	(25 ± 1) mm	(25 ± 1) mm	(50 ± 1) mm
h	(250 ± 1) mm	(250 ± 1) mm	(250 ± 1) mm

图 2-28 试件尺寸

(2)ITSM(IT-CY)模量试验

模量试验在欧标(EN 12697-26)中有 7 种方法,课题组根据实际情况,选择圆柱体试件间接拉伸模量 IT-CY 进行试验。而欧标模量试验中 IT-CY 是由英国间接拉伸模量试验引入到欧标,两者在试验条件和试验方法方面完全一致。本研究参考欧洲 CEN 标准中沥青混合料试验方法——圆柱体试件的间接拉伸试验(EN 12697-26:2003)进行。施加的荷载为 Haversine 波,频率 2Hz,荷载脉冲波形如图 2-29 所示。图 2-29 中 1 为荷载脉冲峰值;2 为荷载脉冲重复时间 (3 ± 0.1)s;3 为荷载脉冲上升时间,即荷载脉冲从零增加到最大值的时间,为 (124 ± 4)ms。

(3)四点弯曲模量试验

采用英国 COOPER 公司生产的气动伺服诺丁汉沥青胶结料试验仪 NU-14 进行研究。试件经静压成型后切割成长 380mm±6mm、宽 63mm±6mm、高 50mm±6mm 的小梁。试件制作完毕后在环境箱中放置 6h 以上,使试件各部分达到恒定的温度,四点弯曲模量试验是在 15℃±1℃ 的温度下进行的。取不同应变,频率为 10Hz,试件尺寸与加载模式如图 2-30 和图 2-31 所示。

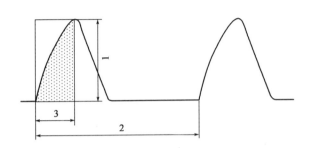

图 2-29 加载时脉冲形状(表明上升时间和荷载峰值)

图 2-30 ITSM 试验

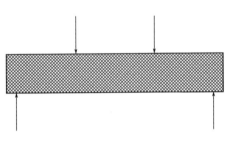

图 2-31 小梁试件及加载模型

(4)动态模量试验(AASHTO TP79)

沥青混合料的动态模量采用 Superpave 简单性能试验机(SPT)测定,试件与 Flow number 相同。参考的试验规程为 AASHTO TP 79。动态模量试验可以采用应变控制方式或应力控制方式。本研究中采用应变控制方式,对试件施加正弦荷载,一组试验 4 个试件,试验温度选取 4℃、15℃、20℃、37℃、54℃,试验频率为 25Hz、20Hz、10Hz、5Hz、2Hz、1Hz、0.5Hz、0.2Hz、0.1Hz、0.01Hz,试件选取 0MPa、100MPa、200 MPa 三种围压,测试试件的动态模量。

图 2-32 回弹模量试件

(5)中国回弹模量(T 0713—2000)

回弹模量试验根据《公路工程沥青及沥青混合料试验规程》(JTG E20—2011)中(T 0713—2000)规定的单轴压缩试验方法进行。旋转压实成型试件,要求试件直径 100mm±2.0mm、高 100mm±2.0mm。一组试验 6 个试件,3 个用于测抗压强度,3 个用于测回弹模量,用于计算弯沉的抗压回弹模量标准温度为 20℃,用于验算弯拉应力的抗压回弹模量标准温度为 15℃,加载速率为 2mm/min。试件如图 2-32

所示。

(6) 模量试验参数对比

综合对比四种模量试验方法,其试验参数如表 2-74 所示。

模量试验参数汇总表　　　　表 2-74

试验方法	两点弯曲复数模量	ITSM 模量试验	四点弯曲模量	动态模量试验(TP79)	静态回弹模量
试件成型	现场空隙率	目标空隙率	现场或目标空隙率	试件 7%	目标空隙率
试件尺寸	梯形见图 2-28	$\phi 100 \times 50$mm	长 380mm、宽 63mm、高 50mm	$\phi 100 \times 150$mm	$\phi 100 \times 100$mm
试验温度	15℃、20℃	15℃、20℃	15℃、20℃	-10℃、60℃	15℃、20℃
加载条件	10Hz 等频率	124ms、间歇 3s	10Hz 等频率(英国采用 20℃、8Hz)	10Hz 等频率	2mm/min
波形	动态连续	脉冲波	动态连续	动态连续	拟静态

从表 2-74 可知：

①两点弯曲模量和四点弯曲模量属于弯拉模量,可以与疲劳试验结合起来;其他模量属于抗压或间接拉伸模量,不能与疲劳试验结合起来。

②中国抗压模量属于静态模量,其他属于动态模量。

③ITSM 模量试验方法最为简便,方便应用。

5) 抗疲劳性能

疲劳试验是最为复杂的沥青混合料性能评价试验之一,目前主要有两点弯曲疲劳试验、三点弯曲疲劳试验、四点弯曲疲劳试验和劈裂疲劳试验,其中,两点和四点弯曲疲劳试验应用最多,本研究重点介绍这两种疲劳试验方法。

(1) 法国疲劳试验 (EN 12697-24)

法国两点弯曲疲劳试验采用欧标试验方法 EN 12697-24,具体的试验尺寸如表 2-75 所示,试验要求控制 3 个应变,每个应变 6 个试件,EME 试件的空隙率在 3%~6% 之间,试验温度 10℃,试验频率 25Hz。

(2) 抗疲劳性能试验 (ASSHTO T321)

采用英国 COOPER 公司生产的气动伺服诺丁汉沥青胶结料试验仪 NU-14 进行研究。NU-14 的试件支座、加载系统及控制程序界面如图 2-28 所示。试件经静压成型后切割至长 380mm±6mm、宽 63mm±6mm、高 50mm±6mm 的小梁。试件制作完毕后在环境箱中放置 6h 以上,使试件各部分达到恒定的温度,本次小梁疲劳试验是在 15℃±1℃ 的温度下进行的。试件的加载模式见图 2-29。取不同应变,频率为 10Hz,以小梁试件劲度模量下降至初始劲度模量的 50% 为疲劳破坏标准,其作用次数越多,则疲劳寿命越长,表明小梁试件抵抗疲劳破坏的能力越强。

综合对比两种疲劳试验方法,其试验参数如表2-75所示。

疲劳试验参数汇总表 表2-75

试验方法	两点弯曲复数疲劳	四点弯曲疲劳
试件成型	现场空隙率	现场空隙率
试件尺寸	梯形见图2-28	长380mm、宽63mm、高50mm
试验条件	10℃、25Hz	15℃、10Hz(英国20℃、8Hz)
疲劳标准	模量为初始模量的一半	模量为初始模量的一半

由两种疲劳试验方法对比可知,法国两点弯曲疲劳试验较为复杂,法国疲劳试验温度较低。

6)低温性能

低温性能是沥青混合料较为重要的性能之一。目前,主要的低温性能评价方法有约束试件温度应力试验、低温小梁弯曲试验。

(1)约束试件温度应力试验

约束试件温度应力试验(TSRST)是美国俄勒冈州立大学(OSU)在美国公路战略研究计划(SHRP)期间开发的,后来进入AASHTO试验规程(TP10),用于分析研究沥青混凝土温度开裂问题的试验方法。TSRST可以同时考虑沥青混合料的应力松弛能力、线收缩系数、破坏特征和降温速率等因素,可以正确地模拟现场状况,是一种有效的研究分析手段。TSRST试验装置如图2-33所示,试件尺寸为50mm×50mm×250mm棱柱体,试验时采用环氧树脂将试件的两端粘贴在试验系统的两端,放入环境箱中。环境箱按照10℃/h±1℃/h的速率逐渐降低温度,当试件在降温过程中产生收缩时,TSRST装置中由计算机控制的步进马达拉伸试件,使试件恢复到初始的长度。随着温度的降低,试件中的温度应力逐渐增加,直至试件断裂。温度应力-温度曲线的斜率逐渐增加,达到一定温度后变为线性增长。把温度应力-温度曲线分成有松弛和无松弛两部分的温度称为转化温度。当温度达到转化温度时,沥青变硬,降温产生的温度应力不松弛。TSRST采用转化温度、直线段斜率、断裂温度、断裂强度四个指标来评价混合料的低温抗裂性能,该指标如图2-34所示。

图2-33 约束试件温度应力试验装置

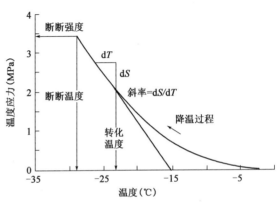

图2-34 温度应力-温度曲线

(2)低温小梁弯曲试验

按照《公路工程沥青及沥青混合料试验规程》(JTG E20—2011)中 T 0715 的要求进行 -10℃小梁低温弯曲试验,试件尺寸:长 250mm ± 2mm、宽 30mm ± 2mm、高 35mm ± 2mm。试验条件:温度 -10℃,速率 50mm/min。低温弯曲性能试验如图 2-35 所示。

图 2-35　低温弯曲性能试验

低温性能评价试验方法的参数如表 2-76 所示。

低温性能评价方法参数对比　　　　表 2-76

试验方法	约束试件温度应力试验	低温小梁弯曲试验
试件成型	静压成型/轮碾	轮碾
试件尺寸	50mm × 50mm × 250mm	250mm × 30mm × 35mm
试验条件	按照 10℃/h ± 1℃/h 的速率 逐渐降低温度	-10℃
评价指标	转化温度 直线段斜率 断裂温度 断裂强度	弯曲应变 模量 强度

从表 2-76 可知,约束试件温度应力试验与路面实际受力情况最为相符,低温小梁弯曲试验相对简单一些,方便实际操作。

第七节　国内外沥青混合料类型的差异

一、概述

在长期的沥青混合料应用实践中,法国、美国和中国都形成了一成套的沥青混合料技术,固化了一系列沥青混合料类型。每种混合料类型都有相对固定的原材料技术要求、级配、沥青用量和性能指标的技术要求。本章针对法国、美国和中国沥青混合料类型进行系统的比较,总结不同沥青混合料类型的技术特点,促进混合料类型选择,为沥青路面技术的研究和混合料技术的进步提供有益的借鉴。按照上面层与中、下面层的分法,对法国、美国、中国沥青混合料类型进行了分类,结果如表2-77所示。

法国、美国、中国沥青混合料类型比较表　　表2-77

混合料层位	法 国	美 国	中 国	备 注
上面层	BBSG	Superpave	AC	
	BBS	SMA	SMA	
	BBME	OGFC	OGFC	
	BBM		Superpave	中国也用Superpave设计沥青混合料
	BBTM			
	BBUM			
	BBDr			
	SMA			
中、下面层	GB1、2、3	Superpave	AC	
	EME1	ATPB	ATPB	EME1基本不用
	EME2	SMA	ATB	
			AM	其中AM应用较少

从表2-77可以看出,法国沥青混合料的类型最为丰富,美国沥青混合料与中国沥青混合料的类型基本相同。法国没有排水基层沥青混合料,美国和中国有排水基层沥青混合料。法国上面层沥青混合料类型远多于美国和中国。由于法国沥青混合料类型丰富,且种类与美国、中国明显不同,对法国沥青混合料层位、类型、简称等进行更为详细的说明,如表2-78所示。

法国混合料类型　　表2-78

层 位	混合料类型	说 明	备 注
基层沥青混合料	GB2、3、4	传统的沥青碎石,沥青用量较低	
	EME1	第一代高模量沥青混合料	基本不用
	EME2	第二代高模量沥青混合料	
厚面层和厚联结层混合料	BBSG	半粗沥青混凝土,按照抵抗永久变形的能力分级	
	BBS	轻型交通荷载的柔性路面沥青混凝土	
	BBME	高模量沥青混合料联结层(面层)	
薄层沥青混合料	BBM	薄层沥青混合料	
	BBTM	很薄层沥青混合料(或简称VTAC)	
	BBUM	超薄层沥青混合料(或简称UTAC)	
SMA	SMA	沥青玛琋脂碎石	
排水型沥青混合料	BBDr	排水沥青混合料(或简称PA)	

二、中、下面层混合料类型比较研究

中、下面层混合料属于结构层混合料,其性能对于路面性能具有至关重要的作用。本研究按照沥青混合料粒径与层厚、混合料组成与混合料性能进行不同国家沥青混合料类型的比较。

1. 粒径、层厚与分级

针对不同的混合料类型，混合料粒径与层厚是混合料类型最基本的特征，本研究针对法国沥青混合料设计指南、美国"HMA Pavement Mix Type Selection Guide"和中国沥青路面施工技术规范中沥青混合料粒径与层厚进行比较，结果如表2-79所示。

法国、美国和中国沥青混合料粒径与层厚   表2-79

混合料来源	混合料类型	混合料粒径	层厚(cm)	说　明
法国沥青混合料	GB2、3、4	AC14	8~14	
		AC20	8~14	
	EME1、EME2	AC10	6~8	
		AC14	7~13	
		AC20	9~15	
美国沥青混合料	Superpave	AC20(细级配)	5~7	NCHRP 531中要求粗级配层厚大于4倍的公称最大粒径，细级配大于3倍的公称最大粒径；SMA仅用于重交通
		AC20(粗级配)	5.7~7.5	
		AC25(细级配)	7.5~10	
		AC25(粗级配)	7.5~10	
		AC37.5(细级配)	10~15	
		AC37.5(粗级配)	10~15	
	ATPB	AC19	3.75~7.5	
		AC25	5~10	
	SMA	AC20	5.0~6.25	
中国沥青混合料	AC	AC16	≥4	不宜小于集料公称最大粒径的2.5~3倍
		AC20	≥4.75	
		AC25	≥6.63	
	ATB	AC25	≥6.63	
		AC30	≥7.88	
		AC40	≥9.38	
	ATPB	AC25	≥6.63	
		AC30	≥7.88	
		AC40	≥9.38	
	AM	AC10	≥1.90	不宜小于集料公称最大粒径的2~2.5倍
		AC13	≥2.64	
		AC16	≥3.2	
		AC20	≥3.8	
	SMA	AC16	≥3.2	
		AC20	≥3.8	

从表 2-79 中可以看出,法国沥青混合料的粒径都小于美国沥青混合料和中国沥青混合料的粒径,法国沥青混合料的压实厚度远大于美国沥青混合料和中国沥青混合料的压实厚度。2004 年,NCHRP 531 中要求粗级配层厚大于 4 倍的公称最大粒径,细级配层厚大于 3 倍的公称最大粒径。相对中国沥青混合料,级配最小压实厚度远大于中国的 2.5 倍集料公称最大粒径。其中,法国基层沥青混合料最常用的级配为 AC14,其集料公称最大粒径远小于美国和中国的 AC25 和 AC20,其压实厚度也明显大于美国和中国的 AC25 和 AC20。

法国沥青混合料在同一种混合料类型当中,根据性能、沥青用量等又可以分为几个不同的等级。GB 类型的混合料即可以采用经验方法进行设计,也可以采用性能方法进行设计,由于 GB4 混合料只能采用性能方法,本研究性能分级说明法国中、下面层混合料的分级情况,具体如表 2-80 所示。此外,由表 2-80 可以看出,混合料的粒径越大,压实次数越多。

法国混合料分级(The use of standards for mixes 13108) 表 2-80

类型	划分标准	等级	空隙率(%)	多列士(%)	抗车辙能力(%)	复数模量(MPa)	疲劳($\mu\varepsilon$)
GB	通过性能进行区分	GB2 0/14	≤11(100 次)	≥70	≤10(10000 次)(8%~11%)	≥9000(7%~10%)	80(7%~10%)
		GB2 0/20	≤11(120 次)				
		GB3 0/14	≤10(100 次)	≥70	≤10(10000 次)(7%~10%)	≥9000(7%~10%)	90(7%~10%)
		GB3 0/20	≤10(120 次)				
		GB4 0/14	≤9(100 次)	≥70	≤10(30000 次)(5%~8%)	≥11000(5%~8%)	100(5%~8%)
		GB4 0/20	≤9(120 次)				
EME	通过性能进行区分	EME1 0/10	≤10(80 次)	≥70	≤7.5(30000 次)(7%~10%)	≥14000(7%~10%)	100(7%~10%)
		EME1 0/14	≤10(100 次)				
		EME1 0/20	≤10(120 次)				
		EME2 0/10	≤6(80 次)	≥70	≤7.5(30000 次)(3%~6%)	≥14000(3%~6%)	100(3%~6%)
		EME2 0/14	≤6(100 次)				
		EME2 0/20	≤6(120 次)				

美国和中国沥青混合料通过关键筛孔的通过率将沥青混合料分为粗级配和细级配,采用关键筛孔的控制点进行区分,小于控制点的称为粗级配,大于控制点的称为细级配。两个国家的控制点如表 2-81 所示。

美国、中国沥青混合料 表 2-81

公称最大粒径(mm)	关键筛孔(mm)	美国沥青混合料的控制点(M323-07)	中国沥青混合料的控制点(JTG F40—2004)
37.5	9.5	47	
25(26.5)	4.75	40	40
19.0	4.75	47	45
12.5(13.2)	2.36	39	40
9.5	2.36	47	45

从表2-80和表2-81可以看出：

(1)法国中、下面层混合料采用性能指标进行同类型混合料的分级。

(2)美国和中国密级配沥青混合料采用关键筛孔的控制点进行分类，两个国家的控制点非常接近。

(3)美国分别针对粗、细级配的密级配沥青混合料提出了适宜的路面厚度，其中粗级配采用厚的路面厚度；中国沥青混合料没有提出相应的技术要求。

2. 混合料组成比较

从上一节的比较可知，法国沥青混合料粒径较小，美国沥青混合料与中国沥青混合料比较接近。为了更好地比较法国中、下面层沥青混合料特性，采用AC13作为对比混合料进行级配和沥青用量的比较。法国GB、EME沥青混合料的级配范围、美国Superpave13的级配范围和中国AC13沥青混合料的级配范围如表2-82～表2-84所示。常用的Superpave20和EME14混合料的表面构造如图2-36和图2-37所示。

GB、EME、AC13级配范围 表2-82

筛孔尺寸 (mm)	法国GB、EME混合料级配范围($D=20mm$或$D=14mm$)		
	最小	目标值	最大
6.3	45(0/14为50)	53	65(0/14为70)
4	40	47	60
2	25	33	38
0.063	5.4	6.7	7.7

Superpave 13级配范围（AASHTO M323-07） 表2-83

筛孔尺寸 (mm)	最小	最大	筛孔尺寸 (mm)	最小	最大
19	100	—	4.75	—	—
12.5	90	100	2.36	28	58
9.5	—	90	0.075	2	10

AC13级配范围（JTG F40—2004） 表2-84

筛孔尺寸 (mm)	中国AC13典型的变化范围		
	最小	目标值	最大
16	100	—	—
13.2	90	—	100
9.5	68	76	85
4.75	38	53	68
2.36	24	37	50
0.075	4	6	8

图 2-36 Superpave 沥青混合料表面构造

图 2-37 EME 混合料表面构造

从表 2-82～表 2-84 可以看出,法国 EME、GB 混合料的级配范围与美国 Superpave13、中国 AC13 的级配范围大体上是相同的。其中,美国 Superpave13 的级配范围要求最宽,中国 AC13 的范围次之,法国 EME、GB 混合料级配范围的要求最窄。从图 2-36 和图 2-37 可以看出,Superpave 混合料比 EME 混合料表面构造深度大,表面更为粗糙。

为了更好地比较法国 EME 混合料和 AC 混合料级配,采用典型级配,并采用中国的筛网尺寸进行比较,结果如表 2-85 所示。从典型级配来看,EME 的细集料含量高,尤其是 0.075mm 的通过率,EME2 混合料高于 AC13 混合料。

法国 EME2 和中国 AC13 典型级配比较   表 2-85

级配	各方孔筛(mm)通过百分率(%)									
	16.0	13.2	9.5	4.75	2.36	1.18	0.6	0.3	0.15	0.075
EME2	100	95.0	76.0	52.0	37.0	25.0	17.0	12.0	9.8	7.6
AC13	100	97.3	71.2	49.6	29.5	20.0	15.0	9.9	7.6	5.7

法国 GB、EME 沥青混合料的最小沥青用量的技术要求与中国 AC13 沥青混合料的典型沥青用量如表 2-86 所示。

法国 GB、EME 沥青混合料最低沥青用量和中国 AC13 的典型沥青用量   表 2-86

D(mm)	AC-GB2		AC-GB3		AC-GB4		AC-EME1		AC-EME2	
	14	20	14	20	14	20	10 或 14	20	10 或 14	20
胶结料用量 B_{min} ($P = 2.65 \text{g/cm}^3$)	4.0	4.0	4.5	4.4	4.7	4.6	4.0	4.0	5.4	5.3
胶结料用量 B_{min} ($P = 2.75 \text{g/cm}^3$)	3.9	3.9	4.3	4.2	4.5	4.4	3.9	3.9	5.2	5.1
中国沥青混合料典型沥青用量										
AC13	4.7%～5.1%									

由表 2-86 可知:

(1)GB 的沥青混合料随着等级、性能的提高沥青含量逐渐增加,GB4 的沥青含量与 AC13

的沥青含量相当。

（2）EME1 的沥青胶结料含量较低，导致其疲劳性能较低，该混合料已不再使用。

（3）EME2 的典型沥青用量高于我国 AC13 沥青混合料的沥青用量，由于 EME2 采用针入度为 20～30、15～25 的沥青，其具有优异的抗水损害性能、抗车辙性能、模量性能、抗疲劳性能。

3. 混合料性能比较

不同混合料类型的比较最终仍然是混合料性能的比较，由于法国、美国和中国中、下面层混合料的类型多种多样，特别是法国的 GB 和 EME 混合料都有多个分级，本研究采用最高性能的等级进行比较，GB4、EME2、Superpave20 和 AC20 的技术性能比较如表 2-87 所示。

GB4、EME2、Superpave20 和 AC20 的技术性能比较　　表 2-87

性能比较	GB4	EME2	Superpave20	AC20
法标空隙率(%)	≤10	≤6		
多列士试验(%)	≥70	≥70		
法国车辙试验(%)	≤10(30000 次)	≤7.5(30000 次)		
复数模量(MPa)	≥11000	≥14000		
两点弯曲疲劳试验(με)	≥100	≥130		
美标空隙率(%)		0～4	4	3～6
T283（%）			≥80	
浸水马歇尔稳定度试验(%)				≥85
冻融劈裂试验(%)				≥80
中国车辙试验(次/mm)				≥2800
低温弯曲试验(με)				≥2800

从表 2-87 可以看出，法国的 GB 混合料仅验证高温性能。法国的 EME2 设计方法是基于性能指标的混合料设计方法，混合料性能验证涵盖了旋转压实性能、抗水损害性能、抗车辙性能、模量性能和抗疲劳性能，性能要求比美国的 Superpave 和我国的 AC 严格得多。中国的 AC20 混合料也需要验证抗水损害性能、高温性能和低温性能，具有相对完善的沥青混合料经验性能指标，缺乏力学性能指标要求。

综上所述，法国针对 EME 类型的混合料性能形成完善的经验指标和力学性能指标，且其混合料性能远高于 Superpave 和 AC 型沥青混合料，值得对其混合料设计进行系统的研究。

三、上面层混合料类型比较研究

本研究将法国混合料类型当中，可以作为表层的混合料都作为上面层混合料，进行法国、美国和中国上面层混合料类型的比较。

1. 粒径、层厚与分级

混合料粒径与层厚是混合料类型最基本的特征，本研究针对法国沥青混合料设计指南、美国"HMA Pavement Mix Type Selection Guide"和中国沥青路面施工技术规范中沥青混合料粒径与层厚进行比较,结果如表2-88所示。

法国、美国和中国上面层沥青混合料粒径与层厚　　　　表2-88

国别	类型	混合料粒径	层厚(cm)	说明
法国	BBSG	AC10	5~9	
		AC14	5~9	
	BBME	AC10	5~9	
		AC14	5~9	
	BBS	AC10	—	
		AC14	—	
	BBM	AC10	3~5	
		AC14	3~5	
	BBTM	AC6	2~3	
		AC10	2~3	
	BBUM			
	BBDr			
	SMA			
美国	Superpave	AC5(细级配)	1.25~1.9	NCHRP 531 中要求粗级配层厚大于4倍的公称最大粒径,细级配层厚大于3倍的公称最大粒径; 其中,细级配不用于重交通
		AC10(细级配)	2.5~3.75	
		AC13(细级配)	3.0~6.25	
		AC20(细级配)	7.5~10	
		AC10(粗级配)	3.0~5.0	
		AC13(粗级配)	3.75~7.5	
		AC20(粗级配)	5.7~7.5	
	SMA	SMA10	2.5~3.75	
		SMA13	3.75~5.0	
		SMA20	5.0~6.25	
	OGFC	OGFC10	1.9~2.5	
		OGFC13	2.5~3.75	
中国	AC	AC10	≥2.38	不宜小于集料公称最大粒径的2.5~3倍
		AC13	≥3.3	
	SMA	AC10	≥1.9	不宜小于集料公称最大粒径的2~2.5倍
		AC13	≥2.64	
		AC16	≥3.2	
	OGFC	AC10	≥1.9	
		AC13	≥2.64	
		AC16	≥3.2	

从表2-88可以看出,法国上面层沥青混合料种类丰富。BBSG、BBME、BBM和BBTM是在法国应用较广的混合料,BBMA是应用较广的BBM类型的混合料,属于特殊的断级配混合料,在下一节进行对比,BBS属于轻交通量使用的混合料,本研究不进行对比研究。BBTM和BBUM属于超薄类型的混合料,目前还没有成熟的级配和设计评价体系,靠经验进行混合料设计,不作为本章的重点。本节重点进行BBSG和BBME混合料分类的研究,其结果如表2-89所示。其中BBSG混合料可以按照经验方法进行设计,也可以按照性能方法进行设计。按照经验方法进行设计时,要求最低沥青用量,不要求模量和疲劳试验。

法国混合料分级(源于EN 13108) 表2-89

类型	划分标准	等级	空隙率(%)	多列士(%)	抗车辙性能(%)	复数模量(MPa)	抗疲劳性能(με)
BBSG	按照抵抗永久变形能力分级或性能分级	BBSG1 0/10	5~10 (60次)	≥70	≤10 (30000次) (5%~8%)	≥5500 (5%~8%)	100 (5%~8%)
		BBSG1 0/14	4~9 (80次)				
		BBSG2 0/10	5~10 (60次)	≥70	≤7.5 (10000次) (5%~8%)	≥7000 (5%~8%)	100 (5%~8%)
		BBSG2 0/14	4~9 (80次)				
		BBSG2 0/10	5~10 (60次)	≥70	≤5 (30000次) (5%~8%)	≥7000 (5%~8%)	100 (5%~8%)
		BBSG2 0/14	4~9 (80次)				
BBME	按照性能进行区分	BBME1 0/10	5~10 (60次)	≥80	≤10 (30000次) (5%~8%)	≥9000 (5%~8%)	100 (5%~8%)
		BBME1 0/14	4~9 (80次)				
		BBME2 0/10	5~10 (60次)	≥80	≤7.5 (30000次) (5%~8%)	≥11000 (5%~8%)	100 (5%~8%)
		BBME2 0/14	4~9 (80次)				
		BBME3 0/10	5~10 (60次)	≥80	≤5 (30000次) (5%~8%)	≥11000 (5%~8%)	100 (5%~8%)
		BBME3 0/14	4~9 (80次)				

从表2-89可以看出,法国对面层混合料的要求更为严格,尤其BBME3对抗水损害性能和抗车辙性能的要求最高。

美国和中国上面层混合料也是分为粗级配和细级配。

2. 混合料组成比较

BBME、BBSG 是法国较为常用的面层混合料,和美国的 Superpave 混合料、中国的 AC 混合料都属于连续型级配。本节重点对这四种混合料进行对比,BBME 和 BBSG 的级配范围如表 2-90 所示。美国 Superpave13 的级配范围如表 2-91 所示,中国 AC13 的级配范围如表 2-92 所示。

法国 BBME 和 BBSG 的级配范围　　　　　　　　　表 2-90

筛孔尺寸(mm)	典型值 D=14mm			典型值 D=10mm		
	最小	目标值	最大	最小	目标值	最大
10	—	78	—	—	97	—
6.3	47	52	58	45	57	68
4	—	47	—	—	52	—
2	25	31	35	27	34	39
0.063	6.3	6.8	7.2	6.3	6.7	7.2

美国 Superpave 13 级配范围(AASHTO M323-07)　　　　表 2-91

筛孔尺寸(mm)	最小	最大	筛孔尺寸(mm)	最小	最大
19	100	—	4.75	—	—
12.5	90	100	2.36	28	58
9.5	—	90	0.075	2	10

中国 AC13 的级配范围(JTG F40—2004)　　　　表 2-92

筛孔尺寸(mm)	我国 AC13 典型的变化范围		
	最小	目标值	最大
16	100	—	—
13.2	90	—	100
9.5	68	76	85
4.75	38	53	68
2.36	24	37	50
0.075	4	6	8

从表 2-90 ~ 表 2-92 可以看出,法国沥青混合料级配范围较小,中国沥青混合料级配范围次之,而美国 Superpave13 的级配范围要求最宽。

美国的 G.A Huber、法国的 J.F. Corté 等人曾采用相同的原材料、不同方法设计的混合料进行研究,其设计的混合料级配范围和沥青用量如表 2-93 所示。

Superpave、LCPC 和马歇尔设计方法的结果(G.A Huber、J.F. Corté)　　表 2-93

筛孔尺寸(mm)	BBSG(法国)	MTO(魁北克)	Superpave10	马歇尔设计方法
12.5	100	100	100	100
9.5	93.7	96.2	96.0	95.9
4.75	47.5	58.8	57.3	59.0

续上表

筛孔尺寸(mm)	BBSG(法国)	MTO(魁北克)	Superpave10	马歇尔设计方法
2.36	33.1	38.2	37.0	41.4
1.18	26.3	29.8	28.8	32.3
0.6	19.0	21.3	20.5	22.4
0.3	13.5	14.9	14.4	15.1
0.15	9.8	10.7	10.2	10.4
0.075	7.0	7.5	7.2	7.0
沥青用量	5.2	5.5	5.6	5.4

从表2-93可以看出,四种混合料设计方法设计的混合料级配基本相同,其中法国沥青混合料的级配比其他三种的混合料级配更粗,沥青用量更小。其他三种沥青混合料级配与沥青接近。

3. 混合料性能比较

根据表2-93可知,BBSG与Superpave、AC混合料基本上相同,其混合料性能也应该在同一水平上。

根据表2-89可知,BBSG与BBME相比,其整体性能不在同一个水平线上;BBME的模量、疲劳等性能都远好于BBSG,其性能也应该好于Superpave、AC类型的混合料。

四、SMA、BBMA、BBTM、OGFC、PA

除了密级配混合料,还有SMA、BBMA、BBTM、OGFC、PA等新型的混合料。本节重点对这些特别的混合料类型进行系统的比较。

1. SMA

SMA在法国应用较少,在美国和中国应用较多。特别是,我国的高速公路上已经广泛地使用了SMA混合料。美国和法国主要是采用旋转压实方法进行SMA混合料设计,我国主要是采用马歇尔方法进行SMA混合料设计。本节从级配和沥青用量两个方面进行SMA混合料的对比。

中国和法国SMA典型级配范围如表2-94所示。

SMA典型级配范围 表2-94

	D(mm)	10	8	6.3	4	2	0.063
法国 SMA	10	92	57~62	39~44	30~34	25(20到35)	11(5到13)
	8	100	96	73	40	27(20到40)	12(5~14)
	D(mm)	12.5	9.5		4.75	2.36	0.075
美国 SMA	20	50~88	25~60		20~28	16~24	8~11
	13	90~99	50~85		20~40	16~28	8~11
	10	100	70~95		30~50	20~30	8~12

续上表

	D(mm)	13.2	9.5	4.75	2.36	0.075
中国SMA	20	62~82	40~55	18~30	13~22	8~12
	16	65~85	45~65	20~32	15~24	8~12
		84.7	52.3	27.4	21.3	10.3
	13	90~100	50~75	20~34	15~26	8~12
		90.2	62.1	28.1	21.3	10.3
	10	100	90~100	28~60	20~32	8~13
		100	100	40.4	26.1	10.6

注:D 为关键筛孔尺寸(mm)。

由表2-94可知:

(1)法国混合料粒径偏小,级配相对更间断,对于 SMA10 法国 6.3mm 筛孔的通过率与美国、中国 4.75mm 筛孔的通过率基本相当。

(2)与美国 SMA 混合料相比,我国 SMA 混合料的级配范围与美国 SMA 混合料的级配范围基本上相同,美国在大筛孔方面要求比较宽松,在小筛孔方面要求比较严格,而中国对 SMA 的要求与美国正好相反。

(3)与美国、中国筛网尺寸相比,法国的筛网尺寸更加密集,方便集料级配控制。

中国与美国 SMA 的级配、纤维用量和沥青用量都基本上是相同的,本节重点比较法国 SMA 与中国 SMA 的沥青用量和纤维用量,如表2-95所示。

法国、美国 SMA 沥青、纤维用量 表2-95

级配类型	法国(LCPC指南建议值)		美国、中国	
	油石比	纤维用量	油石比	纤维用量
SMA8	7.7%	0.3%	6.0%~6.5%	0.25%
SMA10	7.2%	0.3%	6.6%	0.3%
SMA13			6.3%	0.3%

2. BBMA、BBTM、BBUM

BBMA、BBTM 和 BBUM 都是法国特有的沥青混合料。其中 BBMA、BBTM 已经形成了成熟的级配范围,其典型的级配范围如表2-96和表2-97所示。典型的沥青用量如表2-98所示。

BBMA 混合料级配范围 表2-96

BBMA		筛孔尺寸(mm)通过百分率(%)				
D(mm)	间断	14	10	6.3	4	2	0.063
10	2/6		97	35		30~32	6.5~7.2
14	4/10	97	35		35		7.2
14	2/6	97	67	35		34	7.2

BBTM 混合料级配范围 表 2-97

BBTM 类型	D(mm)	间断	筛孔尺寸(mm)通过百分率(%)					
			14	10	6.3	4	2	0.063
D	10	2/6			30		25~35	5.5~6.5
A	6	2/4				30	28~35	7.0~8.0
B	10	2/6			25		18~25	5.0~6.0
	6	2/4				25	20~25	5.0~6.0

法国 BBMA 与 BBTM 混合料沥青用量 表 2-98

级配类型	AC10-BBMA	AC14-BBMA	BBTM10 A 或 D	BBTM6 A	BBTM10 B	BBTM6 B
胶结料用量 B_{int}, 集料密度 ρ = 2.65g/cm³	5.4	5.2	5.6~6.05	6.05~6.5	4.5~5.4	5.4
油石比 TL_{ext}, 集料密度 ρ = 2.75g/cm³	5.5	5.3	5.7~6.2	6.2~6.7	4.5~5.5	5.5

从表 2-96~表 2-98 可以看出,这几种混合料都属于间断级配混合料,而且沥青用量不高。与 SMA 相比,如果性能相当可以降低混合料的造价。法国混合料当中的超薄磨耗层混合料的粒径很小,我国缺乏类似的混合料。

3. PA 与 OGFC 比较

多空隙沥青混合料具有排水、降噪、抗滑等技术优点,欧洲的法国以及亚洲的日本等国家形成 PA(Porous Asphalt),美国形成了 OGFC(Open Graded Friction Course),中国也引进了多空隙沥青混合料,称为 OGFC。为了更好地区分 PA 和 OGFC 的区别,总结了 PA 和 OGFC 在使用过程中的一些区别,具体如表 2-99 所示。

PA 与 OGFC 技术比较 表 2-99

主要功能	PA/排水性路面	OGFC
	排水、降噪	抗滑、降噪
结构	结构层	功能层
厚度	4~5cm	2.0~3.5cm
设计空隙率	18%~22%	15%以上
沥青胶结料	改性沥青/高黏沥青	较广
养护	专门设备和措施	一般不需要

其中,法国 PA、美国 OGFC 都采用旋转压实成形,我国采用马歇尔方法成形。法国 PA、美国 OGFC 和中国 OGFC 的级配曲线如表 2-100 所示。

PA、OGFC 级配 表 2-100

类型			筛孔尺寸(mm)通过百分率(%)			
混合料	D (mm)	间断级配尺寸(mm)	6.3	4	2	0.063
法国 PA 1 类	0/10	2/6	13		13±2	3.5
	0/6	2/4		10	10~13	3.5
法国 PA 2 类	0/10	2/6	8		8±1	3.5
	6/10	2/4		5	5±1	3.5
美国 OGFC (NCAT)	粒径	12.5	9.5	4.75	2.36	0.075
	OGFC-13	85~100	55~75	10~25	5~10	2~4
中国 OGFC	粒径	13.2	9.5	4.75	2.36	0.075
	OGFC-16	70~90	45~70	12~30	10~22	2~6
	OGFC-13	90~100	60~80	12~30	10~22	2~6
	OGFC-10	100	90~100	50~70	10~22	2~6

由表 2-101 可知,法国 PA 和美国 OGFC 的级配都非常间断,中国 OGFC 的混合料细集料含量较高,级配不如法国 PA 和美国 OGFC 间断。三个国家 OGFC 的沥青用量如表 2-101 所示。

OGFC 沥青用量 表 2-101

	混合料类型	胶结料用量 $B_内$ 集料密度 $\rho=2.65g/cm^3$	胶结料用量 $B_内$ 集料密度 $\rho=2.75g/cm^3$
法国	PA10-BBDr1(%)	铺路等级沥青:4.4~4.8 纤维:5.1~5.5 橡胶:5.6~6.0	铺路等级沥青:4.2~4.6 纤维:4.9~5.2 橡胶:5.3~5.7
	PA6-BBDr1(%)	铺路等级沥青:4.6~4.9 纤维:5.2~5.8 橡胶:5.9~6.15	铺路等级沥青:4.4~4.7 纤维:4.9~5.5 橡胶:5.6~5.8
	PA10-BBDr2(%)	铺路等级沥青:4.2~4.6 纤维:4.9~5.5 橡胶:5.3~5.7	
	PA6-BBDr2(%)	铺路等级沥青:4.4~4.7 纤维:5.2~5.8 橡胶:5.9~6.15	
美国	NCAT OGFC(%)	5.8~6.3	
中国	OGFC9.5(%)	4.8~5.3	
	OGFC13(%)	4.3~4.8	
	OGFC16(%)	—	

由表 2-101 可知,法国 PA、美国 OGFC 和中国 OGFC 的沥青用量基本相当。当添加纤维时,沥青用量都会适当增加。

第三章 国内外沥青路面结构及设计方法

第一节 概 述

一、沥青路面结构设计的发展

在 1960 年以前,设计方法主要集中在如何选择一种路面结构,使它在一定的使用年限内,或承受了全部实际交通量的情况下,保证其预期使用寿命。在设计过程中,必须建立厚度设计关系式,用以表征路面性能与交通、材料及环境影响的相互联系。尤其是当交通情况变化时,路用材料、设计关系式以及施工所需都要随之发生改变。随着 1961 年 AASHTO 试验路结果的产生,人们开始使用路用性能的概念,它是用现时服务性能指数与随时间、交通量变化的规律来表征的。

沥青路面设计方法共经历了古典理论法、经验设计法和理论分析法 3 个阶段。古典理论法是将土基层顶面的应力大小作为路面设计厚度的基本参数,随着路面力学理论、施工技术水平及路面结构形式和研究方法的不断进步,该方法逐渐走向末路。目前,经验设计法和理论分析法是最主要和使用频率最高的路面设计方法。经验设计法是根据试验道路监测数据换算路面性能和结构及路面上覆荷载三者之间的关系,其中最有名的是美国 CBR 法。CBR 法以试验所得加州承载比作为路面的基本性能参数,根据路面数据测量与调查结果,得出 CBR 值—轮载—路面结构层厚度之间的经验关系曲线,路面各结构层厚度可通过路面材料的 CBR 值进行轴当量换算得到。该方法以加州承载比作为路面材料的一种性能指标已得到广泛使用。理论分析法或力学—经验法是基于经验的设计方法,它最开始研究路面在荷载和环境因素共同影响下的力学性能反应,将路面性能与应力应变建立模型,并从模型中分析它们之间的关系,最后根据设计初衷对其进行合理的结构规划。理论分析法的框架由壳牌公司的专家在第一届沥青路面结构设计国际会议上提出,并经过不断完善形成了多种不同设计方法。AI 和柔性路面设计法(SHELL)是其中的典型代表,世界上多数国家均通过借鉴这两种方法的研究成果制定本国的路面设计理论方法,且都是以裂缝和永久变形作为设计标准。中国沥青路面设计方法也属于理论分析法,路面模型的建立借鉴了 SHELL 法,把路面看成多层弹性体系进行路面设计。

世界沥青路面设计理论主要是以美国为首的道路工作者所做的贡献,1901 年,美国麻省道路委员会第八次年会上就提出首个路面结构设计的公式,以后 40 年中提出了很多路面结构设计公式,到 1940 年 Goldbek 公式为止,均属于初期的古典理论公式,其特点都是以轮载分布到土基上应力大小为依据进行路面结构计算。现代设计方法,是从 1942 年由 O. J. Porter 总结,将土的 CBR 值与路面的经验厚度间建立了关系,提出了 CBR 路面设计法,美国沥青协会的哈—费的土基承载板试验法开始发展,到 1943—1947 年,形成了加拿大 Mcleod 设计法,1948 年美国加州的 Hveem 法,1949 年 Kansas 州的三轴仪法等。

AASHTO 设计方法,是当今世界上最有影响的设计方法之一,1946 年美国各州公路工作者协会(AASHTO)建议开始大规模的道路试验。1955 年美国西部各州公路工作者协会提出试验成果,同年 AASHTO 试验路开始施工修筑,1961 年提出暂行设计指南。1986 年颁布了很有影响的 1986 年版 AASHTO 路面设计指南,改版指南的一个显著特点是将概率设计的概念引入到路面设计方法中,以 1986 年版设计指南为基础,修订了 1993 年版的 AASHTO 路面设计指南。2002 年版设计指南作为美国国家重点公路科研项目,吸取了力学—经验设计研究的精华,旨在建立新世纪公路设计规范,最终成果为便于使用而且灵活的计算机软件,指南将整个设计过程模块化,包括数据输入、病害类型、初始设计、力学计算、破坏分析、病害预测、方案比较等模块。

二、路基路面使用要求

为最大限度满足车辆运营对路面结构的要求,提高车速、增强安全性和舒适性,降低运输成本和延长路面使用年限,要求路基路面满足下述一系列基本要求:

(1)足够的承载能力。路面结构在车载作用下应具有足够的强度以抵抗路面结构由于车载作用引起的各个部位的破坏应力。同时路面结构整体应具有足够的强度,保证在车载作用下不会发生过量变形,不发生车辙、沉陷、波浪等病害。

(2)足够的稳定性。路面结构袒露在大气中,经受着大气温度降水和湿度的影响。路面结构的物理力学性质随之发生变化。而路面结构抵抗这种不稳定状态、保证一定的几何形态和物理力学性质是非常重要的。

(3)一定的耐久性。路基路面工程初期投资巨大,从规划、设计、施工到建成通车需要较长的时间,同时路面通车后如要大中修将严重影响正常交通运行。因此,要求路面结构应具有较长的使用年数,最好是路面结构修建完毕之后只进行日常的保养即可满足路面的永久使用要求。

(4)表面平整度良好。影响路面结构平整度的因素众多,除去施工因素外,合理的路面结构和面层混合料是保证路面良好平整度的前提。

(5)表面抗滑降噪。路面表面应平整但不光滑,汽车在光滑的路面上行驶,轮胎与路面表面由于缺乏足够的附着力和摩擦力将发生严重的交通事故。

三、路面结构组合设计原则

针对我国近些年来高速公路沥青路面早期损坏现象,结合上述路基路面结构使用要求,通过调查、损坏原因分析、结构计算结果,结合高速公路重载交通状况,提出路面结构组合设计思路。路面结构组合需要以路面病害与路面耐久性为依据考虑以下因素:

(1)路面结构承载能力应该能承受现今高速公路沥青路面大交通量和重载交通的要求,设计过程中应该充分考虑交通量及汽车超载和多轮组超重车辆对路面结构的影响。

(2)将路面结构分为不同的功能层,按结构层功能设计路面结构。重点考虑半刚性基层沥青路面反射裂缝的防治和车辙、开裂问题。

(3)在考虑防治我国现有高等级半刚性基层沥青路面典型损坏模式的基础上,解决路面防水和结构内部排水问题,尽量减少水进入路面结构,同时也可以使路面结构内部的水分迅速排出路面结构以外,避免路面渗水导致路面结构整体抗力的降低。

(4)在满足以上要求的情况下,增强路面结构层间连接,提高各层之间的连续性和路面结构的整体强度。

第二节 各国重载交通沥青路面结构组合

一、中国高速公路沥青路面典型结构

我国高速公路典型结构由18cm左右的沥青面层,40cm左右的水泥稳定碎石基层,20cm的不易冻胀粒料垫层和土基组成,如图3-1所示。

经过大量路面使用经验可知,路面结构在车载作用下出现了较为严重的早期损坏,如裂缝(图3-2)、车辙(图3-3)等,路面刚通车仅2~3年时间便出现大面积破坏。

在这种高速公路路面结构形式中,半刚性基层为路面结构主要承重层,半刚性底基层是路面结构辅助承重层,半刚性基层沥青路面承载能力完全由半刚性基层满足。路面结构破坏通常是由整体性半刚性材料层底面拉应力超过允许应力值产生。对于常用半刚性路面结构,由路面结构层层底引起的疲劳破坏将由底基层底面开始,并逐渐向上延伸,接着半刚性基层产生疲劳破坏,最后沥青层产生半刚性材料反射裂缝,从而导致整个路面结构性破坏。一旦半刚性基层产生破坏,路面结构破坏会很快发生。

| 4cm SMA13 |
| 6cm AC20 |
| 8cm AC25 |
| 20cm水稳碎石底基层 |
| 20cm水稳碎石底基层 |
| 20cm未筛分碎石垫层 |
| 土基 |

图3-1 我国高速公路典型结构

图3-2 路面结构裂缝

图3-3 路面结构车辙

路面结构力学分析表明,在不同轴载和不同轮胎充气压力的情况下,多种有代表性路面结构在轴载为100~180kN以及相应的充气压力为0.71~0.88MPa情况下,半刚性底基层底面的拉应力变化在0.035~0.099MPa之间,半刚性基层底面的拉应力变化在0.084~0.23MPa之间,后者为前者的2.3~2.4倍。这种结构的沥青面层不起承重层作用,只起功能性作用。

沥青混合料在高温重载作用下将产生车辙。经验表明,沥青路面车辙主要发生在沥青中面层,如图3-4所示。各种力学计算结果也表明,中面层是沥青层的集中剪应力区。因此,中

面层应满足抗剪要求。从现场大量的调查情况可知(图 3-5),对于半刚性基层沥青路面车辙,当沥青层厚度小于 18cm 时,路面结构车辙远大于沥青层厚度大于 18cm 的情况。因此,增大沥青层厚度,一方面可减小路面结构车辙,提高沥青路面使用性能;另一方面,如果在沥青层底部的半刚性基层已经产生裂缝,厚沥青层也可延缓裂缝向沥青面层反射。

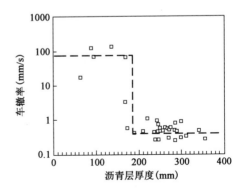

图 3-4　路面结构中面层车辙发生区　　　　图 3-5　沥青层厚度与车辙率关系现场调研情况

下面对我国高速公路典型沥青路面结构做力学仿真分析,车速为 80km/h,路面结构模型如图 3-6 所示,计算结果如图 3-7 所示,层间状况为完全连续,单元类型为 C3D20R。

图 3-6　计算用路面结构模型　　　　图 3-7　我国高速公路典型结构计算结果

计算用路面结构材料参数、结构层厚度及各层层底最大拉应变、土基顶面压应变和路表弯沉情况见表 3-1。

我国高速公路典型结构变形情况　　　　表 3-1

结构形式	厚度 (cm)	模量值 (MPa)	E11 ($\times 10^{-6}$)	E33 ($\times 10^{-6}$)	土基顶面压应变 ($\times 10^{-6}$)	路表弯沉 (0.01mm)
SMA13	4	8213	50.2	63.4	149.6	34.3
AC20	6	10581	45.8	74.2		
AC25	8	10647	43.3	77.3		
水稳上基层	20	1500	47.3	87.9	149.6	34.3
水稳下基层	20	1400	41.3	60.4		
水稳砂垫层	20	1300	37.6	49.8		
土基	—	40	—	—		

应当注意到,我国高速公路典型结构虽然在半刚性基层完整情况下沥青层底拉应变均较小,但是当半刚性基层产生缩裂后,会由沥青层底部向沥青面层迅速反射,最终在路面结构内部形成贯穿裂缝,从而在道路表面形成较多的横向开裂。

二、美国沥青路面结构

在美国路面结构力学-经验法设计指南中,将沥青路面可能有的结构层组合方案归纳为6类:常用结构、深厚式结构、全厚式结构、半刚性(沥青基层)结构、半刚性(水泥基层)结构和倒装式结构,如表3-2所示。

美国路面结构力学-经验法设计指南中的沥青路面结构组合方案　　表3-2

路面类型	常用	深厚式	全厚式	半刚性 (沥青基层)	半刚性 (水泥基层)	倒装式
面层	HMA	HMA	HMA	HMA	HMA	HMA
基层	粒料			沥青处治碎石	水泥处治碎石	粒料
底基层	粒料	粒料	HMA	粒料	粒料	沥青或水泥 处治碎石
路基	压实路基或外选材料改善层(<62MPa时)					
	天然路基					

在AASHTO 2002推荐路面结构组合中,对不同的基层类型提出不同的结构组合形式。对于传统的无结合料粒料基层沥青路面,在对路基进行处理或不处理的情况下使用,并且适用于任何交通量道路条件。全厚式沥青路面适用于路基土模量大于62MPa的任何交通量道路。沥青稳定碎石基层沥青路面在对路基进行处理或不处理的情况下使用,适合于任何交通量道路。水稳基层沥青路面适用于小于T4交通量任何路基土情况;而对于交通量大于T4,相应的现场条件下的半刚性基层沥青路面已经属于极限状态,在所给的路基条件下不能够承受预期的交通量。

这里选择AASHTO 200X推荐的常用沥青路面结构。在土基模量为40MPa,T7级交通情况下推荐路面结构组合及厚度情况如图3-8所示。

| 29.2cm AC |
| 30.5cm级配碎石 |
| 40.6cm级配碎石 |
| 土基 |

图3-8　美国AASHTO 2002推荐路面结构组合

其中,级配碎石用UGM表示,计算路面结构在车轮荷载作用下的变形情况,层间状况连续,路面结构模型如图3-9所示,计算结构云图如图3-10所示。单元类型为C3D20R。

分析表3-3和表3-4可知,沥青层底部拉应变普遍较小,均小于$70\mu\varepsilon$。根据美国各州广泛采用这种路面结构后的后期性能观测,路面主要出现的是路表疲劳裂缝和结构性车辙问题,而在沥青结构层层底产生疲劳裂缝的概率比较小。

三、德国高等级沥青路面结构

根据2001年3月德国交通部颁布的路面结构设计标准(RStO-01),德国高等级沥青路面总厚度控制在55~85cm之间。其路面结构组合直接与公路等级、路基土的性能、地质条件、地区类比、路线位置有关。

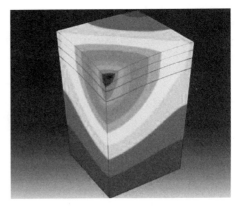

图 3-9　计算路面结构模型　　　　　图 3-10　计算仿真结果

美国常用沥青路面结构变形情况（80kN）　　　　表 3-3

序号	结构形式	厚度(cm)	模量值(MPa)	E11(×10⁻⁶)	E33(×10⁻⁶)	土基顶面压应变(×10⁻⁶)	路表弯沉(0.01mm)
1	HMA	29.2	7500	19.6	32.3	55.8	17.5
2	UGM1	30.5	450	—	—		
3	UGM2	40.6	400	—	—		

美国常用沥青路面结构变形情况（100kN）　　　　表 3-4

序号	结构形式	厚度(cm)	模量值(MPa)	E11(×10⁻⁶)	E33(×10⁻⁶)	土基顶面压应变(×10⁻⁶)	路表弯沉(0.01mm)
1	HMA	29.2	7500	24.6	40.4	69.7	21.9
2	UGM1	30.5	450	—	—		
3	UGM2	40.6	400	—	—		

德国沥青路面典型结构按交通繁重程度分为 7 个等级，其中 SV 级为高速公路。面层（表面层和联结层）和基层采用热拌沥青混合料，表面层厚度统一采用 40mm，联结层厚度采用 40mm、80mm 和不设 3 种，基层厚度随交通等级不同于 80～220mm 范围内变动，底基层厚度分为缺失、150mm、200mm、250mm 四种。防冻层厚度随冰冻深度变化。路床顶面回弹模量统一要求达到 45MPa 以上。德国沥青路面典型结构综合汇总见表 3-5。

德国沥青路面典型结构组合方案　　　　表 3-5

结构层位		材料类型	
面层	表面层	SMA、浇筑式沥青混凝土、密级配沥青混凝土（厚 40mm）	
	联结层	密级配沥青混凝土（厚 40～80mm 或缺失）	
基层	基层	密级配沥青混凝土（厚 80～220mm）	
	底基层	水硬性结合料稳定土或处治粒料（厚 150mm 或缺失）	级配碎石或级配砾石（厚 150～250mm 或缺失）

续上表

结 构 层 位		材 料 类 型
路基	防冻层	粒料(厚度视冰冻深度而定)
	路基	路床顶面模量要求≥45MPa
总厚度		沥青层:120～340mm;路面(不包括防冻层):140～500mm;含防冻层:600～900mm、500～800mm和400～700mm

选取路基模量为45MPa,以德国高速公路推荐沥青路面结构层组合取路面结构及厚度如图3-11所示。路面材料参数及路面结构计算结果见表3-6。计算用路面结构模型如图3-12所示,路面结构变形情况如图3-13所示。单元类型为C3D20R。

图3-11 德国高速公路常用典型结构

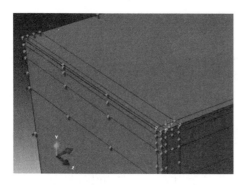

图3-12 计算用路面结构模型   图3-13 计算仿真结果

德国高速公路典型结构变形情况   表3-6

结构形式	模量值 (MPa)	厚度 (cm)	E11 (×10⁻⁶)	E33 (×10⁻⁶)	土基顶面压应变 (×10⁻⁶)	路表弯沉 (0.01mm)
沥青面层	10000	4	21.6	2.9		
沥青联结层	8500	6	5.7	11.5		
沥青混凝土承重层	8000	22	19.5	29.0	156.5	17.6
粒料防冻层	400	51	—	—		
土基	45	—	—	—		

分析德国路面结构组合推荐方案来看,在结构层组合设计方面,含有沥青的结构层数较多,高速公路上一般达到4～5层,除了上面层厚3.5～4cm外,其余各层厚度一般不小于8cm,沥青层总厚度均达到30多厘米。

从德国多年来的使用经验来看,含沥青层数多的一个主要特点是路面裂缝少,产生的主要问题为车辙,而这一点对于保障路面的结构强度,防治冻胀翻浆是极其重要的。沥青上面层普遍采用的是SMA和GA结构,这两种材料在防水、抗滑和强度等方面都具有明显的优势,目前在德国应用较广,但这种结构的投入大,成本高。

德国的水硬性黏结材料做结构层,根据厚度、强度以及上面沥青结构层的总厚度确定是否切缝留槽。当需要切缝时一定要切缝,避免不规则裂缝的出现。半刚性材料开裂是困扰各国公路设计人员的难题。在德国,只要路基强度达到要求,不推荐水硬性黏结材料作为沥青路面结构承重层。由于采用了多层沥青混合料层,沥青层厚度增加,下面结构层开裂也不易反射到路面表面。

中国沥青路面设计方法与德国沥青路面设计方法的不同主要体现在设计年限、沥青路面结构组合以及设计和验算指标几个方面。中国高等级公路沥青路面设计年限一般为15年,而德国所有的沥青路面设计使用年限均为30年。中国沥青路面多采用半刚性基层沥青路面,强调强基薄面,致使裂缝成了中国沥青路面损坏类型中最常见的病害。在德国沥青层最厚可达到34cm,而且对防冻层有严格要求。中国沥青路面设计以路表弯沉和基层层底弯拉应力为设计和验算指标。然而多种类型损坏的早期出现与设计模式明显大不相同。沥青路面设计主要是防止路面发生早期疲劳破坏,因此应建立沥青路面结构设计模型与破坏模型的关系,确定控制路面发生损坏和早期损坏的关键指标作为设计指标。

四、法国沥青路面结构

法国是在路面结构设计中采用典型结构法最有代表性的国家之一。除了要考虑公路政策、地域环境、气候条件、建设和养护费用等因素外,采用典型结构法的基础是材料生产、施工工艺的标准化和施工质量的相对稳定。法国典型结构法是在严肃政策、严密理论、严格标准和严谨步骤保证下的完整体系。

法国公路系统分为两类,交通分为8个等级,路基分为4个等级(路床顶面模量相应为20～50MPa、50～120MPa、120～200MPa、>200MPa),各类公路分别制定了25种和27种结构,其中,沥青路面有19种和21种典型结构。结构组合方案和相应的典型结构见表3-7。

法国沥青路面典型结构组合方案　　　　表3-7

结构类型		全厚式	柔性基层	半刚性基层
面层	表面层	特薄沥青混凝土(厚25mm)、薄沥青混凝土(厚40mm)、透水沥青混凝土(厚40mm)		
	联结层	半开级配或高模量沥青混凝土(厚60mm或60mm+60mm)、薄沥青混凝土(厚40mm)		
基层	基层	高模量沥青混合料、沥青碎石(厚140～380mm)	沥青碎石(厚80～170mm)	水硬性结合料处治(厚220～450mm)
	底基层		碎石(厚200～350mm)	
路基	改善层	无结合料改善材料、石灰或石灰+水泥或水泥稳定细粒土石灰稳定细料		
	整平层	压实土		
	天然路基	路堤或路堑		

法国典型结构按基层和底基层类型的不同,分为4种结构层组合方案:基层和底基层均为沥青混凝土全厚式沥青路面结构;基层和底基层均为水硬性结合料处治的半刚性基层沥青路面结构;基层为热拌沥青混合料,底基层为无结合料粒料柔性基层沥青路面结构;基层为热拌沥青混合料,底基层为水硬性结合料的组合式基层沥青路面结构。

在这些组合方案中,表面层厚度为25mm或40mm,联结层采用一层或两层,各层厚度为

40mm 或 60mm。路基按承载能力分为 4 个等级,分别规定其顶面模量取值为 20～50MPa、50～120MPa、120～200MPa、>200MPa。

法国沥青路面计算荷载模型,计算标准轴载大小、当量圆直径和接地压强同中国存在一定差距。计算参数中,各层模量、泊松比、疲劳指标见图 3-14。

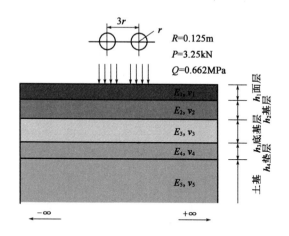

图 3-14 法国沥青路面计算荷载模式

法国高速公路路面结构组合及厚度,见表 3-8。

法国高速公路典型结构计算仿真参数 表 3-8

材 料	厚 度	模量值(MPa)	泊 松 比
磨耗层 BBTM*	2.5	8000	0.25
联结层 BBSG*	6	10000	0.25
基层 GB3*	22	600	0.25
底基层 GB3*	20	600	0.25
土基 PF2 级*	—	50	0.35

注:"*"标注缩写代表的材料类型为 BBTM-特薄层沥青混凝土;BBSG-半开级配沥青混凝土;GB3-3 级沥青碎石;PF2 级-土基模量大于 50MPa。

法国高速公路典型路面结构变形情况见表 3-9。单元类型为 C3D20R。

法国高速公路典型结构变形情况 表 3-9

序号	结构形式	厚度(cm)	E11 ($\times 10^{-6}$)	E33 ($\times 10^{-6}$)	土基顶面压应变 (10^{-6})	路表弯沉 ($\times 0.01$mm)
1	BBTM	2.5	37.9	14.7	286.6	40.4
2	BBSG	6	65.0	109.4		
3	GB3	22	63.5	112.3		
4	GB3	20	98.9	122.8		
5	SG	—	—	—		

五、南非沥青路面结构

南非《城市间与农村道路柔性路面结构设计规范》基于不同的道路服务目标,将道路分为 4 种不同的道路类型,交通划分为 10 个等级。路基承载能力划分为 4 等:CBR < 3%(要求采取特殊处理措施),CBR = 3% ~ 7%,CBR = 7% ~ 15%,CBR > 15%。路基顶上铺筑外选材料层后,承载能力要求达到 CBR > 15%(除第四类农村出入道路外)。沥青路面结构组合按基层类型不同分为粒料基层、水结碎石基层、水泥稳定碎石基层、沥青混合料基层 4 类。4 类路面典型结构见表 3-10。其中沥青面层厚度很薄,热拌沥青混合料层厚度仅为 30 ~ 50mm。

南非沥青路面典型结构组合方案　　　表 3-10

结构类型	粒料基层	水结碎石基层	水稳碎石基层	沥青混合料基层
面层	热拌沥青混合料(厚 30 ~ 50mm)、沥青表面处治(单层或多层)			
基层	级配碎石、天然砾石(厚 100 ~ 150mm)	水结碎石(厚 100 ~ 150mm)	水泥稳定天然砾石(厚 100 ~ 200mm)	热拌沥青混合料(厚 80 ~ 180mm)
底基层	水泥稳定天然砾石(厚 100 ~ 300mm)		天然砾石、砾石土(厚 100 ~ 200mm)	
外选材料层	①路基 CBR = 3% ~ 7% 时,150mm 碎石土(CBR ≥ 7%) + 150mm 碎石土(CBR ≥ 15%); ②路基 CBR = 7% ~ 15% 时,150mm 碎石土(CBR ≥ 15%); ③路基 CBR ≥ 15% 时不设			
路基	顶部 150mm 翻松,重新压实			

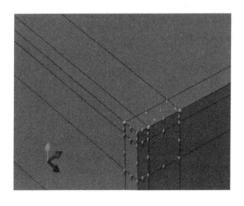

图 3-15　南非常用沥青路面典型结构

南非设计规范中,对于交通量大于 100 万次道路结构,不推荐半刚性材料做沥青路面基层。这里选取高速公路大交通量下(ES100)规范推荐结构和推荐厚度,计算路面结构在 80kN 轴载下路面结构的变形。路面结构如图 3-15 所示。典型结构加载模型和计算结果示意图如图 3-16 和图 3-17 所示。

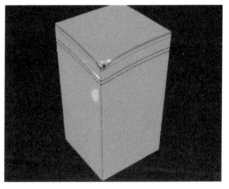

图 3-16　南非典型结构加载模型　　图 3-17　南非典型结构计算结果示意图

典型结构在标准荷载作用下变形情况见表3-11。单元类型为C3D20R。

南非沥青路面典型结构变形情况　　　　　　　　　　表3-11

结构形式	厚度 (cm)	模量值 (MPa)	E11 (×10⁻⁶)	E33 (×10⁻⁶)	土基顶面压应变 (×10⁻⁶)	路表弯沉 (0.01mm)
沥青面层	5	10000	96.8	144.7	123.9	32.6
级配碎石基层	15	450	—	—		
水稳碎石垫层	40	1400	56.9	70.4		
碎石土	15	111	—	—		
土基		40	—	—		

六、各国重交沥青路面典型结构综合对比分析

部分国家常见沥青路面典型结构形式见表3-12。

部分国家沥青路面典型结构对比分析　　　　　　　　表3-12

国　家	粒料基层		全厚式	混合式	半刚性基层
	厚沥青层下卧底基层	薄沥青层厚粒料基层			
法国			√	√	√（水稳碎石）
英国	√	√（中轻交通）			√（贫水泥混凝土）
美国	√	√（中轻交通）	√		
日本	√			√	
德国	√		√	√	
加拿大	√	√			√
中国					√

由表3-12分析可知,国外重交沥青路面典型结构以深厚式和全厚式沥青路面结构为主,同时伴以传统柔性沥青路面结构和混合式沥青路面结构,半刚性基层沥青路面仅用于轻交通。

目前国外干线公路用基层结构有以下特点：

(1) 主要采用结合料稳定粒料（包括各种粗粒土和中粒土）,稳定细粒土只用作底基层,有的国家只用作路基改善层。通常不采用未用结合料稳定的粒料,即使是优质级配碎石也很少用。但在澳大利亚维多利亚州的郊外高速公路是个例外。该州利用它有利的自然条件和交通条件（载货汽车仅占5%或略多一些）,在高速公路上采用级配碎石基层和沥青表面处治面层。法国和西班牙在重交通的高速公路上,要求路面底基层也可用结合料处治材料。

(2) 使用最广泛的结合料是水泥和沥青,石灰使用得较少。此外,还使用当地的低活性慢凝材料和工业废渣,如粉煤灰、矿渣粉等。例如,法国采用矿渣稳定砂砾、石灰粉煤灰稳定砂砾和火山灰稳定砂砾。

(3) 不采用强度大于 15MPa 有横向温度缝的水泥混凝土基层,而采用强度小于 15MPa 直到 6MPa(28d 龄期)的贫混凝土,包括碾压混凝土,或用 4%~6% 水泥稳定的粒料。

(4) 有的国家用针入度低的沥青稳定碎石做基础上层,而且沥青结合料层总厚度(面层+基层的上层)常大于 20cm。

其他国家在高速公路上曾采用的路面结构见表 3-13(由于不同国家高速公路以及同一国家不同高速公路的交通量和交通组成差别甚大,所以采用的路面结构和厚度都有较大差别,而且所列仅是部分例子,甚至是试验段)。

其他国家部分高速公路路段采用的沥青路面结构　　　表 3-13

国家	面层及厚度(cm)	基层及厚度(cm)	底基层及厚度(cm)
奥地利	沥青混凝土(2.7+3.0+4.1)	沥青稳定碎石(14+16)	防冻层(30)
比利时	沥青混凝土(4+8)	沥青稳定碎石(16)	水泥稳定砂砾
意大利	沥青混凝土(3+7)	沥青稳定碎石(15)	级配砂砾(35)+砂垫层(30+40)
德国	沥青混凝土(4+3+5)	沥青稳定碎石(18)	级配砂砾(15)+防冻层
德国	浇筑式沥青混凝土(3.5)+沥青混凝土(8.5)+砂砾沥青混凝土(18)	贫混凝土(15)	防冻层
德国	浇筑式沥青混凝土(3.5)+沥青混凝土(3.5+5)	沥青稳定碎石(18)	级配砂砾(15)+防冻层
挪威	沥青混凝土(10)	沥青稳定碎石(10)+未筛分碎石(50)	级配砂砾(20)+防冻层(40~90)
阿根廷	沥青混凝土(7.5)	沥青稳定碎石(12.5)+沥青乳液稳定砂(10)	防冻层(35)
法国	沥青混凝土(3+4)	沥青稳定碎石(16)+水泥处治砂砾(10~35)	砂砾垫层(15)
荷兰	沥青混凝土(4+4)	沥青稳定砂砾(12~18)	水泥处治砂砾(15~40)
瑞士	沥青混凝土(3+4)	沥青稳定碎石(11)	砂砾垫层(30)+水泥处治砂砾(20)
美国	沥青混凝土(4+9)	沥青贯入式(17.5)+水泥结碎石(16)	砂砾(25)
美国	沥青混凝土(5)	沥青稳定碎石(19)	砂砾(15)+加固土底基层(15)
英国	沥青混凝土(9.5)	贫混凝土(35.6)	级配砂砾(15.2)
英国	沥青混凝土(3.8)+粗粒式沥青混凝土(6.8)+沥青混凝土(6.3)	贫混凝土(19)	级配砂砾(20)
英国	M4(9.5~21.5)	贫混凝土(10~36)	水泥结粒料(10~30)
瑞典	沥青混凝土(5)+沥青稳定碎石(7.5)	水泥砂砾(18)	
西班牙	沥青混凝土(3~5+4~6)	沥青稳定碎石(6~10)+水泥砂砾(20)	级配砂砾或水泥砂砾(15)
西班牙	沥青混凝土(8) 沥青混凝土(15)	碾压混凝土 水泥结粒料	结合料处治 结合料处治
波兰	沥青混凝土(4+6+8)	水泥结粒料(27)	水泥石屑(12)+石屑(50)

表 3-13 中所列的沥青路面结构仅是一些国家曾在某一条高速公路上采用过的路面结构,并不代表这些国家高速公路上所用沥青路面结构的概况。第 18 届世界道路会议曾归纳了一些国家在半刚性基层上所采用沥青面层的最小厚度,见表 3-14。表 3-14 中还列有另一些国家常用的沥青面层厚度。从表 3-13、表 3-14 可以看到,不同国家在高等级公路半刚性基层上所用沥青面层厚度有很大差别,半刚性基层所用材料和厚度也有明显差异。

其他部分国家半刚性基层上沥青面层最小厚度或常用厚度 表 3-14

国　　家	交通等级	基层材料	沥青面层厚度(cm)	
			最小厚度	常用厚度
比利时	$>10^7$ $<10^7$	贫混凝土	15 17	
葡萄牙	T1 T3		12 10	
奥地利	轻 重		10 15	
西班牙	重	水稳碎石 贫混凝土		15 8
英国	$<20\times10^6$ $>20\times10^6$	CBM3 CBM3,CBM4		5~20 20
澳大利亚		水稳碎石		7.5~12
苏联				12~15

我国从 20 世纪 80 年代开始建设以高速公路为代表的高等级公路。1984 年开始设计京津塘高速公路,这是第一条国家批准建设的高速公路。在此之前,我国一级公路寥寥无几,仅有少数几个大城市的出口路属较高等级。当时,我国缺少高等级公路路面设计和施工的经验,更没有高等级公路半刚性沥青路面的使用经验。设计京津塘高速公路的半刚性沥青路面结构时,在选用沥青面层厚度方面主要受国外厚面层可减少半刚性基层反射裂缝论点的影响,而且采用了较保守的数值,面层厚 15~20cm。京津塘高速公路的路面结构对随后其他高速公路的半刚性沥青路面设计产生了较大影响。我国"七五"期间一些高速公路上采用的半刚性基层沥青路面结构见表 3-15。该时期交通量和轴载大小均较小。我国高等级公路也有采用刚性路面,刚性路面结构通常也采用半刚性材料做基层。我国"七五"以后部分高等级公路沥青路面结构见表 3-16。

我国"七五"期间部分高等级公路沥青路面结构 表 3-15

公路名称	长度(km)	面层厚度(cm)及类型	基层厚度(cm)及类型	底基层厚度(cm)及类型
沪嘉高速公路	20.5	12(6km),17(6km)	46,二灰碎石	20,砂砾
莘松高速公路	18.9	12,17	45,二灰碎石	
广佛高速公路	15.7	4 中粒式沥青混凝土 +5 粗粒式沥青混凝土 +6 沥青碎石	25,水稳碎石或水稳石屑	25~28,水稳石屑或水泥土

续上表

公路名称	长度(km)	面层厚度(cm)及类型	基层厚度(cm)及类型	底基层厚度(cm)及类型
西临高速公路	20	4中粒式沥青混凝土+5粗粒式沥青混凝土+6沥青碎石;少部分12(3km)	20,二灰砂砾;25,水稳碎石或水稳石屑	20,二灰土;20,二灰土+20,砂砾改善层(特殊路段);25,二灰土
沈大高速公路	375	同上,或5+5+5	20,水稳砂砾或水稳矿渣	砂砾或矿渣
京津塘高速公路	142.5	20~23 中粒式沥青混凝土,粗粒式沥青混凝土和沥青碎石	20~25,水稳砂砾(碎石或砾石)或二灰碎石	25~35,石灰土或水泥土、二灰土、水泥石灰土
京石高速公路(北京段)	14	12	35,二灰砂砾	
京石高速公路(石家庄—新乐段)		3中粒式沥青混凝土+5沥青碎石	12,水稳碎石或二灰碎石	43,石灰土

我国"七五"以后部分高等级公路沥青路面结构　　　　　　　表3-16

公路名称	表面层(cm)	中面层(cm)	底面层(cm)	基层(cm)	底基层(cm)	总厚度(cm)
京深,定州—涿州	5 中AC		5 粗AC	15 二灰碎石	40 石灰土	65
涿州—北京	5 中AC		7 粗AC	15 二灰碎石	40 石灰土	67
京石,北京三期	3.5 细AC	4.5 中AC	7AM	20 水稳砂砾	20 二灰砂砾	55
北京四期	3.5 细AC	4.5 中AC	7AM	40 水稳砂砾	20 二灰砂砾	75
广州—花县	3 中AC		4 中AC	18~20 水稳碎石	25~34 水泥石屑	52~59
广州—深圳	4 中AC	8 粗AC+10AM	10AM	23 水稳碎石	23 级配碎石+22~32 未筛分碎石	110,路肩100
海南东干线	4 中AC	8 粗AC	4AM	20 水稳碎石	20 水稳碎石	52
济青线	5 中SAC	6 粗AC	7AM	34 水稳碎石	15 石灰土	67
青岛—黄岛	4 中SAC		5 粗AC	20 水稳碎石	25 水稳碎石	54
郑州—开封	4 中AC			22RCC+15 水稳碎石	15 石灰土	56
郑州—新郑	4 中AC			22RCC+15 水稳碎石	15 石灰土	56
郑州—洛阳	4 中SAC	5 粗AC	6AM	15 水稳碎石+15 二灰碎石	24 石灰土	69
佛山—开平	3AK	7 中SAC	8AM	25 水泥石屑	15、23、28 级配碎石	58、66 或71
深圳—汕头	3AK	5 中SAC	6AC	25 水泥石屑	28、32、38 级配碎石	67、71 或77

续上表

公路名称	表面层(cm)	中面层(cm)	底面层(cm)	基层(cm)	底基层(cm)	总厚度(cm)
沪宁江苏段	4SAC16	6AC25	6AM	28、30 二灰碎石	20、18 二灰土	64
西安—铜川	4 中AC		8AM	21 二灰砂砾	22 二灰土	51
西安—宝鸡	4 中AC		8AM	二灰砂砾	二灰土	
杭州—宁波	5 中AC		7 粗AC	25、28、34 二灰碎石	20 二灰, 20 级配碎石	57、60、66
南京—南通、扬州段	4 中SLH	6 粗LH	6AM	20 二灰碎石	33 石灰土	69
石家庄—安阳	4 中SLH	5 粗SLH	6 粗LH	20 水泥碎石+20 二灰碎石	20 石灰土	75
				20 水泥碎石	40 石灰土	75
				20 水泥碎石	40 二灰砂	75
				20 水泥碎石+20 二灰碎石	20 二灰	75
				20 水泥碎石	40 二灰	75
石太河北段	5LH	5LM	7LH	18 二灰碎石	20~25 石灰土	50~55
	4LH		6AM	22、25 二灰碎石	20~25 石灰土	57~65
青黄(胶州湾)	4SAC16		5AC25	46 水泥砂砾或 19 素混凝土	10 砂砾	65 或 38
太旧	4AC16	5AC25	6AC30	20 水泥碎石或水泥砂砾	26、15 石灰土	50、61
济德	4LH20		6LH35	26 二灰水泥碎石	29 二灰土	65
沪杭余杭段	3LH20	6LH30	8LH35	25~35 二灰或水泥碎石	20 级配碎石	63~72
东山	4SAC16	6SAC25	6AM25	25、28、30、40 二灰碎石	33、20 二灰,18 二灰土或石灰土	
沈本	3AK13B	4AC20	5AC25	20 水稳砂砾	天然砂砾	

注：表3-16 中 AC(方孔筛)和 LH(圆孔筛)指沥青混凝土,中和粗表示中粒式和粗粒式,SAC 和 SLH 指多碎石沥青混凝土,AM 指沥青碎石。

我国已开放交通的高速公路半刚性基层沥青路面,其沥青面层厚度多数为15~16cm,少部分为9~12cm。京津塘高速公路沥青面层厚度为18~23cm,广深高速公路为32cm。多数分三层铺筑,12cm 厚的面层有分两层铺筑的,也有分三层铺筑的,23cm 和 32cm 厚的面层则分四层铺筑。多数高速公路的半刚性基层厚20cm,采用水泥稳定碎石(或砾石)或石灰粉煤灰稳定碎石(或砾石)。半刚性底基层厚25~40cm,采用的材料有石灰土、水泥土、二灰土、二灰砂、二灰和水泥石灰土等。半刚性材料层总厚度通常不超过60cm,最薄为40cm。迄今为止,仅有一条高速公路采用天然砂砾或矿渣做底基层。近几年来,有些高速公路采用二层半刚性基层,厚 36~40cm,有些采用一层半刚性底基层,厚 18~20cm。除严重超载和车辆多的运煤和运砂石材料等路线外,一般没有采用两层半刚性基层的。京津塘高速公路是一层基层和二层底基层,已通车 8 年(北京—杨村段),至今未发生结构性破坏,路表 100kN 轴载下的代表弯沉值仍小于 0.1mm,实际有些路段仅 0.03mm 左右。

半刚性基层沥青路面总厚度变化在 55~80cm 之间(个别填土高度小和地下水位高且土质不好的路段),绝大多数在 65~75cm 之间。广深高速公路路面总厚度为 110cm。

第三节 各国沥青路面设计方法

一、CBR 设计法

CBR 设计法由美国加利福尼亚州交通部于 1928—1929 年提出,用于表征道路材料抗力,以材料贯入抗力与标准碎石贯入抗力的百分比值表示。第二次世界大战初期,美国陆军工程师兵团对各种柔性路面设计方法进行了广泛调研,并决定采用 CBR 方法作为其机场道面设计方法。

1972 年,美国全国碎石协会根据美国工程师兵团 CBR 法制定了适用于公路的路面 CBR 设计方法。该方法设计思想为:路面应提供足够厚度和质量,以防止任一路面层内产生重复剪切变形;冰冻是一个重要影响因素,应设法减小到可接受程度。

CBR 设计曲线反映了路面厚度和 CBR 的相关关系,其公式表达式为:

$$h = \sqrt{P\left(\frac{1}{0.57\text{CBR}} - \frac{1}{\pi p}\right)} \tag{3-1}$$

式中:h——路面层厚(cm);
P——轮荷重(kg);
p——接地压力(kg/cm^2)。

1964 年日本竹下进行设计曲线公式化:

$$H = \frac{58.5 P^{0.4}}{\text{CBR}^{0.6}} \tag{3-2}$$

考虑交通量后,又得到以下半理论公式:

$$H = \frac{7.8}{\sqrt{\text{CBR}}} \sqrt{P} \lg N - (1 + 5\lg\text{CBR}) \tag{3-3}$$

式中:H——路面总厚度(cm);
P——设计轮荷重(t);
N——设计使用寿命期间 $P(t)$ 的轮荷重通过的次数。

二、AASHTO 设计方法

AASHTO 设计方法是美国各州公路与运输官员协会(AASHTO)根据 1958—1962 年修筑

于渥太华和伊利诺伊州的大规模试验路试验结果而制定的方法。AASHTO 于 1961 年提出暂行设计指南,现已有 1972 年修订版、1986 年版和 1993 年版。

AASHTO 设计方法采用 18klbf(82kN)轴重为标准轴载,轴载换算公式为:

$$\frac{N_{18}}{N_x} = \left(\frac{P_x}{P_{18}}\right)^\alpha \tag{3-4}$$

计算结果表明,当 P_t = 2.0 时,指数 α 的平均值为 4.3;当 P_t = 2.5 时,指数 α 的平均值为 4.05,两者的总平均值为 4.18。

AASHTO 设计方法采用路面现时服务能力指数(PSI)作为衡量路面使用性能的指标,通过对路面使用性能采用客观量测和主观评价相结合的方法确定 PSI 值。PSI 与路面状况的相关关系见式(3-5)。

$$\text{PSI} = 5.03 - 1.91\lg(1 + \overline{SV}) - 0.01\sqrt{C + P} - 1.38\overline{RD}^2 \tag{3-5}$$

式中:$\overline{SV}$——轨迹带纵断面的平均坡度方差,运用 CHLOE 断面仪量测的结果;
  C——已发展成网状裂缝的裂缝面积,以 $m^2/92.9m^2$ 路面计;
  P——修补的面积,包括表面修补和补坑,以 $m^2/92.9m^2$ 路面计;
  $\overline{RD}$——平均车辙深度,这是用 1.2m 长的直尺,从车辙最深处中点量出的,每隔 7.62m 测一点,然后取其平均值。

沥青路面刚修好时的初始服务能力 PSI_0 约为 4.2(设想为中等施工水平的典型状态);到达需进行改建时的终端服务能力 PSI_t 约为 2.5(主要公路)或 2.0(次要公路)。

路面服务能力从初始状态变化到终端状态所经历的时段为使用性能期。使用性能期内路面服务能力指数变化量为:

$$\Delta\text{PSI} = \text{PSI}_0 - \text{PSI}_t \tag{3-6}$$

式中:ΔPSI——路面设计使用标准。

在 AASHTO 设计方法中,还考虑了以下几个方面:

(1)环境对 ΔPSI 的影响——主要考虑冻胀和膨胀性黏土使服务能力变化量降低的影响。

(2)路面结构排水条件——主要反映在路面结构数 SN 中,即

$$SN = a_1 h_1 + a_2 h_2 m_2 + a_3 h_3 m_3 \tag{3-7}$$

式中:a_1、a_2、a_3——与各结构层材料类型和性质有关的层位系数;
  h_1、h_2、h_3——沥青面层、基层和垫层的厚度;
  m_2、m_3——基层和垫层的排水系数。

《AASHTO 2002 路面设计指南》采用力学计算经验设计法,并提出以下几个损坏类型标准:永久变形、疲劳开裂、温度开裂和平整度 IRI 指数模型。

(1)永久变形:路面总车辙量按式(3-8)计算:

$$PD = PD_{AC} + PD_{GB} + PD_{SG} \tag{3-8}$$

式中:PD——路面总车辙;

PD_{AC}——沥青层产生的车辙；
PD_{GB}——粒料层产生的车辙；
PD_{SG}——土基产生的车辙。

①沥青层车辙计算模型：

$$\frac{\varepsilon_P}{\varepsilon_r} = K_1 10^{-3.51108} T^{1.5606} N^{0.479244} \tag{3-9}$$

式中：ε_P——累计塑性应变；
ε_r——回弹应变；
T——温度；
N——荷载重复作用次数；
K_1——考虑沥青层总厚度 h_a 与计算点深度 Z 的一个系数。即：

$$K_1 = [-0.1039h_a^2 + 2.4868h_a - 17.342 + (0.0172h_a^2 - 1.7331h_a + 27.482)Z]0.329186^Z$$

②粒料层或路基车辙模型：

$$\delta_a(N) = \beta_{UB}\left(\frac{\varepsilon_0}{\varepsilon_r}\right) e^{\left(\frac{\rho}{N}\right)^\beta} \varepsilon_v h \tag{3-10}$$

式中：$\delta_a(N)$——粒料层或路基在标准轴载作用 N 次后的塑性变形；
N——荷载重复作用次数；
ε_v——平均垂直应变；
h——层厚；
ε_r——回弹应变；
$\varepsilon_0 \setminus \rho \setminus \beta$——材料参数；
β_{UB}——修正参数，粒料层取 2.0，路基土取 8.0。

（2）疲劳开裂。

$$N_f = 0.00432 K_1' C \left(\frac{1}{\varepsilon_t}\right)^{3.9492} \left(\frac{1}{E}\right)^{1.281} \tag{3-11}$$

式中：N_f——荷载作用次数；
C——空隙率 V_a 和沥青体积率 V_b 的函数，$C = 10^M$，$M = 4.84[V_a/(V_a + V_b) - 0.6875]$；
E——沥青混合料的动模量；
ε_t——弯拉应变；
K_1'——修正系数。

（3）温度开裂：建立应力强度因子模型及裂缝扩展模型，进行开裂量的预估。

$$K = \sigma(0.45 + 1.99C_0^{0.56}), \Delta C = A\Delta K^n \tag{3-12}$$

式中：K——裂缝应力强度因子；
σ——裂缝尖端深度处应力；
C_0——当前的裂缝长度；

ΔC——在降温周期内裂缝深度增量;

ΔK——在降温周期内应力强度因子的增量;

A、n——沥青混合料的断裂参数。

(4)平整度 IRI:总 IRI 预估按式(3-13)计算。

$$IRI = IRI_0 + \Delta IRI_D + \Delta IRI_{SF} \tag{3-13}$$

式中:IRI_0——初始平整度;

ΔIRI_D——由于路面损坏造成的平整度变化;

ΔIRI_{SF}——现场系数 SF 变化造成平整度的变化。

三、SHELL 设计方法

Shell 法是由壳牌石油公司研究所在近 20 年中研究、发展和逐步完善起来,并于 1963 年提出的一种沥青路面设计方法,包括沥青及沥青混合料力学性能预测、路面结构应力应变分析、新建路面沥青层厚度确定、路面车辙深度预测以及旧路罩面设计。新版《Shell 路面设计手册》于 1978 年发表。1985 年,根据以往使用经验进行修订,增补附录并引入安全系数和置信水平指标,尽管路面结构应力应变由计算机分析得到,但设计方法以图表形式给出,因而可有效避免工程师要依靠当时尚十分复杂的计算机来进行设计。

伴随计算机的发展,壳牌开发了沥青路面设计智能软件包(SPDM-PC),此计算机程序化的设计大大提高了设计精度、灵活性和效率。SPDM-PC 由两个各自独立又协同工作的软件组成,即 BANDS-PC 和 BISAR-PC。BANDS-PC 主要涉及沥青混合料的性能,通过诺模图模拟程序,可以确定沥青及沥青混合料的劲度模量和疲劳性能,为路面设计准备必要参数。BISAR-PC 用于计算路面各点的应力、应变和位移。

Shell 法将路面结构视为多层线弹性体系,并假定层间接触为连续状态,下层为路基,中间层为粒料或水泥稳定类基层和垫层,上层为沥青层,标准轴载取 80kN。

轴载换算采用 AASHTO 方法进行,即:

$$\frac{N_{18}}{N_x} = \left(\frac{P_x}{P18}\right)^4 \tag{3-14}$$

路面结构变形分析采用的标准轴载为单轴双轮,每轮重 20kN,接地压强为 6×10^5 Pa,接地半径为 105mm,路面结构力学图式如图 3-18 所示。

临界荷位应力和应变由 BISAR(Bitumen Stress Analysis in Road)计算,主要设计标准为沥青层底面水平拉应变和路基顶面容许压应变,前者控制沥青层疲劳开裂,后者控制路面永久变形。

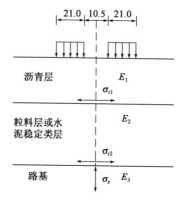

图 3-18 路面结构力学图式
(尺寸单位:cm)

(1)沥青层底面水平拉应变 ε_r。计算公式如下:

$$\varepsilon_r = CN^{-0.25} \tag{3-15}$$

式中：C——系数，$C=f(E_1)$，当 $E_1=1522.5\text{MPa}$ 时，$C=1.7\times10^{-2}$；
N——荷载作用次数。

（2）土基顶面垂直压应变 ε_z。按下式确定：

$$\varepsilon_z = 0.021N^{-0.25} \tag{3-16}$$

式（3-16）中系数 0.021 为 85% 置信水平。若置信水平为 95%，则应将式中 0.021 改为 0.018。

除主要设计标准，Shell 法还有以下两项次要设计标准：
（1）水泥稳定类基层底面的拉应力 σ_{t2}。其容许值按下式计算：

$$\sigma_{t2} = \sigma_r(1 - 0.0751\lg N) \tag{3-17}$$

式中：σ_r——次荷载作用下材料的极限弯拉强度。
（2）道路表面永久变形——容许车辙深度，高速公路为 10mm，一般公路为 30mm。

四、AI 设计方法

美国沥青协会（AI）自 1954 年至 1969 年，为沥青路面厚度设计出版了八个版本的系列手册 MS-1（Thickness Design——Asphalt Pavement for Highways and Streets），这些手册所建议的都是经验方法。MS-1 第七和第八版是以 AASHO 道路试验、WASHO 道路试验和一些英国试验路得到的数据为基础，并与美军工程兵以及一些州的设计方法相比较而制定。AI 1981 年出版 MS-1 第九版。与之前的版本不同，第九版本以力学-经验法为基础，应用多层体力学理论及经验破坏准则确定路面厚度。1983 年进行 MS-1 修订，提出设计程序 CP-1 DAMA，并研制了能覆盖三个不同温度范围的系列设计图表。1991 年 AI 提出 MS-1 第九版的修正版本和新的 CP-1 DAMA 程序。图 3-19 为 AI 厚度设计法流程图。图 3-20 为 AI 力学图式。

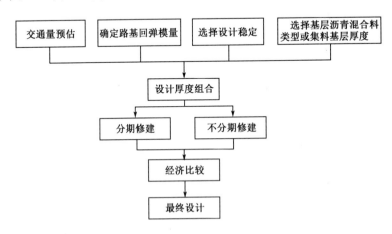

图 3-19 AI 厚度设计法流程图

AI 将路面视为多层弹性体系，各层材料以弹性模量和泊松比表征。以 80kN 为标准轴载，轴载换算采用 AASHTO 试验路轴载等效换算系数。

AI 法设计指标和 Shell 法类似，采用沥青层底水平拉应变 ε_θ 控制疲劳开裂；采用土基顶

面竖向压应变 ε_z 控制永久变形，即路面结构车辙。

1. 疲劳准则

$$N_f = 0.0015(\varepsilon_\theta)^{-3.291} |E^*|^{-0.854} \cdot C \quad (3-18)$$

式中：N_f——疲劳开裂前允许荷载重复作用次数；

$|E^*|$——沥青混合料复数模量；

C——沥青混合料空隙率和沥青体积率的函数；$C = 10^M$，$M = 4.84[V_b/(V_a + V_b) - 0.6875]$。

2. 永久变形准则

根据 AASHO 试验路数据整理结果得出，控制永久变形的允许荷载重复作用次数 N_d 可用下式表示：

$$N_d = 1.365 \times 10^{-9}(\varepsilon_z)^{-4.477} \quad (3-19)$$

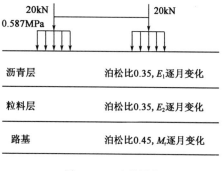

图3-20　AI 力学图式

只要路面压实良好，且沥青混合料设计得当，设计交通荷载作用下路面车辙不会大于 12.7mm。

AI 法吸收了各国有关路面设计的重大科研成果，并加以外延，考虑了沥青混合料的黏弹性特性及粒料的非线性，是一种比较成熟的设计方法。若沥青层较薄（厚度为 76~100mm）、交通量较小时，该方法设计结果较为保守；当交通量较大而沥青混凝土厚度又较大时，设计结果较为接近实际。

五、Superpave 设计法

Superpave 设计法是一种基于性能的设计方法。1987 年，美国启动了历时 5 年、投资1.5亿美元的 SHRP（Strategic Highway Research Program）计划，以改善美国道路使用性能和耐久性。SHRP 中最重要的成果之一即为 Superpave™（Superior Performing Asphalt Pavement）——高性能沥青路面设计和分析系统。Superpave 路面设计模型包括以下 4 个基本部分：

1. 材料性能模型

通过模拟一定交通和环境荷载下的室内加速试验，得到材料非线性、黏弹性、塑性等特性。所得出的部分材料特性直接用于路面损坏预测，或用于估计其他材料特性。

2. 环境影响模型（EEM）

环境影响模型是指路面温度模型。该模型有两方面作用：一是估计路面最高、最低温度以选择合适的沥青结合料；二是计算路面不同深度处的温度，作为沥青混合料试验温度。

3. 路面反应模型

用于计算路面各层在交通轴载作用和环境影响下的应力与应变。

4. 路面损坏模型

新建路面有三个损坏预测模型：低温开裂，疲劳开裂和永久变形（车辙）。Superpave 路面非荷载开裂模型即低温开裂模型中加速混合料为低温黏弹性,利用了流变力学中的一维 Maxwell 本构方程。低温开裂扩展模型应用 Paris 规则得出。对于路面疲劳和永久变形,所用反应模型以二维非线性有限元程序为基础,并且采用四节点平面单元和轴对称单元进行结构分析。

Superpave 分析设计体系给出了基于使用性能的路面设计方法。它确定了路面损坏标准,通过损坏预测模型把材料设计和路面结构设计联系起来,体现了基于使用性能的基本设计思想。与传统路面设计方法不同,Superpave 将结构参数作为材料设计的基础,以材料设计作为路面设计的最终归宿。但 Superpave 设计软件和加速路面试验仅考虑了一种单轴构型(8.2t ESAL、单轮、平均轮压为 0.56MPa),大多数车辆构型则无法应用其分析结果。该方法给出路用性能控制标准,但未能给出疲劳裂缝扩展和车辙增长过程的方式,因而无法解释不同结构组合对损坏发展的影响。

六、法国沥青路面设计方法

法国是国际上应用半刚性基层沥青路面较普遍的国家之一,1998 年,法国出版《路面结构设计手册》,采用典型结构法对路面进行设计,其不论是结构设计还是材料设计都以路面功能性为目标。

习惯上,法国路基路面结构各层的组成和名称包括路基、路面体和面层,其中路基又可细分为天然土基、土基上部(路床,PST)、整平层和改善层。法国路面结构分层示意图如图 3-21 所示。

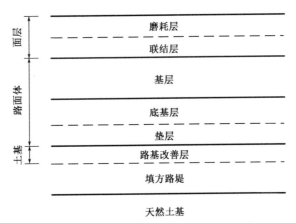

图 3-21 法国路面结构分层示意图

法国进行路面结构计算和编制路面典型结构手册的理论依据也是层状弹性体系理论,只是其标准轴载、当量圆直径和接地压强同我国沥青路面设计规范存在一定差距。计算参数为路面结构各层模量、泊松比、疲劳指标(1×10^6 相应的变形 ε_6 和双对数疲劳直线斜率 $1/b$ 等)和路面承台模量、泊松比。具体设计指标对于沥青混凝土结构层(如面层)和粒料类结构层(如垫层)以容许应变控制,其路表总弯沉并不作为控制性指标;用容许应力控制半刚性或刚性材料破坏。

路面结构设计应控制水硬性材料稳定材料层最大拉应力不超过最大容许拉应力,其最大容许拉应力按式(3-20)计算:

$$[\sigma_t] = K_1 \times K_2 \times K_3 \times K_4 \times K_5 \times \sigma_6 \qquad (3\text{-}20)$$

式中：$[\sigma_t]$——最大容许拉应力；

K_1——与材料疲劳性能有关的系数，可以按下式计算：

$$K_1 = \left(\frac{10^6}{N_e}\right)^b \qquad (3\text{-}21)$$

N_e——标准轴载累计作用次数；

b——对数坐标系中材料疲劳曲线的斜率；

K_2——热胀系数；

K_3——可靠性系数；

K_4——修正系数；

K_5——路面形式系数（专门针对复合式路面中可能存在界面滑动的情况）。

1. 路基容许压应变$[\varepsilon_z]$

$$[\varepsilon_z] = 0.012(N_e)^{-0.222} \quad （对于交通等级 T \geqslant T3） \qquad (3\text{-}22)$$

$$[\varepsilon_z] = 0.016(N_e)^{-0.222} \quad （对于交通等级 T < T3） \qquad (3\text{-}23)$$

式中：N_e——标准轴载累计作用次数。

2. 基层水平向容许拉应变$[\varepsilon_t]$

$$[\varepsilon_t] = \varepsilon(N_e, \theta_{eq}, f) K_r K_c K_s \qquad (3\text{-}24)$$

式中：$\varepsilon(N_e, \theta_{eq}, f)$——在等效温度$\theta_{eq}$和应力特征频率$f$条件下，试件在标准轴载$N_e$作用下，出现疲劳断裂的极限拉应变；

K_r——用来校正可接受变形值的系数；

K_c——调整系数；

K_s——极少系数。

七、日本沥青路面设计方法

2001年7月—12月，日本道路协会颁布3部新规范：

(1)《关于路面结构的技术基准及解释》。

(2)《路面设计施工指针》。

(3)《路面施工便览》。

《关于路面结构的技术基准及解释》是日本沥青路面设计的基本依据，它规定路面设计的目标包括设计年限、设计交通量、路面使用性能指标、各性能指标值，设计内容包括路面结构功能设计和结构设计两部分，即性能设计过程和确定路面结构组成过程。

日本路面结构设计控制目标以控制疲劳开裂为目的，根据需要选择经验法和理论计算法。该方法采用层状弹性体系理论进行计算，由沥青层底水平拉伸应变控制沥青层疲劳，由路床顶面垂向压应变计算得到路面结构车辙。

1. 按照美国沥青协会 AI 方法疲劳破坏标准计算沥青层底拉伸应变

$$N_{fA} = S_A[18.4C(6.167 \times 10^{-5})\varepsilon_t^{-3.291}E^{-0.854}] \qquad (3\text{-}25)$$

式中：N_{fA}——沥青层容许的49kN轮载作用次数；

S_A——设定的裂缝率常数;

ε_t——沥青层下部拉伸应变;

$$C = 10^M, M = 4.84[V_b/(V_v + V_b) - 0.69]$$

V_v——沥青层最下层使用的沥青混合料空隙率(%);

E——沥青混合料的弹性模量(MPa)。

2. 路床永久变形的破坏标准

$$N_{fS} = S_S(1.365 \times 10^{-9} \varepsilon_z^{-4.477}) \tag{3-26}$$

式中:N_{fS}——路床的容许49kN轮载作用次数;

S_S——设定的路床永久变形的常数;

ε_z——路床上部的压缩应变。

3. 路床厚度破坏标准计算

经过加固处理的路床应使其承受压缩应力不小于 4×10^{-3}MPa。

通过对国内外沥青路面设计方法研究发现,沥青路面设计方法可分为三类:经验设计法,基于试验和观测数据,如 CBR 法和 AATHTO 设计法;力学设计法,如 Shell 法;力学经验设计法,如美国 AI 法、中国沥青路面设计方法、法国沥青路面设计方法、日本沥青路面设计方法等。

任何新材料、新结构组合,只要符合理论分析和力学计算的结果,均可提出作为选择评比方案,在技术先进、经济合理的原则之下择优选用,这为我们路面设计提供了便利,也是世界各国普遍采用力学经验设计法的原因。

第四节 各国沥青路面设计指标

针对不同的路面损坏类型,提出一些直接或间接的设计指标和设计参数。各国主要沥青路面设计指标如表3-17所示。

各国主要沥青路面设计指标　　　　表3-17

类别	路面结构类型	理论基础	设计指标	设计参数	材料参数
中国	重交路面主要为半刚性基层沥青路面	弹性层状体系理论	①路表弯沉;②弯拉应力	①交通量与标准轴载;②材料设计参数	抗压回弹模量与弯拉强度
AASHTO	主要为柔性基层沥青路面	路面现时服务能力指数PSI	使用性能期内路面服务能力指数的变化量 ΔPSI	①使用性能期和分析期;②交通参数;③可靠度参数;④路基土有效回弹模量	路基土有效回弹模量

续上表

类别	路面结构类型	理论基础	设计指标	设计参数	材料参数
SHELL	重交路面主要为柔性基层沥青路面	多层线弹性体系理论	两项主要标准：①沥青层底面的水平压应变；②路基表面的垂直压应变。两项次要标准：①水泥稳定类基层底面的拉应力；②道路表面的永久变形	①荷载交通；②加权年平均气温；③材料参数	路基土动态回弹模量、粒料基层和垫层动态回弹模量、沥青混合料的动态劲度模量及其疲劳特性
美国力学经验法	重交路面主要为柔性基层沥青路面	力学-经验法	①疲劳开裂；②温度裂缝；③路面永久变形；④平整度	①交通状况；②基础；③气候；④材料特性	沥青混合料的动态劲度模量，混合料的疲劳寿命、有效沥青含量、空隙率等

下面对各种设计方法控制指标做一简要评述。

一、中国沥青路面设计指标

(1) 路表弯沉：为控制路基路面结构的整体刚度，防止路面结构各层和路基在荷载作用下产生过大的变形，采用弯沉设计指标。该指标并不对应某一特定的损坏类型。

(2) 弯拉应力：为防止沥青层和半刚性材料基层或底基层的疲劳开裂，采用弯拉应力指标，要求沥青层或半刚性材料层底面计算点的拉应力应等于或小于该层材料的容许拉应力。该指标对应控制整体性结构层层底的疲劳破坏。

二、AASHTO 沥青路面设计指标

PSI：控制路面的服务能力从初始状态变化到终端状态的时段。

三、SHELL 沥青路面设计指标

(1) 沥青层底水平拉应变：保证路面结构在正常使用期内不会过早发生疲劳，即路面结构满足要求的试验寿命而不发生疲劳破坏。该指标控制路面结构疲劳损伤。

(2) 土基顶面竖向压应变：防止路基表面在行车重复作用下产生的压缩变形不超过某一容许值。该指标控制路基在重复荷载下的永久压缩变形。

(3) 水泥稳定类基层底面的拉应力：控制无机结合料稳定基层弯拉应力不超过某一容许值。该指标控制路面结构疲劳损伤。

(4) 道路表面的永久变形：控制路面表面在行车反复作用下产生的永久变形不超过容许值。

四、美国力学-经验法沥青路面设计指标

(1)疲劳开裂:包括沥青层疲劳开裂与化学温度层的疲劳开裂,控制路面结构层在服务寿命期内不发生疲劳开裂。

(2)温度裂缝:控制路面横向裂缝的最大长度。

(3)永久变形:控制路面结构沥青层、粒料层和路基在车辆重复荷载作用下不发生过度永久变形。

(4)平整度 IRI:路面结构平整度主要受车辙、车辙深度变异、疲劳开裂等路面主要损坏类型的影响,其与基层类型有关。这是各种路面病害的一个综合指标,通过控制这一指标达到控制路面总体使用效果的目的。

第四章　国内外沥青路面沥青胶结料特点与应用选择

第一节　概　　述

沥青胶结料作为典型的黏弹性材料,其性能表现取决于温度和荷载作用时间。高等级沥青路面路用性能如高温抗车辙、低温抗开裂、抗水损害、耐疲劳性能等都与沥青胶结料的性能紧密相关。目前,根据公路等级、沥青混合料的级配设计特点和路面抗病害能力和功能的针对性,出现了较多类型的沥青胶结料类型,从石油沥青、SBS改性沥青、EVA改性沥青、PE改性沥青到岩沥青改性沥青、彩色沥青、高模量沥青等,这些沥青胶结料在不同的结构层位能够赋予传统沥青路面更好的使用功能。如在抗车辙能力方面,国内外研究者对提高沥青混合料的劲度模量以改善沥青混凝土路面的抗车辙能力进行了大量的研究。结果表明,沥青性能的提高能显著改善混合料的抗车辙性能,模量高的沥青(高模量沥青)劲度模量、黏度一般较大,可以显著提高混合料的劲度模量,一定温度和加载速率下,抗剪切变形能力越强,沥青混合料抗车辙性能越好,路面车辙深度明显降低,且疲劳性能比普通沥青混合料有大幅提高。因此,如何结合沥青路面结构特点和混合料类型,优化选择、应用适当的沥青胶结料是现在沥青路面设计中一个重要的组成部分。

无论从最早的针入度分级体系、黏度分级体系,还是PG分级体系,三种体系都从不同的侧面反映了沥青的使用性能,都能在不同程度上对沥青的使用性能进行约束,从简易程度和技术的先进性比较,各有优缺点,仅存在条件性上的质的差别。中国、美国和欧美国家使用的沥青评价体系仍主要为针入度分级系统,其中欧洲国家加入了一些不同于他国的常规测试方法,如测力延度、摆式试验、老化后软化点变化等;而法国基于高模量沥青路面技术和针入度分级体系,建立了硬质沥青的技术标准。在流变学评价方法上,美国发展和应用了Superpave沥青胶结料分级体系,法国引入这种材料流变学表征方法,并保持了充分的中立性,中国尚没有提出基于本国国情的流变学评价方法。在硬质沥青的应用上,以法国为代表的欧盟国家具有成熟的应用评价流程,中国仅存在30、50号的道路沥青标准;对改性沥青的低标号沥青,法国规定的针入度等级要多,要更为细致,而中国仅仅规定了1-C、1-D的改性标准,对低标号改性沥青未进行规范。普通低标号道路石油沥青与天然沥青改性形成的低标号沥青的高、低温综合性能较差,延度不良,PG性能分级中高温等级多在82℃以下,低温等级多为-10℃、-16℃。而复合改性硬质沥青的综合性能良好,具有较好的10℃延度,而且高温等级多在82℃以上,低温等级在-16℃、-22℃以上。研究中发现,利用SBS和岩沥青复合改性得到的硬质沥青可以作为一种有效的低标号硬质沥青的实现方案;这种复合沥青的软化点很容易达到75℃或80℃以上,且具有较好的低温延展性,可以应用到高模量沥青混合料之中。胶浆理论认为混合料是一种多级空间网络结构的分散系,这种多级分散体系以沥青胶浆为基础,因此沥青胶浆的组成结构是影响沥青混合料高低温性能的主要因素。这在应用高沥青含量的高模量沥青混合料上,具有明显的解释功能。同时,硬质复合改性沥青在胶泥性能上具有比常规沥青更为优越的综合性能。

本章节主要结合欧美和中国的沥青路面现状,阐述国内外沥青胶结料的性能特点和评价体系的异同;针对法国高模量沥青技术,研究我国硬质沥青的发展及其应用的可行性;并从混合料级配设计中探讨硬质沥青及其胶泥体系的性能差异,为欧美沥青路面技术在国内的发展提供一个较为全面的考察视野。

第二节　沥青路面技术中的沥青及评价体系

一、沥青路面胶结料评价体系

目前,在世界范围内具有代表性的道路沥青的评价体系有三种,即针入度分级体系、黏度分级体系和PG分级体系。

1. 针入度分级体系

道路沥青的针入度分级体系是根据沥青针入度的大小确定沥青所适应的气候条件和荷载条件。针入度分级体系的主体是人们所熟悉的拉(延度)、扎(针入度)、落(软化点),辅以沥青的安全性指标闪点、沥青的纯度指标溶解度、沥青的抗老化性能指标薄膜烘箱试验和对生产沥青所用原油的约束指标蜡含量等,这些指标构成了沥青的针入度分级体系。表4-1~表4-3分别为美国、欧盟、中国的针入度分级体系表。

AASHTO 针入度分级体系　　　　　表4-1

指标	等级									
	40~50		60~70		85~100		120~150		200~300	
	min	max	min	max	min	max	min	max	min	max
25℃的针入度(0.1mm)	40	50	60	70	85	100	120	150	200	300
闪点(℃)	232		232		232		218		177	
延度(cm),25℃,5cm/min	100		100		100		100			
溶解度(%)	99		99		99		99		99	
TFOT										
质量损失(%),小于		0.8		0.8		1.0		1.3		1.5
针入度变化(%)	58		54		50		46		40	
延度(cm),25℃,5cm/min			50		75		100		100	

在针入度分级体系中,沥青针入度试验是测定沥青稠度的标准方法。25℃的针入度给出

了接近年平均使用温度下的沥青的稠度,研究结果表明,沥青在25℃的针入度下降至20以下时,会出现严重的路面开裂,当沥青的针入度大于30时,会具有高抗开裂性能。沥青的延度与其路用性能有关联,研究证实当沥青的针入度为30~50时,针入度相同的沥青,延度小的比延度大的使用性能差;美国53条高速公路的路面回收沥青的性质发现,16℃时的延度下降至3cm或更低时,寒冷天气里将会发生严重的松散现象。由此可见沥青的延度,特别是沥青的低温延度,可以反映沥青的抗开裂性能。在针入度分级体系中,沥青的高温性能是通过沥青的软化点表征的,在同样的针入度下,软化点越高,沥青的高温性能就越好。

欧盟沥青针入度分级体系(EN 12591)　　　　　　　　　　表4-2

指　　标	等　级								
	20~30	30~45	35~50	40~60	50~70	70~100	100~150	160~220	250~330
25℃的针入度(0.1mm)	20~30	30~45	35~50	40~60	50~70	70~100	100~150	160~220	250~330
软化点(℃)	53~63	52~60	50~58	48~56	46~54	43~51	43~51	35~43	30~38
加热损失(%),小于	0.5	0.5	0.5	0.5	0.5	0.8	0.8	1.0	1.0
针入度变化(%)	55	53	53	50	50	46	43	37	35
加热后软化点变化(℃)	57	54	52	49	48	45	41	37	32
闪点(℃)	240	240	240	230	230	230	230	220	220
溶解度(%)	99	99	99	99	99	99	99	99	99

即使针入度分级体系中许多指标是经验性的和条件性的,但由于方法和所使用的仪器相对简单,易于普及,在一定程度上可以满足对沥青质量控制的要求,目前美国、欧盟、澳大利亚、日本等国家的现行标准仍保留针入度分级体系。中国的道路沥青分级体系,是在以上针入度分级体系的基础上根据我国的具体情况(气候分区、公路等级等)制定的,基本能够满足对沥青质量的控制,特别是15℃的延度大于100cm和蜡含量小于3%的技术指标,有效地实现了对生产沥青的原油的限制,保证了沥青的潜在品质。

2. 黏度分级体系

黏度分级体系是根据沥青或薄膜烘箱后的沥青在60℃时的黏度值确定沥青的使用环境和使用条件的,分为原样沥青AC黏度分级(表4-4)和老化后沥青的AR分级。

在黏度分级体系中,60℃的黏度表征沥青的高温性能,体系中还给出了其他试验要求如25℃的针入度,135℃的黏度,薄膜烘箱试验(TFOT)后剩余物60℃时的黏度与25℃时的延度以及闪点。25℃的针入度可控制沥青在接近平均使用温度时的稠度,135℃的黏度可控制沥青在接近拌和与压实温度时的稠度。这些规定的要求在一起就可以控制沥青的温度敏感性。黏度分级体系由于使用了具有一定物理意义的黏度作为分级指标,另外与针入度分级体系相比可以表征更高温度下沥青的性能,黏度试验仪器较简单,重复性较好,所以在北美国家和日本的高黏度沥青中采用了黏度分级体系。但黏度分级体系按照沥青的高温性能分级,对沥青在平均使用温度和低温下的性能的表征具有局限性。一般地,黏度分级体系(AC/AR)和针入度分级体系的对应关系如图4-1所示。

道路石油沥青技术要求（JTG F40—2004）　　　　　　　　　　　　　　表 4-3

指　标	单位	等级	沥青标号																				
			160号	130号	110号			90号							70号					50号				30号		
针入度(25℃,5,100)	0.1mm		140~200	120~140	100~120			80~100							60~80					40~60				20~40		
适用的气候分区					2-1	2-2	3-2	1-1	1-2	1-3	2-1	2-2	2-3	3-2	1-3	1-4	2-2	2-3	2-4	1-3	1-4	2-2	2-3	1-4		2-4
针入度指数 PI		A						−1.5 ~ +1.0																		
		B						−1.8 ~ +1.0																		
软化点,不小于	℃	A	38	40	43			45							44					46				45		55
		B	36	39	42			43							42					44				43		53
		C	35	37	41			42																		50
60℃动力黏度,不小于	Pa·s	A	—	60	120			160							140					180				200		260
10℃延度,不小于	cm	A	50	50	40			45		30			20			30	20		15			20	15		20		10
		B	30	30	30			30		20			15			20	15		10			15	10				8
15℃延度,不小于	cm	A,B	80	80	60			50							40									80		50
蜡含量(热溶法),不大于	%	A						2.2																		
		B						3.0																		
		C						4.5																		
闪点,不小于	℃		230					245							260											
溶解度,不小于	%							99.5																		
密度(15℃)	g/cm³		实测记录																							
TFOT(或 RTFOT)后																										
质量变化,不大于	%		±0.8																							
预留针入度比(25℃),不小于	%	A	48	54	55			57							61						63				65		
		B	45	50	52			54							58						60				62		
		C	40	45	48			50							54						58				60		
残留延度(10℃),不小于	cm	A	12	12	10			8							6						4				—		
		B	10	0	8			6							4						2				—		
残留延度(15℃),不小于	cm	C	40	35	30			20							15						10				—		

AASHTO AC 黏度分级指标　　　　　　　　　　　表4-4

指标	黏度等级				
	AC-2.5	AC-5	AC-10	AC-20	AC-40
60℃的黏度(Pa·s)	25±5	50±10	100±20	200±40	400±80
135℃的黏度(mm²/s·min)	80	100	150	210	300
针入度(0.1mm),25℃,100g,5s	220	140	80	60	40
闪点(℃)	163	177	219	232	232
溶解度(%)	99	99	99	99	99
薄膜烘箱试验					
质量损失(%),小于		1.0	0.5	0.5	0.5
60℃的黏度(Pa·s),最大值	100	200	400	800	1600
25℃的延度(cm,5cm/min)	100	100	50	20	10

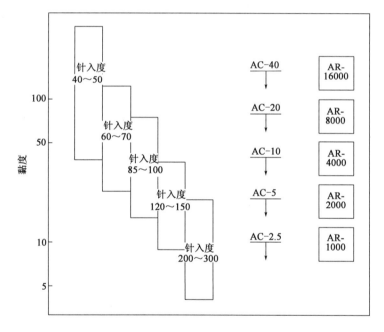

图4-1　沥青黏度分级与针入度分级的对应

3. PG 分级体系

PG 分级体系是美国联邦公路局历经 5 年的研究所进行的美国战略公路计划(简称 SHRP)中有关沥青分级体系的研究成果,研究者们认为,现行的针入度分级体系和黏度分级体系存在很多局限性,如针入度和延度试验是经验性的,不能直接与 HMA 路面性能关联,没有考虑工程现场或地理区域不同的气候条件、低温下对控制温缩开裂的沥青劲度限制和没有考虑沥青在使用过程中的长期老化等。

在 PG 分级体系中,用路面最高设计温度下的动态剪切模量表征沥青的高温性能,用最低路面设计温度下的劲度和劲度随变形的变化速率表征沥青的低温性能,用疲劳温度下的动态剪切模量表征沥青的抗疲劳性能,用旋转薄膜烘箱试验和压力老化罐试验分别表征沥青的短期老化和长期老化性能。沥青 PG 分级试验与评价过程如图 4-2 所示。

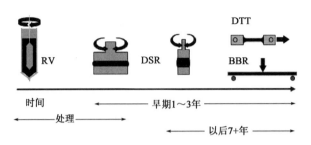

图 4-2　沥青 PG 分级试验与评价过程

很明显,PG 分级体系要求沥青在三个关键阶段进行试验,第一个阶段是对原样沥青的要求,需要的是沥青在运输、储存及集料混合时的性能,反映的是沥青的施工和易性;第二个阶段是短期老化后沥青的要求,需要的是沥青在拌和和碾压后沥青所具有的性能,反映的是沥青的抗车辙性能;第三个阶段是长期老化后对沥青的要求,需要的是路面在使用 7~10 年后沥青的性能,反映的是沥青的抗疲劳性能和抗低温开裂性能。由于 PG 分级体系使用时间较短,并且仪器价格贵,操作相对复杂,技术性高,这种分级体系虽然在北美比较普及,但欧美和中国也针对本国国情给予了充分的引入和应用。

由于 SHRP 研究期间,改性沥青应用较少,随着性能(PG)规范问世,改性沥青应用逐步增加,美国发现 PG 规范不能正确反映改性沥青性质,于是各州为了保证性能,在过去经验基础上推出了 PG Plus(PG + 或 SHRP +)规范,然而这些指标也不是基本性质的,与性能也不一定相关。因此,随着研究的深入,在 NCHRP 9-10 改性沥青的 Superpave 体系研究基础上,出现了多应力重复蠕变试验,企图替代一些经验的 Plus 指标。

中国目前的改性沥青规范,主要还是借鉴了已经废止的美国 ASTM 体系中的规范,但是根据美国对改性沥青研究的进一步深入,及 MP19-10MSCR 规范的发布和进一步推广,相信以 MSCR 试验为代表的改性沥青规范将是未来的发展方向。

但从科学意义上讲,无论最早的针入度分级体系,还是黏度分级体系、PG 分级体系,都起因于原体系的不足或局限性和分析技术的进步。三种体系都从不同的侧面反映了沥青的使用性能,都能在不同程度上对沥青的使用性能进行约束,从简易程度和技术的先进性比较,各有优缺点。但重要的是,用三种体系评价的沥青是否有质的差别,答案是条件性的。

二、法国高模量沥青胶结料

在欧洲,英国、法国及德国等国家有着多个不同的沥青胶结料评价体系,并体现出非常独特的评价研究思想,一般基于欧盟的针入度分级体系,但也对美国 SHRP 的研究成果的立场与观点保持中立,致力于开发一套符合欧洲实际情况的试验方法和与沥青道路性能密切相关的本国的沥青评定标准。

一般地,法国沥青混合料应用指南中,根据混合料类型建议使用不同针入度等级的沥青胶结料(表4-5),采用评价体系仍为欧盟针入度等级体系(表4-6)。在所使用的石油沥青、低温度敏感性的沥青、硬质沥青、改性沥青、彩色沥青、调制沥青、矿物改性沥青以及外加剂(抗车辙剂、天然沥青等)等胶结料中,硬质沥青是较为有特色的一种胶结料,这与法国的高模量沥青技术的使用有关。

根据混合料类型推荐的沥青针入度等级　　表4-5

混合料类型	加载条件	建议等级
磨耗层混合料 AC-BBSG AC-BBM，BBTM PA-BBDr，AC-BBA	重交通	35/50 50/70(机场道面 NS3) 20/30 用于 AC-BBSG 3 类和 AC-BBME
磨耗层混合料 AC-BBSG， AC-BBM，BBTM 和 AC-BBA	轻交通	50/70 70/100 高纬度和内陆区和机场地区， 较轻荷载(NS1，NS2)
基层、底基层混合料		35/50

沥青针入度等级(BS EN 12591—2009 中表1A)　　表4-6

指标	试验方法	单位	20/30	30/45	35/50	40/60	50/70	70/100	100/150	160/220
25℃针入度	EN 1426	0.1mm	20~30	30~45	35~50	40~60	50~70	70~100	100~150	160~220
软化点	EN 1427	℃	55~63	52~60	50~58	48~56	46~54	43~51	39~47	35~43
老化										
针入度比	EN 12607-1	%	≥55	≥53	≥53	≥50	≥50	≥46	≥43	≥37
软化点差	EN 12607-1	℃	≤8 或 ≤10	≤8 或 ≤11	≤8 或 ≤11	≤9 或 ≤11	≤9 或 ≤11	≤9 或 ≤11	≤10 或 ≤12	≤11 或 ≤12
质量变化		%	≤0.5	≤0.5	≤0.5	≤0.5	≤0.5	≤0.8	≤0.8	≤1.0
闪点	ENI SO 2592	℃	≥240	≥240	≥240	≥230	≥230	≥230	≥230	≥220
溶解度	EN 12592	%	≥99.0	≥99.0	≥99.0	≥99.0	≥99.0	≥99.0	≥99.0	≥99.0

1. 法国硬质沥青的独特性

高模量沥青混凝土(英文简写 HiMA,法语简写 EME 或 BBME)是采用低标号硬质沥青和连续级配的细集料组成的沥青混合料。混合料模量的提高,增强了路面的抗车辙能力和抗疲劳能力,延长了路面的使用寿命。由于混合料的高模量特性,可以减小路面结构层的厚度,降低建设成本。高模量沥青的应用在法国取得重大进展。LCPC(法国路桥试验室)、Total(道达尔)、Elf(埃尔夫)等共同制定了法国高模量沥青混合料规范 NF P 98 140/141;并对美国、英国长久性路面概念产生影响。

法国高模量沥青混凝土设计途径之一,为采用低标号硬质道路沥青;经过四十多年对低标号硬质沥青胶结料生产工艺及流变性能的研究,具有代表性的硬质沥青标号为 5/10、10/20、15/25。其中,5/10 号等级还处于试验阶段,另外两个等级的沥青产品已有多年使用经验,该3个等级的硬质沥青典型流变性质如表4-7所示。

法国典型硬质沥青性质特征(老化前)　　　　　表 4-7

等级	软化点(℃)	PI	170℃动力黏度 (mm^2/s)	不同温度(℃)下的复数模量(7.8Hz)(MPa)			
				0	10	20	60
15/25	66	+0.2	420	425	180	70	0.4
10/20	62~72	+0.5	700	700	300	110	0.7
5/10	87	+1.0	980	980	570	300	7

之所以采用硬质沥青,是因为这种沥青具有较高的模量和抗变形能力。一般情况下,高模量沥青混凝土的级配形式是密实类型,其中沥青用量较高,其 EME1、EME2、BBME1/2/3 的最小沥青用量为 4.2%、5.7%、5.7%,这种高沥青用量和密实级配情况下,从混合料抗剪强度理论(摩尔—库仑理论)上讲只能靠较硬的沥青胶结料提供。图 4-3 为几种针入度等级沥青的复合模量和相位角对比,可明显看出,低标号硬质沥青具有较低的相位角和较高的复合模量,有利于沥青混合料整体强度的提高。

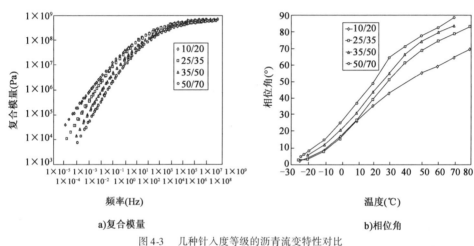

图 4-3　几种针入度等级的沥青流变特性对比

2. 硬质沥青的评价体系

硬质沥青不仅仅限于石油炼制沥青,也包括各种改性沥青。

1)改性沥青

按照法国的相关标准,改性沥青的技术要求按照等级区分,不像中国按照气候分区进行的 1-C、1-D 的沥青分级,评价指标也有所不同。总体上,聚合物改性沥青技术要求分为基本要求和附加要求,前者限制了针入度、软化点、测力延度、摆式冲击、质量变化、残留针入度比、残留软化点增幅和闪点指标;后者则对储存稳定性(软化点差、针入度差)、弗拉斯脆点、老化前后的弹性恢复(25、10℃)进行了规定;整体技术要求没有延度要求,仅仅用弗拉斯脆点和塑性温度范围进行表征,这是与中国沥青路面技术要求最大的不同。在阿尔巴尼亚东西高速公路建设中,所用的低标号沥青即为 SBS 改姓沥青,它采用 35/50 基质沥青,利用 SBS 改性制备成 10/30 等级的硬质改性沥青。

2)低标号硬质沥青

2004 年起,由法国中央路桥试验室 LCPC 组织对高模量沥青混凝土展开系统研究。目前在法国国内采用高模量沥青混凝土主要通过两种途径：一是采用低标号沥青，即30号以下的沥青，主要采用的是20号沥青；另一种是采用高模量添加剂。前者所占的比例为70%左右，后者占30%左右。在深入认识硬质沥青的基础上，法国研究人员认为还要做好合适的混合料设计工作，这不是简单将普通沥青替换成硬质沥青就能解决的问题。法国20多年应用实践表明，硬质沥青可以为法国减轻沥青路面车辙问题、提高沥青中下面层模量提供一个良好的技术方案。

法国（欧洲）有专门的硬质铺路沥青规范，即EN 13924。这一规范定义了用于道路、机场及其他铺路场所建设及养护所使用的硬质沥青的性能和相关试验方法的规范框架。该规范虽然列出了5个等级的硬质铺路沥青，但实际应用的只有针入度10~20(0.1mm)和15~25(0.1mm)两个标号。目前，美国和中国的规范体系中没有硬质铺路沥青规范。

3. 中国硬质沥青评价体系与应用

随着高模量沥青混合料技术理念被引入我国，近几年国内道路工程界进行了一些卓有成效的工程实践，有些地方已经提出了相应的高模量沥青混凝土技术标准，各种高模量外加剂也层出不穷；但在实际应用的便宜和质量控制上，硬质沥青的使用仍是一个重要的材料技术面，一些石化部门纷纷开发出低标号硬质沥青，主要为针入度30(0.1mm)的硬质沥青。长远来看，高模量技术是解决高等级路面车辙和耐久性不足的有效措施，也是推广和应用硬质沥青的良好契机。

但国内对硬质沥青的概念定义有些模糊。有文献限定在25℃针入度小于25(0.1mm)，有的文献则将50号以下的沥青统称为硬质沥青，也有将其定义为针入度20~60(0.1mm)的沥青，因此它并不是一个严格的概念。除外加剂技术外，硬质沥青可存在多种获得工艺，并表现出不同的路用特点，如天然沥青、聚烯烃类改性沥青的氧化工艺、复合改性等技术，法国研究表明氧化工艺生产的硬质沥青路用性能较差。因此，不同获取方法得到的硬质沥青有着不同的路用特点，如高低温性能综合等。

目前，国内以山东省交通科学研究院、中海油、中燃油为代表的科研、生产单位对硬质沥青进行了较早而全面的研究和应用实践。纵观我国硬质沥青的发展，可以将其分为如下三类。

1) 低标号道路石油沥青

受传统应用理念的影响，国内低标号沥青的应用尚不普及，且行业规范中某些技术要求需要商榷。通过比较欧盟沥青标准EN 12591和中国标准JTG F40中的50号和30号沥青的技术指标，两种规范都是按照针入度对沥青进行分级，将软化点和60℃黏度作为高温性能指标；但欧盟有老化样品的软化点指标及变化率要求，JTG F40尚无；同时对低温性能的评价要求不同，欧盟以脆点作为评价指标，中国则以延度作为评价指标。而法国的高模量沥青技术要求引入了流变学评价手段，对沥青的高低温都提出了较高的要求；中国在此方面还未提出相应的标准。

对于市面上存在的30、50号沥青而言，包括建筑沥青、道路石油沥青，其低温延展性能一般是不理想的，很多不能满足JTG F40中的延度要求。图4-4为统计的一些低标号沥青针入度、延度关系曲线，由图可知，延度指标随着针入度的降低基本呈现指数衰减状态，针入度20~40(0.1mm)范围内的硬质沥青15℃延度多在2~20cm范围，与JTG F40中要求的50cm(A/B级)、20cm(C级)最低要求差距甚大；又如中石化以中东原油和塔河稠油为原料，采用蒸馏、氧化、溶剂脱沥青及调和工艺生产的 30 号沥青,也未能解决这个问题,仅强调高温性能,对 15℃延度不做要求。因此,我国行业标准对低标号道路石油沥青需要做出一定的技术范围调整,如适当地改变延度要求。

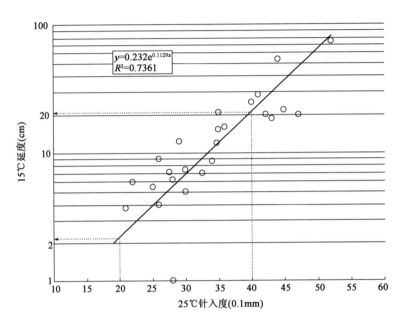

图 4-4　低标号沥青的延度与针入度关系曲线

另外,这种高低温性能的矛盾在沥青性能分级中也有所体现。试验室对某品牌 30、50、70、90 号基质沥青检测表明(表 4-8),四种沥青的性能等级依次分别为 PG76-16、PG70-22、PG70-22、PG64-28;30 号沥青高温性能显著,但其低温性能不理想,耐疲劳性能差。图 4-5 为四个标号沥青的高低温性能对比,它表明:当沥青针入度在 50(0.1mm) 以下时,高温性能(车辙因子)迅速增长,但低温性能(蠕变速率)迅速衰减。因此,从一个理想的沥青胶结料条件来看,低温性能不良是 30 号道路沥青最大的缺点,也是其在过去在普通热拌沥青混合料中应用受限的原因。

某品牌 30、50、70、90 号基质沥青性能分级数据　　　　　表 4-8

沥青针入度等级	30	50	70	90
135℃黏度(Pa·s)	0.9	0.513	0.513	0.375
70℃ $G^*/\sin\delta$ (kPa)	2.433	0.897	0.787	—
70℃ TFO 残留物 $G^*/\sin\delta$ (kPa)	5.137	1.984	1.758	1.096
31℃ PAV 残留物 $G^*\sin\delta$ (kPa)	3503	1861	1325	—
-12℃蠕变劲度(MPa)	303	215	144	102
-12℃蠕变速率	0.278	0.337	0.341	0.382
PG 等级	76-16	70-22	70-22	64-28

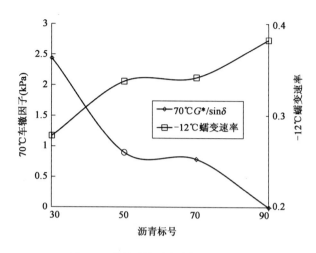

图 4-5 不同标号沥青的高低温性能对比

2) 天然沥青改性沥青

利用天然沥青与基质沥青混合,也可以得到一些低标号的硬质沥青,在使用上多限制针入度在 30(0.1mm)附近。国外研究与工程应用认为高熔点天然沥青作为改性剂,可显著改善沥青混合料的高温稳定性、抗水损坏和抗老化性能,其中以特拉尼达湖沥青(TLA)和北美天然岩沥青应用最为成熟广泛。近年来我国已探明新疆、四川等地存在丰富的天然岩沥青资源,应用研究表明其路用性能与国外天然沥青相当或更好。但是不同天然沥青有着不同的物质组成和物理性质,对石油沥青的改性效果也不尽相同,也带来不同的应用性价比。表 4-9 中的三种天然沥青的沥青质含量差异明显,加之一些有机不溶物的存在和含量不同,对基质沥青的改性效果上将有显著不同。

基质沥青与天然沥青的四组分、软化点对比 表 4-9

材料	四组分(%)				软化点(℃)
	饱和分	芳香分	胶质	沥青质	
某 70 号沥青	16.52	32.38	45.06	6.04	47
青川岩沥青	0.96	4.49	11.56	82.99	220
阿尔及利亚岩沥青	—	—	—	42	120
布敦岩沥青	13.02	33.1	34.2	19.68	98

试验室对几种天然沥青产品进行了试验室掺配试制,获取了其针入度、软化点、延度指标(表 4-10)。

表 4-10 表明:不同天然沥青对基质沥青改性的凝胶化程度(针入度指数 PI)是不同的,从而造成不同的改性特征,主要体现在稠度、延展性等方面。在掺加同一比例的条件下,青川岩沥青改性沥青要比其他两种天然沥青改性沥青具有更高的软化点和黏度、较低的针入度等指标,其 5%～10%掺量可以使改性沥青处于 30 号沥青范围;而阿尔及利亚和布敦岩沥青达到相应针入度等级时分别需要 15%、25%以上的掺量(布敦岩沥青在掺量 25%时还没有使针入度降低在 50dmm 以下)。这就说明不同组成、性质的天然沥青,在同样的工艺条件下,在同一

基质沥青中的溶解性能、相容性能等方面具有差别,并体现出不同的沥青改性效果;对于一些质软的天然沥青,利用提高掺量的方法进行硬质沥青的加工,可能带来性价比的降低。

天然沥青改性沥青常规指标 表4-10

天然沥青类型	掺量（%）	25℃针入度（0.1mm）	PI	软化点（℃）	15℃延度（cm）	PG等级
阿尔及利亚	0	64	-1.45	46	>100	64-22
	5	52	0.76	48	76	64-22
	10	43	0.55	49.5	19	70-22
	15	36	1.40	53	16	70-16
青川	0	64	-1.45	46	>100	64-22
	5	35	-0.74	52	21	76-16
	7.5	29	-0.33	55.7	12.5	76-10
	10	22	0.25	59.6	6	82-10
布敦	0	64	-1.45	46	>100	64-22
	15	56	-1.10	46.8	15	—
	20	54	-0.58	48	12	64-22
	30	55	-0.98	48.5	11	—

尽管天然沥青都会带来针入度的降低、软化点的升高,但其共同的特点还有延度指标迅速衰减现象,这也是被很多文献证实的。如表4-10中阿尔及利亚和青川岩沥青在针入度30(0.1mm)附近时,延度都不会达到JTG F40中要求的C级20cm的低限要求。从这个意义上讲,天然沥青改性制备的低标号沥青与低标号道路石油沥青有共同的缺点,即并不能保证一个优良的低温性能,同时在合适的性价比掺量范围不易获取较高的软化点(如大于75℃)。

3) 复合改性硬质沥青

如何使得硬质沥青高温性能得到保证,又不降低沥青低温性能或至少不产生消极影响,是很多科研机构重视的优化内容。近两年,复合改性沥青的概念被广泛关注,它一般是指利用两种以上的改性剂对基质沥青进行改性以获取良好的高低温综合性能,一般情况常常选择SBS与天然沥青对道路石油沥青进行改性。

山东省交通科学研究院对三种岩沥青和SBS改性剂(燕山石化SBS 4303)对70号基质沥青进行改性,通过合理的掺量配比,得到表4-11中三个系列的8个样品的检测数据。表4-11表明,合理的SBS、岩沥青复配比例,可以使改性沥青达到30号沥青针入度等级,软化点多高达70以上(这是普通30号沥青、天然沥青改性沥青所不能达到的软化点高度);而且,这种复合改性沥青具有较好的低温延度,所有样品的10℃延度均能满足JTG F40中30号沥青的技术要求,即使在短期老化后,仍然保持一定的5℃延度和良好的10℃延度,这是30号沥青和天然沥青改性沥青所不能达到的延度效果。相应地,这种复合改性沥青的PG性能等级也得到综合改善,高温等级均可达到82℃以上,低温等级在-16℃以下,相对普通30号沥青和天然沥青改性沥青有着更好的综合高、低温性能。

硬质复合改性沥青指标　　　　　　　　　　表4-11

试验项目	SBS-岩沥青①		SBS-岩沥青②			SBS-岩沥青③		
	样品1	样品2	样品1	样品2	样品3	样品1	样品2	样品3
25℃针入度(0.1mm)	34	23	32	21	18	30	26	16
软化点(R&B)(℃)	82.5	83	91	94	92	88	72	74
10℃延度(cm)	33	12	45	27	9	32	15	8
5℃延度(cm)	8	1	19	10	2	8	4	1
135℃运动黏度(Pa·s)	3.39	4.52	3.35	4.913	8.275	2.285	3.25	3.975
质量变化(%)	-0.23	-0.28	-0.058	-0.062	-0.037	-0.076	-0.089	-0.114
残留针入度比(%)	76	78	91	90	88.9	90	85	94
5℃残留延度(cm)		1	10	7	1	6	1	0.5
10℃残留延度(cm)			26	15	7	22	11	5
PG等级	82-22	88-16	82-22	88-16	94-16	82-22	88-16	88-16

通过分析不同硬质沥青的试验数据,可以认为低标号道路石油沥青、天然沥青改性沥青的高、低温综合性能较差,延度不良,PG性能分级中高温等级多在82℃以下,低温等级多为-10℃、-16℃。而复合改性硬质沥青的综合性能良好,具有较好的10℃延度,而且高温等级多在82℃以上,低温等级为-16℃、-22℃。综合来看,利用SBS和岩沥青复合改性得到的硬质沥青可以作为一种有效的低标号硬质沥青的实现方案;同时,结合法国沥青技术要求,这种复合沥青的软化点很容易达到75℃或80℃以上,且具有较好的低温延展性,可以应用到高模量沥青混合料之中。

第三节　沥青胶结料评价与硬质沥青的研制

本节对普通AC类和法国高模量沥青混合料中使用的几种常规沥青、低标号沥青和天然沥青复合改性沥青进行了性能评价,并结合EME的硬质沥青的技术要求,对相关硬质沥青的研制工作进行相应的阐述。

一、几种沥青胶结料的性能评价

沥青的试验包括泰州中海50号道路石油沥青、江阴宝利SBS改性沥青、宁波镇海15号道路石油沥青、泰州中海30号道路石油沥青,阿尔巴尼亚、意大利和西班牙石油沥青的全套指标检验以及性能分级检测。几种低标号沥青(30号、50号)的常规指标如表4-12所示;SBS改性沥青的检测指标如表4-13所示。

几种试验用的低标号改性沥青指标　　　　　　　　表4-12

检测项目	单位	阿尔巴尼亚50号	西班牙50号	意大利50号	泰州50号	泰州30号	泰州15号
25℃针入度	0.1mm	67.2	47.0	67.6	50	32	17
针入度指数PI	—	0.8	-1.0	0.1	-1.8	-0.17	-0.55

续上表

检测项目	单位	阿尔巴尼亚50号	西班牙50号	意大利50号	泰州50号	泰州30号	泰州15号
软化点(R&B)	℃	48.5	50.6	47.9	48.3	53	62.5
60℃动力黏度	Pa·s	183.0	390.5	190.0	315	972	2480
135℃旋转黏度	Pa·s	0.20	0.56	0.19	0.50	0.825	1.31
10℃延度	cm	7.2	10.2	8.0	17	脆断	脆断
15℃延度	cm	13.0	57.0	13.7	>100	11	脆断
蜡含量(蒸馏法)	%	3.0	1.8	2.8	2.4	2.4	2.4
闪点	℃	300.0	310.0	284.0	308	330	337
溶解度	%	100.0	99.9	99.9	99.72	99.75	99.85
15℃密度	g/cm³	1.051	1.039	1.073	1.007	1.019	1.039
质量变化	%	-0.2	-0.1	-0.1	-0.1	-0.1	-0.02
残留针入度比	%	59.6	72.7	62.5	62	63	75.6
10℃残留延度	cm	4.1	4.8	4.8	3	脆断	脆断

SBS改性沥青指标　　　　　　　　　　　　　　　　　　　表4-13

试验项目		山东	江苏	平均值
针入度(25℃,100g,5s)(0.1mm)		69.8	70.3	70.05
针入度指数PI		-0.4	-0.31	-0.355
延度(5cm/min,5℃)(cm)		39.1	35	37.05
软化点(环球法)(℃)		48.3	82.5	65.4
闪点(℃)		338	340	339
溶解度(%)		99.8	99.75	99.775
15℃密度		1.033	—	1.033
135℃动力黏度(Pa·s)		1.7	2	1.85
离析(48h软化点差)(℃)		1.3	1.2	1.25
RTFOT后残留物	质量损失(%)	0	-0.09	-0.045
	残留针入度比(%)	80	74.3	77.15
	5℃残留延度(cm)	3	20	11.5

1. 常规指标对比

由于硬质沥青尚无明确的规范概念,现在对其常引用的标准有欧盟沥青标准EN 12591、JTG F40中的50号、30号标准。通过对比欧洲与中国沥青产品标准可以看出:

(1) 由于欧盟标准针入度分类范围窄,表4-12中泰州50号和西班牙50号沥青属于50/70等级,而阿尔巴尼亚50号和意大利50号沥青则属于40/60等级,针入度较前两者较小;泰州30号沥青属于30/45等级沥青,尽管其针入度也符合20/30等级,但其软化点不符合要求。另外,泰州15号沥青在欧标中处于20/30等级以下(表4-14)。

几种沥青的等级划分　　　　　　　表4-14

标准与等级	阿尔巴尼亚 50号*	西班牙 50号*	意大利 50号*	泰州 50号	泰州 30号	泰州 15号
EN 12591	40/60	50/70	40/60	50/70	30/45	20/30
JTG F40	50号	70号	50号	70号	30号	—

注：*对应的沥青的延度均不满足JTG F40中对应沥青等级的延度要求。

(2) 各国对低温性能的评价指标的要求不一样，欧洲以脆点作为评价指标，中国则以延度作为评价指标。相比之下，中国交通部JTG F40的低温性能要求更为严格甚至苛刻，甚至增加了老化后的低温延度，要求苛刻。从这些指标（表4-12、表4-14）上来看，三种国外沥青产品的延度均达不到中国的技术要求。几种基质沥青的常规指标对比如图4-6所示。

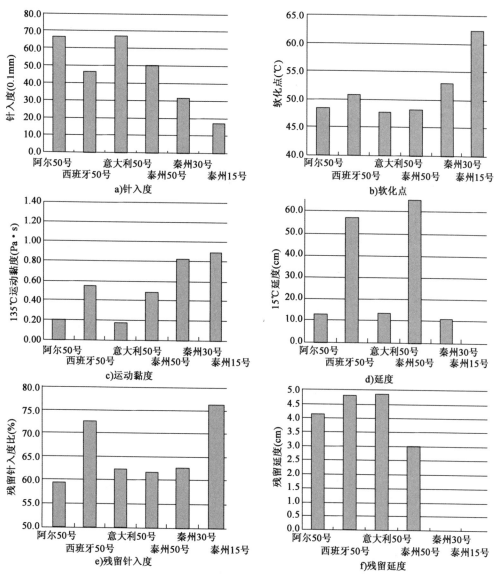

图4-6　几种基质沥青的常规指标对比
注：此图中阿尔50号为阿尔巴尼亚50号。

2. PG 性能分级对比

按照 AASHTO M320 对上述几种沥青进行了性能分级,性能数据见表 4-15。表 4-15 为几种沥青的性能等级数据,图 4-7、图 4-8 为高低温条件下的黏弹性参数对比。

几种沥青的性能分级数据　　　　　　　表 4-15

样品	DSR-临界温度(℃)			BBR				PG 等级
	Fresh	RTFO	PAV	-12℃下的 S(MPa)	-18℃下的 S(MPa)	-12℃下的 m	-18℃下的 m	
阿尔巴尼亚50号	63.76	72.32	19.33	161	313	0.237	0.219	64-16
西班牙50号	72.67	71.17	28.3	282	547	0.286	0.207	70-16
意大利50号	65.83	74.89	19.68	151	234	0.255	0.215	64-16
泰州50号	68.24	68.2	15.82	211.5	428.5	0.31	0.242	64-22
泰州30号	78.9	79.4	25*	407	—	0.295	—	76-16
泰州15号	82.2	85.1	31*	135	350	0.3	0.238	82-22
SBS 改性沥青	83.84	74.11	18.38	139	324	0.352	0.27	70-22

注:*性能分级数据由江苏交通科学研究院有限公司试验、提供,对 PAV 残留物仅作单一温度流变测试。

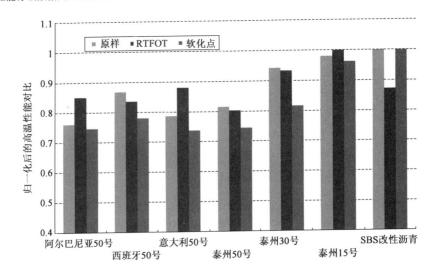

图 4-7 归一化后的沥青高温性能比较

(1)结合表 4-14 和表 4-15 分析认为,相同针入度等级下的沥青存在较大的黏弹性和 PG 等级差别,西班牙 50 号沥青的高温等级最高,为 70-16,意大利和阿尔巴尼亚 50 号沥青为 64-16,中海泰州 50 号的低温等级最好,PG 等级为 64-22。结合文献可以认为,不同炼制工艺得到的同等级沥青的性质有明显的差异。

(2)在进行硬质沥青试验时,炼制的低标号沥青的低温性能有所欠缺,PG 低温等级多为 -16℃之上,低温条件下具有较大的蠕变劲度模量和较低的蠕变速率。表 4-15 中 30 号沥青能有 82-22 的性能等级,其低温等级可能由试验误差造成。

(3)SBS 改性沥青能够具有优良的低温性能,比同为 PG64-22 的泰州 50 号沥青具有更低的蠕变劲度和更高的蠕变速率。这与 SBS 改性剂的低温柔性性能有直接关系。但是试验用

SBS 沥青有一定的特殊之处，其原样的高温性能很高，PG 高温等级达 82℃（临界等级 83.84℃），但经过 RTFO 试验后，高温等级降到 70℃（临界等级 74.11℃），致使其性能分级只能是 PG70-22。这种现象在很多试验和研究中得到了体现，究其原因是与改性沥青的加工工艺、掺量和 SBS 的热解稳定性有关。因此这也是欧洲改性沥青中提出软化点老化前后变化幅度的原因，这在我国沥青技术体系中没有体现。

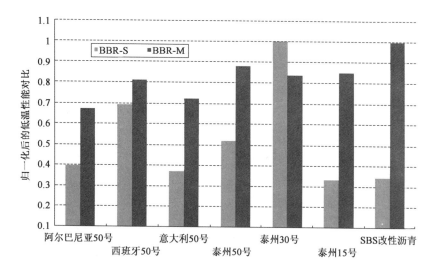

图 4-8　归一化后的沥青低温性能比较

总之，结合常规指标和性能分级，可以认为：

一方面，不同基质沥青的炼化工艺对沥青的凝胶化有所不同，造成了高低温、延展性方面的性质差异；而且各国评价标准的不同也带来不同的技术适用性。这就要求我们在引入欧美沥青路面技术时，需要结合我国沥青技术要求进行胶结料的综合评价，以及在混合料方面做好设计优化，更好地体现新型沥青路面技术的优势。若单独使用低标号沥青，将存在低温性能不良的可能性。

另一方面，高聚物改性沥青确实比普通炼制沥青具有更好的综合高低温性能。如何克服一些改性剂的耐热降解性能在开发新型沥青胶结料时是值得注意的技术环节。通过以上硬质复合沥青的阐述，可以发现高聚物复合体系可以规避这种性质劣化，并达到更好地综合高低温性能。

二、硬质复合改性沥青的研制与评价

正如前文所述，中国与欧美国家沥青技术体系不同，而且欧美沥青路面技术中目前最引人瞩目的是高模量沥青混合料技术，其中的硬质低标号沥青的使用已在国内方兴未艾。如何保证一个合适的低标号沥青的应用效果是广大科研工作者积极研究的领域。

根据前面的论述，山东省交通科学研究院已然长期进行硬质复合沥青的研究，并获得了综合高温、低温耐疲劳性能的低标号沥青。其主要原料为基质沥青、天然沥青和 SBS 改性剂，并辅以一定的外加剂制备而成。一系列硬质复合改性沥青的指标如表 4-16 ~ 表 4-18 所示。

硬质复合改性沥青系列一：SLN120 表 4-16

试验项目	11%岩+SBS	18%岩+SBS	25%岩+SBS	JTG F40 SBS(I-D)	EN 13924 15/25	EN 13924 10/20	EN 14023 2	EN 14023 3
25℃针入度(0.1mm)	34	23	19	40~60	15~25	10~20	10~40	25~55
针入度指数 PI	0.91	0.81	1.17	≥0	—	—	—	—
当量脆点 $T_{1,2}$	-16.4	-11	-10.9	—	≤0	≤3	—	—
软化点(℃)	82.5	83	83.5	≥60	55~71	58~78	≥80	≥75
5℃延度(cm)	—	1.1	刮样脆断	≥20	—	—	—	—
135℃运动黏度(Pa·s)	3.39	4.52	6.07	≤3	—	—	—	—
175℃运动黏度(Pa·s)	0.525	0.625	0.785	—	—	—	—	—
离析(℃)	0.45	—	0.6	≤2.5	—	—	≤5	—
质量变化(%)	-0.23	-0.28	-0.17	≤±1.0	≤0.5	—	≤0.3	≤0.5
残留针入度比(%)	76	78	—	≥65	≥55	—	≥35	≥40
5℃残留延度(cm)	—	0.7	—	≥15	—	—	—	—
SHRP 性能分级	82-22	88-16	88-16	符合				

硬质复合改性沥青系列二：QC 表 4-17

试验项目	2.5%岩+SBS	5%岩+SBS	7.5%岩+SBS	JTG F40 SBS(I-D)	EN 13924 15/25	EN 13924 10/20	EN 14023 2	EN 14023 3
25℃针入度(0.1mm)	32	21	18	40~60	15~25	10~20	10~40	25~55
针入度指数 PI	0.49	1.21	1.56	≥0	—	—	—	—
当量脆点 $T_{1,2}$	-13.59	-12.47	-12.41	—	≤0	≤3	—	—
软化点(℃)	91	94	92	≥60	55~71	58~78	≥80	≥75
10℃延度(cm)	44.6	27.2	9.1	—	—	—	—	—
5℃延度(cm)	19.2	10	1.8	≥20	—	—	—	—
135℃运动黏度(Pa·s)	3.35	4.913	8.275	≤3	—	—	—	—
175℃运动黏度(Pa·s)	0.675	1.325	0.9	—	—	—	—	—
离析(℃)	0.6	0.8	1.2	≤2.5	—	—	≤5	—
质量变化(%)	-0.058	-0.062	-0.037	≤±1.0	≤0.5	—	≤0.3	≤0.5
残留针入度比(%)	91	90	88.9	≥65	≥55	—	≥35	≥40
5℃残留延度(cm)	10	7	1.1	≥15	—	—	—	—
SHRP 性能分级	82-22	88-16	94-16	符合				

硬质复合改性沥青系列三：XJ　　　　　　　　　　　　　　表 4-18

试验项目	8%岩+SBS	13%岩+SBS	18%岩+SBS	JTG F40 SBS(I-D)	EN 13924 15/25	EN 13924 10/20	EN 14023 2	EN 14023 3
25℃针入度(0.1mm)	30	26	16	40~60	15~25	10~20	10~40	25~55
针入度指数 PI	0.62	1.39	0.58	≥0				
当量脆点 $T_{1,2}$	-13.31	-15.63	-5.81	—	≤0	≤3		
软化点(℃)	88	72	74	≥60	55~71	58~78	≥80	≥75
10℃延度(cm)	32.4	15.3	7.6					
5℃延度(cm)	7.5	3.5	0.7	≥20	—	—	—	—
135℃运动黏度(Pa·s)	2.285	3.25	3.975	≤3				
175℃运动黏度(Pa·s)	0.6	0.675	0.75	—				
离析(℃)	0.7	1	1.5	≤2.5			≤5	
质量变化(%)	-0.076	-0.089	-0.114	≤±1.0	≤0.5	—	≤0.3	≤0.5
残留针入度比(%)	90	85	94	≥65	≥55		≥35	≥40
5℃残留延度(cm)	6.1	1	0.5	≥15				
SHRP 性能分级	82-22	88-16	88-16	符合				

1. 样品研制与检测

SBS 改性沥青，由于能够较为全面地提高沥青混凝土的性能，是目前国内外使用聚合物改性沥青最多的一种，不过相比天然岩沥青资源，SBS 改性剂价格高，单从经济效益来讲，进行天然岩沥青与 SBS 改性沥青的复合改性试验研究应有显著的应用价值和实际意义。

该阶段工作中，采用成品 SBS(ID)改性沥青分别与四川、法阿尔巴尼亚、新疆天然硬质沥青进行复合改性试验，外掺比例依次为：SLN120——11%、18%、25%；XJ 岩沥青——8%、13%、18%；QC 岩沥青——2.5%、5%、7.5%。复合改性沥青的制备过程：SBS 改性沥青加热至流动状态时，加入岩沥青混合搅拌 30min 后，于 175℃保温令其溶胀发育 1h，随后采用高速剪切乳化机在 180℃±5℃温度下剪切 20min，继续搅拌至除去气泡，后经 0.075mm 筛孔过滤后即可，试验流程如图 4-9 所示；每种试样相对应试验结果见表 4-16~表 4-18。

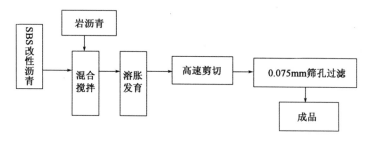

图 4-9　复合改性试验流程图

通过表 4-16~表 4-18 中数据，可以看到：

（1）利用几种天然沥青和 SBS 沥青复配形成的低标号硬质沥青，其针入度在 15~35 (0.1mm)范围内，已经不符合我国 1-D 型 SBS 沥青的技术要求，其软化点远高于技术要求，

5℃延度有所丧失。但这种低标号沥青也不符合法国硬质沥青 EN 13924 中的 15~25、10~20 等级,因为其软化点超过两个等级沥青的要求范围。总体上,这种硬质复合沥青更符合 EN 14023 中聚合物改性沥青的 2 类,其针入度、软化点、储存稳定性均能满足其要求。

(2)尽管这种复合硬质沥青相对于 SBS 沥青的延度有所丧失,但与石油炼制的低标号沥青相比,其高温等级高、软化点高,且仍保持着充分的 10℃ 延度。图 4-10 为两类天然沥青——SBS 复合改性沥青与炼化沥青的 10℃ 延度对比,从中可以看出这种复合硬质沥青的低温延展性较好。图 4-11 为两种沥青的 PG 等级对比。同时,由图 4-11 可知,其低温性能等级仍能保持在 -16℃、-22℃,充分证明了这种复合硬质沥青的综合优势。

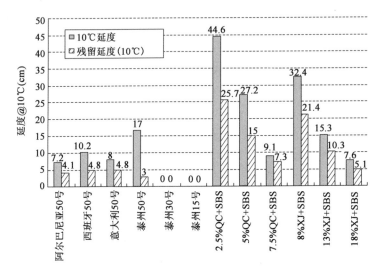

图 4-10 硬质复合沥青与低标号沥青的延度对比

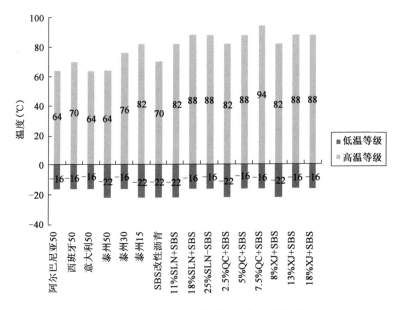

图 4-11 硬质复合沥青与低标号沥青的 PG 等级对比

在2014年,滨州京沪高速公路维修工程采用了山东省交通科学研究院研发的硬质复合改性沥青,两种产品的PG性能分级均能达到82-22,软化点大于75℃,且保持了充分的10℃延度(表4-19)。

具体工程中使用的两类硬质复合沥青PG等级数据   表4-19

物理特性		要　　求	ACMA-1	ACMA-2
闪点(℃)		≥230	314	322
黏度(Pa·s)	135℃	≤	2.587	4.387
原样 $G^*\sin\delta$(kPa)	56℃	≥1.000	—	—
	64℃		10.20	12.60
	70℃		5.248	6.940
	76℃		2.851	3.947
	82℃		1.641	2.318
RTFOT $G^*\sin\delta$(kPa)	64℃	≥2.200	15.21	20.75
	70℃		7.918	11.04
	76℃		4.179	6.003
	82℃		2.262	3.398
PAV $G^*\sin\delta$(kPa)	31℃	≤5000	1730	2172
	28℃		2555	3136
	25℃		3717	4529
S(MPa)	-6℃	≤300	98.1	110
S(MPa)	-12℃		210	279
m值	-6℃	≥0.300	0.368	0.366
m值	-12℃		0.310	0.301
PG等级			82-22	82-22

2. 硬质复合改性沥青的评价指标

目前,国内外关于硬质铺路沥青的研究和应用逐渐增多。国外的应用经验也表明,硬质铺路沥青具有良好的高温抗变形能力,适用于一些对沥青混合料高温性能要求较高的地方,如交叉口、长大纵坡、重交通路段等,因此,中国有必要在借鉴法国(欧洲)硬质铺路沥青规范的基础上,开展本国硬质铺路沥青规范的编制工作,这对于新型沥青材料的应用及提高中国公路沥青路面建设质量将具有重大的意义。

通过对国内、外胶结料研究现状的调查,结合具体工程经验,对本节三种天然沥青与SBS改性沥青的复合改性沥青胶结料进行针入度分级体系、SHRP性能分级评价体系的系统试验研究后,针对性提出高模量沥青混凝土用硬质沥青胶结料的主要技术指标要求(表4-20)。

硬质沥青宜采用天然硬质沥青与SBS改性沥青复合改性的方式获得,生产过程需增加剪切加工工艺。由于不同地区不同矿脉产天然硬质沥青的物理组分比例、分子结构及不溶物、灰分含量等不同,造成天然沥青自身性能差异很大;同时由于本试验采用成品SBS改性沥青进行复合改性试验,改性效果也要受到SBS改性剂掺量的影响;因此,实体工程中应根据交通及气候条件来针对性确定天然沥青掺量。

复合改性硬质沥青推荐技术指标　　　　　　　表 4-20

试验项目	单 位	要求值	试验方法
针入度(25℃)	0.1mm	25～35	T 0604—2000
软化点	℃	≥70	T 0606—2000
延度(10℃,5cm/min),不小于	cm	20	T 0605—1993
175℃黏度	Pa·s	≤1.0	T 0625—2000
闪点(℃)	℃	≥230	T 0611—1993
薄膜烘箱老化后			
质量变化,不大于	%	实测	T 0609/0610—1993
25℃针入度比	%	≥70	T 0604—2000
10℃延度	cm	≥10	T 0605—1993
PG 分级		82-22	

第四节　复合硬质沥青的优越性

一、沥青混合料组成结构的现代理论

关于沥青混合料组成结构,主要存在两种理论形式:一是表面理论,它认为混合料是由粗细集料和填料形成的骨架和沥青组成,沥青分布在矿质骨料表面,将骨料胶结成具有强度的整体;它更多地强调沥青的裹覆作用,包括沥青在集料表面的物理吸附、化学吸附、选择性吸附等。近几年又出现了胶浆理论,它认为混合料是一种多级空间网络结构的分散系,这种多级分散体系以沥青胶浆为基础,因此沥青胶浆的组成结构是影响沥青混合料高低温性能的主要因素。沥青混合料组成结构的两种理论特点如图 4-12 所示。

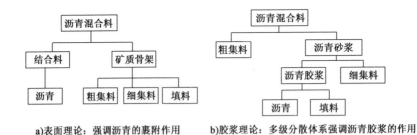

图 4-12　沥青混合料组成结构的两种理论特点

沥青混合料的强度理论基础为摩尔—库仑强度理论,里面包含着胶结料的黏结力 c 和混合料的内摩擦角 φ。因此,传统的表面理论更多地强调沥青胶结料的黏结力、混合料级配形成内摩擦角。一般解释为:沥青结合料对沥青混合料强度的影响主要表现在沥青用量和黏度两方面。沥青混合料强度与沥青用量有很大关系,在材料性能相同的情况下,沥青用量过高或过低都会降低混合料的强度。沥青用量过高时,自由沥青过多,沥青膜厚,混合料中空隙率太低

此时矿料颗粒被互相分离,黏结力主要由自由沥青产生,这会使混合料强度降低;反之,则不足以形成理想的沥青裹覆矿料,混合料强度较低,同时还缺乏足够的耐久性。所以在设计混合料时,沥青用量要适度,由此而产生了最佳沥青用量。

但是从胶浆理论上看,沥青的功能有所弱化,因为它认为混合料的强度来源于沥青与填料形成的胶浆黏结力和混合料内摩擦角。这虽然只是解释问题的角度不同,但在一些混合料强度机制上,胶浆沥青却有着特别的优势。在沥青混合料中,矿粉用量约为7%,其表面积却占整体矿料表面积的80%,因此,当沥青与矿粉填料相互作用后,沥青会在填料表面形成一层扩散结构膜,膜内的沥青为结构沥青,由于结构沥青黏聚力大,因此该沥青比例越多,沥青的黏附性能就越好。而这种结构沥青更多由沥青胶泥(胶浆)提供,因此可以认为沥青胶泥系统在沥青混合料整个分散体系中是最为关键的黏结体系。

但迄今为止,人们更多讨论沥青胶结料的影响,对沥青胶泥系统尚没有充分重视,更遑论探讨其在沥青混合料中的贡献。特别是随着法国高模量沥青混合料技术的发展,由于其高沥青含量、无明显的级配设计形式,混合料的整体内摩擦角会变小,此时研究沥青胶浆性能及其和沥青的差异,更能充分认识沥青混凝土强度形成机理,为更好地进行混合料性能设计提供一条思路。

二、沥青胶泥系统及其对沥青混合料的影响

1. 软硬沥青胶泥的性质差别

沥青胶泥在沥青混合料中扮演着重要的角色,排除混合料级配的因素,沥青胶结料及沥青胶泥的行为很大程度上决定着沥青混合料的路用性能,如其高温性能的优劣可以决定沥青混合料的剪切行为,继而影响到路用性能,如车辙的发生;在低温性能方面,沥青胶泥的玻璃态转变温度提高,在具体路面上,将发生脆性断裂行为,可表现出沥青混合料的低温裂缝或疲劳裂缝。目前的研究中,很多研究者将胶泥作为一种无机/有机复合材料体系看待,其中,矿粉为填充剂,具有较大硬度和弹性模量;沥青作为基材,具有较低的强度和弹性模量。由于两者性质不同,复合形成一种不相容体系,其性能状态就成为材料使用过程中的关键因素。

1) 高温、低温性能

在高温性能方面,沥青胶泥要比基础沥青有着更高的模量,与模量相关的各项指标都呈改善趋势,而低温延展性则受到严重的影响,即使 SBS 改性沥青也同样存在这种现象,但石油炼制沥青与 SBS 改性沥青在高温流变行为上存在一定的差异。综合高低温性能的变化趋势,在混合料设计中理论上存在一个最大的粉胶比范围。

图 4-13 为常规沥青和改性沥青的 60℃流变性质,明显看出:尽管所有沥青胶泥的复合模量均随着粉胶比的增大而呈指数增长方式;但在黏弹性组成上存在不同的内耗状态,无机矿粉基本不改变 70 号沥青黏性、弹性组成比例,仅提高模量值;而对改性沥青则改变黏、弹性比例,提高模量值,改变了胶泥体系的内耗状态。从合理的黏弹组成角度来讲,SBS 沥青胶浆粉胶比也不宜过大,否则胶浆的相位角越来越小,容易造成黏性分量少,可能导致沥青流动性和黏附性不足。

在低温性能方面,山东省交通科学研究院对两种 30 号沥青及 50、70、90 号及不同矿粉形成沥青胶泥进行了低温玻璃化转变研究。试验证明:当胶泥的复合模量接近 29MPa 时

(表4-21),胶泥体系容易发生界面破裂行为及损耗角正切出现峰值,此时相位角均值为85.74°(样品表现为破裂,相位角接近90°,但不表明此时沥青胶泥的柔性很足);此时胶泥体系的损耗模量和复数黏度相对稳定,G''(损耗模量)相对于储能模量G'大出一个数量级,复数黏度$|n^*|$中的动态剪切黏度n'相对稳定,异相成分黏度n''有较大差别。

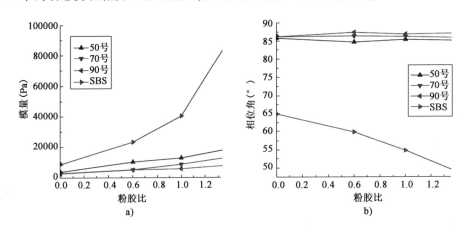

图4-13 60℃不同粉胶比沥青胶泥流变性质变化

胶泥在玻璃化脆裂时胶泥、沥青的模量 表4-21

样品	胶泥类型	G^*(MPa)	
		胶泥	沥青
1	ZH50-CQ	26.8	8.67
2	ZH50-YT	28	7.05
3	ZH70-CQ	27.1	9.73
4	ZH70-YT	23.5	6.23
5	ZH90-CQ	26.6	6.11
6	ZH90-YT	30	6.11
7	30-Ⅰ-CQ	38	10
8	30-Ⅰ-YT	32.8	7.97
9	30-Ⅲ-CQ	30.4	7.43
10	30-Ⅲ-YT	27.3	5.94
统计数据	平均值	29.05	7.52
	标准差	4.04	1.52

而此温度下的沥青仍然保持各自不同的性质,其各个黏弹参数的变异系数均比胶泥大,说明胶泥的界面黏结力和整体固结性与外加矿粉有着密切的关系;但沥青此时相位角相对于其他黏弹参数,也保持在一个相对稳定的度数-65°(图4-14)。

总结认为:这种现象特点符合沥青胶浆理论,沥青对沥青胶泥产生明显的影响,继而沥青胶泥作为胶结料在混合料体系中产生更大程度上的影响行为。

2)软硬沥青对沥青胶泥中的界面黏附影响

沥青胶泥在不同粉胶比条件下,在某个温度点上会产生玻璃化,且其玻璃化温度随着粉胶比的提高向高温位置移动,说明胶泥体系中确实有界面行为的存在。研究表明,这种界面行为与沥青的软硬程度有着直接关系。

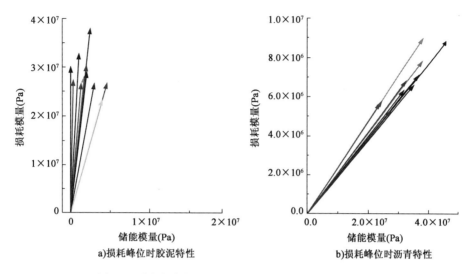

a) 损耗峰位时胶泥特性　　　　b) 损耗峰位时沥青特性

图 4-14　在损耗峰位时的沥青及沥青胶泥黏弹参数极坐标图

按照高分聚合物复合材料的有关理论,这种界面行为的表征参数(黏附系数)可以由不同温度下的损耗因子($\tan\delta$)计算得到。图 4-15 为 5 种软硬程度下的沥青胶泥界面黏附系数(K. Ziegel-B)随温度的变化趋势。可以看到,各种沥青胶泥的界面能力均随着温度的升高而提高,但在不同温度范围内存在一定的差别。在中温(30℃)条件以下,不同标号的沥青与矿粉界面黏结力有着明显的差别,高标号沥青具有更为优良的低温黏结性能,而低标号沥青(两种 30 号沥青胶泥)明显小于常用的 50、70、90 号沥青形成的胶泥;在 30℃ 以上,各种沥青胶泥的界面黏附力系数彼此接近,有着大致相同的黏结效果。

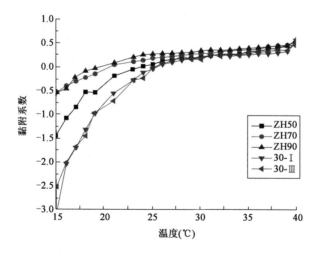

图 4-15　不同软硬程度的沥青在沥青胶泥中界面黏结力对比

这种现象与强度理论(摩尔-库仑)有着明显的解释意义。在混合体系(胶泥、混合料)固定时,较软的沥青有着更好的中、低温黏附能力,与颗粒形成胶泥系统,能够在更低的温度形成玻璃化,有助于提升上级分散体系的整体固结性。但是硬质沥青由于黏度高,仅仅在高温条件下有助于提升胶泥体系的模量,中温以下条件时,黏度高会造成较弱的界面黏结力,将提高体系的玻璃化温度,影响上级分散体系和沥青混合料的低温性能。

因此,使用不同沥青时,添加矿粉均有个上限,如欧美的软化点增幅,还有本次研究中得到的 29MPa 的模量上限。为避免这种现象,常见的规避手段是:当级配类型固定时,采用低标号沥青的用量要比高标号沥青的增大,这样可以避免沥青胶泥的界面黏结力下降和模量增幅过大,继而影响到沥青混合料的低温性能和耐疲劳性能。

2. 沥青胶泥系统对混合料性能的影响程度

为评价沥青胶泥在沥青混合料中的重要作用,同时突出相对沥青层面的重要程度。本节对粉胶比为 1.1 的长青矿粉胶泥进行性质检测,并结合分析了沥青和一系列混合料数据,包括了沥青、粉胶比 1.1 时的沥青胶泥针入度、软化点数据、不同老化残留物的针入度和软化点数据,以及沥青混合料的汉堡轮辙试验和冻融劈裂试验数据等。

首先利用 Excel 中的 RSQ 计算方法计算了沥青、胶泥指标和混合料性能的相关系数;然后对常规指标、流变指标、MSCR 试验指标进行相关系数的平均,根据表 4-22 中的平均相关系数绘制沥青与胶泥对混合料性能指标的对比图(图 4-16 ~ 图 4-18)。

沥青、胶泥参数对混合料性能参数的相关系数　　表 4-22

关联项	混合料类型	车辙深度		TSR(%)		劈裂强度	
		沥青	胶泥	沥青	胶泥	沥青	胶泥
常规指标平均 R2	AC20	0.861	0.931	0.975	0.884	0.973	0.854
	AC25	0.975	0.882	0.907	0.710	0.959	0.922
流变指标平均 R2	AC20	0.570	0.827	0.861	0.990	0.901	0.997
	AC25	0.864	0.991	0.984	0.958	0.776	0.958
MSCR 平均 R2	AC20	0.885	0.943	0.768	0.902	0.730	0.872
	AC25	0.765	0.900	0.574	0.726	0.825	0.939

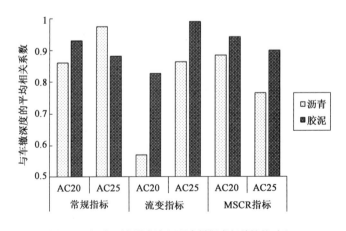

图 4-16　沥青、胶泥指标与汉堡车辙深度相关性的对比

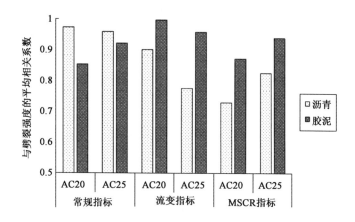

图 4-17 沥青及胶泥指标与劈裂强度相关性的对比

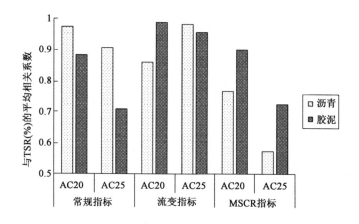

图 4-18 沥青及胶泥指标与混合料 TSR(%)相关性的对比

图 4-16 是沥青、胶泥对混合料车辙深度的相关性对比。除了常规指标项和 AC25 混合料关联项外,其他关联项无论常规指标、流变指标和混合料类型,沥青胶泥的相关系数显著都比沥青的相关系数大。这一点印合矿粉的模量增效效果,即沥青胶泥在混合料的抗变形能力方面具有显著的独立优势。这个现象特点在图 4-17 中也有同样体现,说明沥青胶泥在混合料强度方面的贡献要大于沥青层次的影响。

图 4-18 是与冻融劈裂强度比 TSR(%)的相关性对比,它与图 4-16、图 4-17 呈现出来的特点有所不同。仅仅在多应力重复蠕变(MSCR)指标以及流变指标对 AC20 混合料关联项上,显示出胶泥层次上对混合料的贡献优势;这是因为 TSR(%)参数的获取经历了不同的环境过程,此时材料的一些过程力学指标如蠕变恢复会对 TSR(%)关联性好。而对于其他关联项,考察的指标仅为模量和相位角等固定环境下的"点"值,可以认为在一些复杂环境下的混合料性能指标,沥青仍决定了其基本特性。

综合来看,无论 AC20 和 AC25 混合料,还是基于常规指标和流变指标评价,胶泥性质与混合料性质的关联度要显著比沥青的关联度高得多,这与胶泥系统的独立性有关,它对混合料的强度贡献显著大于沥青的贡献。

3. 硬质复合沥青胶泥的优越性

法国高模量沥青混凝土技术常用较高的沥青用量,且沥青标号很低,这种高沥青用量下的沥青胶泥更应值得注意。图4-19显示的是一种针入度40(0.1mm),60℃动力黏度逾20000Pa·s的硬质复合低标号沥青(高黏沥青),在粉胶比为1时与常规沥青胶泥的对比。

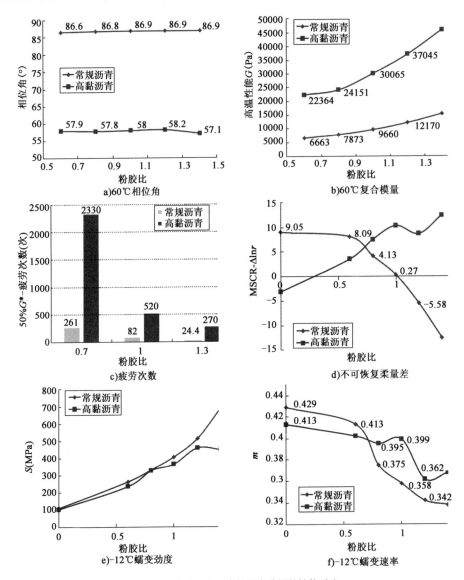

图4-19　高黏沥青与常规沥青胶泥的性能对比

1) 高温性能[图4-19a)、b)]

两种沥青的沥青胶浆的复数模量都随着粉胶比的增大而增大,这是矿粉的模量增效使然,说明矿粉的加入能够增强沥青胶浆抵抗变形能力,并具有较强的规律性[图4-19a)]。相对而言,硬质复合沥青的复合模量显著强于普通沥青,而且不同粉胶比下的胶泥相位角稳定在57°,整体胶泥体系保持了一个相对稳定的黏弹性比例,其弹性、抗变形能力有了大幅度的提高。

2）疲劳性能［图4-19c）］

随着矿粉加入量的增大，沥青胶浆的疲劳寿命逐渐变小。但在同粉胶比条件下，不同沥青胶浆的疲劳寿命差异较大，高黏沥青胶浆的疲劳寿命要远大于基质沥青胶浆，并且高黏沥青的疲劳性能也是远好于基质沥青，表明不同沥青对沥青胶浆的疲劳性能有着最为关键性的影响。其主要原因在于，硬质复合改性沥青里面的改性剂比常规沥青具有充足的柔性，规避了常规沥青因组分造成的中温刚度过大。

3）低温性能［图4-19d）、e）］

常规沥青胶浆与高黏沥青胶浆的弯曲蠕变劲度模量值总体上都是呈现出随粉胶比增大而增大的变化趋势，说明了沥青胶浆随着粉胶比的不断增大而逐渐硬化，低温抗裂性能受到影响，出现这样的变化的原因都是由于在矿粉加入沥青后，结构沥青的数量大大增加了，表现出沥青胶浆的弹性性质加强，黏性性质消弱，因此呈现出蠕变劲度模量值增大。但是不同沥青胶泥仍然有着明显的性质差别，在粉胶比为0.5之后，高黏沥青胶泥的低温蠕变速率高于常规沥青胶泥。这种特点说明了硬质复合沥青在低温性能上要高于常规沥青。

总体上，试验数据表明硬质复合沥青具有良好的高低温性能，它既能规避常规低标号沥青的低温性能不良，也能规避单纯由SBS沥青改性造成的高温性能有限的问题。

第五章　沥青混合料级配结构对性能的影响

第一节　概　　述

　　沥青混合料是由石质骨料和沥青胶结料组成的一种多相体系复合材料,是一种典型的颗粒性材料,它的力学强度跟集料的特性和级配组成有很大关系。不同级配组成的沥青混合料,具有不同的空间结构类型,也就具有不同的内摩擦角和黏结力。因而,沥青混合料中各结构组成的变化,会对整个混合料受力特性产生直接影响,从而使混合料具有不同的变形特性。

　　沥青混合料作为一种重要的建筑材料,已被广泛用于公路路面的修筑。然而,这种材料在荷载(大气环境荷载和行车荷载)的作用下,常常会发生软化、推移、拥包、车辙、疲劳裂缝和温度裂缝等破坏现象,直接影响到路面的使用品质。这些破坏现象的发生,从本质上来说,是由于某种强度的不足所致。沥青混合料是由石质集料和沥青胶结料所组成的复合材料,它是一种具有空间网络结构的多相分散体系,根据这种分散体系在网络结构中"嵌挤成分"和"密实成分"所占的比例不同,沥青混合料具有如下三种典型的结构形式:密实悬浮结构、骨架空隙结构和密实骨架结构。具有这种空间网络结构的沥青混合料,其强度构成起源于两个方面:一是由于沥青的存在而产生的黏结力;二是由于集料的存在而产生的摩阻力。前者的改变可通过增加矿粉调整结构沥青含量,改善沥青与集料的物理、化学性质等方式改变,后者可以通过调整混合料级配、选择粗糙有棱角集料等方式实现。总之,对沥青混合料的强度形成机理的研究,便可归结为对其黏结力和内摩阻角的研究,本章对集料特性以及级配结构对沥青混合料强度的影响进行了系统研究的阐述。

第二节　车辙产生的机理

　　车辙作为高等级沥青路面的一种主要病害,严重影响到行车的舒适性和交通安全。它主要是由于沥青混合料的抗剪强度不足,难以抵抗交通荷载反复作用所产生的剪应力进而产生的剪切流动变形。这些变形会随着时间的推移继续积累并最终产生严重的车辙破坏现象。纵观车辙的形成过程我们可将其简单地分为三个阶段,如图5-1所示。

一、开始阶段的压密过程

　　在被碾压前,沥青混合料是由集料、沥青及空气共同组成的一种松散混合物,经过碾压成型后,高温下处于半流态的沥青及沥青胶浆就被挤进矿料之间的空隙中,同时集料被强力推挤形成具有一定骨架的结构。碾压结束通车使用后,当交通荷载作用在它上面时,此压密过程还会继续发展。

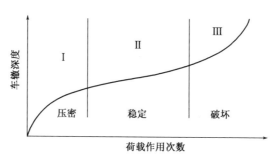

图 5-1　交通荷载反复作用下的沥青路面车辙发展过程

二、沥青混合料的流动

沥青混合料在高温下是一种以黏性为主的半固体形态,在交通荷载反复作用下,沥青与沥青胶浆便会产生流动,从而造成混合料的网络骨架结构失稳。这部分半固态物质除一小部分填充混合料的空隙外,还将随着沥青混合料产生自由流动,从而造成路面受力部分的压缩变形。

三、矿质集料的重新排列及破坏

高温下处于半固态形态的沥青混合料,其沥青以及胶浆在荷载作用下会首先开始流动,外界荷载主要由混合料中的骨架结构承担,在沥青的润滑作用下,硬度大一点的矿料颗粒便在荷载直接作用下沿着矿料之间的接触面发生滑动,这就促使沥青与胶浆向其富余区域流动,以致流向混合料的自由面,特别是当集料间沥青及胶浆含量过多时,这一个过程将会更加明显。

根据 1962 年 AASHTO 试验路以及近年来 SUPERPAVE 试验路之一 WESTRACK 试验路的车辙断面分析,路面产生车辙变形的可能性自上而下逐渐减小,如图 5-2 所示。有资料介绍,车辙一般产生在表面以下 10cm 的范围内,低于路面以下 18cm 的沥青混合料,车辙变形影响不再是一个重要的问题,对于混合料性能来说,沥青混合料变形主要是由于混合料内部抗剪能力不足所致。AASHTO 试验路的车辙断面检测得出一个重要结论,就是结构组合成厚度的变化主要是材料的侧向移动所引起的,而不是密度增加的原因,表明当基层具有足够的承载力时,路面沥青混合料的剪切变形造成的对车辙的影响大于压缩变形的影响。因此,只有提高沥青混凝土路面的抗剪性能才能从根本上解决这个问题。我们知道,沥青混合料主要是由集料、

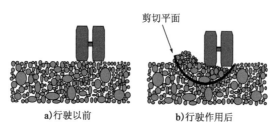

图 5-2　路面车辙的形成

沥青胶结料和空气组成的共同体,而反映到其物理特性上就是:沥青胶结料由 c 值体现,集料用 φ 值体现。因此要研究沥青混合料的抗剪性能必须从混合料的两个强度指标 c、φ 值入手。

第三节　沥青混合料强度

沥青混合料在车辆荷载作用下出现裂缝或永久性变形,其在破坏极限状态下的最大荷载称为沥青混合料的强度。主要影响因素有沥青和集料之间的黏结作用、矿料(主要是粗集料)之间的嵌挤作用以及沥青黏结料自身之间的相互吸引力等,当各结构层抗剪强度不足时沥青路面会发生永久变形。

一、沥青混合料强度理论

强度理论是材料强度和结构强度研究的重要基础。通常采用摩尔—库仑理论分析在车轮荷载作用下沥青面层的失稳破坏状态,认为沥青混合料在剪切作用下不产生滑动的客观要求,必须满足下列公式:

$$\tau \leqslant c + \sigma \tan\varphi \tag{5-1}$$

式中:τ——抗剪强度(MPa);

c——黏结力(MPa);

φ——内摩擦角(°);

σ——试验时的正应力(MPa)。

这就是 Mohr-Coulomb 破坏准则(图 5-3)。由公式所示可知,在一般的荷载范围内,沥青混合料的抗剪强度与法向应力之间呈直线关系,并主要取决于材料黏结力 c 和内摩擦力 φ 两个参数(图 5-4、图 5-5)。当材料产生剪切滑移时,极限应力圆应与射线或包络线相切。莫尔强度准则的包络线可以通过材料的一系列不同应力状态下的试验,材料产生破坏时的极限应力圆来确定。研究表明,用摩尔-库仑强度准则表示材料中的微裂纹即将开始活动更符合实际,且简单准确,故通常以它们来作为岩土材料的屈服条件,即采用该准则研究沥青混合料的剪切特性。

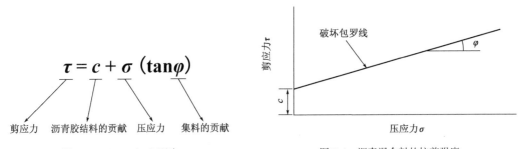

图 5-3　Mohr-Coulomb 理论　　　　　图 5-4　沥青混合料的抗剪强度

如何提高沥青混合料的抗剪切变形能力,一直是道路工作者们研究的热点和重点问题。Mohr-Coulomb 强度理论认为沥青混合料的强度是由黏结力 c 和表征内摩阻力的内摩擦角 φ 构成的,由图 5-3 可以看出,黏结力 c 是由沥青胶结料贡献,内摩擦角 φ 是由集料贡献。由图 5-4

和图 5-5 可以看出,提高沥青混合料抗剪强度一般有以下两条途径:一是提高沥青与集料的黏结力 c;二是增大集料间的内摩擦角 φ。前者我们可以通过增加矿粉的用量来调整结构沥青含量、改善沥青与集料的物理以及化学性质等方法来实现;而后者,则可通过调整混合料的级配类型和级配结构、选择粗糙有棱角的集料等方法来实现。c、φ 是沥青混合料的重要力学参数,可以反映材料的性质。实际上,通过这些不同的方式来调整参数以改善材料性能提高材料强度是材料自身的完善。

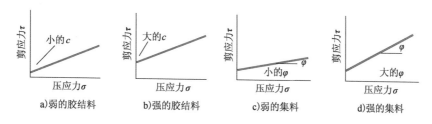

图 5-5 沥青混合料抗剪强度影响因素

二、沥青混合料强度影响因素

构成沥青混合料强度的因素包括两方面,即由矿质颗粒之间的内摩阻力和嵌挤力,以及沥青胶结料及其与矿料之间的黏结力和内聚力所构成。影响沥青混合料强度的因素与构成结构特性的因素是一致的,这些因素包括:

1) 沥青结合料

沥青结合料对沥青混合料强度的影响主要表现在沥青用量和黏度两方面。沥青混合料强度与沥青用量有很大关系,在材料性能相同的情况下,沥青用量过高或过低都会降低混合料的强度。沥青用量太大时,自由沥青过多,沥青膜厚,混合料中空隙率太低。此时矿料颗粒被互相分离,黏结力主要由自由沥青产生,这会使混合料强度降低;反之,则不足以形成理想的沥青裹覆矿料,混合料强度较低,同时还缺乏足够的耐久性。所以在设计混合料时,沥青用量要适度,由此而产生了最佳沥青用量。

2) 矿质集料

矿质集料对混合料强度的影响主要有矿料级配类型、矿料物理特性等。混合料强度与集料级配组成有密切关系,一般而言,具有良好级配的沥青混合料,既有坚实的矿质网络,密实度也相对较高,所以路用性能较好,此外混合料中矿料表面的粗糙度微孔隙、形状、酸碱性均对混合料强度有明显影响。根据表面理论,沥青混合料的强度由两部分构成:一部分是矿质集料的骨架强度,表现为颗粒材料的摩擦阻力,由内摩阻角 φ 表示;另一部分是沥青的胶结强度,表现为黏结力、抗拉力,用黏结力 c 表示。矿质集料属于散体材料,其强度(在一定约束条件下抵抗应力应变作用的能力)主要源于散体颗粒间的接触压力和接触表面摩擦力,颗粒间的摩擦力性质与固体表面摩擦力性质完全一样,矿质集料的强度表现为其固体颗粒材料的压应力、摩擦力矢量和。根据固体摩擦力学可知,摩擦力是由于固体表面的微观不平整纹理的存在,粗糙的表面有咬合、锁结等阻止物体发生相对移动的作用,即能产生摩擦力;摩擦力大小与表面的粗糙度(用表面粗糙度系数 f 表示)有关,即摩擦力 $F = fN$。如果将表面粗糙度系数 f 用正切函数 $\tan\varphi$ 表示,则表面的粗糙度可用内摩擦角 φ 来区分。对于散体颗粒材料,内摩擦角 φ 则度量了材料内部颗粒之间的综合表面粗糙度和颗粒形状,内摩擦角 φ 的大小决定了矿质集料的抗剪切能力。根据摩尔-库仑准则,材料的抗剪强度 $\tau = \sigma \cdot \tan\varphi$,$\sigma$ 为材料的正应力,为外部施加的力,是抗剪强度的外因,而 $\tan\varphi$ 则为材料的本质属性,为抗剪强度的内因。对于沥青胶结料,其强度本源则来自于沥青胶团之间的吸引力,这些吸引力的大小决定了沥青的黏结力 c 的数值大小。沥青胶团之间的吸引力与温度、沥青分子量、沥青分子胶团的结构、化学键之间的作用力大小等因素有关。当然,沥青混合料的强度参数 c、φ 绝不是沥青的黏结力 c 和矿质集料的 φ 的简单组合,它们是相互作用、相互影响的。根据胶浆理论,沥青混合料的强度由分散系中分散相数量多少和分散介质的强度性质决定:分散相数量越多,分散系的模量就越大,则混合料的抗压强度越大;分散介质的稠度越大,混合料的抗拉强度就越大。胶浆理论认为在沥青混合料的3级分散系中,沥青胶浆(填浆和沥青组成,又称细胶泥)对混合料强度起着决定性作用,因此,改善沥青混合料路用性能应该主要从改善沥青胶浆性能入手。表面理论根据混合料矿质骨架的特点把沥青混合料分为悬浮密实结构、骨架空隙结构、密实骨架结构。传统观点认为,悬浮密实结构沥青混合料的内摩擦角较小、黏结力较大,整体强度主要取决于混合黏结力,所以抗拉强度较大而抗压强度较小,竖向变形较大,黏结力随温度升高衰减幅度较大而高温稳定性能较差,但空隙率小,密实防水,耐久性好;骨架空隙结构内摩擦角较大而黏结力较小,其高温稳定性好而低温抗裂能力弱,水稳定性和耐久性差;密实骨架结构不仅具有较高黏结力,内摩擦角也较大,整体强度很大,性能很好,不仅高温稳定性、水稳性、耐久性好,而且低温抗裂能力强。传统观点认为,内摩擦角在提高混合料高温稳定性能方面起着重要作用(因为内摩擦角的温度敏感性较小),黏结力则在抗剪切、抗弯拉等荷载作用中发挥较大影响。内摩擦角的大小主要由矿质集料结构决定,黏结力则主要受沥青的黏度和沥青与矿粉的相互作用影响。在沥青及沥青混合料质量有较大提高的今天,沥青路面的各种高温病害并未成为历史,随着车辆轴重不断增加,因混合料高温稳定性不足而产生的病害一直是沥青路面的主要病害之一。因此,按传统强度观念,为增强混合料的高温抗车辙能力,应该首先优化矿质集料级配,以增大混合料的内摩擦角,所以如今我国的沥青混合料发展趋势是粗集料含量不断增加(从 AC-Ⅰ 到 AC-Ⅱ、AK、SAC 再发展到如今的 SMA),以期形成抗车辙的粗集料骨架。而大量试验资料分析表明:沥青混合料级配的改变对内摩擦角影响较小,而对黏结力影响较大;同时矿料性质、沥青品质和用量对黏结力影响也相对较大。由此可见,采用性能更为优良的改性沥青对于提高沥青路面的高温稳定性将更为有效。

胶浆理论认为,在影响沥青混合料强度的因素中,起主要作用的是沥青胶浆分散介质的性质,沥青胶浆分散介质的组成结构决定了混合料的高温稳定性和低温抗裂能力。因此胶浆理论更加重视沥青的稠度和沥青与矿粉的相互作用,而粗集料等分散相对混合料的强度影响,是通过其数量增减改变了分散介质模量表现出来的。因此,若按照这两种理论,在解决沥青混合料的高温稳定性能缺陷时,所采取的措施重心是不同的:传统理论重在加强矿质集料的粗集料骨架作用,而胶浆理论则把重点放在增加沥青稠度、增加矿粉用量上。它们的目的都是为了增强混合料的抗剪强度。

同时根据比较中美沥青混合料设计方法和法国沥青混合料设计方法,可以看出中美沥青混合料设计方法按照传统的理论重在提高增大集料间的内摩擦角 φ,强调沥青混合料级配结构设计。中国的马歇尔设计方法明确规定了级配范围和左右变动的空间,在配合比范围内的每一个筛孔的通过率都给出了上下限,并根据工程实际情况对矿料级配进行微调;美国 Superpave 沥青混合料设计方法中级配曲线也是通过控制点和限制区边界来确定的,矿料的体积特性由矿料的间隙率 VMA 进行确定,具有系统的级配设计方法和控制指标,其 Superpave 沥青混合料具有良好的路用性能。而法国高模量混合料设计中配比没有级配范围的限制,只给出了 0.063mm、4mm、6.3mm 和 14mm 等关键粒径目标组成的上下限级配范围,没有很严格的级配曲线要求和体积指标控制标准。法国的沥青混合料设计方法按照胶浆理论则主要强调黏结力 c,注重增强沥青胶结料的作用。比如法国的高模量沥青混合料 EME 和 BBME 采用低标号沥青、低的空隙率以及高的沥青用量,使该类型的沥青混合料具有良好高温稳定性、水稳定性、抗疲劳性和耐久性能。

第四节　集料特性对沥青混合料抗剪性能的影响

集料是沥青混合料的重要组成部分,在混合料的整个体积中,集料至少要占四分之三,所以集料在沥青混合料中占有很重要的地位。一般说来,集料之间的黏结力很小,集料产生的抗剪强度主要取决于集料之间的内摩擦角,它直接决定了集料间的互相嵌锁能力。因此,进行集料的差异研究对沥青混合料抗剪性能的影响研究十分必要。大量的研究表明:集料的颗粒越接近立方体,或呈多棱角,承受荷载作用越不会折断破碎,嵌挤压实后越能够具有较高的内摩阻力;针片状含量越多的集料在荷载的作用下越容易破碎断裂,使路面的内部发生损伤和塌陷。针片状可以反映集料的形状因素,压碎值则可以反映集料的力学特性,因此,我们可以从集料的针片状、棱角性等指标入手来研究集料的一些物理特性对混合料抗剪性能的影响。

一、岩性对沥青混合料强度的影响

选用石灰岩和玄武岩两种集料,粒径为 16mm、13.2mm、9.5mm 和 4.75mm,按 AC-16I 型级配中值组成沥青混合料骨架结构,骨架的针片状含量是指各粒径粗集料的针片状含量在级配中所占比重的加权值,即混合料针片状含量。本节研究混合料骨架部分针片状含量的多少对骨架压碎值的影响,也就是对骨架强度的影响。为了能够模拟在施工荷载或行车荷载作用下沥青混合料骨架部分的压碎情况而进行此试验设计:先将各粒径粗集料的针片状颗粒挑出,再通过回掺的方法人为控制骨架针片状颗粒含量的变化,由于 16mm 粒径的集料质量较少,所以试验中均以 13.2mm 的集料代替。根据各粒径粗集料在所用级配中所占的比例掺配组成总质量为 3kg 的混合料骨架,置于圆柱形试筒中,试筒高 150mm,直径 150mm,将上述试样连同试筒一起置于压力机上在不同的应力水平下做压碎试验,加载速率均控制在 $0.6 \sim 0.7$ kN/s,将压后试样筛分,本节中的骨架压碎值则是指通过 2.36mm 筛孔的质量占总质量 3kg 的百分数。每组平行试验至少 3 个试件,在一定的应力水平下进行试验,将压碎后的试件进行筛分,得到两种石料在一定应力水平下的骨架压碎值随针片状含量的变化关系。

在上述试验条件下,得出大量试验数据,将数据分析绘图可知,在某一固定的应力水平作用下,当石料种类不同时,沥青混合料骨架压碎值的变化,亦可认为是对骨架强度的影响。两种岩石的骨架压碎值随针片状含量的变化关系如图 5-6 所示。

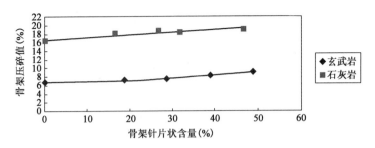

图5-6 两种岩石的骨架压碎值随针片状含量的变化

图5-6表示在施加一定的应力水平时,石灰岩和玄武岩两种石料的骨架压碎值与骨架针片状含量变化的关系。当粗集料组成的骨架结构针片状含量由0%以一定步长变化到50%时,其骨架压碎值也是随之增加的,其中石灰岩骨架的压碎值由16%增加到19%左右,玄武岩则由7%增加到10%,两种石料压碎值随针片状颗粒含量变化关系曲线的走向大致相近,各自呈上升趋势且大体上平行,整体相差在9%左右。在固定的骨架针片状颗粒含量为0%时,石灰岩骨架压碎值为16%,而此时的玄武岩骨架压碎值只有7%,选取其他固定应力水平下的任一针片状颗粒含量时,比较两种石料的骨架压碎值,即可发现石灰岩与玄武岩抗压碎强度的差别,即在相同的应力水平作用下,组成试验骨架结构的石料种类不同,骨架压碎值明显不同,玄武岩抗压碎能力明显高于石灰岩。

二、针片状含量、压碎值的影响

在道路工程中,集料颗粒粒形对沥青混合料的沥青用量、工作性、强度以及耐久性等有较大的影响,尤其针片状颗粒使混合料内部产生损伤,对沥青混合料的强度影响更大。针片状含量根据各国规范要求,采用游标卡尺测定粗集料颗粒长度与厚度之比为2:1、3:1和5:1。美国采用5:1,针片状最大含量不能超过10%。中国3:1,最大为20%。法国2:1,最大可以到25%。比例越大,同样的集料针片状指数越小。

根据中国规范要求,采用游标卡尺法来测定上述两种石料针片状颗粒的含量。即用游标卡尺测定粗集料颗粒最小厚度方向和最大长度方向的尺寸之比小于1:3的颗粒的含量,用以反映和评价集料的形状和抗压碎能力。美国Brown先生对两种不同颗粒形状的集料进行了系统研究(A1是针片状含量高的集料,A2是针片状含量低的集料)。把A1和A2集料进行混合,进行针片状含量的测定,同时进行了SMA混合料的设计,结果发现随着针片状含量的增加,VMA有1.2%的微小增加,这项研究得出了SMA沥青混合料设计规范要求针片状含量最大不要超过20%(长度:厚度=3:1),因此针片状含量的多少,直接影响沥青混合料的嵌挤能力,从而影响沥青混合料的抗剪强度和体积指标,最终影响沥青混合料的各项路用性能。

根据NCAT Report No. 2000-03报告进行了不同的破碎冲击转子速度和不同的长度与厚度比下,对石灰岩和花岗岩的针片状含量进行测试。通过大量试验发现随着破碎转子速度的增加,集料的形状更多为立方体,扁平颗粒含量减少,混合料的内摩擦角越大,其抗剪强度越大。同时也进行了集料的棱角性和针片状含量对沥青混合料体积指标影响的大量试验研究,发现其中随着针片状含量的减少,其沥青混合料的VMA有显著的减少,是由于集料形状的变化,导致集料内部孔隙增多,和表面积也相应增大,因此需要更多的沥青满足空隙率的设计要求。

另外,随着针片状颗粒细长且薄,其强度较低,集料的破碎率增大,针片状颗粒会产生不同程度的损伤,使级配细化,嵌挤能力降低,从而导致沥青混合料的抗剪强度降低。M. Shane Buchanan 通过研究发现,针片状含量的多少在不同程度上影响了沥青混合料的体积性质、高温稳定性能以及集料的破碎率。William R. Vavrik 等人也通过大量试验找出了针片状颗粒的含量与混合料旋转压实特性之间的关系,试验表明,随着针片状颗粒含量的增加,混合料空隙率以及集料的破碎率增大,压实也就越困难,其抗剪强度也就越低。大量研究表明:颗粒的形状越接近于立方体,以及具有明显细微凸起的粗糙表面的矿质集料,在碾压后能相互嵌挤锁结而具有很大的内摩擦角,并且扁平长条颗粒的含量越少,混合料的内摩擦角越大,其抗剪强度就越大。

本试验选用了料源相同的四档单一粒径粗集料,粒径分别为 9.5~13.2mm、13.2~16mm、16~19mm、19~26.5mm,集料的岩性为石灰岩,通过挑选出针片状颗粒后再回掺的方法来控制试样的针片状含量进而进行试验。集料压碎值与针片状含量关系如图5-7 所示。

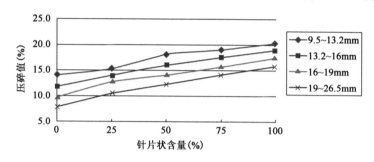

图 5-7　集料压碎值与针片状含量关系

从图5-7 还可以看出,四档单一粒径粗集料的压碎值均随着其中针片状颗粒含量的增加而增大,两者之间表现出一定的线性关系,且当各档单一粒径的针片状含量相同时,集料的粒径越粗,压碎值越小,当粗集料由完全是非针片状颗粒变为完全是针片状颗粒时,压碎值增大明显。其原因是,针片状颗粒在试样中属于薄弱部分,当集料中的针片状颗粒含量不断增大时,会导致集料的空隙率逐渐增大,随着荷载的不断施加,针片状颗粒不断被压断和压碎,而且,有些针片状颗粒又会对其他颗粒形成尖劈作用,使部分颗粒在较小的荷载下提前破坏,故随着针片状含量增加,压碎值也会逐渐变大,其沥青混合料的抗剪强度就降低。其主要原因在于当集料中有针片状颗粒存在时,在试模中容易形成简支梁形状,而针片状颗粒本身较薄弱,在压力作用下容易断裂从而使得压碎值变大,导致沥青混合料强度降低。

在工程实际施工过程中,沥青路面使用大吨位的振动碾压密实成型工艺,如果针片状颗粒含量过大,相当部分的粗集料必然会被压碎、压裂,若端口截面没有沥青黏附,造成局部松散的引发点数量较多,一些局部小坑很快就会被重载车轮碾坏啃边,破损面积会急速扩大,导致整个沥青路面出现损坏。

三、棱角性

Lees 在 1964 年发现两种形状不同的集料计算得到的圆度结果不同,尤其是破碎集料,于是他提出了确定棱角性的方法。ASTM D2488-90(1996)将集料的棱角性分为棱角状、次棱角状、次浑圆状和浑圆状。影响破碎后集料形状的因素主要有石料本身的性质、破碎设备等。石料的强度和结构两种特性对石料形成立方体影响很大，因此破碎石料的棱角性受破碎的冲击转子速度影响，不同转子速度的大小影响破碎集料的破碎面的个数以及集料表面的构造和粗糙度。

抗剪强度主要依赖于集料的抗滑移能力，因此棱角性的好坏直接影响着道路的工程质量。集料的棱角性越好，其内摩擦力就越大，集料之间的相互嵌挤能力就越强，混合料的抗剪性能就越好。国外的学者Cheung和Dawson通过研究发现，细集料的棱角性是影响混合料极限抗剪强度和永久变形的重要因素。Uge和Van de Loo在报告中也指出，具有较好棱角性的集料，其混合料的变形也较小。这是因为，颗粒的表面纹理可以影响颗粒和黏结料之间的黏附性能，也会对沥青混合料各向异性的力学响应产生影响。当细集料表面较粗糙、棱角性较好时，经过压实后，集料颗粒之间能够形成良好的相互齿合嵌锁，这有利于增强混合料的稳定性。相反地，当细集料的表面较光滑、棱角性较差时，集料颗粒之间的嵌挤能力就会大大降低，导致混合料的抗剪性能和高温稳定性变差。

因此通过对集料针片状含量、压碎值、棱角性等特性的分析和研究可知，沥青混合料是通过集料间的相互嵌挤形成内摩擦力的，通常认为，沥青混合料的高温抗车辙能力有60%是依靠集料的嵌挤能力，因此要想提高沥青混合料的抗剪强度，必须使集料之间达到充分的嵌挤密实状态，也就是影响沥青混合料抗剪强度最大因素，即集料的组成结构的研究。

第五节　级配结构对沥青混合料抗剪性能的影响

在沥青混合料的组成中，矿料的用量能达到总质量的90%以上，矿料通过颗粒间的接触压力与接触表面的摩擦力形成的嵌挤锁结作用共同组成沥青混合料的骨架，这种骨架结构强度即便在高温环境，黏结材料的黏结能力完全丧失的状况下，仍然可以使沥青混合料具有一定的强度。大量试验表明，沥青混合料的性能对级配结构非常敏感，级配结构的微小变动就可能引起混合料性能的巨大变化；同时，试验结果也表明，通过优化级配来提高混合料的抗剪强度是一条简单高效的技术途径。

一、集料级配设计理论

关于级配理论的研究，实质上发源于我国的垛积理论。但是这一理论在级配应用上并没有得到发展。目前常用的级配理论，主要有最大密度曲线理论和粒子干涉理论。

1. 最大密度曲线理论

最大密度曲线是通过试验提出的一种理想曲线。W. B. Fuller和他的同事通过对大量的试验结果进行分析后认为：固体颗粒按粒度大小，有规则地组合排列，粗细搭配，可以得到密度最大、空隙最小的混合料。初期研究理想曲线是：细集料以下的颗粒级配为椭圆形曲线，粗集料为与椭圆曲线相切的直线，由这两部分组成的级配曲线，可以达到最大的密度。这种曲线计算比较繁杂，后来经过许多研究改进，提出简化的"抛物线最大密度理想曲线"。该理论认为："矿质混合料的颗粒级配曲线越接近抛物线，则其密度越大"。根据上述理论，可得出矿质混合料的级配曲线为抛物线时的密度曲线公式，用颗粒粒径(d)与通过率(P)表示。W. B. Fuller

提出的 FULLER 曲线,其公式形式即:

$$P = 100\left(\frac{d}{D}\right)^{0.5} \tag{5-2}$$

式中:P——各级集料粒径的通过率;
　　　d——各级混合料的粒径;
　　　D——集料的最大粒径。

2. 粒子干涉理论

粒子干涉理论认为:为达到最大密度,前一级颗粒之间的空隙,应由次一级颗粒所填充;其所余空隙又由再次级的小颗粒所填充,但填隙的颗粒粒径不得大于其间隙之距离,否则大小颗粒粒子之间势必发生干涉现象。对于沥青混合料,其干涉可分为两种情况:

(1)颗粒干涉:构成骨架的粗集料颗粒被次一级的颗粒分隔,使各档粗集料不能形成连续的镶嵌稳定骨架结构。

(2)沥青胶浆干涉:当沥青用量和较细的集料用量过多时,沥青混合料中的各档粗集料悬浮在沥青胶浆中,未形成稳定的空间骨架结构。目前,粒子干涉理论多应用于间断级配型的沥青混合料研究中。

二、级配设计方法

1. 传统级配计算方法

传统级配计算方法主要有 N 法、K 法和 I 法三种。下面进行详细的介绍:

1)N 法

20 世纪初,美国学者 Fuller 根据最大密度理论提出一种传统的连续式密级配的计算方法。其计算公式我们称之为富勒(Fuller)公式,如下:

$$P_d = \left(\frac{x}{X}\right)^{0.5} \tag{5-3}$$

式中:P_d——某粒径 d 集料的通过百分率(%);
　　　X——集料的最大粒径(mm);
　　　x——某筛孔粒径(mm)。

后来泰波认为富勒公式只是一种理想状态的级配曲线,在实际中,要获得最大密度难免会有一定的波动范围,于是将富勒公式进行修改,如下式:

$$P_d = \left(\frac{x}{X}\right)^n \tag{5-4}$$

这就是 N 法。另外,泰波通过研究发现:当参数 $n = 0.25 \sim 0.35$ 时,集料可以达到最大的密度。日本相关研究则认为,当 $n = 0.35 \sim 0.45$ 时,集料的级配达到最好,故在其沥青路面纲要中采纳了这一观点。美国在 Superpave 沥青混合料设计规范中规定,n 应取值 0.45。

2)K 法

苏联的奥浩饮、伊万诺夫等学者提出一种用颗粒分级质量递减系数 K 作为参数的矿料级配设计方法,简称 K 法。由于 N 法是无穷级数,没有最小粒径的控制,于是,苏联在确定 K 法时,规定 $\chi_n = 0.004\text{mm}$(χ_n 为第 n 级筛孔粒径),同时要求其最小通过百分率为 0,并由此来计算总级数 n,计算公式如下:

$$n = 3.32\lg\left(\frac{x}{0.004}\right) \tag{5-5}$$

于是,当矿料的粒径按 1/2 递减时,则有:

$$P_y = \frac{1 - Ky}{1 - \chi_n} \times 100 \tag{5-6}$$

当 $y = 1$ 时:

$$n = 3.32\lg\left(\frac{\chi_1}{\chi_n}\right) \tag{5-7}$$

根据实践经验,K 的取值通常在 0.65~0.80 之间。

式中:P_y——矿料在第 y 级筛孔的通过百分率(%);
    y——矿料粒径的级数,$y = 3.32$;
    χ_n——第 n 级筛孔粒径;
    K——质量递减系数。

3) I 法

林绣贤高工长期从事关于级配的研究,提出了一种直接采用质量通过百分率递减系数 i 作为参数的矿料级配组成设计方法,简称 I 法,公式如下:

$$P_y = P_0(i)^y \tag{5-8}$$

式中:P_y——不同粒径时的通过百分率(%);
    P_0——最大公称粒径为 X 时的通过百分率,以 90%~100% 控制;
    y——级数;
    i——通过率的递减系数。

根据国内外规定和大量的实践经验认为,一般情况下 $i = 0.64 \sim 0.70$。目前,国内研究最多的是沥青混合料的体积设计方法,主要体现在《公路沥青路面施工技术规范》(JTG F40—2004)对马歇尔配合比设计方法和标准的修订。对于连续密级配沥青混合料,该规范给出了一个很宽泛的级配范围,可以供设计单位及工程建设单位依据不同的道路等级、交通状况和气候环境等因素进行选择。

2. Superpave 设计方法

Superpave 设计方法是美国 SHRP 的主要研究成果,是 20 世纪 90 年代道路工程界最引人注目的研究成就。包括三个等级,I 级设计称为混合料体积设计法;II 级设计是指中等路面性能水平的混合料设计,可以预测路面的使用性能;III 级设计是指最高等路面性能水平的混合料设计,因此对路面性能的预测更为严格。

美国 Superpave 级配规范提出公称最大粒径、控制点和限制区的概念。级配曲线不再是由每一级筛孔的通过率来控制,而是通过关键筛孔来控制。进行配合比设计时需要根据公称最大粒径、控制点和限制区的要求初选三条级配并对三条级配的混合料进行旋转压实试验,而后再根据混合料的体积参数要求,选择符合体积指标的级配作为优选级配进行设计。

山东省交通科学研究所在"Superpave 技术的开发与应用"课题里进行了大量的 Superpave 级配设计的研究,得出 Superpave 沥青混合料级配的确定以沥青混合料的体积指标为基础,VMA 仍是限定矿料级配的最主要的因素;级配的选择根据原材料的不同将可能不受限制区的限制,但在 0.45 次方级配曲线图上在限制区位置偏离最大理论密度线时则可以得到较大的矿料间隙率,也就是说适当地偏离限制区可以使一些混合料更好地满足体积设计过程中的体积指标要求和压实指标要求。不同的原材料组成,其合适的级配曲线是不同的。级配的选择还要受到混合料压实特性因素的限制。

3. 贝雷法

贝雷法是一种较为系统的级配设计方法,是由美国伊利诺伊州交通部的罗伯特·贝雷(Robert Bailey)发明提出的。他提出了粗、细集料的分界筛孔尺寸随公称最大粒径而变的主题思想,并采用 CA、FA_f、FA_c 三个参数值表征以及评价矿料级配的优劣,这些参数和混合料的 VMA、空隙率和压实性能直接相关,有助于更好地理解集料级配与混合料中空隙体积的关系,也为合成级配的设计提供了一种有效手段。

贝雷法设计原理是假定细集料的体积数量正好可以完全填充粗集料间空隙的体积。细集料也是按照这个原理划分为细集料中的粗集料与细集料中的细集料,然后逐次形成填充状态。"贝雷法"是以最大公称粒径(NMPS)的 0.22 倍所对应的临近尺寸的筛孔孔径作为混合料中粗、细集料的分界点的。例如,最大公称尺寸为 19mm 的混合料选取对应 4.75mm 的筛孔孔径作为分界点,然后将其定为第一个控制筛孔(PCS),确定细集料的含量。贝雷法级配设计思路如图 5-8 所示。

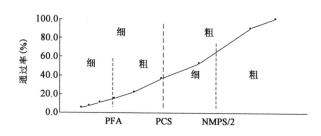

图 5-8 贝雷法级配设计思路

为进一步对粗集料的不同粒径进行约束,采用 CA 指标对其进行控制和约束,这主要是从集料的离析和压实两个方面进行考虑的。并且,根据美国的经验,如果 CA 大于 1,那么混合料无法形成良好的骨架结构,如果 CA 小于 0.4,那么混合料极容易产生离析而且难以压实。

$$CA = \frac{P_{(nmps/2)} - P_{(pcs)}}{100 - P_{(nmps/2)}} \tag{5-9}$$

式中:$P_{(nmps/2)}$——最大公称尺寸的二分之一所对应的筛孔的通过百分率;

$P_{(pcs)}$——关键筛孔的通过百分率。

为了得到细集料中较细部分的与较粗部分的比例关系,将 PCS 点的 0.22 倍对应的筛孔孔径作为细集料中的粗细分界点 FA_C；将 FA_C 点的 0.22 倍再作为 FA_f 点，然后再根据 FA_C 和 FA_f 来确定各部分的组成含量。FA_C 用来反映细集料中粗料部分与细料部分的嵌挤、填充情况；FA_f 用来反映合成集料中最细一级的嵌挤情况。通常情况下，我们要求 FA_C 与 FA_f 小于 0.5。

粗集料中细部分和粗部分比值：

$$FA_C = \frac{PCS 的 0.22 倍筛孔通过率(SCS)}{最大粒径的 0.22 倍筛孔通过率(PCS)} \tag{5-10}$$

细集料中粗部分和粗集料中细部分的比值：

$$FA_f = \frac{SCS 的 0.22 倍筛孔通过率(TCS)}{PCS 的 0.22 倍筛孔通过率(SCS)} \tag{5-11}$$

"贝雷法"需要分析每一种原材料在混合料中可能存在的状态，并根据原材料级配的不均匀性对骨料的分布及数量进行修正，整个过程极其复杂，需要有相应的试验规程和计算机设计程序才能完成。值得一提的是，"贝雷法"最早由山东省交通科学研究院王林研究员引进，并在此基础上发展成为多级嵌挤理论。

4. CAVF 法

粗集料孔隙填充法（Coarse Aggregate Voids-Filling, CAVF）是由国内张肖宁教授等首先提出的。CAVF 法的基本思想是根据经验或泰波公式设计主骨架，实测其空隙率，然后根据主骨架空隙率以及沥青混合料设计目标空隙率来确定细集料及矿粉和沥青的用量，使细集料体积、矿粉体积、沥青体积以及沥青混合料的目标空隙体积的总和等于主骨架空隙体积，以保证粗集料的矿料堆积嵌挤骨架结构。CAVF 法基于以下 2 个基本假定：

（1）假定细集料的颗粒不对主集料的嵌挤结构形成干涉。

（2）细集料与沥青混合的胶浆也不对主集料的嵌挤结构形成干涉。

其混合料具体设计步骤如下：

（1）根据泰波公式或经验确定主集料，并根据泰波公式设计细集料级配组成。一般宜采用间断级配，效果较好。

（2）分别测定粗集料、细集料、矿粉的毛体积相对密度和合成集料的毛体积相对密度。

（3）测定主集料的装填密度，再采用马歇尔单面击实 100 次测定紧装密度。

（4）计算主集料的紧装空隙率。

（5）根据经验初步确定矿粉、沥青用量，并根据不同功能要求确定沥青混合料的设计目标空隙率。

（6）联立以下公式求解粗集料用量和细集料用量：

$$\begin{cases} q_c + q_f + q_p = 100 \\ \dfrac{q_c}{100\rho_{sc}}(V_{vc} - V_{vs}) = \dfrac{q_f}{\rho_{tf}} + \dfrac{q_p}{\rho_{tp}} + \dfrac{q_a}{\rho_a} \end{cases} \tag{5-12}$$

式中：q_c、q_f、q_p、q_a——粗集料、细集料、矿粉以及沥青用量百分数；

ρ_{sc}——粗集料紧装密度；

ρ_{tf}、ρ_{tp}——细料、矿粉的表观密度；

ρ_a——沥青的密度；

V_{vc}——主骨架紧装空隙率百分数；

V_{vs}——沥青混合料设计目标空隙率百分数。

（7）根据以上结果计算沥青混合料级配组成，并制作马歇尔试件，进行标准马歇尔试验，确定最佳沥青用量，并分析马歇尔试验结果。必要时，可对级配按正交法变动砂率、粉胶比，筛选出最佳级配；必要时，也可进一步进行沥青混合料车辙试验等性能确认性试验，测定其各项性能指标并与各项经验指标比较，以确定最终级配。

三、级配结构对混合料抗剪性能影响

本节从影响抗剪强度的最主要因素——级配入手进行试验研究，并利用甘油代替沥青作为介质（目的是减少黏结力 c 对混合料抗剪强度的影响，以突出集料内摩擦角对抗剪性能的作用），对密级配 AC-13、骨架密实结构 SMA-13 和法国高模量 EME-14 三种典型级配类型的沥青混合料进行坍落度试验、单轴贯入试验、三轴压缩试验及车辙试验，测试分析不同的级配类型对内摩擦角 φ 的影响。

1. 级配的选择

1）密级配 AC-13 型混合料

为了对比研究，在规范级配范围内分别选取了 3 条级配曲线，即：偏细型 AC-13F，偏粗型 AC-13C 和接近中值级配 AC-13M，级配曲线见图 5-9。

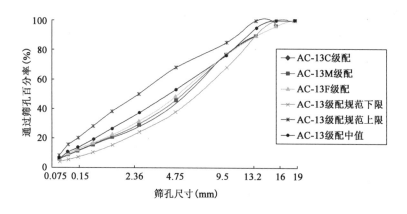

图 5-9　AC-13 型三种混合料级配曲线

2）骨架密实结构 SMA-13 型混合料

试验根据规范要求选出三条级配曲线，即：偏细型 SMA-13F，偏粗型 SMA-13C 和接近中值级配 SMA-13M。各混合料级配组成见表 5-1 及图 5-10。另外试验采用玄武岩筛选出符合规范的 SMA-13M 级配做平行试验，为了方便对比，我们使 SMA-13 级配石灰岩和玄武岩的级配曲线基本吻合，见表 5-1 和图 5-11。

SMA-13 型三种混合料合成级配表　　　　　表 5-1

级　配	以下筛孔(mm)通过质量百分率(%)										
	26.5	19	16	13.2	9.5	4.75	2.36	1.18	0.6	0.3	0.15	0.075
SMA-13C	100	100	100	88.6	67.3	23.8	17.9	15.8	14.8	13.8	13.3	10.3
SMA-13M	100	100	100	88.6	67.5	26.5	19.7	17.2	15.8	14.7	14.0	10.8
SMA-13F	100	100	100	88.6	67.7	29.3	21.5	18.5	16.9	15.5	14.7	11.3
SMA-13M(玄武岩)	100	100	100	93.9	66.3	26.3	19.5	17.2	15.6	14.4	13.9	10.2

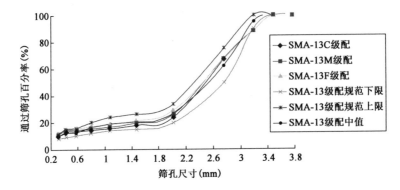

图 5-10　SMA-13 型三种混合料级配曲线

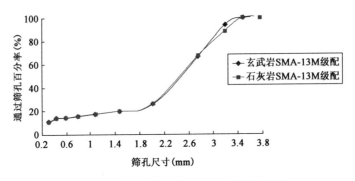

图 5-11　石灰岩和玄武岩 SMA-13M 级配曲线对比

3）法国 EME-14 型混合料

根据法国沥青混合料设计指南、EME2(0/14)混合料级配范围设计要求(NF P98-140)以及各档集料的筛分结果，对 EME-14 沥青混合料进行级配设计，选出两种不同的级配，其中 EME-14 Ⅰ 为连续级配，EME-14 Ⅱ 为间断级配，合成级配(已换算中国筛子)如表 5-2 所示，级配曲线如图 5-12 所示。

EME-14 型两种混合料合成级配表　　　　　表 5-2

级 配 类 型	以下筛孔(mm)通过质量百分率(%)										
	26.5	19	16	13.2	9.5	4.75	2.36	1.18	0.6	0.3	0.15	0.075
EME-14 Ⅰ	100	100	100	90.8	74.7	51.4	32.8	24.3	19.8	15.9	13.6	9.1
EME-14 Ⅱ	100	100	100	84.3	58.5	50.6	32.7	24.2	19.7	15.9	13.6	9.0

第五章 沥青混合料级配结构对性能的影响

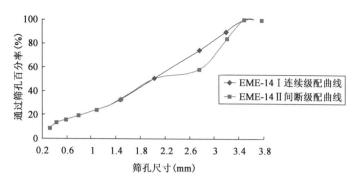

图 5-12 EME-14 型两种混合料级配曲线

2. 甘油用量的确定

为了方便对比分析集料的级配结构对混合料的抗剪影响,均采用统一的沥青膜厚度 $9\mu m$。本试验采用甘油代替沥青,因此采用统一的甘油膜厚度 $9\mu m$,并根据级配结构和组成的不同,换算出不同的甘油用量。换算公式如下:

$$SA = \sum (P_i \times FA_i) \quad (5\text{-}13)$$

$$P_{be} = \frac{r_b \times SA \times DA}{10} \quad (5\text{-}14)$$

式中:SA——集料的比表面积(m^2/kg);

P_i——各种粒径的通过百分率(%);

FA_i——相应于各种粒径的集料的表面积系数;

DA——沥青膜厚度(μm),取 $9\mu m$;

r_b——沥青的相对密度(25℃/25℃),无量纲;

P_{be}——有效沥青用量(%)。

由以上公式,就可以计算出各个级配不同的甘油用量。

3. 坍落度

甘油混合料的坍落度试验参考坍落度仪测定水泥混凝土拌和物稠度的试验方法。按照规范要求,混合料分三层装入筒内,每层装料后用捣棒由边缘至中心插捣 25 次,不得冲击。装填结束后,用镘刀刮去多余的拌和物,并抹平筒口,清除筒底周围的混凝土。随即立即提起坍落筒,提筒在 5～10s 内完成,并使混凝土不受横向及扭力作用。从开始装料到提出坍落筒整个过程应在 150s 内完成。九种甘油混合料坍落度试验结果见表 5-3。图 5-13、图 5-14 为坍落度试验过程。

九种甘油混合料坍落度试验结果　　　　　　　　表 5-3

级配	甘油膜厚度（mm）	有效甘油用量（%）	坍落度（mm）		
			1	2	平均值
AC-13C	9	4.6	180	205	192.5
AC-13M	9	4.8	175	190	182.5

续上表

级 配	甘油膜厚度（mm）	有效甘油用量（%）	坍落度（mm）		
			1	2	平均值
AC-13F	9	5.0	170	172	171
SMA-13C	9	6.5	148	155	151.5
SMA-13M	9	6.8	140	147	143.5
SMA-13F	9	7.2	135	143	139
SMA-13M（玄武岩）	9	6.6	170	175	172.5
EME-14 Ⅰ	9	6.7	125	120	122.5
EME-14 Ⅱ	9	6.7	130	132	131

图 5-13 坍落筒

图 5-14 坍落度测量

由表 5-3 可知，坍落度的排列顺序是：AC-13C > AC-13M > AC-13F，SMA-13C > SMA-13M > SMA-13F，EME-14 Ⅱ > EME-14 Ⅰ。对于每一种混合料从粗级配过渡到中间级配，然后到细级配，在甘油膜相同的情况下，其有效的甘油量是增加的，是由于级配偏细，导致集料的比表面积增大，要达到相同的甘油膜，就要增加甘油量。从试验结果可以看出，细集料比较多的混合料类型，其坍落度就比较小，因此该方法不能分析和确定集料级配结构的优劣，确定其集料之间的内摩擦角的大小。

4. 单轴贯入试验

沥青混合料单轴贯入试验，是评价沥青混合料高温抗剪强度的指标，在单轴贯入试验加载过程中，周边的材料将会对压头下的圆柱体形成侧向约束，试件的破坏便意味着约束的破坏，这也恰好反映出了沥青混合料抗剪强度的形成机理。施加的贯入压力不同，所受到的侧向压力也会不同，这个过程与实际路面的情况是相同的。因此我们可以借用此单轴贯入试验的原理来评价集料的不同级配结构对混合料抗剪性能贡献大小。

1) 试验方法的确定及试件成型

试验仪器采用 UTM-100 万能试验机（图 5-15）。试验采用的压头材质为 Q235 不锈钢，尺

寸为 $\phi 40mm \times 50mm$。采用大马歇尔击实成型方法,试件直径为150mm,高度为100mm。根据试验设备的能力,选取加载速率比较小,即选用1mm/min的加载速率。

为更好地模拟路面受剪的状态,采用不脱模的方式进行试验,将单轴贯入试验理解为一个具有特定围压的三轴试验,得出抗剪强度。并且,相比于受到的侧限,甘油的黏结力可忽略不计,使试验数据更加准确。图5-16~图5-18为试件成型过程。

图5-15 UTM-100试验机

图5-16 大马歇尔击实仪

图5-17 大马歇尔试件

图5-18 贯入后的试件

将试件置于试验台上,并调整试件位置,使压头位于试件的正中。启动加载,记录压力和位移,当加载荷载达到25kN时,试验停止。由于甘油的特殊性,试验选取斜率变化点强度作为混合料的抗剪强度。破坏后试件如图5-19所示。

2) 试验结果

(1) 甘油

由于甘油的技术指标受温度影响不大,因此,本节试验温度定为常温25℃。

分别对其9种混合料进行单轴贯入试验,其9种混合料的贯入曲线分别如图5-20~图5-23所示,其试验结果汇总见表5-4。

图 5-19 单轴贯入试验破坏后的试件

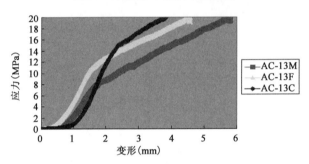

图 5-20 AC-13 型混合料贯入曲线

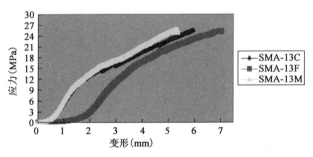

图 5-21 SMA-13 型混合料贯入曲线

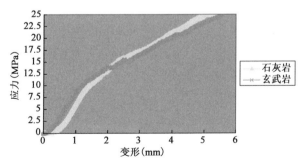

图 5-22 SMA-13M 玄武岩与石灰岩贯入曲线对比

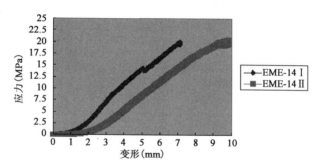

图 5-23 EME-14 型混合料贯入曲线

AC-13 单轴贯入试验结果汇总　　表 5-4

级　配	沥青膜厚度（μm）	有效沥青用量（%）	抗剪强度（MPa）
AC-13C	9	4.6	2.74
AC-13M	9	4.8	2.27
AC-13F	9	5.0	2.41

由图 5-20 和表 5-4 可以看出，对于连续型密级配 AC 型沥青混合料，单轴贯入曲线具有明显的拐点，说明这三种级配结构的混合料的集料之间发生相对的移动，其中 AC-13C 粗级配的混合料拐点值最大，表明该级配结构的集料之间发生相对移动比较晚，其内摩擦角比较大，因此其混合料抗剪强度最大。对于密级配混合料 AC-13 型沥青混合料，采用贝雷法进行设计，计算其设计参数如表 5-5 所示。发现粗级配的其一级嵌挤形成点 CA 值为最小，说明其混合料粗集料比较容易形成嵌挤骨架结构，粗集料比较多，其集料内摩擦角相对比较大，其抗剪能力增强。另外，从连续密级配 AC-13 级配曲线可以看出，集料 5～10mm 对级配结构和抗剪性能的影响最大。

从图 5-21～图 5-23 看出，SMA-13 和 EME-14 的贯入试验没有拐点，说明其级配结构具有较好的嵌挤结构，集料内部之间具有相对比较大的内摩擦角，很难产生滑移，因此这两种类型混合料都比连续密级配 AC 类的混合料施加压力后能相互嵌挤锁结，并且具有较大的内摩擦角，其混合料抗剪强度增强。

（2）沥青混合料

采用 AC-13M、SMA-13M、EME-14 间断三种不同的级配，分别用 70 号普通沥青、SBS 改性沥青、中海油 30 号硬质沥青在最佳油石比下成型试件进行试验。其试验结果见表 5-5。

三种级配类型贯入试验结果汇总　　表 5-5

级配类型	沥　青	试件编号	最大抗剪强度（MPa）	平均值（MPa）
AC-13	70 号	1	1.59	1.59
		2	1.56	
		3	1.62	
SMA-13	SBS	1	1.66	1.65
		2	1.63	
		3	1.67	

续上表

级配类型	沥青	试件编号	最大抗剪强度(MPa)	平均值(MPa)
EME-14	30号	1	1.76	1.84
		2	1.84	
		3	1.92	

试验结果表明:EME-14 型沥青混合料抗剪强度大于 SMA-13 型和 AC-13 型沥青混合料。这说明黏结力 c 起了主要的作用,因此沥青胶结料性质的优劣对其抗剪性能有很大的影响,SMA-13 型沥青混合料因骨架结构的存在抗剪强度大于 AC-13 型级配。

5. 车辙试验

车辙试验是用来评价沥青混合料在规定环境条件下抵抗塑性流动变形能力的常用方法,试验结果可以通过建立经验公式来预测沥青路面的车辙变形深度,或评价沥青混合料的抗车辙变形能力。试验采用 Cooper 试验机,用轮碾成型机碾压成型长 300mm、宽 300mm、厚 100mm 的板块状试件。车辙试验选择的试验温度与轮压可根据有关规定和需要选用,由于甘油的特殊性,试验温度为常温 25 ℃,轮压为 0.7MPa,施加的总荷载为 780N 左右。往返碾压速度为 42 次/min ± 1 次/min (21 次往返/min)。将试件连同试模放置于车辙试验机的试验台上,使试验轮在试件的中央位置,其行走方向应与试件碾压方向一致。然后开启车辙变形自动记录仪,再启动试验机,使试验轮开始往返行走,时间约 1h,在最大变形达到 25mm 时停止试验。试验过程中,记录仪将会自动记录变形曲线。其试件成型和试验过程如图 5-24~图 5-27 所示,试验结果见表 5-6 和图 5-28~图 5-36。

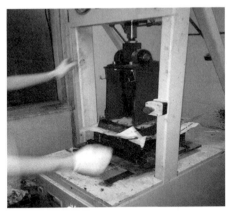

图 5-24 Cooper 车辙试样成型仪器

图 5-25 成型的车辙板

表 5-6 不同级配类型的车辙试验结果汇总

级配	沥青膜厚度(μm)	合成表观密度(g/cm³)	合成毛体积密度(g/cm³)	空隙率(%)	矿料间隙率(%)	最大理论密度(g/cm³)	车辙深度(mm)	动稳定度(次/mm)
AC-13C	9	2.729	2.661	7.59	14.55	2.579	23.9	269
AC-13M	9	2.728	2.659	6.47	13.84	2.573	13.8	326
AC-13F	9	2.728	2.658	4.32	12.21	2.567	24.1	360
SMA-13C	9	2.727	2.678	6.26	17.03	2.535	21.7	310

第五章　沥青混合料级配结构对性能的影响

续上表

级配	沥青膜厚度（μm）	合成表观密度（g/cm³）	合成毛体积密度（g/cm³）	空隙率（%）	矿料间隙率（%）	最大理论密度（g/cm³）	车辙深度（mm）	动稳定度（次/mm）
SMA-13M	9	2.727	2.676	4.29	15.77	2.527	16.5	379
SMA-13F	9	2.727	2.674	1.48	13.97	2.516	24.0	333
SMA-13M（玄武）	9	2.934	2.844	6.96	17.95	2.685	10.7	386
EME-14 I	9	2.727	2.657	0.30	11.71	2.522	8.6	360
EME-14 II	9	2.726	2.657	0.84	12.18	2.522	9.8	393

图 5-26　Cooper 车辙试验仪　　图 5-27　车辙试验破坏后的试件

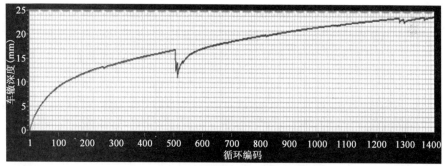

图 5-28　AC-13C 级配混合料的车辙变形曲线

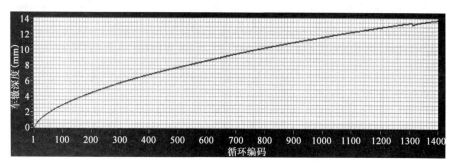

图 5-29　AC-13M 级配混合料的车辙变形曲线

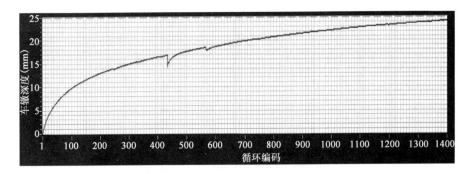

图 5-30　AC-13F 级配混合料的车辙变形曲线

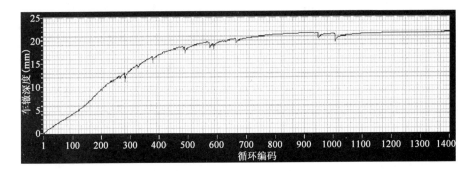

图 5-31　SMA-13C 级配混合料的车辙变形曲线

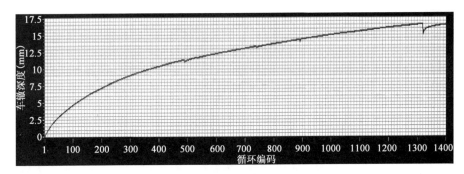

图 5-32　SMA-13M 级配混合料的车辙变形曲线

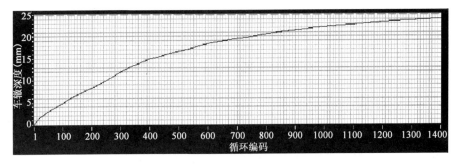

图 5-33　SMA-13F 级配混合料的车辙变形曲线

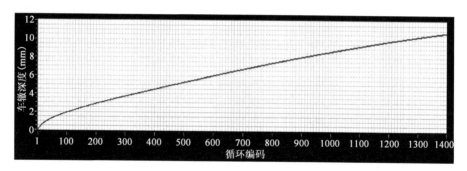

图 5-34　SMA-13M 级配混合料(玄武岩)的车辙变形曲线

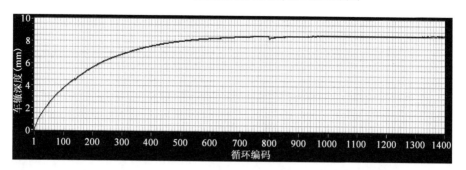

图 5-35　EME-14 I 连续级配混合料的车辙变形曲线

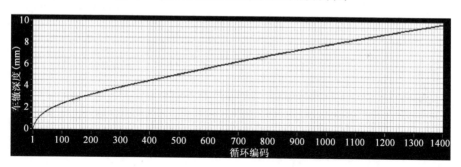

图 5-36　EME-14 II 间断级配混合料的车辙变形曲线

通过表 5-6 可知,相同的级配类型,相同的甘油膜厚度下,玄武岩 SMA-13 的车辙深度明显小于石灰岩,这是由于玄武岩具有良好的棱角性、抗压碎和磨耗的集料特性,因此这一点也印证了集料的特性对混合料抗剪性能的影响。

通过表 5-6 及图 5-28～图 5-36 可知,此试验数据没有很好的规律性,但是对于 EME 类型的混合料,车辙深度明显比 AC 类和 SMA 类的混合料车辙深度小,相对嵌挤结构比较好的 SMA 类混合料的车辙深度比较大,在相同甘油膜的厚度下,EME 混合料的空隙率非常小,细料相对比较多,压实状态达到密实,说明 EME 类型的级配结构抗剪切能力比较强,同时也说明把级配结构向细型发展,同样也可以使混合料达到良好的抗剪性能。

6. 三轴试验

通过以上的研究分析,说明混合料内部的摩擦角对混合料强度有很大影响,因此通过 φ 值的测定试验,更直观地分析和比较级配结构对混合料性能的影响。

1) 试验方法

评价沥青混合料抗剪性能的试验方法有很多种,而能够直接得出剪切参数,反映其强度构成的方法不多,三轴剪切试验较好地模拟了材料中一点的受力状态,能够与实际路面中的三向受力情况相符合,并得到混合料的抗剪参数、应力—应变特性、抗压强度、破坏能量等数据,因此,是一种常用的评价混合料抗剪性能的试验方法。

采用先进的万能材料试验系统(UTM-100),进行三轴压缩试验,试件的制作采用振动成型,如图 5-37 所示。成型试件直径为 100mm,高度为 200mm,试验选择的加载速率为 1.27mm/min,围压分别定为 0kPa、138kPa、276kPa,在这三个不同的围压下进行室内剪切试验。

把试件放在三轴室底座上,然后在试件上套上橡皮膜,并用两根橡皮条进行固定,以保证橡皮膜密封严实,套上橡皮膜试件如图 5-38 所示。旋上三轴室上的三根旋杆,密封好三轴室,无须加热,直接进行试验。试验仪以一定的速率施加轴向荷载,通过电脑自动采集的数据可以看到,轴向偏差应力随着时间的变化呈现出先逐渐增大在达到应力峰值后下落的规律,认为此时试件已发生剪切破坏,如图 5-39 所示,破坏后的试件如图 5-40 所示。变化三种不同的围压,可以得到相应的破坏时轴向应力的峰值,也可以获得材料在极限平衡状态时的一族应力圆,进而求得材料的抗剪参数黏结力 c 和内摩擦角 φ。

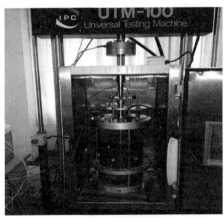

图 5-37　UTM-100 试验仪

图 5-38　橡皮膜包裹的试件

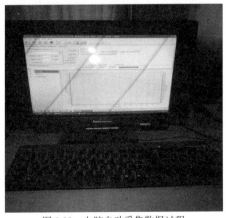

图 5-39　电脑自动采集数据过程

图 5-40　破坏后的试件

2)试验结果

(1)甘油

试验选取 AC-13M 级配、SMA-13M 石灰岩和玄武岩级配、EME-14 连续和间断级配共 5 个级配进行比较分析,由于甘油的特殊性,试验选择常温下进行。其试验结果见表 5-7。

不同级配类型三轴试验结果汇总　　　　　　表 5-7

级　配	围压(kPa)	σ_1 (kPa)	σ_3 (kPa)	求得抗剪指标		
				c(kPa)	φ(°)	R^2
AC-13M	0	367	0	59.82	33.31	0.990
	138	464.62	138			
	276	724.38	276			
SMA-13M	0	417.25	0	56.94	38.52	0.993
	138	641.1	138			
	276	875.5	276			
SMA-13M 玄武岩	0	442.75	0	58.84	39.48	0.991
	138	671.55	138			
	276	893.55	276			
EME-14 Ⅰ 连续	0	429.7	0	60.45	37.62	0.990
	138	648.3	138			
	276	796.55	276			
EME-14 Ⅱ 间断	0	469.2	0	61.15	38.29	0.992
	138	629.0	138			
	276	1003.3	276			

从表 5-7 中可知,三种级配类型中,SMA-13 型混合料的级配的内摩擦角最大,说明该类型混合料的级配结构嵌挤性最强,其中级配结构相同的集料为玄武岩的 SMA-13 为最大,比石灰岩混合料增加了 2%,说明岩性对集料内部的内摩阻力有一定的影响,由于玄武岩比石灰岩具有更好的棱角性以及耐磨性,因此其混合料中集料内部具有较大的内摩擦角,从而其抗剪性能更优。

对于连续密级配的 AC-13 型的混合料内摩擦角 φ 最小,为 33.31%,比 SMA 型混合料的减少 18%,这说明 AC-13 型混合料集料之间的内摩阻力比较小,集料之间容易产生滑移,从单轴贯入试验的结果中也说明了这一点,因此集料级配嵌挤结构的形成,对于增加集料之间的内摩擦角、提高混合料的抗剪强度具有很大的影响。

另外从表中可以看到,黏结力 c 几乎相近,说明采用甘油来代替沥青,减少黏结力 c 对混合料抗剪强度的影响是可行的,同时也说明甘油产生的黏结力很小,大约为 60kPa,本试验混合料的抗剪强度主要依靠集料间的内摩擦力提供。同时我们从试验数据看出,黏结力 c 有一定的规律性,在相同的甘油膜厚度下,EME 类混合料的黏结力最大,说明黏结力 c 对于 EME 类的混合料的抗剪强度的影响最大,说明 EME 类的混合料抗剪性能主要来自于黏结力 c。但是通过对比 EME 连续与间断级配的 c 值和 φ 值,发现 EME 间断级配的内摩擦角相对比较大,虽然其级配结构没有 SMA 类型的混合料间断的程度大,但是我们可以看出在提高 c 值的情况下,还可以对 EME 类的混合料的级配结构进行优化,增强嵌挤结构,增大其集料之间的内摩擦角,使其混合料具有更好的抗剪切性能。

(2)沥青混合料

采用 AC-13M、SMA-13M、EME-14 间断三种不同的级配,分别用 70 号普通沥青、SBS 改性沥青、中海油 30 号硬质沥青在最佳油石比下成型试件进行试验。

其试验结果见表 5-8。

三种级配三轴剪切试验结果汇总表　　　　表 5-8

级配	编号	围压(kPa)	σ_1(kPa)	σ_3(kPa)	求得抗剪指标		
					c(kPa)	φ(°)	R^2
AC-13	1	0	630	0	162.7	32.3	0.991
		138	1100.6	138			
		276	1662.3	276			
	2	0	732	0			
		138	1159.8	138			
		276	1686.2	276			
SMA-13	1	0	654	0	171.4	38.7	0.990
		138	1264	138			
		276	1578	276			
	2	0	628.8	0			
		138	1358	138			
		276	1654	276			
EME-14	1	0	634	0	189.7	35.2	0.993
		138	1258.4	138			
		276	1767	276			
	2	0	651.8	0			
		138	1225	138			
		276	1674.8	276			

从表 5-8 中可以看出,影响三种级配的沥青混合料抗剪性能的两个主要因素是黏结力 c 和内摩擦角 φ 的大小。其中 EME-14 的沥青混合料的黏结力 c 是最大的,比 AC-13 沥青混合料和 SMA-13 沥青混合料分别大 16.5% 和 10.6%,说明影响沥青混合料的黏结力 c 的沥青胶结料相差比较大,因此 EME-14 采用低标号沥青 30 号比基质沥青 70 号和 SBS 改性沥青增强沥青混合料强度的贡献大,选用低标号沥青可以有效地提高黏结力 c 值,从而提高沥青混合料的强度和抗剪切性能。

同时从表 5-8 中可以看出,SMA-13 沥青混合料的内摩擦角为最大,分别比 AC-13 和 EME-14 类型的沥青混合料提高了 19.8% 和 10%,说明 SMA-13 的断级配的嵌挤结构起到了主要作用,和以上的研究得出的结论是一致的,因此,沥青混合料级配结构越嵌挤状态,集料的内摩擦角就越大,沥青混合料的强度越大,抗剪切的性能就越有效。

(3)汉堡试验

针对这三种类型的混合料进行了汉堡试验,验证其沥青混合料的高温抗车辙性能。其试验结果见表5-9。

三种级配汉堡试验结果汇总表　　　　　　表5-9

混合料类型	沥青	温度	编号	20000次车辙深度(mm)
AC-13	70号	60℃	1	7.59
		60℃	2	7.49
SMA-13	SBS	60℃	1	4.64
		60℃	2	4.52
EME-14	30号	60℃	1	4.37
		60℃	2	4.41

从试验结果来看,EME-14沥青混合料的高温抗车辙性能比较好,是由于采用低标号沥青30号提高黏结力c,采用间断级配使集料级配结构形成嵌挤状态,形成骨架结构,增大其内摩擦角,在黏结力c和内摩擦角φ同时增大的情况下,增强了沥青混合料强度,促使EME-14沥青混合料具有较好的高温抗车辙性能。

第六章 新型沥青混合料设计与性能评价

第一节 概 述

沥青混合料设计方法多种多样,基本上每个国家都有一套设计方法及其指标体系。从原理来讲,基于性能验证和力学指标的法国 LCPC 沥青混合料设计方法、基于体积指标的 Superpave 沥青混合料设计方法及马歇尔沥青混合料经验设计方法最具有代表性,大多国家都是采用上述三种方法体系,并根据其具体国情建立相应的性能评价指标。本章通过研究法国 EME 沥青混合料和比较三种沥青混合料设计方法以及相应的评价方法,分析各自的优劣,推荐了一种更适宜的基于性能设计的新型沥青混合料设计体系和评价指标。通过中法美集料的各项检测试验发现集料的亚甲蓝值、棱角性、针片状含量以及砂当量指标要求差异比较大。欧标对片状颗粒的定义比例比较严格,满足中国和美国集料的针片状含量不一定满足法国的规范要求;通过比较中法两国筛分,对于连续级配,中国方法可以代替法国筛分方法;通过研究法国 EME 连续级配和间断级配这两种沥青混合料,发现法国 EME 采用间断级配的沥青混合料的沥青用量要少。法国的集料比较单一,因此体积设计方面没有过多的要求,但是应用于我国时,要进行沥青混合料的体积指标设计,建议预估三个以上沥青用量,进行旋转压实成型,进行体积指标测定;在我国原材料的情况下,EME2 沥青混合料其级配在严格控制关键筛孔下,应采用在筛孔 9.5mm 和 4.75mm 之间形成间断级配的级配设计,对不同的沥青采用美国旋转压实仪不同的旋转压实次数,对于 50 号沥青采用 80 次,15 号沥青采用 60 次,30 号沥青采用 50 次,空隙率计算采用毛体积密度,设计空隙率小于 3%,矿料间隙率大于 14.5%,饱和度大于 90%;评价 EME 沥青混合料的水损坏性能可以用冻融劈裂和 AASHTO T283 试验代替法国多列士试验,但是其试件的空隙率要求为 5.5% ±0.5%;高温抗车辙性能的评价,可以采用中国车辙试验(温度 70℃,轮压 1.0MPa)以及汉堡试验进行评价;力学性能评价,可以采用动态模量(15℃,10Hz)进行控制以及采用四点弯曲疲劳试验代替法国的两点弯曲试验进行疲劳性能评价,由于我国气候的原因,因此也要考虑低温性能,采用低温弯曲小梁进行低温评价;通过中、法、美三国的沥青混合料性能评价,可以认为 EME2 沥青混合料具有良好的水稳定性、抗高温抗车辙性能、较高的模量的力学性能、抗疲劳性能,同时满足其低温指标的要求,表明 EME2 沥青混合料是一种值得推荐和推广的沥青混合料类型。

第二节 新型沥青混合料设计

一、原材料的选择

通过第二章介绍的三个体系中对集料的检测指标的分析和比较,发现其中亚甲蓝值、棱角性、针片状含量以及砂当量指标要求差异比较大。

1. 针片状含量

三种针片状试验差异：

(1)欧标对集料针状和片状检测分为两个试验,美标和中国标准都采用一个试验进行。

(2)欧标的片状定义比例为2,针状定义比例为3,美标中对针片状有2、3、5三种比例,但是没有明确采用哪个比例,其中 Superpave 对集料的认同特性中的针片状比例采用的是5:1(或0.2),中国标准的比例为3(1/3)。欧标操作过程中,对于特定集料d/D,先进行筛分,确定两个连续标准筛孔d_i/D_i之间集料的质量,再对该部分集料采用相应$D/2$进行筛分,通过物即为片状颗粒,对于D_i/d_i(如6.3/4、8/6.3、10/8、12.5/10、16/12.5、20/16)的比值,一般小于1.58,所以即使是对于D_i的颗粒中的片状颗粒通过物大于$d_i/1.58$,其实际的片状比例也不超过$1.58 \times 1.58 = 2.5$,因此相对于中国标准和美标中的针片状比例3或5而言,欧标的片状颗粒的要求比较苛刻,即有可能在美标和中国标准中不是片状颗粒,而在法标定义下可能被认为是片状颗粒。

(3)美标和中国标准操作仪器不同。美标采用规准仪;而中国标准则在水泥混凝土中采用该仪器确定针片状,对于公路集料针片状测定,中国标准采用游标卡尺;欧标分别用直接筛分和游标卡尺测量。

(4)取样方法不同。美标和中国标准由于要从代表试样中挑选出100个颗粒,这个过程的人为因素可能影响试验结果,从试验操作步骤这个环节来看的话,欧标对片状检测更加客观,直接采用筛分的方式取样,受人为因素影响的程度较小,从三者平行性要求来看,欧标的R及r都最小,正是这个原因。

(5)试验平行性要求差异。欧标对片状颗粒的定义比例比较严格;操作过程比较客观,受人为因素或经验影响较小,得到的试验结果平行性也较好。美标提供了3个针片状比例参数供选择,但是试验过程环节在代表性测试颗粒的选择上可能存在人为因素的影响,对试验的准确性和平行性影响较大。中国标准存在与美标相同的弱点,即在试验过程环节在代表性测试颗粒的选择上可能存在人为因素的影响,对试验的准确性和平行性影响较大。

2. 亚甲蓝值

亚甲蓝试验是为了检测集料中的有害黏土含量,它用亚甲蓝值来表示。欧标和中国标准中,亚甲蓝试验是针对细集料和矿粉,美标是针对0.075mm以下颗粒。

搅拌器和滤纸的差异。欧标中搅拌器参数和中国标准是一样的,欧标中滤纸的参数要求都很明确,比美标和中国标准都详细,但表中没有搅拌器的搅拌速度。美标对搅拌器没有提出要求,滤纸有固定的型号。中国标准中对定量滤纸没有具体参数。

试样要求:欧标采用$0 \sim 2$mm的填料;美标采用的是0.075mm以下的颗粒,也就是说可以适用于矿粉等填料,对于石屑中要提取该部分的颗粒进行试验;中国标准采用的是$0 \sim 2.36$mm的石屑或矿粉等填料。对于亚甲蓝溶液的浓度,欧标采用10mg/L,美标采用5mg/L,中国标准与欧标相同;对于配置过程及保质期,欧标和中国标准都有明确的描述,美标没有相关描述。

对于试验步骤,法标和中国标准基本相同,明确的操作过程信息有试样质量、蒸馏水的用量、不同搅拌阶段持续时间及相应速度、试验结束评判标准等,美标在操作过程中没有提供搅拌速度信息。欧标相对于中国标准还增加了一种情况,即在试样亚甲蓝结果较小时利用高岭土保证晕圈出现。

采用欧标和中国标准分别进行试验,试验结果相差不大。

3. 砂当量

砂当量试验是检测各种细集料中黏性土或杂质的含量,用来评定集料的洁净程度。对于砂当量试验,欧标、美标及中国标准的试验过程基本相同。

欧标砂当量集料要求是 0~2mm,美标及中国标准都是 4.75mm 以下,欧标的集料要细很多,同样的集料砂当量结果会比美标和中国标准小。

4. 细集料棱角性(间隙率和流动时间)

棱角性试验是为了表征细集料的粗糙度,国际上对如何评定有两种方法。中国规范采用这两种方法,间隙率法和流动时间法。

通过比较发现中美选用的间隙率法差异表现在试样的选择,美标多两种标准试样,中国之所以没有是因为在工程实际中,细集料不会再进行筛分后使用,因此在引入美国标准时,只选择它的第三种取样方法。

流动时间法,因为也是直接引用的欧洲标准,所以取样时只有粒级的微小差异,其他完全相同。中法标准集料检测项目和技术指标比较见表6-1。

中法标准集料检测项目和技术指标比较表　　　　表6-1

	技术指标		中国标准技术要求 JTG F42—2005	法标技术要求 NF P18—540		
				EME	BBME	BBMA
粗集料	吸水率(%)	1号	≤2	—		
		2号				
		3号				
	针片状含量(%)	>9.5	≤12	≤25		
		<9.5	≤18			
	磨耗值(%)	洛杉矶	≤28	≤40	≤30	≤25
		微狄法尔	—	—		
		微狄法尔(法国) P18~572	—	≤35	≤25	≤20
	压碎值(%)	常温	≤26	—		
		高温				
	磨光值(%)		—			
	软石含量(%)		≤3	—		
	含泥量(%)	1号	≤1	—		
		2号				
		3号				
	坚固性		≤12	—		

续上表

技 术 指 标			中国标准技术要求 JTG F42—2005	法标技术要求 NF P18—540		
				EME	BBME	BBMA
细集料	吸水率(%)	4号	≤2	—		
	含泥量(%)	4号	≤3	—		
	坚固性(%)		≤12	—		
	砂当量(%)		≥60	≥60		
	亚甲蓝值(g/kg)		≤25	—		
	亚甲蓝值(g/kg)(法国)EN 933-9		—	≤10		
	棱角性(流动时间)(s)		≥30	—		
矿粉	亲水系数		<1	—		
	塑性指数		<4	—		

二、级配设计

1. 中法筛孔级配曲线拟合

由于中法两国的筛孔尺寸不一样,因此进行了级配曲线拟合试验,用分料器分别将所选取的各档矿质集料分成两份,分别采用水洗法通过 0.075mm 和 0.063mm 筛,然后在温度为 115℃±5℃的烘箱中烘干 12h 后,分别通过中国要求筛孔尺寸和法国要求筛孔尺寸,各档集料的筛分结果如表 6-2、表 6-3 所示,同时在各档集料相同的比例下,级配曲线见图 6-1。

中国筛子的筛分结果与级配　　表 6-2

筛孔尺寸 (mm)	比例	26.5	19	16	13.2	9.5	4.75	2.36	1.18	0.6	0.3	0.15	0.075
石灰 10~20	18	100	100	99.0	82.5	29.0	1.8	1.4	1.3	1.3	1.3	1.3	1.2
石灰岩 5~10	25	100	100	100	100	99.4	16.2	2.0	1.9	1.8	1.8	1.7	1.6
石灰岩 3~5	22	100	100	100	100	100	98.8	0.1	0.1	0.1	0.1	0.1	0.1
石灰岩 0~3	35	100	100	100	100	100	100	100	64.1	36.9	19.6	14.2	8.5
级配	100	100	100	99.8	96.9	87.1	61.1	35.8	23.2	13.6	7.7	5.7	3.6

法国筛子的筛分结果与级配　　表 6-3

筛孔尺寸 (mm)	比例	20	16	14	12.5	10	8	6.3	4	2	1	0.32	0.25	0.08	0.063
石灰 10~20	18	100	100	90.2	75.1	37.3	10.4	3.2	1.5	1.3	1.3	1.3	1.3	1.3	1.1
石灰 5~10	25	100	100	100	100	99.7	92.8	66.2	4.7	1.8	1.8	1.8	1.8	1.8	1.6
石灰岩 3~5	22	100	100	100	100	1000	100	100	88.7	0.1	0.1	0.1	0.1	0.1	0.1
石灰岩 0~3	35	100	100	100	1000	100	100	100	100	100	52.4	21.6	18.1	9.5	9.1
级配	100	100	100	98.2	95.51	88.6	82.1	74.1	56.0	35.7	19.0	8.3	7.0	4.0	3.8

从表 6-2 和表 6-3 可知,通过比较中法两国筛分结果,对于连续级配,中国筛分方法可以代替法国筛分方法。从图 6-1 中可以看出中国筛子和法国筛子之间的关系,相同的配比,中国

筛子和法国筛子得出的级配曲线基本相吻合。但是对于间断级配,由于中国石料的规格和法国石料的规格存在着很大的差别,因此法国高模量 EME 不适用。

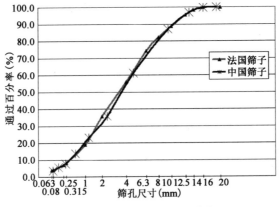

图 6-1 中法两国筛子的级配曲线

2. 级配结构

根据设计级配确定出各个系数,根据丰度系数确定其设计沥青用量,对于 EME-14 间断级配,当油石比为 5.5% 时,丰度系数 $K=3.51>3.4$,即 5.5% 的油石比可以满足丰度系数 K 的要求,即沥青用量为 5.2%,作为设计沥青用量。对于 EME-14 连续级配,当油石比为 5.5% 时,丰度系数 $K=3.56>3.4$,即 5.5% 的油石比可以满足丰度系数 K 的要求,即沥青用量为 5.2%,作为设计沥青用量。由此类推,对于 EME-10 间断级配,沥青用量为 5.7,K 为 3.86;对于连续级配,沥青用量为 5.7,K 为 3.84。EME-14 和 EME-10 连续级配和间断级配曲线见图 6-2。

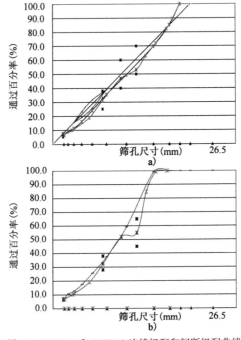

图 6-2 EME-14 和 EME-10 连续级配和间断级配曲线

对这四种混合料进行旋转压实成型,进行体积指标的计算,其结果见表6-4、表6-5。

EME-14 连续与间断级配的混合料体积指标　　　　　　　　　　　　表6-4

类别	间断级配		连续级配	
沥青用量	5.2%		5.2%	
K 值	3.51		3.56	
数(个)	1	2	1	2
试件干重(g)	4999.48	4892.86	4711.96	4716.03
试件水中重(g)	2971.33	2921.37	2755.78	2747.86
试件表干质量(g)	5007.83	4898.24	4732.34	4740.97
毛体积密度(g/cm³)	2.455	2.475	2.384	2.366
最大理论密度(g/cm³)(法)	2.537		2.536	
最大理论密度(g/cm³)(美)	2.530		2.529	
试件理论最小高度(mm)	111.5	109.1	105.14	105.23
试件高度(mm)	117.3	114.2	115.32	117.17
美标空隙率(%)	2.97	2.18	5.73	6.43
法标空隙率(%)	4.93	4.44	8.70	9.96
VMA(%)	14.1	13.4	16.5	17.1

EME-10 连续与间断级配的混合料体积指标　　　　　　　　　　　　表6-5

类别	间断级配		连续级配	
沥青用量	5.7%		5.7%	
K 值	3.86		3.84	
数(个)	1	2	1	2
试件干重(g)	4844.42	4911.47	4848.43	4751.68
试件水中重(g)	2875.26	2915.09	2801.29	2776.10
试件表干质量(g)	4847.77	4913.24	4858.99	4760.25
毛体积密度(g/cm³)	2.456	2.458	2.356	2.395
最大理论密度(g/cm³)(法)	2.519		2.517	
最大理论密度(g/cm³)(美)	2.509		2.509	
试件理论最小高度(mm)	108.8	110.3	109.0	106.8
试件高度(mm)	113.1	114.7	118.6	114.5
美标空隙率(%)	2.1	2.0	6.08	4.54
法标空隙率(%)	3.77	3.80	8.16	6.77
VMA(%)	14.9	14.9	18.3	17.0

从以上表中可以看出,根据丰度系数初估沥青用量而成型的 EME-14 和 EME-10 间断级配沥青混合料满足其空隙率的要求,但是对于连续级配旋转压实后试件的空隙率比较大,不满足其设计要求,因此间断级配的沥青用量比连续级配的少,在级配设计上可以通过调整级配,减少沥青用量,其级配结构对混合料抗剪性能的影响在第五章也已经论述。

另外,通过这次对比研究,发现法国利用一个丰度系数的最小值来初估沥青用量,稍微欠妥,因为对于 EME 的连续级配其中的 K 值远远大于 3.4,但是成型的混合料不满足设计的要求,还要重新预估,因此建议预估三个以上沥青用量,进行旋转压实成型,并进行体积指标测定。由于法国的集料比较单一,没有进行级配设计,但是并不代表法国的混合料设计不需要级配设计。对 EME 连续沥青混合料进行体积指标的设计,确定其最佳沥青用量,其体积指标见表 6-6。

EME 连续级配的混合料体积指标 表 6-6

类别	EME-14		EME-10	
沥青用量	5.7%		6.3%	
K 值	3.93		4.26	
数(个)	1	2	1	2
试件干重(g)	4857.07	4874.5	4947.72	4951.01
试件水中重(g)	2883.87	2903.36	2963.13	2915.6
试件表干质量(g)	4860.43	4877.6	4950.15	4955.45
毛体积密度(g/cm^3)	2.457	2.469	2.457	2.427
最大理论密度(g/cm^3)(法)	2.518		2.496	
最大理论密度(g/cm^3)(美)	2.511		2.486	
试件理论最小高度(mm)	109.2	109.6	112.17	112.25
试件高度(mm)	113.9	113.3	115.3	117.1
美标空隙率(%)	2.13	1.67	1.17	2.36
法标空隙率(%)	4.16	3.31	2.71	4.14
VMA(%)	15.1	14.7	16.3	17.2

从表 6-6 中可以看出,EME-14 和 EME-10 连续级配的沥青混合料的最佳沥青用量分别为 5.7% 和 6.3%,比间断级配的 EME 沥青混合料的沥青用量增加 0.5%。由此可以看出级配的结构对沥青混合料的最佳沥青用量的确定影响非常大,同时可以得出调整级配的结构,可以在满足混合料体积指标以及性能的要求情况下,减少沥青用量。

3. 旋转压实及体积指标

1)拌和压实温度确定

根据法国标准(EN 12697-35—2004),沥青混合料的拌和成型温度由沥青的针入度决定,中国拌和成型温度由黏温曲线来确定,缺乏黏温曲线数据时,可以按照拌和温度为黏度为 (0.17±0.02)Pa·s 时对应的温度,成型温度为黏度为 (0.28±0.03)Pa·s 时对应的温度。

通过不同的方式来确定30号沥青和50号沥青拌和压实温度(表6-7)。

拌和压实温度确定 表6-7

沥青种类	温度选择		温度范围	法国标准 EN 12697-35—2004	美国标准 AASHTO R30
50号	拌和温度(℃)	160	拌和温度下限(℃)	145	160.7
			拌和温度上限(℃)	165	166.4
	压实温度(℃)	150	压实温度下限(℃)	145	148.8
			压实温度上限(℃)	165	154.0
30号	拌和温度(℃)	170	拌和温度下限(℃)	160	169.5
			拌和温度上限(℃)	180	175.2
	压实温度(℃)	160	压实温度下限(℃)	160	157.9
			压实温度上限(℃)	180	163.0

混合料老化温度时间确定见表6-8。

混合料老化温度时间确定 表6-8

老化因素	欧洲标准 EN 12697-31—2004	美国标准 AASHTO R30
老化温度(℃)	压实温度	拌和温度
老化时间(h)	0.5~2	2

2)美国和法国不同旋转压实参数下的体积指标

通过法国旋转压实仪和美国旋转压实仪对EME-14沥青混合料进行击实,在不同旋转压实条件下的沥青混合料空隙率以及压实度汇总见表6-9和表6-10。

不同旋转压实参数条件下沥青混合料空隙率汇总表 表6-9

沥青类型	不同旋转压实仪	空隙率计算方法		VMA(%)	VFA(%)
		美国	法国		
中海50号沥青+0.65%高模量剂EME2	美国	0.7	2.4	14.7	94.7
镇海15号沥青EME2		1.5	4.1	14.4	88.1
中海30号沥青EME2		1.3	1.9	14.2	90.8
中海50号沥青+0.65%高模量剂EME2	法国	0.9	2.5	14.8	94.0
镇海15号沥青EME2		1.5	4.0	14.4	88.1
中海30号沥青EME2		2.5	3.8	15.2	84.7

不同沥青EME2压实度比较 表6-10

混合料类型	法国空隙率计算方法	美国空隙率计算方法	备注
中海50号沥青+0.65%高模量剂EME2	90	80	法国旋转100次达到压实度所对应美国旋转压实次数
镇海15号沥青EME2	50	60	
中海30号沥青EME2	45	50	

通过对上述数据进行分析得出如下结论：

（1）从表6-9中可以看出，EME沥青混合料用美国旋转压实仪成型，其空隙率相对比较小，是由于美国和法国旋转压实仪在试验仪器上面有差异的，即内部角的不同，法国内部角为0.82°，美国为1.16°。法国内部角小，所以压实功小，达到相同的压实度，美国旋转压实次数比法国少，因此在相同压实次数下，美国的空隙率相对要小。

（2）在相同的旋转压实仪上，EME沥青混合料按照美国混合料设计计算出的空隙率比法国标准设计计算出的空隙率小，是由于美国和法国计算空隙率的方法不同，法国计算空隙率时把表面空隙也计算在内，用的是表观密度，因此在计算同一个试件时，法国空隙率也比美国的要大。根据两国设计出的EME沥青混合料的空隙率满足法国规范的要求，下一步将进行性能验证，进行美国计算体系下的体积指标的进一步验证，为以后EME沥青混合料采用美国混合料计算体系下的推荐体积控制指标。

（3）从表6-10中可以看出，由于空隙率计算方法的不同，比较美国法国压实效果时，采用了两种压实度分别比较，得出的结论也有差异，用法国空隙率计算方法比较压实度时，对于三种不同的EME混合料，美国旋转50、45、90次压实度和法国旋转100次压实度是相同的。当用美国空隙率计算方法比较时，达到相同效果，美国旋转压实次数分别为60、50、80次。

（4）对同一种沥青混合料，采用不同旋转压实仪达到相同压实度时，对应的压实次数趋势相同，但数值不同，由于试验数据有限不能建立单一的对应关系。

3）马歇尔击实和法国旋转压实仪体积指标对比

通过第二章对三种沥青混合料的设计方法体系和理念的比较，本节选用EME-14和AC-13型级配代表沥青混合料进行中法美沥青混合料三种设计，选用AC-13进行了中法沥青混合料两种设计。其中EME-14选用20号沥青，级配选用连续和间断两种级配结构，AC-13选用70号沥青和20号沥青。其试验结果见表6-11～表6-13。其级配曲线见图6-3～图6-5。

AC-13型合成级配计算表　　　　　　　　　表6-11

筛孔尺寸(mm)	16	13.2	9.5	4.75	2.36	1.18	0.6	0.3	0.15	0.075
合成级配	99.7	94.2	76.4	45.7	31	21.2	13.9	9.3	7.7	5.8
AC-13上限	100	96	83	55	38	28	20	14	10	6
AC-13下限	95	88	72	42	28	20	15	10	6	4
级配中值	97.5	92	77.5	48.5	33	24	17.5	12	8	5

EME2(0/14)型连续级配计算表　　　　　　　表6-12

筛孔尺寸(mm)	14	12.5	10	8	6.3	4	2	1	0.315	0.25	0.08	0.063
合成级配	96.8	91.8	79.3	68.9	60.6	44.7	29.8	17.4	9.4	8.5	6.2	5.8
EME-14上限	100	0	0	0	70	60	38	0	0	0	0	7.7
EME-14下限	90	0	0	0	50	40	25	0	0	0	0	5.4
目标值	0	0	0	0	60	50	31.5	0	0	0	0	6.6

EME2(0/14)型间断级配计算表   表6-13

筛孔尺寸(mm)	14	12.5	10	8	6.3	4	2	1	0.315	0.25	0.08	0.063
合成级配	96.8	91.8	79.2	67.5	54.3	45.6	30.2	17.8	9.8	8.8	6.6	6.1
EME-14 上限	100	0	0	0	70	60	38	0	0	0	0	7.7
EME-14 下限	90	0	0	0	50	40	25	0	0	0	0	5.4
目标值	0	0	0	0	53	47	33	0	0	0	0	6.7

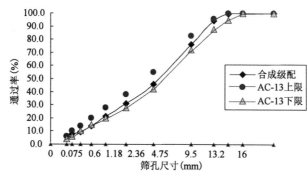

图 6-3 AC-13 型合成级配曲线

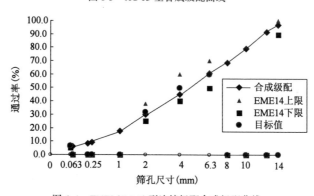

图 6-4 EME2(0/14)型连续级配合成级配曲线

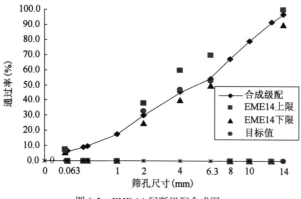

图 6-5 EME-14 间断级配合成图

(1) 马歇尔击实

对中国沥青混合料 AC-13 和法国的高模量沥青混合料 EME 采用中国马歇尔击实 75 次,

其沥青混合料的体积指标见表6-14、表6-15。

AC-13 马歇尔击实试件体积指标　　表6-14

AC-13＋70号沥青					
试验指标	实测数据				
沥青用量(%)	4	4.3	4.5	4.8	5.1
毛体积相对密度(g/cm³)	2.386	2.391	2.415	2.436	2.438
最大理论相对密度(g/cm³)	2.541	2.525	2.523	2.504	2.502
空隙率 VV(%)	6.1	5.3	4.3	2.7	2.6
矿料间隙率 VMA(%)	14.8	14.9	14.2	13.8	14
沥青饱和度 VFA(%)	58.8	64.4	69.8	80.1	81.7
粉胶比 FB	1.6	1.5	1.4	1.3	1.2
AC-13＋20号沥青					
试验指标	实测数据				
沥青用量(%)	4	4.3	4.5	4.8	5.1
毛体积相对密度(g/cm³)	2.408	2.389	2.409	2.422	2.417
最大理论相对密度(g/cm³)	2.535	2.507	2.512	2.516	2.492
空隙率 VV(%)	5	4.7	4.1	3.8	3
矿料间隙率 VMA(%)	13.9	14.8	14.3	14.1	14.6
沥青饱和度 VFA(%)	64.1	68.5	71.4	73.5	79.4
粉胶比 FB	1.6	1.5	1.4	1.3	1.2

EME2(0/14)马歇尔试件体积指标　　表6-15

EME2(0/14)连续级配					
试验指标	实测数据				
沥青用量(%)	4.3	4.5	4.8	5.1	5.4
毛体积相对密度(g/cm³)	2.397	2.415	2.412	2.422	2.425
最大理论相对密度(g/cm³)	2.522	2.519	2.505	2.486	2.427
空隙率 VV(%)	5	4.1	3.7	2.6	2.4
矿料间隙率 VMA(%)	14.7	14.3	14.6	14.6	14.7
沥青饱和度 VFA(%)	66.3	71	74.6	82.3	83.4
粉胶比 FB	1.5	1.4	1.3	1.2	1.1
EME2(0/14)间断级配					
试验指标	实测数据				
沥青用量(%)	4.3	4.6	4.9	5.2	5.5
毛体积相对密度(g/cm³)	2.401	2.413	2.415	2.423	2.419
最大理论相对密度(g/cm³)	2.512	2.503	2.5	2.487	2.477
空隙率 VV(%)	4.4	3.6	3.4	2.6	2.3
矿料间隙率 VMA(%)	14.6	14.4	14.5	14.5	15
沥青饱和度 VFA(%)	67.2	75	76.9	82.3	84.4
粉胶比 FB	1.6	1.5	1.4	1.3	1.2

（2）法国旋转压实

对中国沥青混合料 AC-13 和法国的高模量沥青混合料 EME 采用法国旋转压实仪旋转压实 100 次，其沥青混合料的体积指标见表 6-16～表 6-19。

AC-13 + 70 号沥青旋转压实试件孔隙率 VV 试验结果　　表 6-16

试验指标	沥青用量（%）											
	4.5				4.8				5.1			
	1	2	3	平均	1	2	3	平均	1	2	3	平均
试件干重（g）	7306.2	7294.5	7276.9	7292.6	7285.6	7290.2	7282.6	7286.1	7283.3	7259.5	7300.9	7281.2
试件水中重（g）	4316.6	4281.3	4258.2	4285.3	4315.0	4315.0	4312.5	4314.2	4306.8	4290.9	4316.0	4304.6
试件表干质量（g）	7312.6	7306.3	7288.6	7302.5	7290.4	7295.8	7287.0	7291.1	7288.0	7264.2	7306.5	7286.2
毛体积密度（g/cm³）	2.439	2.411	2.401	2.417	2.449	2.446	2.448	2.448	2.443	2.442	2.441	2.442
最大理论密度（g/cm³）	2.524				2.505				2.494			
试件理论最小高度（mm）	163.8	163.5	163.1	163.5	164.6	164.7	164.5	164.6	165.3	164.7	165.7	165.2
试件高度（mm）	173.4	175	176.1	174.8	172.5	174	171.4	172.6	173.2	173.1	173.9	173.4
马氏空隙率（%）	3.4	4.5	4.9	4.2	2.2	2.4	2.3	2.3	2	2.1	2.1	2.1
法标空隙率（%）	5.5	6.5	7.4	6.5	4.6	5.4		4.7	4.6	4.8	4.7	4.7

AC-13 + 20 号沥青旋转压实试件孔隙率 VV 试验结果　　表 6-17

试验指标	沥青用量（%）											
	4.5				4.8				5.1			
	1	2	3	平均	1	2	3	平均	1	2	3	平均
试件干重（g）	7291.5	7297.6	7290.0	7293.0	7307.0	7293.7	7287.5	7296.1	7335.8	7296.3	7289.8	7307.3
试件水中重（g）	4312.1	4316.2	4311.2	4313.2	4328.2	4317.8	4320.1	4322.0	4344.3	4329.4	4324.0	4332.6
试件表干质量（g）	7300.2	7304.3	7297.5	7300.7	7312.5	7298.6	7294.3	7301.8	7340.1	7300.2	7294.3	7311.5
毛体积密度（g/cm³）	2.4402	2.4422	2.4411	2.4412	2.4485	2.4469	2.4502	2.4485	2.4487	2.456	2.4543	2.453
最大理论密度（g/cm²）	2.498				2.492				2.485			
试件理论最小高度（mm）	165.2	165.31	165.14	165.21	165.93	165.62	165.48	165.68	167.05	166.15	166	166.4
试件高度（mm）	175.6	172.4	173.3	173.77	173.1	173.6	171.1	172.6	172.6	172.5	170.1	171.73
马氏空隙率（%）	2.3	2.2	2.3	2.3	1.7	1.8	1.7	1.7	1.5	1.2	1.2	1.3
法标空隙率（%）	5.9	4.1	4.7	4.9	4.1	4.6	3.3	4.0	3.2	3.7	2.4	3.1

EME（0/14）连续级配 + 20 号沥青旋转压实试件孔隙率 VV 试验结果　　表 6-18

试验指标	沥青用量（%）											
	4.5				4.8				5.1			
	1	2	3	平均	1	2	3	平均	1	2	3	平均
试件干重（g）	7302.0	7296.3	7278.4	7292.2	7292.4	7291.7	7286.7	7290.2	7278.2	7277.6	7300.7	7285.5
试件水中重（g）	4303.0	4287.9	4280.1	4290.3	4317.4	4326.8	4314.3	4319.5	4310.5	4302.8	4317.9	4310.4
试件表干质量（g）	7308.5	7304.1	7286.3	7299.6	7296.4	7295.6	7291.7	7294.6	7281.5	7281.1	7304.5	7289.0

续上表

试验指标	沥青用量(%)											
	4.5				4.8				5.1			
	1	2	3	平均	1	2	3	平均	1	2	3	平均
毛体积密度(g/cm³)	2.4295	2.419	2.4211	2.4232	2.4479	2.456	2.4473	2.4504	2.4498	2.4436	2.4445	2.446
最大理论密度(g/cm³)	2.508				2.498				2.486			
试件理论最小高度(mm)	164.8	164.63	164.22	164.53	165.2	165.18	165.07	165.15	165.67	165.66	166.18	165.84
试件高度(mm)	171.5	177.3	174.7	174.5	172.4	171.6	176.7	173.57	171.7	172.6	175.1	173.13
马氏空隙率(%)	3.1	3.5	3.5	3.4	2.0	1.7	2.0	1.9	1.5	1.7	1.7	1.6
法标空隙率(%)	3.9	7.1	6.0	5.7	4.2	3.7	6.6	4.9	3.5	4.0	5.1	4.2

EME(0/14)间断级配+20号沥青旋转压实试件孔隙率VV试验结果　　表6-19

试验指标	沥青用量(%)					
	4.5	4.6	4.8	4.9	5.1	5.2
试件干重(g)	7333.2	7297.0	7299.0	7292.9	7300.3	7297.4
试件水中重(g)	4349.5	4318.4	4318.1	4339.7	4337.9	4318.3
试件表干质量(g)	7342.2	7305.6	7304.9	7296.4	7303.2	7299.7
毛体积密度(g/cm³)	2.450	2.443	2.444	2.467	2.462	2.448
最大理论密度(g/cm³)	2.524	2.503	2.501	2.500	2.489	2.477
试件理论最小高度(mm)	164.4	165.0	165.1	165.1	166.0	168.6
试件高度(mm)	173.8	172.1	173.6	171.4	171.5	174.1
马氏空隙率(%)	2.9	2.4	2.3	1.3	1.1	1.1
法标空隙率(%)	5.4	4.1	4.9	3.7	3.2	3.2

(3)比较

马歇尔击实和法国旋转压实仪击实试件的空隙率对比见表6-20和图6-6~图6-9。

马歇尔击实和法国旋转压实仪击实试件的空隙率对比　　表6-20

AC-13沥青混合料+70号沥青空隙率			
击实方式	沥青用量(%)		
	4.5	4.8	5.1
马歇尔击实(75次)(%)	4.3	2.7	2.6
法国旋转压实(100次)(%)	4.2	2.3	2.1
$VV_马 - VV_法$	0.1	0.4	0.5
AC-13沥青混合料+20号沥青空隙率	沥青用量(%)		
	4.5	4.8	5.1
马歇尔击实(75次)(%)	4.1	3.8	3.0
法国旋转压实(100次)(%)	2.3	1.7	1.3
$VV_马 - VV_法$	1.8	2.1	1.7

续上表

AC-13 沥青混合料 + 70 号沥青空隙率			
EME(0/14)连续级配	沥青用量(%)		
	4.5	4.8	5.1
马歇尔击实(75 次)(%)	4.1	3.7	2.6
法国旋转压实(100 次)(%)	3.4	1.9	1.6
$VV_{马} - VV_{法}$	0.7	1.8	1.0
EME(0/14)间断级配	沥青用量(%)		
	4.6	4.9	5.2
马歇尔击实(75 次)(%)	3.6	3.4	2.6
法国旋转压实(100 次)(%)	2.4	1.3	1.1
$VV_{马} - VV_{法}$	1.2	2.1	1.5

从图 6-6 ~ 图 6-9 中可以看出,通过对这四种沥青混合料采用马歇尔击实 75 次的压实与法国旋转压实仪击实 100 次的压实的空隙率比较来看,随着沥青用量的增加,这两种击实方法下,沥青混合料的空隙率都呈现减小的趋势,马歇尔击实方法的压实功小于法国旋转压实仪的击实功。图 6-10 为两种击实方法下的空隙率差值。从图 6-10 中可以看出,对于基质沥青 70 号,两种击实方法下,空隙率相差比较小,大约小于 1%;而对于 20 号硬质沥青来说,两种击实方法下,空隙率相差比较大,在 1.0% ~ 2.0%,因此对于硬质沥青来说,马歇尔击实方法更不容易压实。

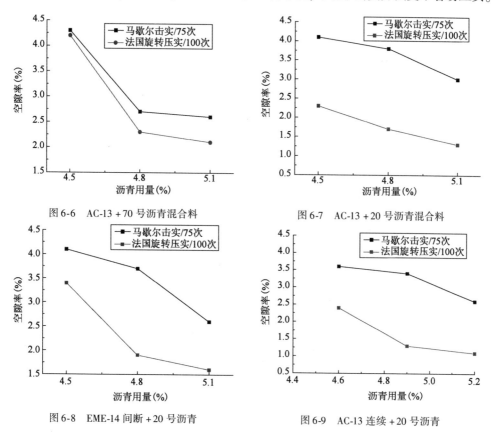

图 6-6　AC-13 + 70 号沥青混合料　　　图 6-7　AC-13 + 20 号沥青混合料

图 6-8　EME-14 间断 + 20 号沥青　　　图 6-9　AC-13 连续 + 20 号沥青

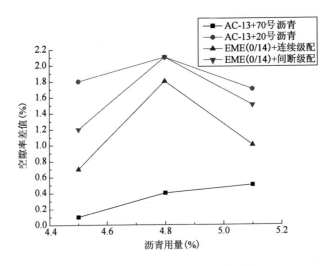

图 6-10 两种击实方法下的空隙率差值

4. 美法不同空隙率计算方法下的体积指标

美国和法国旋转压实法,在计算空隙率上也有差异,以下为两种空隙率的计算公式。

美标空隙率计算公式:

$$VV_{美标} = \left(1 - \frac{\rho_a}{\rho_{max}}\right) \times 100 \tag{6-1}$$

式中:$VV_{美标}$——按美国标准计算出的空隙率(%);

ρ_a——试件毛体积密度(g/cm^3);

ρ_{max}——试件的最大理论密度(g/cm^3)。

法标空隙率计算公式:

$$VV_{法标} = \left(1 - \frac{h_{min}}{h_i}\right) \times 100 \tag{6-2}$$

式中:$VV_{法标}$——按法国标准计算出的空隙率(%);

h_{min}——压实试件的最小高度(mm),对应的空隙率为 0;

h_i——旋转 i 次后试件的高度(mm)。

因为两种旋转压实空隙率计算方法不同(法国空隙率比美国空隙率稍大),为了比较两种旋转压实体积指标,都要用两种公式计算。从以上的计算方法来看,美国采用的是毛体积密度计算空隙率,法国采用的是表观密度计算空隙率,因此这两种方法存在较大的差异性,试验采用了 93 个 EME 沥青混合料试件进行试验,其试验结果比较见表 6-21 和图 6-11。

美法不同计算方法下的空隙率对比 表 6-21

试件编号	美国(毛体积密度)(%)	法国(表观密度)(%)	$VV_{法标} - VV_{美标}$
1	3.4	5.5	2.1
2	4.5	6.5	2

续上表

试件编号	美国(毛体积密度)(%)	法国(表观密度)(%)	$VV_{法标} - VV_{美标}$
3	4.9	7.4	2.5
4	4.2	6.5	2.3
5	2.2	4.6	2.4
6	2.4	5.4	3
7	2.3	4.0	1.7
8	2.3	4.7	2.4
9	2.0	4.6	2.6
10	2.1	4.8	2.7
11	2.1	4.7	2.6
12	2.3	5.9	3.6
13	2.2	4.1	1.9
14	2.3	4.7	2.4
15	1.7	4.1	2.4
16	1.8	4.6	2.8
17	1.7	3.3	1.6
18	1.5	3.2	1.7
19	1.2	3.7	2.5
20	1.2	2.4	1.2
21	3.1	3.9	0.8
22	3.5	7.1	3.6
23	3.5	6.0	2.5
24	2.0	4.2	2.2
25	1.7	3.7	2
26	2.0	6.6	4.6
27	1.5	3.5	2
28	1.7	4.0	2.3
29	1.7	5.1	3.4
30	2.9	5.4	2.5
31	2.4	4.1	1.7
32	2.3	4.9	2.6
33	1.3	3.7	2.4
34	1.1	3.2	2.1

续上表

试件编号	美国(毛体积密度)(%)	法国(表观密度)(%)	$VV_{法标} - VV_{美标}$
35	1.1	3.3	2.2
36	2.9	4.9	2
37	2.18	4.49	2.31
38	2.0	4.1	2.1
39	5.96	8.39	2.43
40	4.8	7.03	2.23
41	5.09	7.44	2.35
42	5.73	8.70	2.97
43	6.43	9.96	3.53
44	2.4	4.4	2
45	4.94	7.14	2.2
46	2.13	4.16	2.03
47	1.67	3.31	1.64
48	1.25	3.07	1.82
49	1.11	2.77	1.66
50	2.13	4.16	2.03
51	1.67	3.31	1.64
52	2.97	4.93	1.96
53	2.18	4.44	2.26
54	1.0	2.38	1.38
55	1.3	2.68	1.38
56	1.2	2.57	1.37
57	1.2	2.54	1.34
58	0.5	1.89	1.39
59	0.8	1.70	0.9
60	0.8	1.44	0.64
61	0.7	1.68	0.98
62	1.1	2.47	1.37
63	0.9	2.74	1.84
64	1.2	2.6	1.4
65	1.1	2.6	1.5
66	0.2	1.02	0.82
67	0.1	1.40	1.3

续上表

试件编号	美国(毛体积密度)(%)	法国(表观密度)(%)	$VV_{法标} - VV_{美标}$
68	0.3	1.21	0.91
69	0.2	1.21	1.01
70	0.8	3.59	2.79
71	1.5	3.09	1.59
72	1.4	3.11	1.71
73	1.5	3.26	1.76
74	0.6	1.47	0.87
75	0.5	1.37	0.87
76	0.5	1.58	1.08
77	0.5	1.48	0.98
78	1.4	3.12	1.72
79	1.7	3.82	2.12
80	1.7	3.94	2.24
81	1.6	3.63	2.03
82	0.7	1.67	0.97
83	0.5	1.74	1.24
84	0.7	1.84	1.14
85	0.6	1.75	1.15
86	2.7	5.09	2.39
87	2.3	4.69	2.39
88	2.3	4.47	2.17
89	2.4	4.75	2.35
90	0.2	1.86	1.66
91	0.2	1.45	1.25
92	0.18	1.16	0.98
93	0.19	1.49	1.3
MAX		4.6	
MIN		0.64	
AVE		1.9	
标准差		0.722811	
方差		0.522455	

从表6-21和图6-11中可以看出,通过对试验的93个试件在采用美国毛体积密度和法国表观密度两种计算方法下的空隙率比较发现,通过美国毛体积密度计算的空隙率明显比通过法国表观密度计算的空隙率小,是因为采用表观密度,把试件的表面空隙率都计算在内,因此比采用美国毛体积密度偏大,同时进行统计分析,两种方法下的空隙率相差大约1.9%。

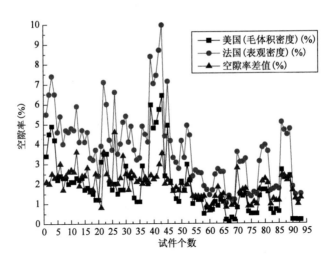

图6-11 美法两种不同计算方法下的空隙率差

图6-12为美标空隙率和法标空隙率回归曲线。表6-22为对应回归方程。从图6-12和表6-22中可以看出,对这两种方法进行回归分析,其回归方程为 $y = 1.364 + 1.305x$,相关系数达0.8988,说明两种方法的相关性比较高。其中法标和美标不同空隙率计算方法下的体积指标的关系见图6-13。

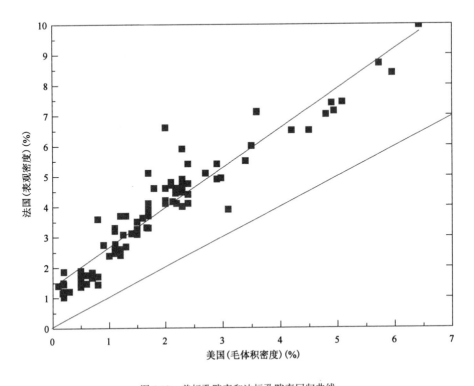

图6-12 美标孔隙率和法标孔隙率回归曲线

美标空隙率与法标空隙率回归方程　　　　　　　表 6-22

方　程	$y = a + bx$	
差平方和	32.25626	
R^2	0.89882	
		标准差 r
截距 a	1.36404	0.10648
斜率 b	1.30459	0.04561

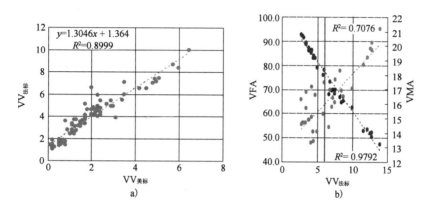

图 6-13　美标和法标体积指标的关系（VV，VMA，VFA）

第三节　沥青混合料性能评价

针对 EME-14 采用 50 号 + 抗高模量剂沥青混合料和 AC-20 采用 70 号基质沥青混合料进行各国沥青混合料性能评价。EME-14 级配曲线见图 6-14 和表 6-23，AC-20 沥青混合料的体积指标见表 6-24。

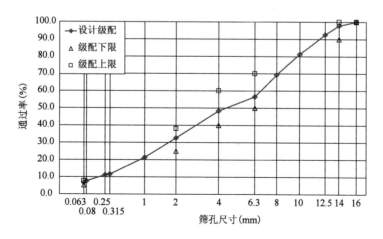

图 6-14　EME2（0/14）合成级配曲线

EME2(0/14)级配设计　　表 6-23

集料类型		通过下列筛孔(mm)的质量百分率(%)											
		16.0	14.0	12.5	10.0	8.0	6.3	4.0	2.0	1.0	0.315	0.25	0.08	0.063
石灰岩	2号	50.0	47.9	42.7	31.2	19.3	6.7	1.6	0.9	0.7	0.5	0.5	0.4	0.1
	3号	15.0	15.0	15.0	15.0	15.0	15.0	11.9	3.2	1.1	0.4	0.4	0.3	0.3
	4号	31.0	31.0	31.0	31.0	31.0	30.9	30.8	24.5	15.5	6.7	6.3	3.7	3.4
	矿粉	4.0	4.0	4.0	4.0	4.0	4.0	4.0	4.0	4.0	4.0	4.0	3.3	2.9
设计级配		100.0	97.9	92.7	81.2	69.3	56.6	48.2	32.6	21.3	11.6	11.1	7.6	6.7

AC-20 沥青混合料体积性质表　　表 6-24

混合料特性	设计结果	技术要求
试件毛体积相对密度(g/cm^3)	2.420	—
实测理论最大相对密度(g/cm^3)	2.535	—
空隙率 VV(%)	4.5	4~6
矿料间隙率 VMA(%)	13.6	≥13.5
饱和度 VFA(%)	66.6	65~75
P_{be}(%)	3.853	—
V_{be}(%)	9.026	—
V_g(%)	86.437	—
粉胶比 DP	1.557	宜 0.6~1.6
DA(μm)	8.167	—
稳定度 MS(kN)	12.20	≥8
流值 FL(0.1mm)	31.5	15~40

1. 水稳定性

水稳定性评价分别采用了法国多列士 Duriez 试验、美国修正 T-283 试验和中国的冻融劈裂试验、浸水马歇尔试验四种试验方法。由于 EME2 试验室设计空隙率和现场空隙率基本相同,因而根本无法达到空隙率(7±0.5)%的要求,经过几组试验的调试,最终确定在用 AASHTO T283 试验进行 EME2 混合料水敏感性评价时,空隙率调整为(5.5±0.5)%。采用多种试验方法评价 EME2 及其他沥青混合料的抗水损害性能,具体试验结果见表 6-25 和表 6-26。

不同试验方法 EME2 和 AC-20 抗水损害性能评价　　表 6-25

试 验 方 法	50号沥青 EME2	AC-20 +70号	技术要求
法国多列士(Duriez)试验	87.7	79.7	≥75
汉堡车辙试验	无拐点	无拐点	—
修正 AASHTO T 283 试验	89.8	82.1	≥80
浸水马歇尔稳定度试验	98.4	86.8	≥80
冻融劈裂试验	89.4	76.3	≥75

BBME 和 BBMA 混合料水稳定性试验结果 表 6-26

BBME	浸水马歇尔稳定度	85.1	≥80	中国
	冻融劈裂试验	82.0	≥75	中国
	AASHTO T 283	82.5	≥80	美国
	多列士试验	88.4	≥80	法国
BBMA	浸水马歇尔稳定度	90.4	≥85	中国
	冻融劈裂试验	87.6	≥80	中国

通过上述试验结果可以得出以下结论:

(1) 对于 EME-14 和 AC-20 两种类型的沥青混合料都满足这四种抗水损害的性能评价方法,其中 EME-14 沥青混合料的水稳定性好于 AC-20 沥青混合料。从这一点可以看出这两种混合料都满足法国沥青混合料设计的第一水平。

(2) 浸水马歇尔试验方法操作简单,易于推广。但其试件性能稳定性差,试件的成型方法、空隙率及水压作用不能很好地模拟野外现场水损害条件,残留稳定度评价指标的有效性明显不足。

(3) 冻融劈裂试验操作简单,易于推广,但其试件性能稳定性较差,试验方法与实际路用情况并不完全相符,冻融劈裂强度比的评价指标的区分度也不明显。AASHTO T283 与冻融劈裂试验有相同的环境条件,但是比冻融劈裂试件的性能稳定性强,可以很好地评价沥青混合料的抗水损害性能。

(4) 汉堡浸水车辙试验较好地模拟了实际路面在发生水损害时的条件和状态,试件性能的稳定性好,但其设备昂贵,不利于推广使用。多列士试验方法和欧洲间接拉伸试验与实际路用情况并不完全符合,没有经过冻融循环环节,也没有解决交通荷载作用下动水压力和真空负压抽吸对水损的影响,但其试件性能稳定性和评价指标都较好,操作简单,易于操作,适合推广。

因此通过比较分析,对沥青混合料水稳定性要求比较高的混合料,可以选择 AASHTO T283 试验方法对沥青混合料进行抗水损害能力评价。可以用冻融劈裂试验和 AASHTO T283 试验代替多列士试验对 EME2 沥青混合料进行抗水损害性能评价。

2. 高温抗车辙性能

采用法国车辙试验、汉堡车辙试验和中国车辙试验进行抗车辙性能的试验评价,主要试验结果如表 6-27、表 6-28 所示。

不同试验方法 EME2 抗车辙性能评价 表 6-27

试 验 方 法	EME2 50 号沥青+抗高	AC-20	技 术 要 求
法国车辙试验	1.59%	10.15%	EME2≤7.5%;BBME≤10%
汉堡车辙试验	2.08mm	9.7mm	20000 次,≤10mm
中国车辙试验	11375(35.25)	1112(4.3)	变异系数≤20%
中国车辙试验 (70℃,1.0MPa)	6012	—	

EME-14 沥青混合料不同沥青针入度汉堡试验结果　　　　表 6-28

沥　青	针入度(mm)	试验结果(mm)	技 术 要 求
10 号	10.7	9000 次碾压坏	
20 号	15.0	2.05	
5%岩+10%10 号+75%70 号	22.5	2.18	
40%10 号+60%70 号	25.8	2.52	
25%10 号+75%50 号	31.3	2.84	≤20mm
30%10 号+70%70 号	35	3.62	
70 号+8%岩	39.3	4.26	
50	46.4	4.25	
70	60	14.6	

从表 6-27 和表 6-28 中可以看出：

(1)用几种试验方法表征混合料高温稳定性,趋势是相同的。随着沥青针入度的增大,汉堡试验的变形深度是增加的,因此对 EME-14 类型的沥青混合料应该采用低标号沥青。同时 EME-14 沥青混合料采用 70 号沥青时车辙深度比 AC-20 采用 70 号沥青的沥青混合料的大,说明对于 EME 沥青混合料的高温抗剪切能力来自于沥青胶结料,而 AC-20 主要是粗集料形成骨架结构,通过增大内摩擦角来提高高温抗车辙能力。

(2)我国车辙试验用于评价 50 号沥青+抗高模量剂 EME2 的高温稳定性,试验结果变异系数为 35.25%,不符合技术要求,说明动稳定度这个指标存在一定的缺陷,同时该类型的沥青混合料的动稳定度大于 6000 次/mm,有的甚至超过 10000 次/mm,根据动稳定度试验特征可知,该方法已经不适合 EME2 这种高温性能优异的混合料。如果评价这种高温抗车辙能力比较强的混合料时,可以提高试验温度到 70℃,同时增大轮压 1.0MPa。

(3)从这两种沥青混合料的中法车辙数据来看,AC-20 沥青混合料满足中国车辙的技术要求,不满足法国车辙的技术要求,说明法国车辙的试验方法更为苛刻,能更好地评价沥青混合料高温抗车辙性能。由于法国车辙试验方法,是检测试件经受指定的荷载循环次数 100、300、1000、3000、10000、30000 后才停止设备的运转,通过计算试件一系列的测量值所得的成比例的车辙深度,根据 15 个变形值和试件的厚度得出车辙,而且通过法国试验方法可以看出,法国车辙试验能更好地检测试件在高温产生车辙时的每个阶段,使数据更具有可信度。

(4)通过以上的比较和分析,沥青混合料高温抗车辙性能评价方法中,法国车辙试验和汉堡试验比较合适,中国的轮碾车辙试验应该提出更合适、更科学的评价指标,比如变形速率。

3. 模量性能

本研究针对两点弯曲复数模量试验、ITSM 模量试验、动态模量试验(AASHTO TP79)、四点弯曲模量试验方法进行沥青混合料模量研究,其模量试验参数见表 6-29,试验结果见表 6-30。

第六章　新型沥青混合料设计与性能评价

模量试验参数汇总表　　　　表 6-29

试验方法	两点弯曲复数模量试验	ITSM 模量试验	四点弯曲模量试验	动态模量试验(TP79)
试件成型	现场空隙率	目标空隙率	现场或目标空隙率	试件7%
试件尺寸	梯形	$\phi 100 \times 50mm$	长380mm、宽63mm、高50mm	$\phi 100 \times 150mm$
试验温度	15℃、20℃	15℃、20℃	15℃、20℃	-10℃、60℃
加载条件	10Hz 等频率	124ms，间歇3s	10Hz 等频率（英国采用20℃、8Hz）	10Hz 等频率
波形	动态连续	脉冲波	动态连续	动态连续

不同试验方法模量性能评价(MPa)　　　　表 6-30

试验方法	EME2 50号沥青+抗高模量剂	EME2 15号沥青	AC-20 70号沥青	技术要求
法国两点弯曲试验（MPa,15℃,10Hz）	14107		11308	针对EME > 14000MPa
法国两点弯曲试验（MPa,20℃,10Hz）	11244			
ITSM(MPa,15℃,124μs)	13617	24430		
ITSM(MPa,20℃,124μs)	9210	19434		
四点弯曲模量试验(10℃)		19200		
动态模量试验（MPa,15℃,10Hz）	18087	24315	8200	

从表 6-29 和表 6-30 可知：

(1)由表 6-29 知，两点弯曲模量和四点弯曲模量属于弯拉模量，可以与疲劳试验结合起来；其他模量属于抗压或间接拉伸模量，不能与疲劳试验结合起来，这四种模量都属于动态模量。

(2)从表 6-30 知，对于 EME-14 沥青混合料，采用 50 号沥青+抗高模量剂，其混合料法国两点弯曲试验的复数模量为 14107MPa，满足规范技术要求，因此设计的 EME 高模量沥青混合料达到其水平三的设计要求。另外此沥青混合料的动态模量在温度 15℃、频率 10Hz 的情况下，为 18087MPa，说明用动态模量评价 EME 沥青混合料时，要满足法国混合料设计水平三模量要求，其动态模量在温度 15℃、频率 10Hz 时不能小于 18000MPa。

(3)对于 EME 沥青混合料，50 号沥青的沥青混合料的动态模量值小于 15 号沥青，由于 15 号沥青属于低标号沥青，增强了该类型沥青混合料的强度。

(4)对于 AC-20 沥青混合料，法国的两点弯曲的复数模量不满足法国规范的要求。

4. 疲劳性能

采用四点弯曲疲劳试验和两点弯曲疲劳试验，评价 50 号沥青 EME2 以及 70 号沥青 AC-20 沥青混合料抗疲劳性能，试验结果如表 6-31~表 6-34 所示。

50 号沥青 EME2 四点弯曲疲劳试验结果　　　　　表 6-31

应变(με)	试件个数	美标空隙率(%)	疲劳次数
250	1	1.3	26500
125	5	0.8	307000
65	6	0.8	>1433167

50 号沥青 EME2 两点弯曲疲劳试验结果　　　　　表 6-32

应变(με)	试件个数	法标空隙率(%)	模量(MPa)	疲劳次数
160	4	3.2	16964	370344
130	6	3.6	15956	1822525

70 号沥青 AC-20 两点弯曲疲劳试验结果　　　　　表 6-33

应变(με)	编号	空隙率(%)	模量	疲劳次数
130	1	8.5	12065	89256
	2	8.9	11284	66924
	3	8.0	10953	207272
	4	7.2	10930	140464
	平均值	8.2	11308	125979

70 号沥青 AC-20 四点疲劳试验结果　　　　　表 6-34

应变(με)	编号	空隙率(%)	疲劳次数
130	1	6.7	501055
	2	7.1	536492
	3	7.3	838360
	平均值	7.0	625302

综合分析上述试验结果,可知:

(1)两种疲劳试验方法得出的试验结果,趋势是相同的,初步确定可以采用四点弯曲疲劳试验代替两点弯曲疲劳试验。

(2)对于 EME-14 沥青混合料在这两种方法下,在 10℃、25Hz、100 万次作用下疲劳变形可达 160 μdef,满足规范中不低于 130 μdef 的要求,同时在应变为 130 με 时,得出的疲劳试验结果都大于 100 万次,说明设计的 EME 高模量沥青混合料满足法国规范提出的水平四的要求,说明设计的 EME 具有较高的抗疲劳性能,此次高模量沥青混合料 EME-14 完成整个的沥青混合料设计。

(3)从表 6-33 中可以看出,70 号 AC-20 沥青混合料不满足规范要求。由另外四点疲劳试验数据可以看出,在应变为 130 με 时,疲劳次数为 62 万次,说明其混合料抗疲劳性能比 EME 沥青混合料的抗疲劳性能差。

5. 低温性能

由于法国气候的原因,混合料设计不考虑低温性能,但是低温性能是沥青混合料较为重要的性能之一。因此对于 50 号沥青+抗高模量剂的 EME2 和 70 号 AC-20 沥青混合料进行低温弯曲性能试验,试验结果如表 6-35、表 6-36 所示。

EME2 小梁弯曲试验结果　　　　　　　　　　　　　　　　　　　　表 6-35

试件编号	空隙率 (%)	最大荷载 (kN)	跨中挠度 (mm)	抗弯拉强度 (MPa)	劲度模量 (MPa)	破坏应变 (με)	要求 (με)
1	1.1	1.220	0.360	9.89	5234.5	1890.0	≥2000
2	1.1	1.253	0.406	10.20	4773.8	2137.6	
3	0.9	1.248	0.438	10.05	4372.1	2299.5	
4	1.0	1.238	0.500	9.90	3740.2	2647.5	
5	0.7	1.395	0.391	11.40	5537.2	2058.6	
平均	1.0	1.271	0.419	10.29	4731.6	2206.6	

AC-20 小梁弯曲试验结果　　　　　　　　　　　　　　　　　　　　表 6-36

试件编号	最大荷载 (kN)	跨中挠度 (mm)	抗弯拉强度 (MPa)	劲度模量 (MPa)	破坏应变 (με)	要求 (με)
1	1.251	0.425	10.01	4446.4	2250.4	≥2000
2	1.152	0.410	9.33	4309.2	2164.8	
3	1.204	0.409	9.84	4610.6	2135.0	
4	1.311	0.396	10.84	5226.9	2073.1	
5	1.201	0.410	9.68	4486.0	2158.7	
6	1.253	0.395	10.01	4800.8	2085.6	
平均	1.229	0.408	9.95	4646.6	2144.6	

由表 6-35、表 6-36 可知：

(1) 50 号沥青 EME2 的低温弯曲性能与 70 号沥青 AC-20 的低温弯曲性能相当,可以在我国典型路面结构当中作为中、下面层沥青混合料。

(2) 需要进一步进行冻断试验,研究两种试验方法的相关性。

第四节　新型沥青混合料设计方法与设计指标

通过对国内外沥青混合料设计方法与评价体系的研究和分析,提出适合重载和我国气候条件下的新型高模量抗疲劳型硬质沥青混合料推荐设计方法与评价指标及技术要求,其推荐指标和技术要求见表 6-37,其设计流程见图 6-15。

新型高模量抗疲劳沥青混合料设计推荐指标及技术要求　　　　　　　表 6-37

体积指标和评价指标	推荐指标	参考规范	备　注
空隙率(%)(毛体积法)	<4	AASHTO T312	旋转压实 80 次
VMA(%)	13～16	AASHTO T312	
VFA(%)	>78	AASHTO T312	
冻融劈裂试验(%)	≥80	JTG E20—2011	

续上表

体积指标和评价指标	推荐指标	参考规范	备注
中国车辙试验(次/mm)	>3000	T 0719—2000	70℃,1.0MPa
汉堡车辙深度(20000次最大变形)	≤10mm	ASSHTO T324—04	
动态模量(MPa)(15℃,10Hz)	>18000	AASHTO TP79	
四点弯曲疲劳(次)(10℃,25Hz,106次)	$\varepsilon_6 \geq 130 \mu\varepsilon$	ASSHTO T321	
低温小梁弯曲($\mu\varepsilon$)	≥2000	JTG E20—2011	

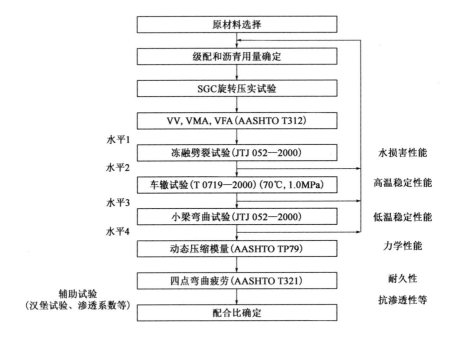

图 6-15 抗疲劳型高模量硬质沥青混合料设计流程图

第七章 欧美沥青路面新技术在我国的工程实践

第一节 概 述

在对欧美沥青路面成熟的技术、标准和规范进行深入研究、对比分析和总结的基础上,如何将其消化吸收并有针对性地成功引入到我国公路建设领域,解决我国当前公路建设中普遍存在的由于重载交通及渠化交通而引起的路面车辙病害问题和桥面沥青混凝土铺装层的水损害、推移破坏等严重影响行车安全性及舒适性的问题?通过本课题的研究,将新型沥青胶结料、新型混合料级配结构和法国 EME 高模量沥青混合料设计理念纳入到我国实体工程沥青混合料的配合比设计中,为不同工作条件下的沥青混合料的抗水损害性能、高温性能、低温性能等确定一个最佳平衡点,以适应交通荷载和环境因素的作用,提高路面行驶质量并延长路面使用寿命。将本项目研究过程中提出的硬质沥青胶结料和新型沥青混合料有针对性地引入到了我国公路建设领域,解决了我国当前公路建设中普遍存在的由于重载交通及渠化交通而引起的路面车辙病害问题和桥面沥青混凝土铺装层的水损害、推移破坏等严重影响行车安全性及舒适性的问题,达到了为不同工作条件下的沥青混合料的抗水损害性能、高温性能、低温性能等确定一个最佳平衡点,以适应交通荷载和环境因素的作用,提高路面行驶质量并延长路面使用寿命的目标。主要应用工程和应用效果如下:

(1)将法国 EME 高模量沥青混凝土路面结构及材料设计成功应用到 G25 长深高速公路沂水段长大纵坡路段,以解决上坡路段车辙病害严重、产生破坏的时间也较早的问题。现场钻取的 EME-14 和 EME-10 芯样浸水汉堡车辙深度小于 8mm,抗车辙性能较好。此外,EME-14 和 EME-10 沥青混合料现场成品料的动态模量试验结果也证明材料参数达到了技术指标要求。

(2)在 G25 长深高速公路沥青路面车辙维修工程中,采用了低标号复合改性沥青,以解决重载交通下的沥青路面车辙问题,现场芯样浸水汉堡车辙深度小于 6mm,抗车辙性能较好。

(3)将开发的密水型高模量沥青砂调平层成功应用到了青岛海湾大桥的桥面铺装结构中,以解决桥面铺装层常见的表面变形破坏(车辙、拥包、波浪和沉陷)、开裂破坏(横缝、纵缝、局部网裂、推移裂缝)、松散破坏(松散、剥落和坑槽)。现场检测结果表明:密水型高模量沥青砂调平层对桥面固有特性适应性好、不渗水,应用效果较好。

(4)在济南黄河二桥水泥混凝土桥面铺装层维修中,采用了硬质沥青高模量沥青混凝土,以解决原桥面铺装结构的车辙、坑槽、防水调平层破坏等病害。现场钻取的芯样浸水汉堡车辙深度小于 3mm,抗车辙性能较好。

第二节　新型高模量耐疲劳沥青混合料在道路中的应用

一、长深高速公路沂水段 EME 高模量沥青路面

G25 长春至深圳线沂水段是国家高速公路"7918"网中的"纵 3"长春至深圳高速公路中的一段,也是山东省规划的"五纵、四横、一环"高速公路网中的"纵 2",即东营港至临沂(鲁苏界)高速公路的组成部分。道路为双向六车道高速公路,设计速度 120km/h,路基宽度 34.5m,汽车荷载等级为公路—Ⅰ级。该路段交通量较大且重载交通比较严重,桩号 K131+429~K131+943.5 路段为上坡路段,坡度达到 2.373%,如图 7-1 所示。

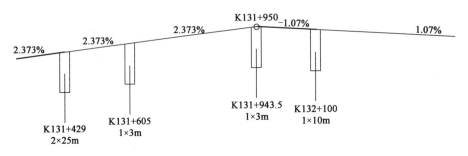

图 7-1　青临高速公路高模量沥青路面纵断面图

通过对国内已建高速公路沥青路面车辙病害调查发现,上坡路段最容易产生车辙,特别是在坡度较大、坡长较长的上坡路段,车辙破坏程度远远大于平坦路段,产生破坏的时间也较早。为了减轻上坡段沥青路面的车辙病害,课题组在进行路面结构方案设计前调研了邻近道路在上坡段所采用的路面结构和材料方案,发现即使在沥青路面中上面层采用了 SBS 改性沥青和抗车辙剂,上坡路段路面车辙病害仍然铺面存在,未能显著减轻车辙病害。因此,课题组决定引入法国 EME 高模量沥青混合料技术,从路面材料和结构设计两方面展开应用研究。法国 EME 高模量沥青混凝土主要应用在沥青路面中下面层,以其采用高含量硬质沥青胶结料、连续级配、低空隙率特性而使沥青混凝土抗车辙能力与耐疲劳性能均较好,是法国现今应用技术最为成熟的高模量沥青混凝土类型。EME 高模量沥青混凝土结构段(K131+550~K132+100)于 2012 年 5 月底进行铺筑,6 月中旬铺筑完成,如图 7-2 所示。

图 7-2　EME2(0/10)施工完成后的表面

1. 路面结构设计

国内现在掀起了高模量沥青混合料的研究热潮,但是国内研究方向主要是通过在沥青混合料中添加抗车辙剂或采用硬质沥青来提高混合料弹性模量,与最早提出高模量沥青混合料并且技术成熟的法国的 EME 高模量有着很大的区别,且未对高模量沥青混合料的设计体系、路用性能、试验方法、施工工艺进行系统的研究。高模量沥青混凝土设计没有具体的指标和标准,在路面结构中的合理层位、结构组合、厚度等问题并没有得到解决,特别是在重载交通条件下的路面结构组合问题尚待研究。本课题采用法国典型路面结构手册,通过交通量分析进行路面结构设计。

1)交通分析

根据工可补充报告交通量数据、车型比例构成以及交通量年增长率,路面设计采用的代表车型及近期交通组成与交通量见表7-1。

近期交通组成与交通量(2012年) 表7-1

车型分类	代表车型	数量(辆/日)	15年平均增长率(%)
小客车	桑塔纳2000	2144	7.40
大客车	黄海DD680	1000	6.14
轻型货车	北京BJ130	322	2.95
中型货车	东风EQ140	572	2.23
重型货车	黄河JN163	804	4.85
铰接挂车	东风SP9250	5002	7.00

分别计算30年(VRS)和20年(VRNS)设计年限累计重载交通量分别为65116015辆和35870360辆。故交通量等级范围分别为$TC7_{30}$和$TC7_{20}$。

2)路基等级确定

长深高速公路沂水段路基填料为风化料,未进行改善之前平均弯沉见表7-2。

路基未改善之前的平均弯沉值 表7-2

检测位置	弯沉平均值(0.01mm)	均方差(0.01mm)	变异系数(%)	代表值(0.01mm)	检测点数
左幅超车道	217.7	32.8	15.1	—	13
左幅行车道1	213.0	33.5	15.7	—	13
左幅行车道2	231.5	32.6	14.1	—	13
右幅超车道	230.5	25.1	10.9	—	13
右幅行车道1	240.2	27.9	11.6	—	13
右幅行车道2	217.1	31.8	14.6	—	13
汇总	225.0	31.3	13.9	287.7	78

对路基表层20cm风化料进行水泥处治后,弯沉在130(0.01mm)~150(0.01mm)范围内,路基模量能达到60MPa以上。在此基础上在路基顶面加铺两层18cm水泥稳定碎石,使路基等级达到PF3。

查法国路面典型结构手册,分别按照 30 年(VRS)和 20 年(VRNS)设计期,见图 7-3 和图 7-4,最后确定可以得出采用图 7-5 所示两个结构。

③	VRS	No.3	EME2/EME2
	PF2	PF3	PF3
TC8$_{30}$		CS 13 EME2 13 EME2	CS 12 EME2 12 EME2
TC7$_{30}$		CS 11 EME2 12EME2	CS 10 EME2 11EME2
TC6$_{30}$		CS 9 EME2 10EME2	CS 8 EME2 9 EME2
TC5$_{30}$	CS 1 11 EME2 12 EME2	CS 1 9EME2 10 EME2	CS 1 8 EME2 9 EME2
TC4$_{30}$	CS 1 10 EEM2 10 EME2	CS 1 7 EEM2 9 EME2	CS 1 6 EEM2 8 EME2
TC3$_{30}$			
TC2$_{30}$			
CS	2.5 BBTM 6 BBSG/BBME	4 BBDr 6 BBSG/BBME	4 BBMa 4 BBM
CS1	2.5 BBTM	4 BBDr	

图 7-3 30 年(VRS)设计期 EME2 结构厚度

②	VRNS	No.2	GB3/GB3
	PF2	PF2	PF4
TC8$_{20}$			
TC7$_{20}$		CS 12 GB3 13 GB3	CS 11 GB3 12 GB3
TC6$_{20}$	CS 13 GB3 13 GB3	CS 10 GB3 11 GB3	CS 9 GB3 9 GB3
TC5$_{20}$	CS 10 GB3 11 GB3	CS 1 9 GB3 8 GB3	CS 14 GB3
TC4$_{20}$	CS 1 9 GB3 10 GB3	CS 1 14 GB3	CS 1 11 GB3
TC3$_{20}$	CS 1 8 GB3 8 GB3	CS1 11 GB3	CS1 8 GB3
TC2$_{20}$	CS1 12 GB3	CS1 8 GB3	CS2 8 GB3

③	VRNS	No.3	EME2/EME2
	PF2	PF3	PF4
		CS 9 EME2 10 EME2	CS 8 EME2 9 EME2
	CS 9 EME2 10 EME2	CS 6 EME2 9 EME2	CS 12 EME2
	CS 1 10 EME2 11 EME2	CS 1 7 EME2 9 EME2	CS 1 6 EME2 8 EME2
	CS 1 6 EME2 10 EME2	CS 1 12 EME2	CS 1 10 EME2

图 7-4 20 年(VRNS)设计期 EME2 结构厚度

交通量采用 TC7$_{20}$ 设计,同时考虑法国材料体系的不同,磨耗层采用 SMA-13,联结层采用 EME(0/10)。建议采用承载板测试路基顶面模量,垫层施工后再测 PF 顶面模量;垫层可采用碎石,作为对比路段;水泥处治层水泥碎石剂量不宜太高,因为法国通常采用低剂量水泥稳定材料,确定长深高速公路沂水段 EME 高模量沥青路面结构如图 7-6 所示。

BBDR磨耗层	4cm
BBME联结层	6cm
EME2基层	11cm
EME2基层	12cm
水泥稳定碎石	18cm
水泥稳定碎石	18cm
土基Subgrade>60MPa	经过改善

a)路面承台等级PF3级,设计交通量TC7$_{30}$ 共69cm

BBDR磨耗层	4cm
BBME联结层	6cm
EME2基层	9cm
EME2基层	10cm
水泥稳定碎石	18cm
水泥稳定碎石	18cm
土基Subgrade>60MPa	经过改善

b)路面承台等级PF3级,设计交通量TC7$_{20}$ 共65cm

图7-5 TC730和TC720设计的EME路面结构图

SMA-13磨耗层	4cm	SBS
EME(0/10)联结层	6cm	
EME2(0/14)基层	9cm	
EME2(0/14)基层	10cm	
水泥稳定碎石	18cm	>200MPa
水泥稳定碎石	18cm	
土基	经过改善总共65cm	>60MPa

图7-6 EME高模量沥青路面结构图

2. 路面材料设计

本路面结构段采用法国LCPC设计方法进行高模量沥青混凝土EME2(0/14)和EME2(0/10)配合比设计。

1)原材料

(1)集料

对于高模量沥青混合料EME,粗集料物理指标要求为:洛杉矶(P18-573)不大于35,Microdeval试验(P18-572)不大于30,二者之和不大于55;针片状(P18-561)小于20%(最大粒径小于10mm,采用25%);洁净度(P18-591)小于2%。由于粗集料在沥青混凝土中的作用是通过颗粒间的嵌锁作用提供稳定性,通过其摩擦作用抵抗位移。其形状和表面纹理都影响沥青混凝土的稳定性,所以选择粗集料时,要严格按照粗集料的技术要求选择。

细集料0/2要求砂当量(P18-597)在60以上或亚甲蓝值(EN933-9)小于2。选用坚硬、洁净、干燥、无风化、无杂质并有适当级配的人工轧制的米砂,石质为石灰岩,不能采用山场的下脚料。

填料宜采用石灰岩碱性石料经磨细得到的矿粉。矿粉必须干燥、清洁。拌和回收的粉料不宜用于拌制沥青混合料,以确保沥青面层的质量。使用含有一定生石灰含量的掺合填料时,在EME总质量中生石灰的含量不应该超过1%。本试验路的矿粉的亲水系数为0.8,满足规范规定小于1%的要求,塑性指数为3.8%,满足规范规定小于4%的要求。同时保证有一个尺寸(在0.125~2mm之间)的通过率为85%~99%,0.063mm通过率在70%以上(可以采用0.075mm应用该标准),矿粉与沥青(50号或者70号)按照6:4比例拌和,进行软化点试验,与原样沥青软化点差值在10~20℃之间。

集料采用青临试验路的石灰岩,法国混合料集料检测指标主要是两个,一个是粗集料的微狄法尔试验,一个是细集料的亚甲蓝,这两个试验按法国和国内规范进行试验,其他均按国内集料规范试验。试验检测结果如表7-3所示。

集料检测指标结果　　　　　　　　　表7-3

	技术指标		石灰岩	中国要求 JTG E42—2005	法标技术要求 NF P18—540		
					EME	BBME	BBMA
粗集料	吸水率(%)	10~20	0.35	≤2	—		
		5~10	0.77				
	针片状含量(%)	>9.5	1.5	≤12	≤25		
		<9.5	9.2	≤18			
	磨耗值(%)	洛杉矶	22	≤28	≤40	≤30	≤25
		微狄法尔(法国) P18-572	15.0	—	≤35	≤25	≤20
	压碎值(%)	常温	21.5	≤26	—		
		高温	21.9				
	磨光值(%)		49.1	—	—		
	软石含量(%)		1.3	≤3	—		
	含泥量(%)	10~20	0.6	≤1	—		
		5~10	1.5				
	坚固性(%)		1.6	≤12	—		
细集料	吸水率(%)	0~3	0.61	≤2	—		
	含泥量(%)	0~3	15.0	≤3	—		
	坚固性(%)		3.3	≤12	—		
	砂当量(%)		87	≥60	≥60		
	亚甲蓝(g/kg)		1.4	≤25	—		
	亚甲蓝(g/kg)(法国)EN 933-9		1.5	—	≤10		
	棱角性(流动时间)(s)		49.3	≥30	—		
矿粉	亲水系数		0.8	<1	—		
	塑性指数		3.8	<4	—		

(2)沥青

为了更好地进行 EME 高模量沥青混合料的研究,对华瑞高模量沥青、山东高速公路建材高模量沥青、华瑞复配9%(北美岩沥青)改性沥青的常规性能、PG 分级系统的试验研究,其检测结果见表7-4。

沥青试验检测结果　　　　　　　表7-4

试验项目	华瑞高模量沥青	欧标技术要求 EN 12591—2000	中国技术要求 JTG F40—2004
针入度(25℃,100g,5s)(0.1mm)	36	40~60	40~60
针入度指数 PI		-1.5~+0.7	-1.5~+1.0

续上表

试验项目		华瑞高模量沥青	欧标技术要求 EN 12591—2000	中国技术要求 JTG F40—2004
延度(5cm/min,10℃)(cm)		9	—	≥15
延度(5cm/min,15℃)(cm)		—	—	≥80
软化点(环球法)(℃)		99	48~56	≥49
软化点差(℃)		—	10~20	—
含蜡量(蒸馏法)(%)		—	<2.2	<2.2
闪点(℃)		360	≥230	≥260
溶解度(%)		—	≥99	≥99.5
密度(15℃)		—	实测记录	实测记录
60℃动力黏度(Pa·s)		—	≥175	≥200
RTFOT后残留物	质量损失(%)	0.02	≤±0.5	≤±0.8
	残留针入度比(%)	87	≥50	≥63
	残留延度(10℃)(cm)	6.5	—	≥4
	残留延度(15℃)(cm)	—	—	≥10
PG分级		PG82-22	PG88-16	

(3) 添加剂

本研究采用了法国路面材料实业有限公司生产的 PR MODULE 添加剂。其指标见表7-5。

PR MODULE 添加剂技术参数　　　　表7-5

性 质	单 位	数 值	性 质	单 位	数 值
颜色	—	灰色	熔点	℃	175
直径	mm	5	级配	mm	0/5
密度	g/cm³	0.93~0.965			

2) 配合比设计

(1) 级配

本路面结构段的高模量沥青混合料EME2混合料级配相关控制筛孔及其通过率参考范围见表7-6和表7-7。

EME2(0/14)混合料级配要求(NF P98-140)　　　　表7-6

级 配	通过下列筛孔(mm)的质量百分率(%)					
	16.0	14.0	6.3	4	2	0.063
上限	100	100	70	60	38	7.7
下限	100	90	50	40	25	5.4
目标值	100	—	53	47	33	6.7

EME2(0/10)混合料级配要求（NF P98-140）　　　　表7-7

级配	通过下列筛孔(mm)的质量百分率(%)					
	16.0	14.0	6.3	4	2	0.063
上限	100	100	65	60	38	7.2
下限	100	100	45	40	28	6.3
目标值	100	—	55	52	33	6.7

由于中法筛孔尺寸的差异，根据每种规格的原材料，分别采用了法国筛子和中国筛子进行筛分试验，根据法国筛的筛分结果，通过试算得到以下配比：EME2(0/14)：(10~20)：(5~10)：(0~3)：矿粉=33：20：45：2；EME2(0/10)：(5~10)：(3~5)：(0~3)：矿粉=45：7：45：3。该配比的合成级配在EME2级配范围内，如表7-8所示，级配曲线如图7-7和图7-8所示。同时采用中国筛的筛分结果，根据法国的级配曲线拟合了中国筛的级配曲线，如图7-9和图7-10所示。

EME2(0/14)级配设计　　　　表7-8

集料类型		通过下列筛孔(mm)的质量百分率(%)										
		16.0	14.0	12.5	10.0	8.0	6.3	4.0	2.0	1.0	0.315	0.25	0.08	0.063
石灰岩	10~20	100.0	68.0	46.4	15.7	2.7	1.6	1.1	1.0	1.0	1.0	1.0	1.0	0.8
	5~10	100.0	100.0	100.0	98.9	74.2	24.4	0.0	0.0	0.0	0.0	0.0	0.0	0.0
	0~3	100.0	100.0	100.0	100.0	100.0	100.0	98.8	64.5	36.8	19.2	17.1	11.1	10.7
	矿粉	100.0	100.0	100.0	100.0	100.0	100.0	100.0	100.0	100.0	99.7	99.4	82.9	78.6
设计级配		100	89.424	82.326	71.9482	62.7	52.4	46.8	31.3	18.9	10.9	10.0	7.0	6.7

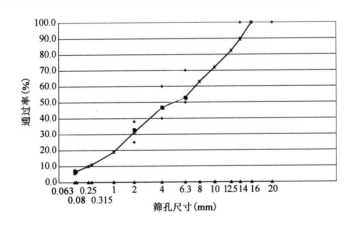

图7-7　EME2(0/14)合成级配曲线

(2)沥青用量

对于EME2，胶结料用量通过丰度系数K控制，要求丰度系数$K>3.4$，其系数见表7-9。

第七章 欧美沥青路面新技术在我国的工程实践

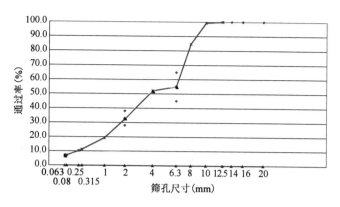

图 7-8 EME2(0/10)合成级配曲线

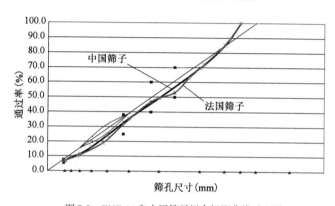

图 7-9 EME-14 和中国筛子拟合级配曲线对比图

注:10~20 的料把 13.2mm 以上的部分全部筛掉;0~3 的料把 0.075mm 以下筛去 5%。

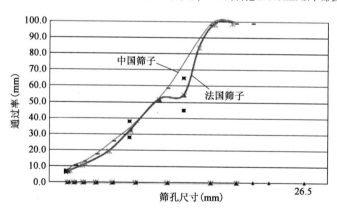

图 7-10 EME-10 和中国筛子拟合级配曲线对比图

注:把矿粒 0~3mm 筛去筛孔 0.075mm 以下部分的 3%。

沥青用量取决于级配,根据设计级配确定出各个系数,见表 7-9。对于 EME2(0/14),当油石比为 5.5% 时,丰度系数 $K=3.51>3.4$,即 5.5% 的油石比可以满足丰度系数 K 的要求,即沥青用量为 5.2% 可作为设计沥青用量。对于 EME2(0/10),当油石比为 6.05 时,丰度系数 $K=3.86>3.4$,即 6.05% 的油石比可以满足丰度系数 K 的要求,即沥青用量为 5.7% 可作为设计沥青用量。

系 数 表　　　　　　　　　　　　　　　　　　　　　　表 7-9

\multicolumn{5}{c}{EME2(0/14)}
$G(\%)$	$S(\%)$	$s(\%)$	$f(\%)$	ρ_G (g/cm³)
47	43	3.3	6.7	2.760
\multicolumn{5}{c}{EME2(0/10)}
$G(\%)$	$S(\%)$	$s(\%)$	$f(\%)$	ρ_G (g/cm³)
27.7	60	5.7	6.6	2.763

注：G-大于 6.3mm 集料的比率；S-6.3mm 和 0.25mm 之间的集料比率；s-0.250mm 和 0.063mm 之间集料比率；f-小于 0.063mm 集料比率；ρ_G-集料密度，g/cm³。

（3）体积指标

本试验段采用华瑞高模量沥青，采用沥青用量为 5.2% 和 5.7%［EME2(0/14)、EME2(0/10)］的法国旋转压实仪进行试验，旋转压实次数为 100 次，进行 EME2 高模量沥青混合料成型。其体积指标见表 7-10 和表 7-11。

EME2 华瑞高模量沥青体积指标　　　　　　　　　　表 7-10

\multicolumn{4}{c}{EME2(0/14)}
编号	1	2	3
试件干重(g)	4999.48	4892.86	4917.12
试件水中重(g)	2971.33	2921.37	2937.16
试件表干质量(g)	5007.83	4898.24	4920.66
毛体积密度(g/cm³)	2.455	2.475	2.479
最大理论密度(g/cm³)(法)	\multicolumn{3}{c}{2.537}
最大理论密度(g/cm³)(美)	\multicolumn{3}{c}{2.530}
试件理论最小高度(mm)	111.5	109.1	109.7
试件高度(mm)	117.3	114.2	114.4
美标空隙率(%)	2.97	2.18	2.00
法标空隙率(%)	4.93	4.44	4.13
VMA(%)	14.1	13.4	13.3

EME2 华瑞高模量沥青体积指标　　　　　　　　　　表 7-11

\multicolumn{4}{c}{EME2(0/10)}
编号	1	2	3
试件干重(g)	4848.15	4844.42	4911.47
试件水中重(g)	2832.54	2875.26	2915.09
试件表干质量(g)	4858.25	4847.77	4913.24
毛体积密度(g/cm³)	2.393	2.456	2.458
最大理论密度(g/cm³)(法)	\multicolumn{3}{c}{2.519}
最大理论密度(g/cm³)(美)	\multicolumn{3}{c}{2.509}
试件理论最小高度(mm)	108.9	108.8	110.3

续上表

EME2(0/10)			
编号	1	2	3
试件高度(mm)	116.6	113.1	114.7
美标空隙率(%)	4.6	2.1	2.0
法标空隙率(%)	6.59	3.77	3.80
VMA(%)	14.4	14.9	14.9

从表中可以得出,EME2 高模量沥青混合料根据法国标准方法计算的空隙率比美国标准方法计算的空隙率大 1 倍,其中按照法国的计算方法空隙率规范要求在 0～6% 之间,美标得出的空隙率要求一般在 0～3% 之间,矿料间隙率 VMA 在 13%～15% 之间。

(4)性能评价

①水损害。

采用 AASHTO T283 对该试验段的高模量 EME2 沥青混合料进行水损害评价,试验结果见表 7-12,由表中数据可知试验结果满足规范的要求。

华瑞高模量沥青混合料　　表 7-12

混合料类型	非条件		条件		TSR(%)	要求(%)
	空隙率(%)	劈裂强度(MPa)	空隙率(%)	劈裂强度(MPa)		
EME2(0/14)(中)(5.7%)	3.9	0.5412	3.8	0.4051	80.9	≥80
	3.1	0.5478	2.7	0.4549		
	4.5	0.5086	4.1	0.4338		
平均值	3.8	0.533	3.5	0.431		
EME2(0/14)(法)(5.2%)	6.4	0.4807	4.9	0.3704	82.1	
	5.9	0.4054	5.5	0.3836		
	7.0	0.4610	7.0	0.3531		
平均值	6.4	0.449	5.8	0.369		

②高温抗车辙性能。

采用中国车辙试验(T 0719—2000)和汉堡试验进行了高温抗车辙试验评价,车辙试验结果见表 7-13,浸水汉堡试验(试验温度为 50℃)结果见表 7-14,试验曲线见图 7-11、图 7-12。

国内车辙试验结果　　表 7-13

类型	级配	沥青	沥青用量(%)	动稳定度(次/mm)
EME2(0/14)	法国筛	华瑞高模量沥青	5.2	8400
EME2(0/14)	中国筛	华瑞高模量沥青	5.7	7620
EME2(0/10)	法国筛	华瑞高模量沥青	5.7	7000
EME2(0/10)	中国筛	华瑞高模量沥青	6.3	6120

汉堡试验结果　　　　　　　　　　表 7-14

试件编号	数据采集点	15000 次碾压最大变形(mm)	20000 次碾压最大变形(mm)	有无拐点
EME2(0/14)				
中国 57-1	第 3 点	5.04	5.66	无
中国 57-2	第 9 点	3.58	4.10	
法国 52-1	第 3 点	5.11	6.39	无
法国 52-2	第 9 点	2.15	2.71	
EME2(0/10)				
法国 57-2	第 3 点	3.01	4.17	无
法国 57-3	第 9 点	4.28	5.90	
中国 63-1	第 3 点	4.25	5.73	无
中国 63-2	第 9 点	4.16	6.37	

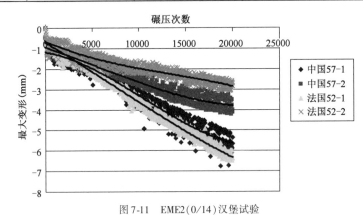

图 7-11　EME2(0/14)汉堡试验

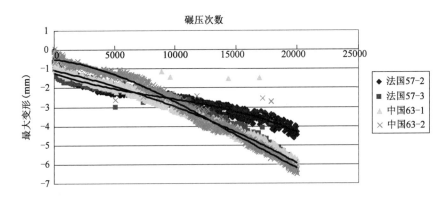

图 7-12　EME2(0/10)汉堡试验

改性沥青 AC-20 或者 SMA-13 沥青混合料车辙试验,其动稳定度大约为 2000～4000MPa,EME2 沥青混合料车辙试验结果见表 7-13,从表中数据可以看出动稳定度大于 6000 次/mm。显然,EME2 沥青混合料抗高温车辙性能较好,常规车辙试验已不适宜评价 EME2 沥青混合料抗车辙性能,因此本课题组采用试验条件更为苛刻的浸水汉堡试验进行 EME2 沥青混合料抗车辙性能评价,试验结果见表7-14。通过图7-11和图7-12中的高模量沥青混合料EME2汉堡试验曲线可以看出,两种沥青混合料试验曲线均未出现拐点,表明EME2高模量沥青混合料具有较高的抗水损害能力,而且20000次的变形平均值为4.2mm,都小于10mm,具有较强的抗高温车辙性能。

(5)模量试验

对室内拌制和现场拌和站抽取的EME2高模量沥青混合料成型圆柱体试件,采用AASHTO TP62试验方法进行动态模量测试,试验条件为15℃、10Hz,试验结果见表7-15。

EME2动态模量试验结果汇总表(15℃,10Hz)　　　　表7-15

沥青类型	混合料类型	空隙率(%)	平均空隙率(%)	动态模量(MPa)	平均动态模量(MPa)
华瑞高模量1	EME-10	1.2	1.3	13611	13631
华瑞高模量1	EME-10	1.4		13651	
华瑞高模量1	EME-14	1.1	2.1	16192	14638
华瑞高模量1	EME-14	3.1		13083	
华瑞高模量2	EME-14	3.8	3.8	21369	21713
华瑞高模量2	EME-14	3.7		22056	
华瑞高模量沥青+3‰PR(现场取料)	EME-14	2.4	2.4	13818	13818
	EME-10	2.2	2.2	11071	11071

从表7-15中可以看出,华瑞高模量2的EME2沥青混合料的模量最高,比华瑞高模量1的混合料的模量值提高了48.3%,因此可以判断华瑞高模量沥青性质不稳定,离析现象较明显,在工程应用中要增加搅拌频率,减小沥青的离析,尤其注意温度的控制。

(6)低温性能试验

由于法国属于典型的温带海洋性气候,全年温和多雨,全年最低气温在0℃以上,因此不考虑路面沥青混合料低温性能。但是,在我国,低温性能是沥青混合料较为重要的性能之一,目前低温性能评价方法主要是小梁低温弯曲试验。

按照《公路工程沥青及沥青混合料试验规程》(JTG E20—2011)T 0715的要求进行 -10℃小梁低温弯曲试验。试件尺寸:长250mm±2mm、宽30mm±2mm、高35mm±2mm。试验条件:温度 -10℃,速率50mm/min。低温弯曲性能试验如图7-13所示。其试验结果见表7-16和表7-17。

图7-13　低温弯曲性能试验

低温小梁体积指标　　　　　　　　　　　表7-16

混合料类型	编号	空气重(g)	水中重(g)	表干重(g)	毛体积密度(g/cm³)	空隙率(%)
EME2(0/10)	1	687.45	406.93	688.56	2.441	2.8
	2	712.34	422.19	713.31	2.447	2.6
	3	721.32	427.53	722.14	2.448	2.5
	4	725.05	431.82	725.85	2.466	1.8
	5	759.31	451.83	760.30	2.462	2.0
EME2(0/14)	1	706.88	471.77	708.05	2.435	3.7
	2	681.15	404.63	681.97	2.456	2.9
	3	680.94	405.28	681.75	2.463	2.6
	4	682.26	406.53	683.06	2.467	2.5
	5	668.5	398.6	669.46	2.468	2.4

低温小梁试验结果　　　　　　　　　　　表7-17

混合料类型	编号	空隙率(%)	挠度d(mm)	最大荷载P(N)	弯拉强度(MPa)	弯拉应变(με)	模量(MPa)
EME2(0/10)	1	2.8	0.511	987	6.671	2857	2335
	2	2.6	0.616	1038	6.660	3396	1961
	3	2.5	0.845	859	5.571	4725	1179
	4	1.8	0.556	1086	6.559	3306	1984
	5	2.0	0.661	1156	6.111	4160	1469
	均值	2.4	0.638	1025	6.314	3689	1786
EME2(0/14)	1	3.7	0.8231	920	6.246	4529	1379
	2	2.9	0.603	991	6.942	3340	2078
	3	2.6	0.3546	887	6.315	1934	3266
	4	2.5	0.2782	1070	7.878	1514	5205
	5	2.4	0.8719	911	6.834	4685	1459
	均值	2.8	0.5867	956	6.843	3200	2677

从表 7-17 中可以得出，其高模量 EME2(0/10) 与 EME2(0/14) 这两种类型的高模量沥青混合料的弯拉应变分别为 3689 $\mu\varepsilon$ 和 3600 $\mu\varepsilon$，满足《公路沥青路面施工技术规范》(JTG F40—2004) 中弯拉应变不小于 2800 $\mu\varepsilon$ 的要求。

3. 路面现场施工

1) 生产配合比设计

为了更好地保证工程质量，需要对已经到场并将在试验路中应用的原材料再次进行检验，以保证其与目标设计的原材料一致。现场开始施工前需要对生产配合比进行设计与调整，生产配合比的设计验证是为了将目标配合比设计阶段混合料的级配组成和沥青含量放大到沥青拌和机上。由于拌和机生产沥青混合料过程中与试验室配合比设计过程存在较大的差异，因此要考虑许多实际问题。在规范上对于生产配合比调整的细节问题没有过多的提及，一般需要根据自己的拌和机特性，找出相应的规律性。由于中国普遍采用间歇式拌和站，集料需要进行二次筛分，因此对拌和站的筛孔需要进行设置。拌和机各层筛子的设置对集料的级配影响很大，为此对每一种混合料使用的筛子都要严格设定，应当根据不同的混合料级配与拌和站性能设定拌和机每一层所使用的筛子。由于法国筛子尺寸和中国筛子尺寸不一样，因此选用法国的筛孔尺寸进行生产配合比的设计，其拌和站热料仓筛孔设置如表7-18所示。

拌和站热料仓筛孔设置 表7-18

混合料类型	热料仓筛孔(mm)				
	1号	2号	3号	4号	5号
EME2(0/14)	4×4	6×6	13×13	16×16	—
EME2(0/10)	4×4	6×6	13×13	—	—

热料仓的取样和筛分对于生产配合比设计的准确性有着非常大的影响，应当引起足够的注意。由于沥青拌和机有不同的除尘装置，除尘后回收的大颗粒部分(0.15~1.18mm)的过程也不尽相同，一般前几盘料中都缺少该部分材料，因此在热料仓取料废弃了3~4盘矿料，以保证除尘后的大颗粒部分重新回到热料仓。热料仓的矿料可以直接从仓中取，也可以放出后再取，调试过程中采用将矿料从料口接出，以避免其中的细料损失，放出矿料后采用四分法逐步将料分成所需要的重量进行筛分。为了减少回收大颗粒对级配的影响，开机前提前打开了除尘设备，使回收的大颗粒材料尽早回到料仓中。另外，在进行拌和机调试时按照正常生产的效率来进行，等到机械稳定以后进行取样。

在热料仓材料的筛分过程中需要注意筛分的精度问题。一般在粗集料筛分时，筛余部分细集料或者粉尘比例相对较少，很多人都将其忽略不计，但是这部分细料对于合成级配中填料组成的影响却非常之大，填充料的1%对混合料的影响都是非常大的，因此对于每种矿料都进行了最细的两级筛分，并且采用水筛法。即使以上几个过程都十分准确，也不能保证合成出的混合料级配与拌和机生产出的级配吻合良好，因为拌和机本身有系统误差，因此有时需要多次调整才能完成，特别是细料部分。在调试拌和机时，首先对级配进行验证，选定适宜的级配组成以及略粗和略细三个级配，以目标配合比设计的最佳沥青用量试拌，进行抽提验证级配的偏差，根据拌和机的偏差确定最终选定的矿料组成；然后根据已选定的矿料组成采用最佳沥青用量以及±0.3%进行二次拌和，最终确定最佳沥青用量。

根据目标配合比调整拌和站冷料仓(Cold Bin)进料速度，使之与目标配合比相均衡，自热料仓中取二次筛分以后进行集料筛分试验，根据试验结果对拌和站热料仓进行调整，生产配合比级配曲线应当与目标级配曲线相接近特别是关键筛孔，在调试过程中对混合料体积指标进行验证。经过多次调试并在其余路段进行试验段铺筑验证，最终确定生产配合比以及抽提后的级配曲线如图7-14和表7-19所示，同时验证混合料体积指标与目标设计相近，见表7-20。

在生产配合比满足要求后进行混合料的试拌，采用拌和楼模拟生产状态拌制混合料，并初步确定拌和楼生产工艺参数，包括原材料加热温度、添加剂的添加方式、拌和时间、上料的速度。由于EME混合料采用添加剂提高混合料的个别技术标准，在试拌过程中应特别注意拌和时间的确认,一定要使添加剂均匀分散,在合适的生产工艺条件下,采用混合料进行旋转压实成型,如果试件的孔隙率与目标设计孔隙率的误差在±1.5%之内,可以进行试验段的铺筑工作。

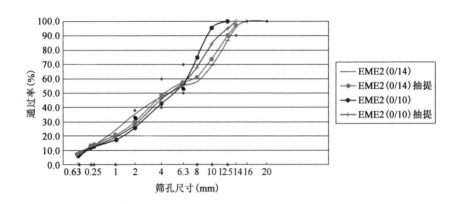

图 7-14　EME2 级配曲线图

EME2 最终确定的生产配合比和抽提后的级配表　　表 7-19

混合料类型	合成级配各筛孔(mm)通过率(%)												
	20	16	14	12.5	10	8	6.3	4	2	1	0.315	0.25	0.08	0.063
EME2(0/14)	100	99.9	95.8	86.5	69.4	58.1	55.1	46.9	35.4	23.8	13.4	12.0	5.4	4.8
EME2(0/14)抽提	100	100	97	90.3	73.6	61.1	57.2	48.4	29.8	21	13.4	12.4	8.3	6.7
EME2(0/10)					100	95.8	77.7	61.7	49.1	29.1	19.1	13.3	12.7	7.3	5.8
EME2(0/10)抽提					100	96	75.8	60.3	49.6	30.5	19.4	12.4	11.3	7.8	6.6

EME2 生产配合比试件体积指标表　　表 7-20

比较内容	EME2(0/14)				EME2(0/10)			
	1	2	3	4	1	2	3	4
试件干重(g)	5133.8	5164.6	5098.1	5130.6	5066.1	5072.7	4961.9	4990.0
试件水中重(g)	3139.6	3153.6	3113.5	3138.8	3053.7	3057.3	2976.6	2997.6
试件表干质量(g)	5134.4	5165.1	5098.6	5131.3	5068.7	5074.0	4963.5	4993.6
毛体积密度(g/cm³)	2.574	2.568	2.568	2.575	2.514	2.515	2.497	2.500
最大理论密度(g/cm³)	2.588				2.528			
试件理论最小高度(mm)	112.23	112.91	111.45	112.16	113.38	113.53	111.06	111.68
试件高度(mm)	115.0	115.9	114.0	115.2	116	116.2	114.1	115
法标空隙率(%)	2.41	2.58	2.24	2.64	2.25	2.29	2.67	2.88
平均空隙率(%)	2.47				2.52			

取试铺用的沥青混合料进行旋转压实试验和沥青含量试验,通过筛分试验检验标准配合比矿料合成级配中,至少应包括 0.08mm、2.0mm 和 0.08mm 等粒径筛孔,确认其通过率的波动符合技术条款的要求,初始生产允许调整范围如表 7-21 所示。

初始生产允许调整范围　　　　　　　　　　表 7-21

EME 的组成性质	调整范围(%)	EME 的组成性质	调整范围(%)
沥青胶结料含量 P_b	±0.25	级配通过 0.08mm 筛	±0.8
通过 6.3mm 筛	±3	空隙率 VV	±1.5
通过 2.0mm 筛	±2		

2) 路面施工及质量检测

本 EME 高模量沥青结构段现场施工采用 2 台摊铺机,2 台钢轮压路机,2 台胶轮压路机,混合料拌和温度为 180℃,摊铺温度为 170℃,其施工过程和现场检测见图 7-15 ~ 图 7-17。现场渗水试验检测结果为不透水,现场钻取芯样检测结果见表 7-22,汉堡试验结果见表 7-23 和图 7-18。由汉堡试验结果可知,试验曲线无拐点,荷载作用 20000 次的压缩变形量小于 12mm,满足规范要求。

图 7-15　试验路的摊铺和碾压

图 7-16　试验路压实完路表和钻取芯样

图 7-17 现场渗水试验

EME2 现场检测结果汇总表　　　　　　　　　　　表 7-22

序号	混合料类型	桩号	距中线距离（m）	实测结构层厚度（mm）	设计结构层厚度（mm）	实测芯样相对密度（g/cm³）	混合料最大理论密度（g/cm³）	计算空隙率(%)（法）	空隙率规范值（%）	试验结果
1	EME2(0/14)	K131+650	12	11	10	2.503	2.588	5.1	0-6	合格
2	EME2(0/14)	K131+930	10	9	9	2.515	2.588	4.8	0-6	合格
3	EME2(0/10)	K131+650	12	7	6	2.500	2.528	2.9	0-6	合格
4	EME2(0/10)	K131+930	10	6	6	2.506	2.528	2.6	0-6	合格

备注：厚度和空隙率均满足要求，合格

现场芯样汉堡试验结果　　　　　　　　　　　表 7-23

试件编号	数据采集点	15000 次碾压最大变形（mm）	20000 次碾压最大变形（mm）	有无拐点
EME2(0/14)				
芯样 1	第 3 点	5.94	7.51	无
芯样 1	第 9 点	4.03	5.02	
芯样 2	第 3 点	4.23	5.05	无
芯样 2	第 9 点	5.08	6.68	
EME2(0/10)				
芯样 3	第 3 点	3.05	3.88	无
芯样 3	第 9 点	3.32	4.39	
芯样 4	第 3 点	2.66	3.32	无
芯样 4	第 9 点	3.60	5.46	

第七章 欧美沥青路面新技术在我国的工程实践

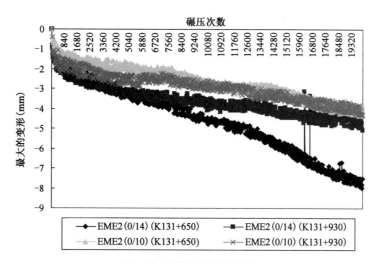

图 7-18 现场取芯样汉堡试验

3）现场成品料动态模量试验

为了检验现场 EME-14 成品料的质量，在摊铺现场取料室内成型加工试件进行了 15℃、10Hz 试验条件下的动态模量试验，试验结果见表 7-24。

现场成品料汉堡试验结果　　　　　　　　表 7-24

试 验 日 期	运料车车次	试 件 编 号	动态模量(MPa)	相位角(°)
2012.5.26	第三车	3-1	11821	18.17
2012.5.27	第三车	3-2	13565	16.64
2012.5.27	第三车	3-3	13488	16.96
2012.5.28	第十一车	3-5	10903	18.16
2012.5.29	第十五车	1-5	12018	19.99
2012.5.30	第十七车	1-5	12589	19.63
2012.5.30	第十九车	1-5	13727	16.68
2012.5.30	第十九车	2-5	13183	15.62
2012.5.31	第三十一车	3-5	12342	18.1
2012.6.4	第三十一车	1-5	13894	17.46
2012.6.4	第三十一车	2-5	13949	18.86

由表 7-24 中数据可知，EME-14 成品料动态模量与华瑞高模量沥青 1 的室内目标配比设计中混合料的动态模量数值相当，并且生产过程中 EME-14 成品料动态模量值较为接近，现场生产拌和站出料较稳定，生产质量稳定。

此外，从表 7-24 中还可以看出，相同的车次取的料成型的试件，经过一定时间的存放，动态模量值有一定提高，如第三车成型的试件，在 26 号做的模量相对比较低，在 27 号时模量提高了 14.75%；另外第三十一车成型的试件，在经过 4 天的存放，模量也有 13% 的提高。模量随着试件养生时间的增长而增大，有一个增长期，最后达到稳定。

二、长深高速公路滨州段低标号沥青混合料车辙维修工程

G25 长深高速公路滨州段为国家重点公路长春至深圳线滨州至大高路段,工程于 2003 年 5 月开工建设,2005 年 12 月建成通车,全长 28.8km,概算投资 8.45 亿元,按双向四车道高速公路标准建设,设计行车速度 120km/h。长深高速公路全长 3660km,北连我国东三省(辽、吉、黑),经京、津、冀、鲁、苏,南接沪、浙、闽、粤,是连接中国两个最大的都市——北京和上海,两个最大的经济圈——环渤海经济圈和长江三角洲经济圈以及中国沿海最发达省、市最快捷的陆路通道。长深高速公路是中国交通量最大和轴重最重的高速公路之一。根据实测资料,长深高速滨州段的大型货车车重平均超过 32t,其中平均车重超过 55t 的大型货车占 33%。

原路面结构沥青层为 4cm SMA-13 + 5cm AC-16 + 6cm AC-20,在重载交通和夏季高温的综合作用下,行车道路面车辙最大深度达到 30mm,如图 7-19 所示。原路面行车道铣刨后如图 7-20 所示。

图 7-19 行车道车辙深度

图 7-20 原路面行车道铣刨后

1. 路面结构设计

G25 长深高速公路滨州段 2014 年中修工程车辙维修处理原方案为:铣刨行车道原路面结构 SMA-13 上面层及局部车辙深度较大路段的 AC-16 中面层后,摊铺 4cm AC-16 中面层(铣刨了原路面结构中上面层的局部路段 AC-16 摊铺厚度为 9cm),然后全断面加铺 SMA-13 上面层。为了提高路面抗高温车辙性能,课题组经过论证从低标号高黏沥青胶结料和法国 EME 高模量沥青混合料的采用两个方面提出了 4 种车辙维修处理方案,如表 7-25 所示。

路面结构方案汇总表　　　　表 7-25

方案一				
路面结构	桩号	混合料类型	采用的沥青	厚度
表面层	K1292+120～ K1291+320	SMA-13	低标号改性沥青一	4cm
中面层		AC-16	低标号改性沥青一	4cm
方案二				
路面结构	桩号	混合料类型	采用的沥青	厚度
表面层	K1291+320～ K1290+520	SMA-13	SBS 改性沥青	4cm
中面层		AC-16	低标号改性沥青二	4cm

续上表

	方案三			
路面结构	桩号	混合料类型	采用的沥青	厚度
表面层	K1292+920～K1292+120	SMA-13	布敦岩复合改性沥青	4cm
中面层		AC-16	布敦岩复合改性沥青	4cm
	方案四			
路面结构	桩号	混合料类型	采用的沥青	厚度
表面层	K1290+520～K1289+717	SMA-13	低标号改性沥青一	4cm
中面层		EME-14	低标号改性沥青一	4cm

2. 路面材料设计

对于本路面车辙维修方案中的 AC-16 和 SMA-13,由于 PG82-22 低标号高黏沥青的黏度较基质沥青和 SBS 改性沥青大,为了便于现场施工压实,并提高混合料抗低温开裂性能,在配合比设计中适当增加沥青用量提高混合料沥青饱和度。对于 EME 高模量沥青混合料,严格采用法国 LCPC 设计方法进行高模量沥青混凝土 EME2(0/14)配合比设计。

1) 原材料

(1) 集料

通常认为沥青混合料的高温抗车辙能力有 60% 是依靠集料的嵌挤力,而集料的嵌挤作用在很大程度上取决于集料级配及表面特征。集料的形状和表面粗糙度影响了沥青混合料的嵌挤作用强弱及内摩阻角的大小。一般情况下坚硬、纹理粗糙、多棱角、颗粒接近正方体的集料,其相应的沥青混合料具有较好的高温稳定性。

填料是指沥青混合料组成中粒径小于 0.075mm 的矿料颗粒,在我国俗称矿粉,通常加入填料是为了降低沥青混合料的空隙率并和沥青形成胶浆。填料的颗粒尺寸、形状和聚散程度都影响了沥青胶浆的性能,从而进一步影响沥青混合料的高温稳定性。为了使沥青混合料具有必要的稳定度,需要有一定数量的填料,但填料过多会使沥青混合料发脆并开裂,降低沥青胶浆的黏结力,同时使沥青混合料容易产生大的塑性变形,因此要严格控制沥青混合料中的填料含量。

沥青面层的集料应选石质坚硬、耐磨、洁净、干燥、无风化、无杂质的材料,具有良好的颗粒形状,要求以接近立方体、多棱角为宜,扁平、细长颗粒含量不能过多;表面应具有一定的粗糙度,以提高内摩阻角和用作表面磨耗层时提高抗滑性。构造粗糙的矿料同沥青拌和时的和易性差,但涂覆后沥青膜容易保持,光滑表面虽容易拌和,但是也易于剥落;与沥青应该具有良好的黏附性,以增强沥青混合料的强度和耐久性。选材以碱性材料为好,当需要酸性材料时,应当掺入适量的改性剂,以提高黏附性,其集料技术要求见表 7-26 和表 7-27。

集 料 技 术 要 求   表 7-26

检验项目	高速公路、一级公路	检验项目	高速公路、一级公路
集料压碎值(%)	≤28	石料磨光值	≥42
黏附性	≥4	石料冲击值(%)	≤28

续上表

检验项目	高速公路、一级公路	检验项目	高速公路、一级公路
细长扁平颗粒(%)	≤15	洛杉矶磨耗(%)	≤30
细集料砂当量(%)	≥65	软石含量(%)	≥5
细集料棱角性(%)	≥45		

填料技术要求　　　　　　表 7-27

矿粉		技术要求	试验方法
视密度(g/cm³)		≥2.50	T 0352
含水率(%)		≤1	T 0332
粒度范围	<0.6mm	100	T 0351
	<0.15mm	90~100	
	<0.075mm	75~100	
外观		无团粒结块	T 0118
亲水系数		≤1	T 0353
塑性指数(%)		≤4	T 0354

(2)沥青

①沥青的性质。

稠度较高的沥青,软化点高,温度稳定性好,在高温下仍能保持足够的黏滞性,使混合料具有一定的强度和劲度,而不致出现过大的变形。而稠度低的沥青,软化点低,在高温下黏度迅速降低,混合料在荷载作用下即出现大的变形。同时,沥青结合料与集料的黏附性越好,相应的沥青混合料抗高温变形能力越强。由于各种沥青对温度有不同的敏感性,感温性强的沥青高温稳定性必定不良。含蜡量高的沥青,当温度接近软化点温度时,蜡的熔融能力会引起沥青黏度明显的降低而失稳。另外,沥青中沥青质的含量对其热稳性有一定的影响,一般沥青质含量高的沥青其热稳性也好。在沥青中添加合适的改性剂,可以大幅度提高沥青的高温黏度,从而有效地提高沥青混合料高温稳定性能。

为提高路面抗高温车辙性能的同时又不至于降低其低温性能,本课题组经过论证决定采用 PG82-22 低标号高黏沥青胶结料。沥青 PG 分级是美国 SHRP 计划中提出的沥青性能分级标准,它是依据沥青的路用性能进行分级。PG82-22 是指沥青可以适应沥青路表最高温度为 82℃,最低温度为 -22℃ 的气候条件,应用此种类型的沥青胶结料,可以提高沥青混凝土抗高温车辙性能,同时不损失低温性能。本课题组开发的 PG82-22 沥青有 3 种——低标号沥青一、低标号沥青二和布敦岩复合改性沥青,三种沥青都具有较高的稠度,软化点比较高,温度稳定性好,在高温下仍能保持足够的黏滞性,使混合料具有一定的强度和劲度,而不致出现过大的变形,其指标要求见表 7-28,沥青检测指标见表 7-29。

②沥青的用量。

沥青混合料中的沥青用量对其高温稳定性有明显的影响。由马歇尔试验可知,马歇尔稳定度随沥青用量的变化而不同,一般存在一个最大稳定度所对应的最佳沥青用量。这是因为当沥青用量过少时,集料表面沥青膜过薄,混合料呈干枯状而缺乏足够的黏结力,难以压实,不能形成高的强度,稳定度不高。同时,如果沥青用量太低,沥青混合料使其抗车辙能力降低。增加沥青用量,混合料黏结力增强,稳定度随之提高。然而当沥青用量进一步增加,集料表面沥青膜增厚,自由沥青增多,自由沥青就如集料颗粒之间的润滑剂,使颗粒在荷载作用下产生滑动位移,从而稳定度降低。

低标号改性沥青技术指标　　　　　　　　　　　　表7-28

试 验 项 目	技 术 要 求
针入度(25℃)	20~40
软化点	≥70
延度(cm)(10℃,5cm/min),不小于	>20
60℃动力黏度	≥260
闪点(℃)	≥260
薄膜烘箱老化后	
质量变化,不大于	±0.8%
针入度比(25℃)	≥65
10℃延度	≥8
PG 分级	82-22

低标号沥青检测指标　　　　　　　　　　　　表7-29

试 验 项 目	单位	低标号沥青一	低标号沥青二	布敦岩复合改性沥青
针入度(25℃,100g,5s)	0.1mm	30	25	44
软化点(环球法)TR&B	℃	87.5	83.5	82.2
运动黏度(135℃)	Pa·s	2.930	5.325	2.587
运动黏度(175℃)	Pa·s	0.522	0.825	0.145
脆点	℃	-11	-11	-11
PG	℃	82-22	82-22	82-22

对于本路面车辙维修方案中的 AC-16 和 SMA-13,由于 PG82-22 低标号高黏沥青的黏度较基质沥青和 SBS 改性沥青大,为了便于现场施工压实,并提高混合料抗低温开裂性能,在配合比设计中适当增加沥青用量提高混合料沥青饱和度。

2)配合比设计

(1)沥青混合料技术要求

由于本项目中沥青混合料的主要目的是抵抗车辙,这些混合料除满足规范规定的低温和水稳定性性能外,还对其高温性能提出了更高的要求,车辙试验温度提高到70℃,荷载应力提高到1MPa。此外,高温性能评价还加入了浸水汉堡车辙试验,要求碾压20000次时最大变形深度不应超过10mm。详细技术指标要求见表7-30~表7-32。

沥青混合料 SMA-13 技术指标　　　　　　　　　　　　　　　　　　表 7-30

项　目	单　位	规 范 要 求	试 验 方 法
沥青析漏试验的结合料损失	%	≤0.1	T 0732
飞散试验质量损失(20℃)	%	≤15	T 0733
动稳定度(70℃,1.0MPa)	次/mm	>3000	T 0719
低温抗裂性,破坏应变,-10℃	με	>2000	T 0715
残留马歇尔稳定度	%	>80	T 0709
冻融劈裂残留强度比	%	>80	T 0729

沥青混合料 AC-16 技术指标　　　　　　　　　　　　　　　　　　表 7-31

项　目	单　位	规 范 要 求	试 验 方 法
动稳定度(70℃,1.0MPa)	次/mm	>3000	T 0719
低温抗裂性,破坏应变,-10℃	με	>2000	T 0715
残留马歇尔稳定度	%	>80	T 0709
冻融劈裂残留强度比	%	>80	T 0729

沥青混合料 EME-14 技术指标　　　　　　　　　　　　　　　　　　表 7-32

项　目	单　位	规 范 要 求	试 验 方 法
动稳定度(70℃,1.0MPa)	次/mm	>3000	T 0719
低温抗裂性,破坏应变,-10℃	με	>2000	T 0715
残留马歇尔稳定度	%	>80	T 0709
冻融劈裂残留强度比	%	>80	T 0729
复合模量试验(15℃,10Hz)	MPa	≥14000	NF P 98-260-2
疲劳试验(15℃,10Hz,10^6 次应变)	μdef	≥100	NF P 98-261-1

(2) 合成级配

本方案总共采用了三种级配类型的沥青混合料,其中 SMA-13 和 AC-16 沥青混合料按照我国规范进行设计,为了确保沥青混合料的高温抗车辙能力,同时兼顾低温抗裂性能的需要,根据在工程中取得的成功经验,结合本所多年来的材料设计经验,并充分借鉴了美国 SHAP 计划的研究成果 Superpave 高性能沥青路面技术和 Bailey 级配设计方法进行级配设计,而 EME 高模量沥青混合料按照法国 LCPC 进行设计。

沥青混合料用石灰岩与玄武岩集料从长深高速公路滨州段车辙维修工程拌和站现场取样,各规格材料筛分结果见表 7-33。

集 料 筛 分 结 果　　　　　　　　　　　　　　　　　　　　　　表 7-33

材　料	各筛孔(mm)通过率(%)									
	19	16	13.2	9.5	4.75	2.36	1.18	0.6	0.3	0.15	0.075
石灰岩 10~20	100.0	96.1	81.0	43.8	3.2	2.0	1.6	1.6	1.6	1.6	1.0
石灰岩 5~10	100.0	100.0	100.0	99.2	20.9	1.0	1.0	1.0	1.0	0.7	0.0
石灰岩 0~3	100.0	100.0	100.0	100.0	99.4	69.7	43.9	24.9	12.1	7.7	5.1

续上表

材料	各筛孔(mm)通过率(%)									
	19	16	13.2	9.5	4.75	2.36	1.18	0.6	0.3	0.15	0.075
玄武岩 10~15	100.0	100.0	65.3	7.0	1.0	0.8	0.8	0.8	0.8	0.8	0.8
玄武岩 5~10	100.0	100.0	100.0	91.4	6.9	2.3	2.0	1.9	1.8	1.8	1.5
矿粉	100.0	100.0	100.0	100.0	100.0	100.0	100.0	100.0	99.9	99.5	79.8

在设计时考虑到了道路的交通状况，对体积指标进行了调整。为了更好地满足高温抗车辙能力，同时又不至降低低温性能，SMA-13 和 AC-16 混合料设计空隙率为 3.5% ~ 4.0%；EME-14 高模量沥青混合料采用 0~3% 的设计空隙率，合成级配见表 7-34，级配曲线见图 7-21 和图 7-22。其中 SMA-13 和 AC-16 采用马歇尔设计法，EME-14 采用旋转压实成型，其沥青混合料设计要求见表 7-35。

沥青混合料合成级配结果　　　　　　　　　　　　　　　　　　表 7-34

混合料类型	合成级配各筛孔(mm)通过率(%)									
	19	16	13.2	9.5	4.75	2.36	1.18	0.6	0.3	0.15	0.075
SMA-13	100	100	87.8	63.9	27.1	21.3	17.8	15.3	13.6	13.0	10.3
EME-14	100	97.1	86.1	58.5	50.2	36.1	24.5	16.1	10.4	8.5	6.3
AC-16	100.0	92.9	84.7	71.8	46.1	29.9	19.6	12.7	8.9	7.3	5.2

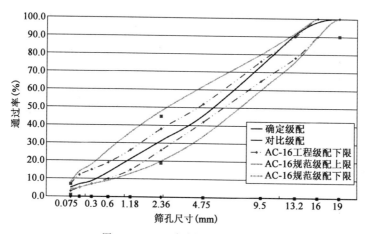

图 7-21　AC-16 合成级配计算曲线图

沥青混合料设计要求　　　　　　　　　　　　　　　　　　表 7-35

技术指标	上面层 SMA-13	中面层 AC-16	中面层 EME-14
击实次数(双面)	75	75	—
旋转压实成型(美国内部角)			100
马歇尔试件尺寸(mm)	φ101.6×63.5	φ101.6×63.5	φ150×115
空隙率(%)	3.5~4	3.5~4	0~3
矿料间隙率(%)，不小于	17.0(>16.0)	13.5	—
饱和度(%)	75~85	65~75	—

续上表

技术指标	上面层 SMA-13	中面层 AC-16	中面层 EME-14
粉胶比	—	0.6~1.2	—
沥青膜厚度(μm)	—	—	—
稳定度(kN)	>6.0	>8	—
流值(0.1mm)	—	2~4	—

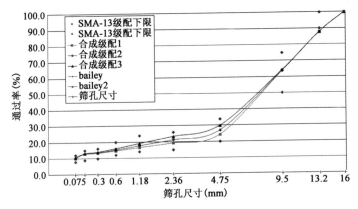

图7-22 SMA-13合成级配计算曲线图

由于三种沥青PG分级一致,在目标配合比设计中采用低标号沥青一,马歇尔试验结果如表7-36和表7-37所示。

AC-16目标配比马歇尔试验结果　　表7-36

试验指标	试验结果	试验指标	试验结果
沥青用量(%)	4.8	粉胶比	1.14
空隙率VV(%)	4.0	稳定度(kN)	13.6
矿料间隙率VMA(%)	14.2	流值(mm)	2.8
沥青饱和度VFA(%)	71.9		

SMA-13目标配比马歇尔试验结果　　表7-37

试验指标	试验结果	试验指标	试验结果
测试指标	加入混合料总重的0.3%的木质纤维	沥青饱和度VFA(%)	75.1
沥青用量(%)	6.1	谢伦堡沥青析漏(%)	0.028
空隙率VV(%)	4.0	肯塔堡飞散(%)	3.28
矿料间隙率VMA(%)	16.6		

(3)性能评价

①高温性能。

沥青混合料高温性能采用车辙试验(图7-23)和浸水汉堡试验(图7-24),车辙温度提高到70℃,荷载应力提高到1MPa。浸水汉堡车辙试验要求碾压20000次时最大变形深度不应超过

10mm，试验结果见表7-38和表7-39。

图7-23 高温车辙试验车辙板变形图

图7-24 汉堡试验试件变形图

沥青混合料车辙试验结果（低标号沥青一）　　　　　　表7-38

混合料类型	45min试件变形量（mm）	60min试件变形量（mm）	实测结果	技术要求
SMA-13	1.156	1.089	6363	>3000
AC-16	1.463	1.583	5250	>3000
EME-14	0.988	1.255	6237	>3000

沥青混合料汉堡试验结果（低标号沥青一）　　　　　　表7-39

混合料类型	试件编号	数据采集点	20000次碾压最大变形（mm）	有无拐点	20000次碾压最大变形（mm）
SMA-13	试件1	第3点	2.681	无	≤10mm
	试件2	第9点	2.576	无	
AC-16	试件1	第3点	3.126	无	≤10mm
	试件2	第9点	2.987	无	
EME-14	试件1	第3点	2.285	无	
	试件2	第9点	2.687	无	

②低温性能。

根据我国《公路工程沥青及沥青混合料试验规程》(JTG E20—2011)中T 728—2000 规定，采用轮碾成型后切成长 250mm ±2.0mm、宽 30mm ±2.0mm、高 35mm ±2.0mm 的棱柱体小梁，其跨径为 200mm ±0.5mm，中点加载，加载速率为 50mm/min。沥青混合料的破坏应变(-10℃)不小于 2000με 的技术要求。沥青混合料低温弯曲试验结果见表 7-40。

沥青混合料低温弯曲试验结果　　　　表 7-40

混合料类型	沥青类型	破坏应变(με)
AC-16	低标号沥青一	2750
AC-16	布敦岩复合改性沥青	3284
SMA-13	低标号沥青一	2850
SMA-13	布敦岩复合改性沥青	4595
EME-14	低标号沥青一	2045

3. 路面现场施工

1) 生产配合比设计

由于大规模生产用冷料与目标配合比用冷料有出入，调试时根据目标配合比比例进行调整来设定冷料仓进料速度和比例，经过二次筛分以后取热料仓材料进行筛分，粗、细集料均采用水筛法。根据筛分结果设计出的粗、中、细三条级配曲线进行试拌以验证拌和站的稳定性，根据三种级配的抽提筛分结果进行调整，调试级配采用同一沥青含量；根据三条级配曲线试验结果对级配进行调整，确定一条级配曲线进行沥青含量试验，试验采用三个沥青含量，通过马歇尔试验确定最佳沥青用量。

G25 长深高速公路滨州段 2014 年中修工程车辙维修处理的沥青混合料拌和站采用的拌和机为日工 2000 间歇式拌和机，设 4 个热料仓。考虑到原材料规格、施工便利性及拌和站实际情况，筛孔设置为：22mm×22mm（EME-14 为 18mm×20mm）、12mm×12mm、6mm×6mm、3mm×4mm。生产配比最终确定的级配如表 7-41～表 7-43 所示。EME-14 沥青混合料设计沥青用量 5.5%。AC-16 和 SMA-13 设计沥青用量分别为 4.8% 和 6.1%，设计级配和设计沥青用量下标准马歇尔击实试件空隙率均为 4.0%。不同沥青类型的 AC-16 和 SMA-13 沥青混合料合成级配及沥青用量相同。施工现场如图 7-25、图 7-26 所示。

AC-16 生产级配　　　　表 7-41

集料规格	4 号仓 12～22mm	3 号仓 6～12mm		2 号仓 3～6mm		1 号仓 0～3mm			矿粉
百分比	26	33		8		30			3
筛孔尺寸(mm)	19	16	13.2	9.5	4.75	2.36	1.18	0.6	0.3	0.15	0.075
通过率(%)	100.0	95.9	84.7	66.0	40.1	27.6	17.7	13.0	9.9	7.3	4.6

SMA-13 生产级配　　　　表 7-42

集料规格	4 号仓 12～22mm	3 号仓 6～12mm			1 号仓 0～3mm				矿粉
百分比	26	49			15				10
筛孔尺寸(mm)	16	13.2	9.5	4.75	2.36	1.18	0.6	0.3	0.15	0.075
通过率(%)	100	92.3	61.0	26.3	21.6	17.4	15.5	14.0	12.1	9.8

EME-14 生产级配   表 7-43

集料规格	4号仓 12~18mm			3号仓 6~12mm			1号仓 0~3mm			矿粉	
百分比	32			20			44			4	
筛孔尺寸(mm)	26.5	19	16	13.2	9.5	4.75	2.36	1.18	0.6	0.3	0.15	0.075
通过率(%)	100	99.8	95.9	87.2	69.7	47.7	33.2	22.0	15.8	12.8	10.0	5.6

图 7-25　拌和站及布敦岩复合改性沥青现场生产设备

图 7-26　试验路摊铺和碾压施工

2) 路面施工质量检测

为了检验成品沥青路面的高温抗车辙性能及水稳定性能，目前最直接、最成熟可靠的快速检测方法为路面现场取芯进行浸水汉堡车辙试验。

汉堡车辙试验(Hamburg Wheel-tracking Test)用于测定沥青混合料的水稳定性及抗车辙性能。试验的基本过程是，使一定规格和重量的钢制轮子在浸泡于温度为 40~55℃水中的沥青混合料试件表面上来回碾过20000遍,通过测量沥青混合料的轮辙深度和变形曲线的特征判断沥青混合料的水稳定性和抗车辙性能,如图7-27所示。汉堡车辙试验的评价指标有车辙深度(Rutting Depth)、蠕变线(Rutting Slope)、剥落拐点(Stripping Inflection Point)、剥落线(Stripping Slope)等,如图7-28所示。蠕变线用于评价沥青混合料的抗车辙性能,剥落拐点及剥落线用于评价沥青混合料的水稳定性。最大车辙深度则综合反映了沥青混合料的路用性能。

图7-27　汉堡车辙试验图　　　　　图7-28　车辙试验曲线示意图

G25长深高速公路2014年中修工程车辙修复处理工程东幅4种结构段施工完成后对上面层SMA-13和中面层AC-16进行了钻芯检测。成品路面高温稳定性及水稳定性检测采用现场取芯(芯样直径150mm)切割、加工成汉堡试样进行浸水汉堡车辙试验。取芯平面位置选择在行车道中心线上,该位置处在施工热接缝部位,为压实最不利部位,同时也可远离轮迹带,减小对路面结构的破坏。图7-29为汉堡试验取芯现场。

图7-29　汉堡试验现场取芯

试件的汉堡车辙试验结果如表7-44所示。车辙试验变形曲线见图7-30,试验后的试样见图7-31。

汉堡车辙试验结果　　　　　　　　　　　　　　　表 7-44

芯样类型及桩号	沥青类型	变形记录点	10000 次变形量（mm）	最大变形量（mm）	拐点（次）	备注
K1292+520 东幅 SMA-13	布敦岩复合改性沥青	右轮第3点	2.71	3.51	无	汉堡试件厚度6cm 为现场钻取芯样切割而成
K1292+860 东幅 SMA-13		右轮第9点	3.15	4.21	无	
K1292+520 东幅 AC-16	布敦岩复合改性沥青	左轮第3点	2.62	4.13	无	
K1292+860 东幅 AC-16		左轮第9点	3.91	5.88	无	
K1291+610 东幅 SMA-13	低标号沥青一	右轮第3点	2.32	3.44	无	
K1291+785 东幅 SMA-13		右轮第9点	1.57	2.06	无	
K1291+610 东幅 AC-16	低标号沥青一	左轮第3点	3.23	4.47	无	
K1291+785 东幅 AC-16		左轮第9点	2.56	4.69	无	
K1290+350 东幅 EME-14	低标号沥青一	左轮第3点	2.80	3.23	无	
K1289+980 东幅 EME-14		左轮第9点	4.44	5.66	无	

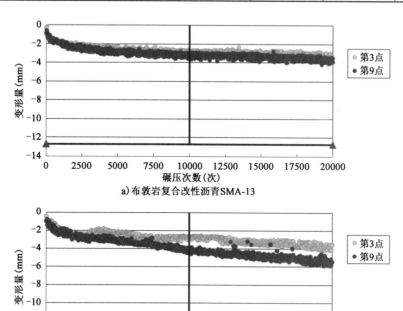

a) 布敦岩复合改性沥青SMA-13

b) 布敦岩复合改性沥青AC-16

图 7-30

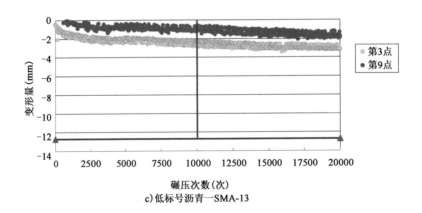

c) 低标号沥青—SMA-13

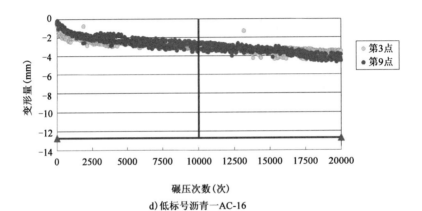

d) 低标号沥青—AC-16

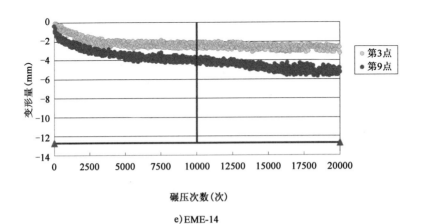

e) EME-14

图 7-30　汉堡车辙试验图

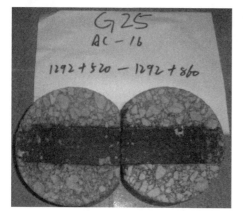
a) 布敦岩复合改性沥青AC-16

b) 布敦岩复合改性沥青SMA-13

c) 低标号沥青—AC-16

d) 低标号沥青—SMA-13

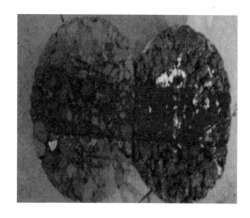
e) 布敦岩复合改性沥青—EME-14

f) 低标号沥青—EME-14

图 7-31　汉堡车辙试验试样

该工程中面层 AC-16、EME-14 和上面层 SMA-13 采用的沥青 PG 分级均为 PG82-22。对照得克萨斯州交通部(TxDOT)公路施工及维护规范中提出的根据沥青胶结料的 PG 等级提出的指标要求,采用 PG76 以上的最高要求进行评价,此次汉堡试验结果满足要求。此外,现场钻取的芯样汉堡试验最大车辙深度均小于 10mm,满足课题组提出的技术标准的规定。

三、阿尔及利亚东西高速公路

阿尔及利亚东西高速公路全长约 1216km,其中中段及西段总长约 528km,由中信—中铁建联合体承建,建设总长 528km,如图 7-32 所示。该高速公路位于地中海南岸,年平均气温 9~23℃,平均最高气温 31.2℃,平均最低气温 5.9℃。旱季、雨季分明,气候条件和法国接近。该项目原路面设计方案为普通沥青混合料结构,由于原方案在技术、经济指标两方面均存在一系列问题,因此,在变更路面设计方案时通过研究论证确定在基层(底基层)采用高模量沥青碎石(EME),下面层(联结层)采用高模量沥青混凝土(BBME),并获得业主批准。阿尔及利亚东西高速公路沥青路面混合料按照法国标准(NF P 98-140)进行设计,中面层采用高模量沥青混凝土[EME(20/14)]。其结构如表 7-45 所示。

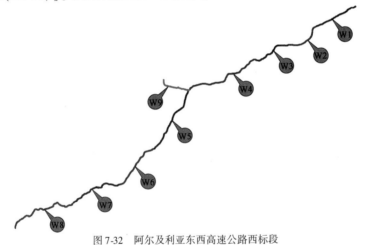

图 7-32 阿尔及利亚东西高速公路西标段

阿尔及利亚东西高速公路西标段路面结构　　表 7-45

设计路面结构	标 段			
	W1,W2-1	W2-2,W3-1,W4-3,W9B	W3-2,W4-2	W5,W6,W7,W8
BBMA	3.5cm	3.5cm	3.5cm	3.5cm
BBME	5cm	5cm	5cm	5cm
EME2	9cm	9cm	7cm	11cm
EME2	10cm	9cm	8cm	—
总厚度	27.5cm	26.5cm	23.5cm	19.5cm

1. 高模量沥青混合料 BBME 物理力学性能及其特点

1)物理力学性能

顾名思义,高模量沥青混合料的最主要特点是其具有较高的复合模量或直接拉伸模量,其中高模量沥青混凝土(BBME)15℃的复合模量或直接拉伸模量达到9000～12000MPa(普通沥青混凝土 BBSG 为 5000～7000MPa)(表7-46),高模量沥青碎石(EME)则达到14000MPa(普通沥青碎石 GB 为 9000～11000MPa)(表7-47)。BBME 对于提高面层的抗车辙性能非常有效,而 EME 由于具有很高的模量和抗疲劳性能,主要用来减少路面结构的总厚度,提高抗变形和抗疲劳能力,延长路面使用寿命。

高模量沥青混凝土 BBME 的物理力学性能 表7-46

试验项目	指 标	备 注
空隙率	4%～11%	旋转剪切压实试验——10～80个回旋
水稳定性	≥0.8	DURIEZ 试验18℃,r(浸水前强度)/R(浸水后强度)
车辙试验	≤5%～10%	60℃,空隙率5%～8%,3000个回旋
复合模量	≥9000～12000MPa	15℃,10Hz,空隙率5%～8%
直接拉伸	≥9000～12000MPa	15℃,10Hz,空隙率5%～8%
疲劳	≥100～110μdef	10^6回合,10℃,25Hz,空隙率5%～8%

注:根据混合料不同的力学特性,BBME 共分为3个等级,本项目采用1级,即 BBME1。

高模量沥青碎石 EME 的物理力学性能 表7-47

试验项目	指 标	备 注
空隙率	≤6%～10%	旋转剪切压实试验——100个回旋
水稳定性	≥0.7～0.75	DURIEZ 试验18℃,r(浸水前强度)/R(浸水后强度)
车辙试验	≤7.5%	60℃,空隙率3%～10%,3000个回旋
复合模量	≥14000MPa	15℃,10Hz,空隙率3%～10%
直接拉伸	≥14000MPa	15℃,10Hz,空隙率3%～10%
疲劳	≥100～130μdef	10^6回合,10℃,25Hz,空隙率3%～10%

注:1. 表7-46、表7-47中的试验方法均为法国标准 NFP 98系列。
2. 根据混合料不同的力学特性,EME 共分为2级,项目采用 EME2。

2)特点

(1)高模量沥青混凝土 BBME 提供了良好的水稳性、抗车辙性能,因此常用于路面上面层(磨耗层)和下面层(联结层)。

(2)高模量沥青碎石 EME 改善了沥青混合料的抗疲劳和变形的性能,因此常用于路面的基层或底基层,适用于重型交通的道路,能够延长其使用寿命。尤其是高模量沥青碎石 EME,其疲劳试验结果明显高于最高等级的普通沥青碎石 GB4。

(3)与普通沥青混凝土+普通沥青碎石的方案相比,高模量沥青混凝土(BBME)+高模量沥青碎石(EME)的路面结构方案可有效减薄路面厚度。在大交通量公路上,骨料可节省约30%,沥青用量减少约20%。这种可观的资源节省,给公路持续发展做出贡献。阿尔及利亚东西高速公路正是由于大部分标段骨料缺乏,运距过远,为减少碎石用量,降低工程长期成本,而选用了这种结构。表7-48反映了阿尔及利亚东西高速公路某标段采用两种沥青混合料在设计年限(均按20年)、承台等级(PF)和交通量相同的条件下,按法国《新建路面结构卡片》(1998),采用普通沥青碎石(GB)与高模量沥青碎石(EME)的路面结构厚度对比。

阿尔及利亚东西高速公路某标段路面结构对比　　　　　　　　　表7-48

层　　次	普通沥青混合料		高模量沥青混合料		备注
	材料	厚度（cm）	材料	厚度（cm）	BBMA 为薄层沥青混凝土
磨耗层	BBSG	8.5	BBMA	3.5	
联结层			BBME	5	
基层	GB3	12	EME2	9	
底基层	GB3	12	EME2	9	
总厚度（cm）	33.5		26.5		

注：1. 交通量等级为TC620，路面承台等级为P2。
　　2. GB 采用3级，即 GB3，EME 采用2级，即 EME2。

2. 高模量沥青混合料的生产

1）原材料试验

（1）沥青材料

高模量沥青混合料通常采用10～30号沥青。若采用高模量沥青混合料，通常采用10～30号黏稠沥青。若采用35～50号普通沥青，则必须采用高模量外加剂（如岩沥青、法国PR改性剂等）。本工程按照合同的要求，采用35～50号普通沥青，符合法国标准T 65-001，具体的技术要求如表7-49所示。

阿尔及利亚东西高速公路沥青技术要求　　　　　　　　　表7-49

35/50 号沥青	单　位	试验方法	技术要求
25℃时的针入度	0.1mm	EN 1426	35～50
软化点	℃	EN 1427	50～58
163℃时 RTFOT 后的老化试验		EN 12607-1	
密度的变化，最大值	%	EN 12607-1	0.5
老化后的针入度，最小值	%	EN 12607-1	53
老化后的软化点，最小值	℃	EN 1427	52
软化点的提高，最大值	℃	EN 1427	8
闪点，最小值	℃	EN 22592	240
溶解度，最小值	%（mm）	EN 12592	99.0
含蜡量，最大值	%（mm）	EN 12606-2	4.5

（2）集料

集料由当地的硬质石灰岩加工，其具体的技术要求如表7-50和表7-51所示。

阿尔及利亚东西高速公路 BBME 和 EME 集料的技术要求　　　　　　表7-50

类　　别	层　　次	砾的力学特性	砾的生产特性	砂的生产特性
BBME	联结层	D	Ⅲ	a
EME	基层	D	Ⅲ	a
	底基层	E	Ⅲ	a

注：关于砂和砾的力学特性、生产特性的具体规定：主要是根据材料的洛杉矶磨耗率、微德尔瓦系数、级配和洁净度等指标对材料进行分类。

阿尔及利亚东西高速公路 BBME 和 EME 矿粉的技术要求　　　　表 7-51

项目名称	指标要求
RIGDEN 孔隙指数	IVR≤40%
硬化能力（复合泥物的球,环软化温度差,60%的粉灰加40%的沥青）(NF T66-008)	10℃≤TBA≤20℃
亚甲蓝试验(NE EN 933-9)	MBF≤10

注：在填料中可使用一定量的活性石灰代替部分矿粉，但一般情况下添加量不大于总量的1%。

2) 级配设计

高模量沥青混合料一般采用连续级配，BBME 的公称最大粒径一般为 10mm，EME 的公称最大粒径一般为 14mm 或 20mm，多采用 14mm。

法国高模量混凝土级配设计要求丰度系数 K、沥青混合料体积指标、性能指标满足规范要求。本试验级配设计范围参考 TRL 报告 TRL 636 高模量沥青混合料级配推荐范围进行设计。某标段的 EME2 沥青混合料的级配曲线如图 7-33 所示，其沥青用量为 5.4%。

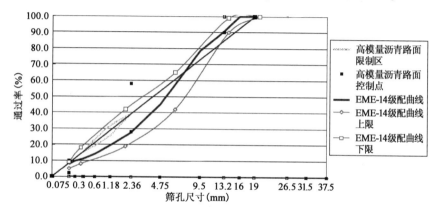

图 7-33　EME2 沥青混合料的级配曲线

3. 施工

高模量沥青混合料的生产、运输、摊铺、碾压和普通沥青混合料的施工要求类似。除此之外，高模量沥青混合料在施工中尚应注意以下事项：

(1) 垫层应具有足够的承载能力，以保证混合料的压实度，因此在实施 EME 底基层之前，应对垫层(cDF)材料的压实度和模量进行检测。

(2) 混合料物理力学性能应达到室内配合比试验的要求，尤其是模量，施工中应加强检测和试验。

(3) 必须保证摊铺层的平均厚度，严格限制厚度的变化。施工前应检测垫层顶层的高程，以保证高模量沥青混合料厚度均匀、压实充分。

(4) 对施工后的表面应严格进行保护，限制重型交通。

(5) 由于高模量沥青混合料 BBME 和 EME 的摊铺温度比普通沥青混合料一般要高出 10℃ 左右，所以在施工过程中要加强温度控制。此外，还应特别注意横向和纵向连接，避免产生薄弱部位。如有可能宜采用全宽式摊铺机。

第三节 密水型高模量沥青砂防水调平层在桥面上的应用

一、青岛海湾大桥密水型高模量沥青砂防水调平层

青岛海湾大桥位于胶州湾北部,国家高速公路路网规划中"青岛至兰州高速公路"青岛段的起点,是青岛市道路交通网络布局中胶州湾东西两岸跨海通道的重要组成部分,将有效缓解环胶州湾高速公路交通压力,是胶州湾区域公路网交通量分布日趋合理化的标志。桥梁全长约28km,是一座既有钢桥面又有水泥混凝土桥面结构的复杂桥梁集群工程。

1. 桥面铺装层结构设计

本课题前期通过对国内常见铺装结构类型使用现状调查可知,桥面铺装沥青混凝土发生早期病害的现象和比例要明显高于普通沥青路面,而且病害表现形式多种多样,其中在通车短短一两年之内即发生病害的桥面铺装不在少数。为进行桥面铺装层结构设计,首先应对桥面铺装层病害类型进行调查并分析病害产生的原因,然后有针对性地提出桥面铺装层结构及相应的材料设计方案。

1) 桥面铺装层病害调查与分析

(1) 表面变形类破坏

沥青混凝土桥面铺装产生的变形类病害包括车辙、拥包、波浪和沉陷等。女姑口桥面现场检测发现,沥青混凝土由于变形不断积累形成的流动性车辙类型严重,辙槽平均深度在3cm以上,个别路段甚至高达7cm(图7-34)。这主要是由于铺装层沥青混合料高温抗剪强度稳定性能不足以抵抗重轮荷载的反复作用,荷载应力很大,超过沥青混合料的抗剪强度时,轮下的部分沥青混凝土产生蠕变或流动变形,使两侧沥青面层鼓起,产生了所谓的侧向流动。为延缓该类型车辙的形成,应主要从提高沥青混凝土铺装层材料的高温稳定性着手,提高沥青混合料抵抗流动变形的能力。

图7-34 桥面车辙、推移、拥包破坏

(2) 开裂类病害

开裂类病害通常有横缝、纵缝、局部网裂、推移裂缝等。裂缝病害的存在降低了铺装层强度和防水能力,若雨水下渗破坏防水层,则渗水将直接腐蚀桥体,降低结构的耐久性,危及桥梁

安全。从女姑口试验桥现场调查来看,原桥面铺装纵向裂缝和横向裂缝很少,局部有不规则的网状开裂(图7-35)。分析其原因,主要是由于铺装层强度偏低,而桥面板较高刚度产生的大挠度变形造成纵横缝现象发生,应主要从提高沥青混凝土铺装层耐疲劳性能及其与下承层桥面板的随从变形性能方面着手,降低该病害的发生概率。

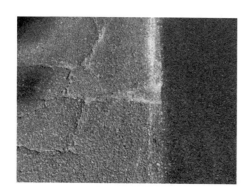 

图7-35 现场局部不规则变形

(3)松散类病害

松散类病害包括松散、剥落和坑槽等。试验桥现场调查此类病害如图7-36所示。该类病害的发生较为普遍,表现为使用初期发生泛浆,继而发展为坑槽松散,最后容易导致桥面铺装的整体破坏。

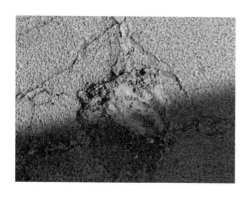 

图7-36 现场松散及坑槽类病害

水是该病害发生的主要诱因,其与气候环境、铺装层材料、桥面铺装结构层组合、铺装施工压实等因素都有关联。沥青混凝土结构本身的透水特性不好及桥面铺装混合料施工压实较难,造成局部空隙率较大,这将加剧水分向沥青层的渗入;尤其是空隙介质体在雨后形成饱和状态下,行车荷载的动水压力作用将对沥青层内产生一定的冲刷,沥青剥离进而造成桥面铺装出现松散和坑槽。

因此桥面铺装结构各组成材料在发挥其应有功能和作用前提下,若能够具有良好的密水性能,而不是单纯依靠设置防水层,则更有利于提高桥面铺装整体抗渗透性能,降低水损害病害的大面积发生。

2)气象条件分析

(1)青岛地区气象统计资料分析

统计 1965—2004 年间青岛地区气象数据(表 7-52)表明,青岛海湾大桥特殊的地理位置决定了其复杂的气候条件:季风气候区,夏季呈海洋性气候特点,雨量充沛,日温差小;冬季呈大陆性气候特点,气候干燥,温度低;极端最高气温 38.9℃,极端最低气温 -14.3℃,日持续高温≥32℃最多年为 12 天,降水强度大,年平均降水量 662.1mm,年平均相对湿度 70.9%,最大积雪深度 20cm,平时多雾天气占全年的 13%,且富含盐分。

青岛地区气温参数 表 7-52

项 目		团 岛	青 岛 市
气温	极端最高(℃)	37.9	38.9
	极端最低(℃)	-12.5	-14.3
	年平均(℃)	12.6	12.7
	1月平均(℃)	0.1	-0.5
	7月平均(℃)	22.9	24.2
	高温日≥35℃最多年(d)	1.0	2
	年最高(≥35℃)平均日数(d)	0.05	0.1
	高温日≥32℃最多年(d)	6.0	12
降水	最多年降水量(mm)	1220.1	1253.7
	最少年降水量(mm)	254.0	308.3
	平均年降水量(mm)	670.7	662.1
	年平均降水日数(≥0.1mm)	69.3	83.1
	日最大降水量(mm)	283.6	223.0
	降水日数最多年(d)	74	106
	最长连续降水日数(d)	12	12
相对湿度	1月平均	64%	63%
	7月平均	89%	88%
	年平均	73%	70.9%
最大积雪深度	11月份(cm)	12	3
	12月份(cm)	13	12
	1月份(cm)	21	20
	2月份(cm)	5	6
	3月份(cm)	2	2

(2)女姑口大桥桥面铺装结构层实测温度分析

①检测系统及埋设方案。

环境参数检测系统(EPS-Ⅰ型)系自主开发(图 7-37),采用高灵敏度温度传感装置(精确到 0.1℃),定时采集存储各铺装结构层温度数据,采集周期可根据需要设置,本试验设置采集数据间隔 15min。

第七章 欧美沥青路面新技术在我国的工程实践

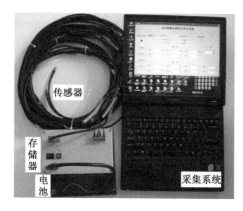

图 7-37 环境参数检测系统

桥面铺装层埋设检测系统共包括 6 个温度传感器（表 7-53），其埋设位置具体分布如图 7-38 所示。

传感器埋设深度一览表 表 7-53

传感器编号	距沥青混凝土铺装层表面埋深(mm)	备 注
CH1	—	Air
CH2	10	路表温度
CH3	30	
CH4	55	
CH5	75	水泥混凝土桥面板
CH6	—	Inner Box

注：传感器长度为10mm，表中所提埋深指传感器中心距铺装层顶面距离。

②检测数据分析。

本次桥面温度检测周期为 2009 年 4 月 8 日至 2010 年 2 月 21 日，统计该时期内桥面铺装层及桥面板温度观测数据，得其在年最高及最低温度 24h 内气温变化趋势如图 7-39 所示，可看出路表年最高温度为 52.3℃，最低温度为 -11.8℃，随铺装层深度的增加，桥面板温度较表层温度仅有小幅度下降，主要是由于整个桥梁系都暴露在空气中，铺装层结构温度场梯度变化不同于路面温度场，温度变化相比

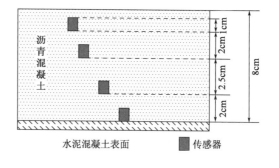

图 7-38 传感器埋设示意图

较为迟缓；由图 7-39 还可看出，夏季日持续高温≥35℃持续超过 10h，冬季低温条件下最低气温持续时间则相对较短；本次桥面温度检测周期内，高温超过 45℃共 31d，相对集中在 8 月中下旬，路表低于 -10℃共不超过 5d，且持续时间短。

综上分析可知，青岛地区桥面铺装层实际承受的环境温度要远远高于气象温度，且气候显著特性呈现为夏季高温状态持续时间长，高温状态相对比低温严酷的特点，这进一步对海湾大桥沥青混凝土桥面铺装层高温稳定性能提出挑战。

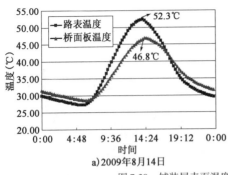
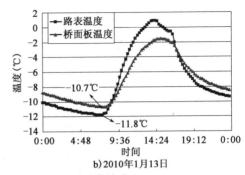

图7-39 铺装层表面温度与水泥混凝土板温度变化关系

3）交通量条件

（1）图7-40为大桥设计线型及重载超载车辆。由图7-40可知，青岛海湾大桥多弯道线形设计特点，车辙病害发生概率增大；其港口特性决定了该地区多集装箱重载交通车辆，据统计占到60%~70%；同时车辆单轴轴重（13~16t）远超高标准轴重，对桥面动载冲击力大；预期交通量繁重，桥面铺装耐久性能面临严峻的重载考验。

（2）面对如此严峻交通量条件，根据已有研究资料，重载、超载将加重设计铺装的应力负担，层内及层间剪应力会成倍增长，加快铺装层破坏速度；室内不同沥青混合料在60℃标准试验温度、不同胎压情况下的动稳定度变化情况研究（图7-41）表明，重载对沥青混合料高温稳定性能的影响非常大，稳定度与胎压呈指数关系变化，胎压由0.7MPa增加到1.1MPa时，动稳定度几乎降低一半。按现行标准轴载设计的桥面铺装结构在重载车作用下，沥青混合料抗剪强度远远超过允许值，易造成路面出现流动性车辙。

图7-40 大桥设计线型及重载超载车辆

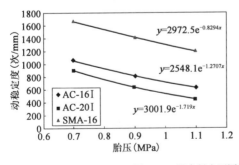
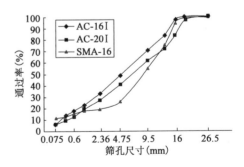

图7-41 混合料在不同胎压作用下动稳定度变化

因此,在预期面临严峻重载、超载现象条件下,桥面铺装沥青混合料应具有更出色的抗剪强度及荷载扩散能力。

4)桥面铺装层密水性能要求

对国内混凝土桥面铺装层出现的较为普遍的松散、坑槽类病害及成因已给予了分析,如图7-42所示,则为桥面铺装层密水性能不足引起的另外一种对桥面结构安全性存在潜在性威胁的隐患。

图7-42 桥面板渗水现象

2000年以前桥面铺装层设计往往采用与道路路面结构相同的结构形式,普遍将下面层设计为Ⅱ型沥青混凝土,如AC-25Ⅱ或AC-30Ⅱ型;中面层则多为密级配沥青混凝土,如AC-20Ⅰ型等;抗滑表层则采用AK-13或AK-16型,这样的铺装层结构设计存在的问题是混合料空隙率普遍较大,沥青混凝土密水性能差。

图7-43为山东省境内实体工程桥面铺装取芯情况统计,由此可看出,早期设计的桥面铺装混合料内部由于连通空隙较多,造成抗渗透能力降低,其中固然有施工压实因素影响,但级配类型的选择和设计起到了主导作用。

相关研究结果已证实,空隙率、级配和公称最大粒径对沥青混合料的渗透性能影响显著,粗级配混合料内部的连通空隙相对较高,发生水损害的概率也较大;沥青混合料体积指标对水损害破坏的影响同样至关重要。

图7-44为不同公称最大粒径沥青混合料现场测试渗透系数的比较,可看出:

(1)随着混合料公称最大粒径的增大,材料密水性能依次降低,NMSA(集料公称最大粒径)为25.0mm、19.0mm时沥青混合料渗透系数远远高于NMSA为12.5mm及9.5mm时沥青混合料。

(2)同样空隙率条件下混合料公称最大粒径越小,其抗渗透能力越强。

(3)混合料公称最大粒径相同的条件下,混合料级配设计也关系到其抗渗透能力强弱。

因此,仅从桥面铺装层密水性能方面考虑,必须对桥面铺装沥青混合料的级配组成进行合理设计,采用公称最大粒径较小、设计空隙率较小的密实结构沥青混合料将有助于提高抗渗透能力。

5)桥面板固有特性影响

桥面铺装施工前,为保证铺装层与桥面板之间良好的黏结以及提高桥面板自身平整度,通常要对桥面板表面进行拉毛、抛丸等处理作业,但由于目前对此项施工质量几乎无任何检测与控制措施,处理效果差强人意(图7-45);同时,桥面铺装结构层相对路面过少且厚度较薄,缺

图 7-43 山东境内实体铺装工程芯样情况

乏必要的调平层,造成铺装层施工后整体平整度较差,影响行车舒适性。因此,基于桥面板自身固有平整性较差来考虑,铺装层宜选择细级配密实结构沥青混合料,其与桥面板较好的随从变形性能可在一定程度上发挥调平层功能且易进行施工质量控制,摊铺碾压过程混合料也不易发生离析现象。

6) 桥面密水型高模量沥青砂调平层结构设计

针对国内桥面铺装结构层早期病害成因分析以及青岛地区桥面铺装具体使用条件提出以下要求:

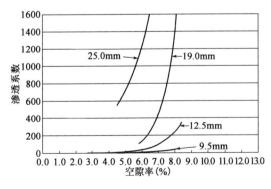

图 7-44 不同公称最大粒径混合料现场渗透系数比较

首先,从桥梁固有特性出发,铺装体系结构为典型的刚-柔组合,性能差异显著;桥梁结构自身挠度变形大、桥面板平整度差的特性以及桥面铺装系统在车辆荷载及风载作用下的振动特性,均要求铺装层材料具有优良的随从变形性能以及抗剪切性能。

其次,从青岛海湾大桥复杂的气候及交通特性出发,对混凝土桥面铺装层沥青混合料高温稳定性能、耐疲劳性能及密水抗渗透性能需提出更高的标准和要求。

第七章 欧美沥青路面新技术在我国的工程实践

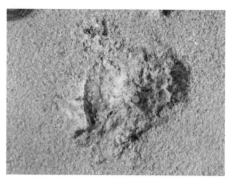

图 7-45　经处理后仍凹凸不平的桥面板

基于以上两点,提出了以下桥面铺装层结构,如图 7-46 所示。

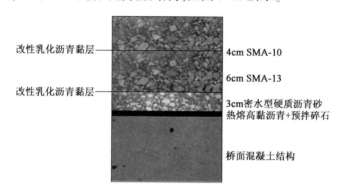

图 7-46　青岛海湾大桥桥面铺装层主线典型结构

2. 桥面铺装层材料设计

由上一节的综合分析可知,当前铺装层常用沥青混合料体积指标现场压实度按照马歇尔试件密度的 96% 控制,路面实际空隙率一般在 9%~10% 之间,最大可能达到 12%~13%,通过渗水试验结构来看,透水严重,发生水损害的概率增大,尤其在桥面体系排水不畅的情况下破坏更加严重。因此,从桥梁的固有特性[结构材料性能的显著差异(典型的刚-柔组合)、桥梁自身特性(形式多样、挠度大、振动强、存在负弯矩)]出发,提高材料的密水性能和抗疲劳性能,同时保证铺装层高温稳定性能和低温抗裂性能不丧失,对提高桥面铺装的整体使用寿命无疑具有重要意义。

本节旨在借鉴浇注式沥青混凝土的密水性能等优点,通过级配优化和沥青优化,设计低空隙率(<3%)、高沥青含量的沥青胶砂材料;使其在具有良好密水性能、水稳定性能等优势的同时,高温稳定性能和低温性能不会丧失。

1)集料

采用昌乐玄武岩及十九郎玄武岩石料进行对比研究,石料技术指标符合《公路沥青路面施工技术规范》(JTG F40—2004)中表 4.8.2~表 4.8.7 要求。

2)胶结料类型

本项目采用 SBS 改性沥青与岩沥青复合改性,以针入度为控制指标,分别为 20 号、30 号,相关指标如表 7-54 所示。

复合改性沥青技术指标 表7-54

试验项目		SBS	11%F岩+SBS	18%F岩+SBS	25%F岩+SBS	SBS(I-D)技术要求
针入度 (25℃,0.1mm)	15	20	15	10	9	
	25	41	34	23	19	40~60
	30	71	50	34	29	
针入度指数 PI		0.73	0.91	0.81	1.17	≥0
当量软化点 T_{800}		60	64.3	68.6	72.9	
当量脆点 $T_{1,2}$		-18.7	-16.4	-11.0	-10.9	
软化点(R&B)(℃)		81	82.5	83	83.5	≥60
5℃延度(cm)		24	—	1.1	刮样脆断	≥20
运动黏度(135℃)(Pa·s)		2.375	3.39	4.52	6.07	≤3
运动黏度(175℃)(Pa·s)		0.435	0.525	0.625	0.785	
离析(℃)		0.4	0.45	0.5	0.6	
RTFOT 后	质量变化(%)	-0.01	-0.23	-0.28	-0.17	≤±1.0
	针入度比 25℃(%)	85	76	78	—	≥65
	延度 5℃(cm)	17	—	0.7	—	≥15
SHRP 分级		76-22	82-22	88-16	88-16	

3）矿料级配组成

初步设计4个合成级配进行马歇尔试验，确定最佳级配和最佳沥青用量，合成级配如表7-55所示。

密水型高模量沥青胶砂级配组成 表7-55

筛孔尺寸(mm)	9.5	4.75	2.36	1.18	0.6	0.3	0.15	0.075
G1	100.0	99.3	69.4	46.3	28.0	19.4	11.6	7.5
G2	100	99.3	76.6	54.5	33.6	23.6	14.0	8.5
G3	100	99.2	73.1	55.0	40.0	28.0	18.0	10.0
G4	100.0	99.1	71.5	50.9	31.6	22.3	13.5	8.3

注：G1 为昌乐玄武岩石料，G2~G4 为十九郎玄武岩石料。

4）混合料体积指标

试件采用标准马歇尔击实成型，正、反面各击实75次，试验结果如表7-56所示。通过分析表中体积指标结果，按照空隙率1.8%±0.3%控制，确定G1最佳沥青用量为7.8%，G3最佳沥青用量为8.8%。

第七章 欧美沥青路面新技术在我国的工程实践

高模量沥青胶砂体积指标　　　　　　表 7-56

级配	沥青用量 P_b（%）	毛体积相对密度 γ_{sb}（g/cm³）	最大相对理论密度 γ_t（g/cm³）	空隙率 VV（%）	矿料间隙率 VMA（%）	沥青饱和度 VFA（%）
1 号	6.5	2.412	2.620	7.9	22.4	64.6
1 号	7.0	2.468	2.599	5.0	21.0	76.1
1 号	7.5	2.468	2.577	4.4	21.6	79.5
1 号	8.0	2.515	2.558	1.7	20.5	91.8
1 号	8.5	2.503	2.537	1.4	21.3	93.7
2 号	8.0	2.418	2.479	2.5	20.0	87.6
4 号	8.0	2.407	2.479	2.9	20.3	85.6
3 号	7.5	2.392	2.492	4.0	20.2	80.1
3 号	8.0	2.403	2.473	2.8	20.3	86.1
3 号	8.5	2.395	2.454	2.4	21.0	88.6

5）混合料性能评价

（1）马歇尔稳定度

马歇尔稳定度是指试件受压至破坏时承受的最大荷载，在我国沥青路面工程中，作为一种经验性指标，可以定量反映混合料强度的增长规律。图 7-47 为密水型高模量沥青砂稳定度与沥青用量关系。

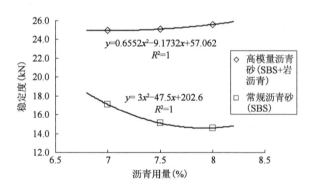

图 7-47　密水型高模量沥青胶砂稳定度与沥青用量关系（G1）

由图 7-47 可以看出，采用普通 SBS 改性沥青的沥青胶砂混合料，马歇尔稳定度远小于采用高模量沥青的沥青胶砂，而且前者随着沥青用量的增加，马歇尔稳定度逐渐减小，后者随着沥青用量的增加，稳定度反而有增加的趋势。说明胶结料特性对混合料强度产生影响，即使沥青用量增加，混合料高温下的强度并未损失。

（2）高温抗车辙性能

图 7-48 是级配 G1 采用普通 SBS 改性沥青与硬质沥青时高温抗车辙性能对比，可以看出，高模量沥青胶砂沥青用量增加 0.5% 后高温稳定性较普通沥青并未有所降低，说明采用硬质沥青，可以避免高沥青用量混合料在高温下发生流动性变形。需要指出的是，随着高模量沥青胶砂沥青用量的增加，至一定程度后，动稳定度开始下降，此时混合料空隙率 <1.5%，因此需

控制高模量沥青用量上限,在高温稳定性和密水性能之间取得平衡。

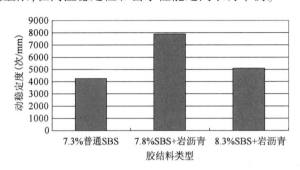

图 7-48 不同沥青用量及胶结料类型的沥青胶砂动稳定度对比(G1)

(3) 常温抗拉性能

在荷载和温度应力作用下,铺装层层底的沥青胶砂会产生较大变形,需要凭借自身良好的柔性变形能力来消散裂缝处的应力集中,这就要求沥青胶砂材料具有良好的抗拉伸性能。

用间接拉伸-劈裂试验评价沥青胶砂的抗拉性能,该方法采用标准圆柱体试件通过一定宽度的圆弧形压条施加荷载,将试件劈裂直至破坏,试验温度为15℃,试验结果如表7-57所示。

常温条件下劈裂结果(G4)　　　　　　　　　　　　　表7-57

指标	沥青用量	SBS 改性沥青	SBS 改性沥青+ 11 号硬质沥青	SBS 改性沥青+ 25 号硬质沥青
RT 劈裂抗拉 强度(MPa)	7.5	1.7	2.5	2.5
	8	1.6	2	2.8
	8.5	1.5	2.0	2.6
ε_T 破坏拉伸 应变($\mu\varepsilon$)	7.5	8531	15901	15514
	8	12879	15728	12619
	8.5	16194	14729	13263
ST 破坏劲度 模量(MPa)	7.5	305.1	291.5	310.2
	8	236.9	287.6	459.2
	8.5	175.5	226.9	390.0

由以上结果分析可得:

①高模量沥青胶砂的抗拉强度超过了2.0MPa,具有较高的破坏强度,即使普通沥青胶砂材料抗拉强度值也在1.5MPa以上(面层细粒式混凝土材料抗拉强度值为1.2~1.6MPa)。

②沥青用量为7.5%时,高模量沥青胶砂抗拉强度受沥青指标影响不大,沥青用量增至8.0%以上时,抗拉模量有较大程度增长,平均拉伸应变均在12000$\mu\varepsilon$以上,说明胶结料特性对混合料性能影响权重增大。

③从试验结果可以看出,胶结料采用硬质沥青时,沥青胶砂的极限拉伸应变并非呈线性降低关系,同等沥青用量下,针入度@25℃为30(0.1mm)时,抗拉强度和破坏应变之间存在一个

最优结果。

④从劈裂拉伸强度与极限拉伸应变两个指标可以看出,材料的强度大小与变形能力之间一般存在矛盾关系,单从任何一个指标来反映材料的抗裂性能都存在片面性,应该综合考虑。从沥青胶砂的使用要求来看,用极限拉伸应变作为沥青胶砂配合比设计控制指标是合理的。

(4)低温抗裂性能

高模量沥青胶砂低温弯曲试验结果如表7-58所示。高模量沥青与常规沥青混凝土低温弯曲试验结果对比如图7-49所示。

高模量沥青胶砂低温弯曲试验结果　　表7-58

试件序号	试件破坏时的最大荷载 PB（N）	试件破坏时的跨中挠度 d（mm）	试件破坏时的抗弯拉强度 RB（MPa）	试件破坏时的最大弯拉应变 ε_B（$\mu\varepsilon$）	试件破坏时的弯曲劲度模量 SB（MPa）	平均值
SBS+8.8-1	1574.7	0.611	12.9	3208	4007	
SBS+8.8-3	1524.73	0.5062	12.4	2658	4684	2797
SBS+8.8-5	1587.86	0.4667	13.0	2450	5290	
SBS+8.8-7	1535.03	0.5474	12.5	2874	4360	
SBS+Y-30号-1	1514.81	0.4634	12.4	2433	5083	
SBS+Y-30号-3	1544.76	0.5727	12.6	3007	4194	2785
SBS+Y-30号-5	1417.92	0.643	11.6	3376	3428	
SBS+Y-30号-7	1528.54	0.443	12.5	2326	5365	
SBS+Y-20号-8.8-1	1560.02	0.6917	12.7	3631	3506	
SBS+Y-20号-8.8-3	1456.45	0.8148	11.9	4278	2779	4240
SBS+Y-20号-8.8-5	1508.14	0.7903	12.3	4149	2967	
SBS+Y-20号-8.8-7	1652.33	0.8176	13.5	4292	3142	

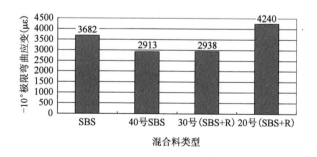

图7-49　高模量沥青混凝土与常规沥青混凝土低温弯曲试验结果对比

由表7-58和图7-49可以看出,试验结果符合《公路沥青路面施工技术规范》(JTG F40—2004)中2800$\mu\varepsilon$的要求,从单个试件指标来看,差异性较大,推测与试件切割水平有关,可以确定的是,硬质沥青的加入,给混合料的低温性能造成一定程度的损失,下一步的试验中,应该对以上试验结果进行复合试验,同时针对使用性能要求,对硬质沥青的产量、基质沥青的标号及级配情况进行针对性的调整。

(5)抗水损害能力

采用冻融劈裂试验评价沥青胶砂混合料抗水损害能力,试验结果如表7-59~表7-61和图7-50所示。

普通沥青胶砂混合料冻融劈裂结果　　　　表7-59

混合料类型	沥青胶砂		沥青用量(%)		8.8
击实次数(双面)(次)	50		击实温度(℃)		165
冻融循环试件					
试件编号	2	4	6	8	平均值
最大理论密度(g/cm^3)	2.443	2.443	2.443	2.443	2.443
试件高度(mm)	62.5	63.1	63.6	63.5	63.16
空气中重(g)	1216.96	1218.87	1217.84	1214.84	1217.13
水中重(g)	708.60	707.52	708.02	706.26	707.60
饱和面干重(g)	1217.23	1219.08	1217.93	1214.91	1217.29
试件毛体积密度(g/cm^3)	2.393	2.383	2.388	2.388	2.388
试件空隙率(%)	2.06	2.47	2.24	2.24	2.25
真空饱水水中重(g)	710.22	712.57	712.04	709.90	711.2
真空饱水 SSD(g)	1218.37	1222.28	1218.73	1215.91	1218.8
试件吸水率(%)	0.28	0.67	0.18	0.21	0.33
试件饱和度(%)	13.46	27.08	7.85	9.45	14.5
应力环读数(mm)	1.25	1.23	1.21	1.21	1.2
力值(N)	12179	11196	10213	10213	10950.0
劈裂强度(MPa)	1.23	1.12	1.01	1.01	1.1
未进行冻融循环试件					
试件编号	1	3	5	7	平均值
试件高度(mm)	62.34	62.84	64.05	63.89	63.28
空气中重(g)	1218.71	1216.66	1213.42	1220.18	1217.24
水中重(g)	709.96	709.92	706.32	710.72	709.23
饱和面干重(g)	1218.86	1216.87	1213.61	1220.24	1217.40
试件毛体积密度(g/cm^3)	2.395	2.400	2.392	2.395	2.395
试件空隙率(%)	1.97	1.76	2.09	1.97	1.95
应力环读数(mm)	1.25	1.24	1.22	1.23	1.24
力值(N)	12179	11687	10704	11196	11441
劈裂强度(MPa)	1.23	1.17	1.05	1.10	1.14
冻融劈裂强度比 TSR(%)	95.88				
规定值(%)	80				

密水型高模量沥青混合料冻融劈裂结果

表 7-60

混合料类型	高模量沥青胶砂（30 号）		沥青用量(%)		8.8
击实次数（双面）(次)	50		击实温度(℃)		175
冻融循环试件					
试件编号	2	4	6	8	平均值
最大理论密度(g/cm³)	2.444	2.444	2.444	2.444	2.444
试件高度(mm)	63.0	62.5	63.3	63.7	63.10
空气中重(g)	1223.13	1222.24	1222.58	1220.19	1222.04
水中重(g)	711.78	712.13	710.08	707.11	710.28
饱和面干重(g)	1223.18	1222.31	1222.65	1220.33	1222.12
试件毛体积密度(g/cm³)	2.392	2.396	2.385	2.378	2.388
试件空隙率(%)	2.14	1.98	2.41	2.72	2.31
真空饱水水中重(g)	712.15	715.18	716.01	716.80	715.0
真空饱水 SSD(g)	1228.64	1223.79	1227.63	1228.50	1227.1
试件吸水率(%)	1.07	0.30	0.99	1.62	1.00
试件饱和度(%)	49.88	15.42	41.02	59.70	41.5
应力环读数(mm)	1.28	1.31	1.31	1.28	1.3
力值(N)	13653	15127	15127	13653	14389.9
劈裂强度(MPa)	1.36	1.52	1.50	1.35	1.4
未进行冻融循环试件					
试件编号	1	3	5	7	
试件高度(mm)	62.10	63.00	63.23	63.13	62.87
空气中重(g)	1214.96	1221.81	1223.32	1219.95	1220.01
水中重(g)	706.74	712.01	709.98	709.16	709.47
饱和面干重(g)	1215.02	1221.94	1223.42	1220.17	1220.14
试件毛体积密度(g/cm³)	2.390	2.396	2.383	2.387	2.389
试件空隙率(%)	2.20	1.96	2.51	2.32	2.25
应力环读数(mm)	1.26	1.27	1.30	1.28	1.28
力值(N)	12670	13161	14636	13653	13530
劈裂强度(MPa)	1.28	1.31	1.46	1.36	1.35
冻融劈裂强度比 TSR(%)	106.01				
规定值(%)	80				

密水型高模量沥青胶砂冻融劈裂结果　　　　表 7-61

混合料类型	高模量沥青胶砂(20 号)			沥青用量(%)	8.8
击实次数(双面)(次)	50			击实温度(℃)	165
冻融循环试件					
试件编号	2	4	6	8	平均值
最大理论密度(g/cm³)	2.444	2.444	2.444	2.444	2.444
试件高度(mm)	62.8	63.6	62.4	62.8	62.89
空气中重(g)	1214.90	1220.16	1221.79	1221.11	1219.49
水中重(g)	707.02	712.49	712.52	710.57	710.65
饱和面干重(g)	1215.08	1220.29	1221.87	1221.19	1219.61
试件毛体积密度(g/cm³)	2.391	2.403	2.399	2.391	2.396
试件空隙率(%)	2.16	1.68	1.85	2.15	1.96
真空饱水水中重(g)	712.15	716.52	717.22	716.36	715.6
真空饱水 SSD(g)	1218.62	1225.23	1225.21	1225.18	1223.6
试件吸水率(%)	0.73	1.00	0.67	0.80	0.80
试件饱和度(%)	34.03	59.17	36.34	37.18	41.7
应力环读数(mm)	1.37	1.41	1.39	1.41	1.4
力值(N)	18076	20041	19058	20041	19304.1
劈裂强度(MPa)	1.81	1.98	1.92	2.01	1.9
未进行冻融循环试件					
试件编号	1	3	5	7	
试件高度(mm)	63.02	64.11	64.01	63.00	63.53
空气中重(g)	1227.01	1215.99	1223.98	1218.61	1221.40
水中重(g)	714.01	707.89	714.34	709.73	711.49
饱和面干重(g)	1227.98	1216.13	1224.02	1218.62	1221.69
试件毛体积密度(g/cm³)	2.387	2.393	2.401	2.395	2.394
试件空隙率(%)	2.32	2.11	1.74	2.02	2.05
应力环读数(mm)	1.33	1.33	1.41	1.39	1.37
力值(N)	16110	16110	20041	19058	17830
劈裂强度(MPa)	1.61	1.58	1.97	1.90	1.76
冻融劈裂强度比 TSR(%)	109.37				
规定值(%)	80				

以上分别为普通沥青胶砂(目标空隙率<3%)、30 号针入度高模量沥青胶砂、20 号针入度高模量沥青胶砂的冻融劈裂试验结果,可以看出:

①沥青胶砂混合料空隙率降低后,试件真空条件下吸水率降至 1.0% 以下,饱和度降至 45% 以下(普通沥青混合料 60%~70%),水稳定性能有了极大程度的改善。

②通过对试验结果进行分析可以看出,试件的抗水损害能力与其真空饱水状态下的饱和程度直接相关,同样饱和度下不同级配类型的混合料其抗水损害能力也有较大差异,对沥青胶砂材料来说,饱和度>60%时,其抗水损害能力反而不及普通的细集料混合料,因此,在保证不

削弱其高温和低温性能的情况下,保证沥青胶砂目标设计空隙率在3%的思路是可行的。

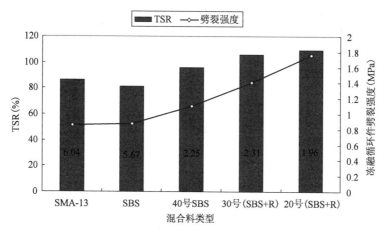

图7-50　铺装层用沥青混合料冻融前后强度比较

由沥青砂、高模量沥青砂、浇注式沥青混凝土混合料设计指标及性能比较可知:

①沥青砂与浇注式沥青混凝土都具有优良的低温抗裂能力及中温抗疲劳能力,且前者高温稳定性及温度敏感性优于后者,由于普通沥青砂目标设计空隙率较高,同等条件下,抗水损害能力不足。

②经过优化后的密水型硬质沥青混凝土,沥青用量提高,空隙率降低,抗水损害能力大幅度提高。由于采用硬质沥青,高温性能并未损失,温度敏感性进一步下降,低温抗裂能力符合使用要求,综合性能更优,具有推广价值。

3. 现场施工及检测

2010年10月至2011年6月,青岛海湾大桥进行实体施工,施工期间按照施工技术要求对其中的关键工序进行了控制。

1) 桥面处理

为增加密水型高模量沥青砂调平层与桥面混凝土结构层的黏附性,改善层间黏附状态,对桥面混凝土进行了表面抛丸处理,然后热沥青碎石封层施工,如图7-51~图7-53所示。

 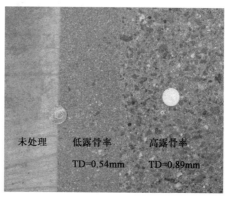

图7-51　现场桥面抛丸处理及效果对比

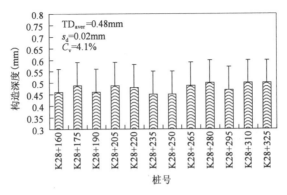

图 7-52　现场抛丸构造深度处理效果

图 7-53　热沥青碎石封层施工

2）现场施工控制

青岛海湾大桥桥面沥青混凝土铺装现场施工质量控制工作主要包括如下内容：①施工过程质量控制，即沥青混合料生产沥青用量验证、生产级配验证和室内测试马氏密度等相关技术指标控制；②工后路面常规技术指标检测，即路面渗水系数测定、路面平整度测定以及现场钻芯空隙率及压实度的验证等性能指标验证。

沥青混合料的均匀程度直接关系到沥青路面的路用性能和耐久性，我国早期修建的高速公路使用寿命远远低于预计使用寿命，有的甚至在通车 3～4 年即出现了坑槽、开裂、车辙、抗滑性能不足等早期破坏，在造成路面早期破坏的因素中，大多数问题皆根源于沥青混合料不均匀性，其中沥青混合料的离析就是不均匀性的一个表现，而离析是沥青路面产生早期局部破坏的重要原因。研究表明：当沥青混合料发生施工质量不均匀时，混合料的劲度、拉伸强度和疲劳寿命下降，路面的服务寿命降低，会加速路面的早期破坏。随着交通荷载及交通量的增大，沥青混合料的均匀性是决定路面质量的主要因素之一，因此，如何采取措施提高混合料的均匀性是保证路面使用性能防止早期损害的重要手段之一。而施工参数（诸如集料的级配、油石比、施工工艺等）的变异正是造成沥青混合料不均匀性的主要原因。因此如何在生产过程中对施工参数进行较好的控制，保证参数稳定是解决沥青混合料不均匀性的重要手段。由于路面施工的连续性和特殊性，通常应用的手段是静态质量控制，检验项目均是事后结果，仅起到了记录和总结的效果，不能在生产过程中进行有效的控制，所以，在路面施工中过程控制是十分重要的,通过过程控制及时发现影响质量的因素,提高施工质量的稳定性,减小变异系数,而动态质量管理就是过程控制的重要手段。

施工质量的管理与检查验收(质量控制,简称 QC),是工程项目进展中的两个不可分割的阶段。施工质量管理主要指施工过程中的质量控制,即生产"过程"质量的在线监测。它是运用数理统计分析理论,对生产过程中的主要要素进行监控,及时发现生产过程中的异常,采取措施,对造成异常的要素进行调整,恢复过程的稳定。

沥青路面出现的局部的早期损坏主要是由于局部变异造成的,因此施工质量控制的关键是过程监控,保持生产稳定,减少变异性。广义地讲,沥青混合料施工阶段的质量控制属于"统计过程控制"的范畴,它是通过对沥青混合料施工过程的关键工序、施工参数以及设备的操作程序等的实时监控,对生产过程的异常进行处理,是沥青路面质量过程控制的方法。沥青混合料施工阶段的质量控制主要包括混合料的质量控制与现场压实空隙率的控制,在试验路的实施过程中从这两方面都进行了严格的控制。施工质量管理的变异性是各种变异性的总和,它包括取样的不均匀性(缺乏代表性)、试验方法的问题、材料和施工过程的变异性以及施工工艺等。

级配分析主要针对重点筛孔进行,体积指标分析了马歇尔空隙率、现场压实空隙率以及矿料间隙率,对生产过程检测数据进行均值—极差动态控制,分析标准差及变异系数的变化。通过分析影响沥青混合料关键指标的因素进行相关性分析和概率分布检验,找出影响沥青混合料均匀性的关键性因素,以期对后续工程进行控制。

本节以影响沥青混合料性能的关键筛孔、沥青用量以及体积指标为主要分析对象,分析施工过程中各影响因素的过程变异性以及波动性,并对生产过程中逐日检测的数据进行均值 – 极差($\bar{X}$-R)动态管理,分析生产变异程度,找出问题原因及对策。对各因素进行相关性分析,分析各因素之间的密切程度,找出关键因素,分析变异原因,研究预防问题重复出现的措施。

在进行 $\bar{X}$-R 分析之前先明确管理图中的几个概念,在 $\bar{X}$-R 管理图中以均值 $\bar{X}$ 作为中心线 CL,以质控上限 UCL 和质控下限 LCL 表示允许的施工正常波动范围,当有超出质控上下限范围时,则表示出现了生产异常或试验数据异常,并以实际生产允许的波动范围为限进行分析。

在 $\bar{X}$ 图中:

$$CL = \bar{\bar{X}} \quad UCL = \bar{\bar{X}} + A_2\bar{R} \quad LCL = \bar{\bar{X}} - A_2\bar{R}$$

在 R 图中:

$$CL = \bar{R} \quad UCL = D_4\bar{R} \quad LCL = D_3\bar{R}$$

式中: CL——$\bar{X}$ – R 管理图中心线(期望值);

UCL——$\bar{X}$ – R 管理图质控上限;

LCL——$\bar{X}$ – R 管理图质控下限;

$\bar{\bar{X}}$——一个阶段各组检测结果的平均值 $\bar{X}$ 的平均值;

$\bar{R}$——一个阶段各组检测结果的极差 R 的平均值;

A_2、D_3、D_4——由一组检测结果的试验次数决定的管理图用的系数,其值按《公路沥青路面施工技术规范》(JTG F40—2004) 表 F.0.4 确定。

在进行 $\bar{X}$ – R 分析中首先取每天若干次试验的平均值,然后以连续 3 天的平均值为分析对象,并按3天一个阶段进行分析。在$\bar{X}-R$管理图中包括三个图,横坐标表示施工日期序号,均值—极差管理图表示每3天检测结果的平均值的连续变化情况,每天试验结果均值图表示每天试验结果的变化情况,极差图表示逐天平均值变化的情况(图7-54、图7-55)。面层施工质量受多个因素的影响,由于客观以及人为因素,在各个工序的实施过程中将会产生变异,对整个桥面铺装施工段的每一层混合料的主要参数进行了变异性分析,这些主要参数包括:沥青混合料级配、油石比、室内沥青混合料马歇尔空隙率。

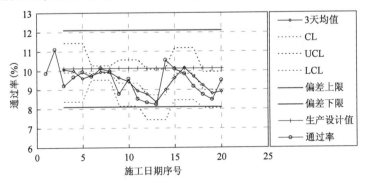

图7-54 硬质沥青砂混合料施工0.075mm筛孔通过率动态质量管理图

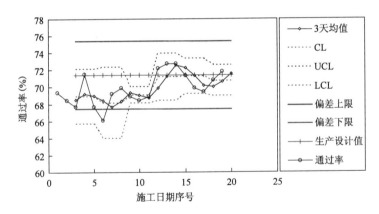

图7-55 硬质沥青砂混合料施工2.36mm筛孔通过率动态质量管理图

(1)沥青混合料级配

沥青混合料级配对沥青混合料的路用性能的影响甚为重要,级配的好坏决定了混合料骨架性能的好坏,级配自身的变异会造成矿料骨架结构的变化,而这种变化会造成混合料结构和强度的变化。混合料级配变异会影响路面的强度、耐久性等,级配分析是以关键筛孔的通过率的变化情况为主,分析各级筛孔在生产过程中的波动程度。

由图7-54可以看出,0.075mm通过率变化在规范容许范围内,3天均值变化满足指控上下限要求,对全过程生产周期内0.075mm通过率进行总量检验,其中:$\bar{X}=9.5\%$;$S=0.77\%$;$C_v=0.08$。

由图7-55可以看出,除9月14日试验结果低于规范容许下限外,2.36mm通过率变化在规范容许范围内,3天均值变化满足指控上下限要求,对全过程生产周期内0.075mm通过率进行总量检验,其中:$\bar{X}=70.0\%$;$S=1.88\%$;$C_v=0.03$。

(2) 关键筛孔通过率波动原因分析

由关键筛孔通过率波动分析可以看出,在规范容许的范围之内,关键筛孔的通过率仍存在一定波动性,由变异系数来看,0.075mm通过率波动稍大于2.36mm通过率,2.36mm通过率个别点存在低于规范容许下限的情况(当日作业段长度720m),分析原因如下:

①料源原因:矿粉在沥青混合料中起填充的作用,它能促进混合料之间的机体结合,减少混合料空隙,增加混合料的密实度,由于生产工艺、生产成本的差异,不同厂家生产的矿粉细度不同,该指标将直接影响沥青胶浆的性质,进而影响沥青混合料的强度和使用性能,考虑到材料供应和施工成本等因素,施工单位存在多家供料的现象,施工单位为了降低生产成本,矿粉进场过程中不排除钻原材料检测空子,实行"以粗充细"的现象。

②生产参数设置:现场采用DG-4000型拌和站,该拌和站为新建设备,安装调试后就立即进行沥青砂的生产,在运转磨合的最初阶段对计量的精确性和稳定性有一定影响,拌和站最细一层筛子筛孔设置为3mm×4mm,相对于3mm×3mm筛孔,该设置可有效避免生产过程中"堵筛"问题,但是对0~3mm冷料的筛分组成改变不大,如果0~3mm冷料偏粗,筛分处的热料整体偏粗,对砂粒式沥青混合料的级配调试影响也较大。不同筛孔设置对热料仓筛分的影响见表7-62。

不同筛孔设置对热料仓筛分的影响 表7-62

筛孔尺寸(mm)	9.5	4.75	2.36	1.18	0.6	0.3	0.15	0.075
筛孔设置(3mm×4mm)(%)	100.0	100.0	76.1	49.4	29.1	14.5	7.1	3.4
筛孔设置(3mm×3mm)(%)	100.0	100.0	85.8	54.6	34.2	21.6	10.9	2.1

③生产进度安排:由于现场交付工作面不连续,生产过程中需要根据实际提供的工作面频繁变化施工作业类型和作业段,对拌和设备的生产连续性和稳定性造成一定影响。

④生产环境影响:青岛地区潮湿多雨,粉料罐中储存矿粉容易受潮,生产过程中容易出现较长时间"等料"现象,极易影响最终计量的稳定性。

⑤试验过程中取样及试验误差原因,此因素导致误差在施工过程中不可避免,但可以通过对试验人员进行技术培训提高试验精确度,降低误判率。

(3) 沥青用量动态分析

沥青用量对混合料的路用性能有着重要影响,最佳的沥青用量状态是在矿料中足以形成薄膜并充分黏结在矿料表面,具有最优的黏结能力。沥青用量只要偏离最佳状态都会降低混合料的性能。沥青用量对混合料的强度、耐久性以及水稳定性等有着重要的影响。沥青用量不足,使得沥青膜变薄,黏结力降低,老化速度加快,将会降低混合料的疲劳性能、耐久性和水稳定性,容易出现早期损坏。

沥青用量过多,游离沥青过多,对矿料起到了润滑的作用,矿料的内摩擦角会降低,从而降低了沥青混合料的强度。并且在夏季高温天气下易引起泛油等病害。因此,在混合料生产拌和过程中要对沥青用量进行严格计量,保证沥青用量处于最佳状态。硬质沥青砂混合料施工用量动态质量管理如图7-56、图7-57所示。

由图7-56可以看出,除9月1日及9月2日(作业段长度分别为410m、340m)试验结果低于规范容许下限外,其余抽提所得沥青用量指标波动在规范容许范围内,3天均值变化满足指控上下限要求,对全过程生产周期内沥青用量进行总量检验,其中:$\bar{X}=7.4\%$;$S=0.12\%$;$C_v=0.02$。

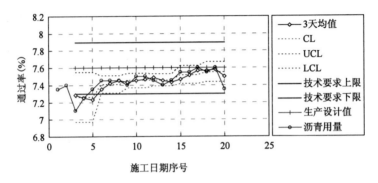

图7-56 硬质沥青砂混合料施工沥青用量动态质量管理图

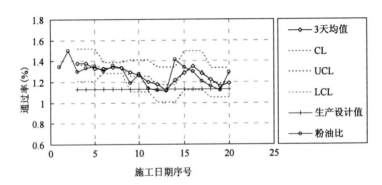

图7-57 硬质沥青砂混合料施工粉油比动态质量管理图

为了综合衡量沥青用量变化的同时,分析玛碲脂变化对沥青混合料性能的影响,本节引入了粉油比$=D_P/P_b$概念进行统计分析,其中P_b为沥青用量(图7-57)。由图7-57可以看出,受0.075mm通过率波动的影响,粉油比呈现出类似的变化,对全过程生产周期内粉油比进行总量检验,其中:$\bar{X}=1.3$;$S=0.11$;$C_v=0.08$。

沥青用量波动原因分析:

①拌和站运转初期各机械参数匹配性欠缺,影响复合改性硬质沥青的计量稳定性,该拌和站为新建4000型拌和设备,因施工工期及进度安排原因,安装后不久即投入使用,从施工人员至各计量参数的协调运作存在磨合期。

②硬质沥青砂采用复合改性硬质沥青,同等温度条件下黏度较SBS改性沥青增大,对计量精确性有影响。

③硬质沥青砂沥青用量偏高,细集料用量大,采用回流式抽提试验时,三氯乙烯冲刷黏度大,极易因抽提不足造成部分沥青黏附于细集料表面,造成沥青用量偏低,从现场抽提结果来看,该因素是造成沥青用量波动的主要因素。

④沥青用量的初期波动主要与施工初期试验段的调试有关,试验段调试阶段为保证高胶结料沥青混合料在低温条件下的施工可操作性,分别采用了7.4%、7.5%沥青,也是导致初期部分沥青用量偏低的一个因素,由粉油比波动情况来看,0.075mm 的通过率变异仍是导致粉油比变化较大的主导因素,现场仍需加强对矿粉料源的控制。现场施工如图 7-58、图 7-59 所示。

图 7-58 密水型硬质沥青砂沥青混合料连续摊铺

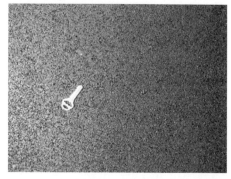

图 7-59 密水型硬质沥青砂压实

3) 现场铺筑效果

图 7-60 为密水型高模量沥青胶砂调平层施工结束后钻取的芯样,可见其压实效果较好并且厚度适应性较好。图 7-61 为施工结束后效果图,可见该结构层不渗水。图 7-62 为排水盲沟设置。

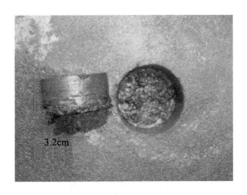 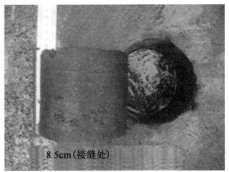

图 7-60　施工后的密水型硬质沥青砂表面及取芯结果

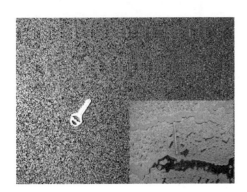 

图 7-61　雨后海湾大桥密水型硬质沥青砂多功能层表面

 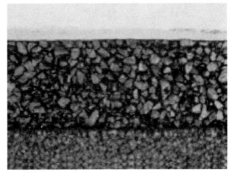

图 7-62　排水盲沟设置

4) 工后现场检测

密水型高模量沥青胶砂调平层施工结束后,进行了现场渗水试验,试验结果如图 7-63 和表 7-63 所示。

现场渗水试验结果　　　　　　　　　　　　　　　表 7-63

均　值	标　准　差	变异系数
23.61	17.13	0.73

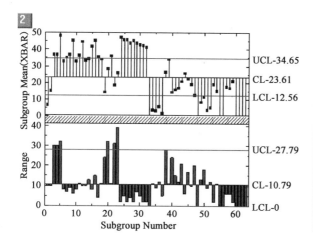
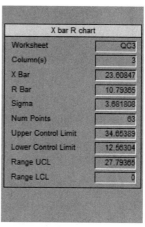

图 7-63　现场渗水试验结果(3min 渗水量)

二、济南黄河二桥硬质沥青高模量沥青混合料铺装层

济南黄河二桥位于济南市的西北,南北向横跨黄河,北接济德高速公路德齐段,向西接济聊一级汽车专用路,由大杨庄互通立交向东,接通与济青高速公路相接的北联络线,向南通向泰安。大桥为济南市西外环的组成部分。由主桥及南、北引桥和引道组成,桥梁部分总长 5100.64m,如图 7-64 所示。由于设计及施工方面的问题导致桥面出现了车辙、坑槽、原水泥混凝土调平层脱离等严重病害,如图 7-65 所示。

针对国内桥面铺装结构层早期病害成因分析,对桥面铺装层提出以下要求:

图 7-64　济南黄河二桥

首先,从桥梁固有特性出发,铺装体系结构典型的刚—柔组合,性能差异显著;桥梁结构自身挠度变形大、桥面板平整度差的特性以及桥面铺装系统在车辆荷载及风载作用下的振动特性,均要求铺装层材料具有优良的随从变形性能以及抗剪切性能。

其次,从桥面复杂的气候及交通特性出发,对混凝土桥面铺装层沥青混合料高温稳定性能、耐疲劳性能及密水抗渗透性能需提出更高的标准和要求。

综上所述,本项目提出进行以硬质沥青胶结料、细级配密实结构的材料设计特点获得具有较高模量并适用于混凝土桥面铺装层使用条件的高模量沥青混凝土的应用研究,着重考虑设计材料的高温抗永久变形能力、密水抗渗透性能、耐疲劳性能,同时兼顾铺装层低温抗裂性能,这对提高桥面铺装的整体使用寿命不失为一种良策。图 7-66 为济南黄河二桥桥面铺装层结构。

1. 材料级配确定

由桥面铺装使用条件调研分析知,细级配悬浮密实结构有利于混合料提高密水性能、与桥面板保持良好的随从变形性能及铺装层平整度的提高,并且可在一定程度上降低混合料摊铺碾压过程受到桥面铺装层厚度及高程限制的影响,同时参考我国水泥混凝土桥桥面铺装常用混合料类型,确定本节高模量沥青混凝土级配设计最大公称粒径为9.5mm,命名为HMAC0/10(High Modulus Asphalt Concrete);在参照法国LCPC沥青混合料设计指南及英国TRL636对EME0/10推荐级配取值范围,以及纽约州防水型沥青混凝土(表7-64)、中国《公路沥青路面施工技术规范》(JTJ F40—2004)AC-10(表7-65)沥青混合料推荐级配范围的基础上(级配曲线见图7-67、图7-68),初步拟定本节高模量沥青混凝土HMAC0/10三种目标级配G1、G2、G3,目标配比见表7-66,级配曲线如图7-69所示。

a) 坑槽病害

b) 防水层脱离

c) 桥面铺装层车辙

图 7-65　济南黄河二桥病害

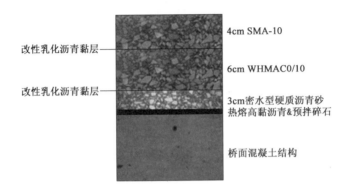

图 7-66　济南黄河二桥桥面铺装层结构

防水沥青混凝土 HMA 设计级配范围　　　　　　　　　　　　　　　表 7-64

筛孔尺寸(mm)	各方孔筛(mm)通过百分率(%)								
	13.2	9.5	4.75	2.36	1.18	0.6	0.3	0.15	0.075
上限	100	100	76	54	40	29	21	16	8
下限	100	80	50	37	26	17	10	5	2

中国规范密级配 AC-10 沥青混合料矿料级配组成范围　　　　　表 7-65

级配类型		各方孔筛(mm)通过百分率(%)								
		13.2	9.5	4.75	2.36	1.18	0.6	0.3	0.15	0.075
AC-10	上限	100	100	75	58	44	32	23	16	8
	下限	100	90	45	30	20	13	9	6	4

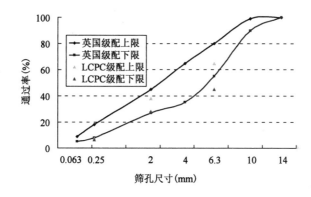

图 7-67　英国与法国 EME0/10 推荐级配曲线

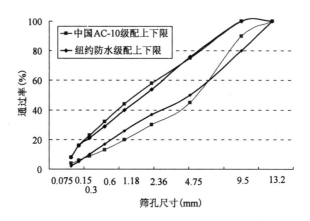

图 7-68　AC-10、SMA-13 与美国防水混凝土级配曲线

高模量沥青混凝土 HMAC0/10 初拟 G1、G2、G3 目标级配 表 7-66

合成级配	筛孔(mm)通过百分率(%)								
	13.2	9.5	4.75	2.36	1.18	0.6	0.3	0.15	0.075
G1	100.0	99.4	55.7	38.7	28.9	19.8	15.4	11.2	8.2
G2	100.0	99.3	47.5	30.4	23.1	16.5	13.3	10.2	7.8
G3	100.0	99.5	64.9	47.8	35.2	23.4	17.7	12.2	8.6

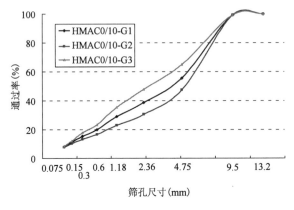

图 7-69　HMAC0/10 初拟 G1、G2、G3 目标级配曲线

2. 沥青用量预估与验证

本阶段研究重点验证级配不同组成对高模量沥青混合料性能的影响差异。试验原材料选用山东章丘十九郎玄武岩集料，填料为长清石灰岩矿粉及 20 号硬质沥青胶结料(23% 法阿尔巴尼亚天然沥青改性基质沥青)。沥青混合料最佳沥青用量的确定首先按照法国富余系数 $K \geqslant 3.4$ 的要求进行预估，三个级配沥青用量预估范围见表 7-67，从中选 4.9%、5.4%、5.9% 初始沥青用量进行三个级配目标设计。

不同富余系数 K 计算沥青用量(%)数据 表 7-67

富裕系数 K	级配类型		
	G1	G2	G3
3.4	4.9	4.8	4.9
3.6	5.1	5.1	5.2
3.8	5.4	5.3	5.5

为更好模拟现场压实条件，选用 Superpave 旋转压实仪进行试件成型，相应体积指标结果见表 7-68，各级配沥青用量与空隙率 VV、矿料间隙率 VMA 关系如图 7-70 所示。

HMAC0/10 目标设计体积指标 表 7-68

级配类型	G1			G2			G3		
沥青用量	4.9%	5.4%	5.9%	4.9%	5.4%	5.9%	4.9%	5.4%	5.9%
ρ_f	2.573	2.568	2.566	2.506	2.525	2.523	2.565	2.554	2.541
ρ_t	2.608	2.588	2.568	2.611	2.591	2.571	2.605	2.585	2.565

续上表

级配类型	G1			G2			G3		
VV(%)	1.3	0.8	0.2	4.0	2.5	1.8	1.5	1.2	0.9
VMA(%)	12.2	12.8	13.3	14.6	14.4	14.9	12.3	13.1	14.0
VFA(%)	89.0	94.1	99.4	72.5	82.4	87.6	87.7	91.1	93.5
P_{be}	4.45	4.95	5.46	4.46	4.97	5.47	4.44	4.94	5.44

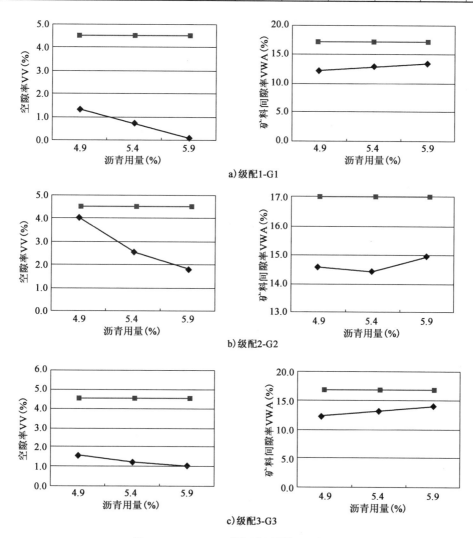

图 7-70　G1、G2、G3 不同沥青用量体积指标关系

法国高模量沥青路面设计规范标准,空隙率控制范围为 3% ~6%,考虑到桥面铺装层密水性能及现场压实条件,目标设计空隙率控制在≤3%。图 7-71 所示为 4.9% 沥青用量三个级配内部结构组成剖面,均为悬浮密实结构,相对而言 G2 较粗,G3 细集料含量最高,相对最密实;由表 7-68 可知,5.9% 沥青用量相对应各级配试验得到空隙率过低,最终确定性能试验验证沥青用量为 4.9%、5.2%、5.5%。

图 7-71　目标级配 G1、G2、G3 内部结构组成剖面

3. 混合料常规路用性能验证

相关研究已表明,马歇尔性能评价指标稳定度、流值与沥青混合料路用性能相关性较差;而法国 EME2 高模量沥青混凝土性能试验设备较昂贵、设计周期长。因此,对本节 20 号硬质沥青胶结料 HMAC0/10 设计三种级配（G1、G2、G3）的常规路用性能,依次采用 60℃ 高温车辙、-10℃ 低温小梁和冻融劈裂抗水损害试验进行验证,相应试验方法均参照我国《公路工程沥青及沥青混合料试验规程》(JTG E20—2011) 试验要求进行。

1) 高温车辙试验

按照车辙试验要求,利用室内轮碾仪对 G1、G2、G3 在三个不同沥青用量下分别成型后,进行 60℃ 车辙试验,试验结果如表 7-69 所示,所有试验试件动稳定度均远远超过我国规范中 ≥2800 次/mm 的技术要求,而且三种级配动稳定度值几乎不受沥青用量的影响,说明富裕系数 K 对该混合料抗车辙能力影响很小。

60℃高温车辙试验结果　　　　　表 7-69

级配类型	G1			G2			G3		
沥青用量(%)	4.9	5.2	5.5	4.9	5.2	5.5	4.9	5.2	5.5
动稳定度(次/mm)	均 >6000								

虽然 HMAC0/10 三种不同设计级配均为悬浮密实结构,但由于采用高模量的硬质沥青胶结料,混合料 60℃ 车辙试验动稳定度结果证实其仍具有不俗的高温抗永久变形能力;从车辙板变形来看,试验试件表面轮辙处均仅仅呈现微弱的轮痕,肉眼几乎无法看到变形,如图 7-72 所示。由此看来,高模量沥青混凝土抗车辙能力确实表现不俗,而我国现行施工技术规范要求显然已不适用来评价高模量沥青混凝土的高温性能,对其高温性能应该提出更高的要求。

图 7-72　5.2% 沥青用量下 G1、G2、G3 车辙板变形

2）小梁低温弯曲试验

按照我国小梁低温弯曲规范要求试验方法，对高模量沥青混凝土 HMAC0/10 三个级配类型混合料进行 -10℃ 弯曲试验，试验结果见表 7-70。

小梁低温弯曲试验结果　　　　　　　表 7-70

级配类型	G1			G2			G3		
沥青用量(%)	4.9	5.2	5.5	4.9	5.2	5.5	4.9	5.2	5.5
弯拉强度(MPa)	7.86	7.01	10.64	12.51	9.16	11.78	11.03	9.15	12.04
劲度模量(MPa)	4506	4808	6924	7474	4469	4982	5042	4680	3600
破坏应变($\mu\varepsilon$)	1790	1520	1536	1774	2071	2411	2586	1954	3361

按照我国沥青路面施工技术规范气候分区标准，以及课题组前期于青岛试验桥桥面及桥面板实测年最低温度值 -11.8℃ 知，山东青岛地区属于冬冷区，改性沥青混合料低温弯曲破坏应变($\mu\varepsilon$)技术要求不小于 2500。由表 7-70 所示 HMAC0/10 不同级配不同沥青用量下小梁破坏应变结果以及图 7-73 所示不同沥青用量下不同级配破坏应变趋势可知：

随沥青用量的提高，各级配破坏应变呈现增大趋势；同一沥青用量条件下，G3 级配混合料表现出较好的低温抗开裂能力；同时，由于试验小梁试件在切割过程中受到切割水平影响，容易出现缺棱掉料现象，以及混合料内部组成结构不均匀等因素，造成试验小梁试件弯曲破坏应变结果变异性较大。

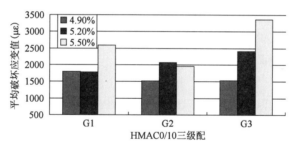

图 7-73　三级配不同沥青用量小梁破坏应变结果

G3 级配混合料沥青用量为 5.5% 时，小梁承受弯拉应变达到并超过规范技术要求；其次是 G1 级配、G2 级配相对最差；可见细集料含量相对较多的 G3 混合料，其内部结构组成较为均匀，一定程度上降低了小梁试件在切割过程中受到扰动因素的影响，试验结果较为理想。

高模量沥青混凝土 HMAC0/10 设计由于采用 20 号硬质沥青胶结料，其高温抗车辙能力已在本小节得到证实，通常来讲沥青混合料设计很难同时兼备优良的高、低温性能，但通过本节试验发现，悬浮密实细级配高模量沥青混凝土设计可弥补采用低标号硬质沥青胶结料带来的低温消极影响。

3）冻融劈裂抗水损害试验

沥青混合料在浸水条件下承受车辆动荷载作用时，会降低沥青胶结料与矿料之间的黏附力，造成混合料整体力学强度下降，久而久之会产生沥青膜从石料表面脱落（剥离）、沥青混合料掉粒、松散，继而形成沥青路面的坑槽、推挤变形等破坏现象。

我国现行检验沥青混合料抗水损害能力的评价方法——冻融劈裂试验,实际上是由美国 AASHTO T283 方法修正简化而来。对于评价指标,我国规范要求沥青混合料冻融前后劈裂强度比(TSR)不低于80%,即可表示具有较好的抗水损害能力;AASHTO T283 试验方法对试件浸水条件的饱水率提出55%~80%的要求。本节为验证 HMAC0/10 三级配 5.2% 沥青用量下抗水损害能力,冻融劈裂试验试件经冻融循环前后劈裂破坏强度及冻融劈裂强度比 TSR 试验结果如表7-71所示。

HMAC0/10 沥青混合料冻融劈裂试验结果　　　表7-71

级配类型	G1	G2	G3
空隙率(%)	3.8	6.6	4.3
吸水率(%)	2.78	5.01	3.29
饱水率(%)	72.81	73.07	74.73
浸水条件劈裂强度(MPa)	1.62	1.35	1.57
非浸水条件劈裂强度(MPa)	1.85	1.60	1.81
劈裂强度比 TSR(%)	87.71	84.39	86.77
规范要求 TSR(%)	≥80		

由表7-71可看出,5.2%沥青用量下,HMAC0/10 三级配劈裂强度比均≥80%,满足技术规范要求;三级配试验试件空隙率虽有不同,但试件饱水率相差不大,冻融劈裂强度比无明显差异,相对来讲细级配 G3 与中间级配 G1 混合料抗水损害能力相差不大,但均优于粗级配 G2。

4. 混合料动态模量特性

高模量沥青混凝土,顾名思义,其最首要的特点是模量高,而模量作为表征沥青混合料力学使用性能的一项重要指标、高等级沥青路面进行结构响应分析和厚度设计的基本力学性质参数,反映沥青混合料在温度荷载作用下的应力—应变关系;相关研究验证表明,模量较高的沥青混合料可有效降低荷载作用下产生的压、剪应变,具有较好的荷载传递扩散分布能力,从而减轻结构病害的产生。

关于沥青混凝土模量的表征有很多,法国高模量沥青混合料,指的是两点悬臂梯形弯曲梁试件,在其端部施加正弦波反复荷载加载试验获得的劲度复数模量,相应技术要求为15℃、10Hz 条件下,不低于14000MPa;而中国现行沥青路面设计规范模量值采用的是静态单轴压缩回弹模量,这与桥面沥青铺装层体系在车辆冲击荷载作用下实际表现的动态效应显然不符。

因此,本节参照 AASHTO TP-62 试验规程,应用 Superpave 简单性能试验机(SPT)展开对桥面铺装层高模量沥青混合料 HMAC0/10 三种不同级配的动态模量指标的力学性能研究;并利用灰关联理论分析级配组成对其力学性能产生的关联影响,进一步为高模量沥青混凝土级配设计提供参考依据。三级配动态模量随沥青用量、加载频率、温度的变化趋势如图7-74~图7-76所示。动态模量试验结果如下:

(1)由图7-74可知,相同温度及加载频率下,动态模量均随沥青用量的增大而降低;若在同等沥青用量条件下,动态模量值均表现为 G3 > G1 > G2,说明一定程度上级配组成对沥青混合料动态模量有影响。

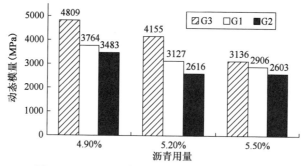

图 7-74　50℃、10Hz 条件下三级配动态模量试验结果

(2) 由图 7-75 可知,同一温度下,三级配动态模量均随加载频率的升高而增大,但增幅随着温度的增高而略有减缓。随着荷载频率的进一步增大,动态模量数值的增加速度明显减小,尤其在 0.1~5Hz 加载频率间混合料的动态模量迅速增加而后逐渐趋于平缓,说明沥青混合料的动态模量不会随着频率的增加而无限制地增大,这主要是由于加载频率逐渐增加的过程中,沥青混合料的黏性减弱,弹性增强,这是黏弹性材料最显著的特征。

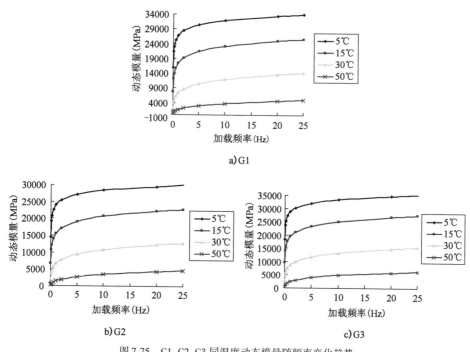

图 7-75　G1、G2、G3 同温度动态模量随频率变化趋势

(3) 由图 7-76 可知,同一加载频率下,三级配动态模量均随着温度的升高而逐渐降低,但温度上升30℃后,动态模量迅速下降,50℃、0.01Hz 时已经难以测量到模量值。这主要是由于加载频率一定时,随着沥青混合料温度的升高,沥青胶结料的劲度模量逐渐降低,蠕变速率增大;在应力作用下,回弹能力减弱,表现为动态模量的降低。说明在夏季高温重载车辆多、车辆行驶速度相对较慢时,沥青混合料接近于黏性行为,易产生车辙病害,不利于桥面变形的恢复,而这样的条件下仍具有较高模量的材料则具备抵抗永久变形的优良性能。

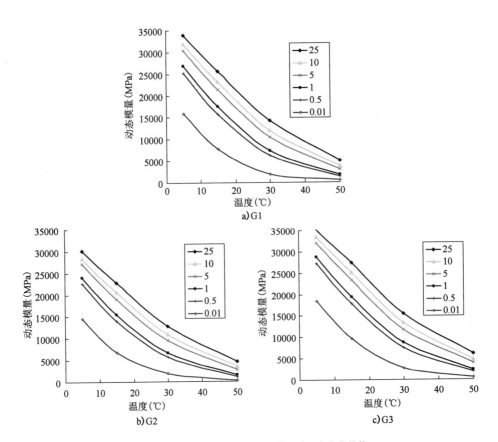

图 7-76 G1、G2、G3 同频率动态模量随温度变化趋势

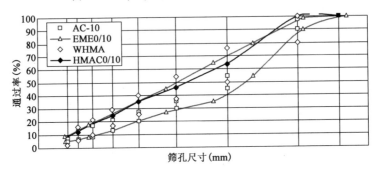

图 7-77 硬质沥青高模量沥青混凝土生产级配

生产配合比体积指标 表7-72

项目	试验段1	试验段2
富余系数 K	3.8	
沥青用量(%)	5.5	
空隙率(%)	3	3.3
VMA(%)	14.9	150
VFA(%)	80.1	78.2

5. 现场施工效果

经过现场生产配比调试最终确定的生产级配如图 7-77 所示,表 7-72 为生产配合比体积指标。

为了检测现场施工效果,在现场钻取直径 150mm 芯样进行室内汉堡试验,试验结果如表 7-73 所示,图 7-78 为汉堡试验曲线,图 7-79 为汉堡试验前后的芯样。

芯样汉堡试验结果　　　　　　　表 7-73

级配	胶结料类型	PG 等级	沥青用量(%)	20000 次碾压后变形 (mm)			有无拐点
HMAC0/10	复合改性硬质沥青	82-22	5.5	1.9	2.0	2.1	无

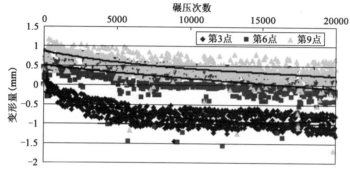

图 7-78　现场芯样汉堡试验曲线

图 7-79　现场芯样汉堡试验试样

附录 A　按编号排序的欧洲标准

按编号排序的欧洲标准汇总见附表 A-1。

附表 A-1　按编号排序的欧洲标准汇总表

欧标编号	标准名称
BS EN 932-1:1997	集料的一般性能的测定　第一部分:取样方法
BS EN 932-2:1999	集料的一般性能的测定　第二部分:减少实验室取样的方法
BS EN 932-3:1997	集料的一般性能的测定　第三部分:简化岩性描述的程序和术语
BS EN 932-5:2000	集料的一般性能的测定　第五部分:普通设备和标定
BS EN 932-6:1999	集料的一般性能的测定　第六部分:可重复性和再现性的定义
BS EN 933-1:1997	集料几何特性的测定　第一部分:颗粒尺寸分布的确定——筛分法
BS EN 933-2:1996	集料几何特性的测定　第二部分:颗粒尺寸分布的确定——测试筛和筛孔的名义尺寸
BS EN 933-3:1997	集料几何特性的测定　第三部分:颗粒形状的测定——片状指数
BS EN 933-4:2000	集料几何特性的测定　第四部分:颗粒形状的测定——形状指数
BS EN 933-5:1998	集料几何特性的测定　第五部分:粗集料颗粒表面破碎百分率测定
BS EN 933-6:2002	集料几何特性的测定　第六部分:集料的表面特征评估——集料的流动系数
BS EN 933-7:1998	集料几何特性的测定　第七部分:碎屑含量的测定——粗集料中碎屑的百分率
BS EN 933-8:1999	集料几何特性的测定　第八部分:细料的评定——砂当量试验
BS EN 933-9:1998	集料几何特性的测定　第九部分:细料评估——亚甲基蓝法
BS EN 933-9:1999	集料几何特性的测定　第九部分:细料评估——亚甲基蓝法
BS EN 933-10:2001	集料几何特性的测定　第十部分:细料的评价——填料分级(喷气筛)
BS EN 1097-1:1996	集料物理力学性能的测定　第一部分:耐磨性的测定(微狄法尔磨耗)
BS EN 1097-2:1998	集料物理力学性能的测定　第二部分:抗裂能力测定(洛杉矶法)
BS EN 1097-3:1998	集料物理力学性能的测定　第三部分:毛体积密度和空隙率的测定
BS EN 1097-4:1999	集料物理力学性能的测定　第四部分:干燥压实填料的孔隙率测定
BS EN 1097-5:1999	集料物理力学性能的测定　第五部分:用通风烘箱干燥法测定集料的含水量
BS EN 1097-6:2000	集料物理力学性能的测定　第六部分:颗粒密度和吸水性的测定
BS EN 1097-7:1999	集料物理力学性能的测定　第七部分:填料粒子密度的测定——比色计法
BS EN 1097-8:2000	集料物理力学性能的测定　第八部分:磨光值的测定
BS EN 1097-9:1998	集料物理力学性能的测定　第九部分:通过带钉饰的轮胎的磨损测定耐磨损性——Nordic 试验
BS EN 1097-10:2002	集料物理力学性能的测定　第十部分:吸水高度的测定
BS EN 1425:2000	石油和其产品的测定方法:沥青和沥青胶结料——外观特性描述
BS EN 1426:2007	沥青和沥青胶结料——针入度的测定

附录A　按编号排序的欧洲标准

续上表

欧 标 编 号	标 准 名 称
BS EN 1427：2007	沥青和沥青胶结料——软化点确定——环形和球形方法
BS EN 1428：2000	沥青和沥青胶结料——乳化沥青含水量的确定(沸点蒸馏法)
BS EN 1429：2000	沥青和沥青胶结料——乳化沥青筛分残留物的确定以及筛分能量稳定性
BS EN 1430：2000	沥青和沥青胶结料——乳化沥青颗粒偏光性的测定
BS EN 1431：2000	沥青和沥青胶结料——蒸馏法从乳化沥青中回收的胶结料和油馏分的测定
BS EN 12272-1：2002	表面处治——试验方法——胶结料和碎石摊铺的速度和准确性
BS EN 12272-2：2003	表面处治——试验方法——缺陷的外观评定
BS EN 12272-3：2003	表面处治——试验方法——用Vialit板冲击试验方法测定胶结料集料的黏附性
BS EN 12591：2000	沥青和沥青胶结料——铺装沥青等级规定
BS EN 12592：2007	沥青和沥青胶结料——溶解度测定
BS EN 12593：2007	沥青和沥青胶结料——弗拉斯脆点的测定
BS EN 12594：2007	沥青和沥青胶结料——试样准备
BS EN 12595：2007	沥青和沥青胶结料——恩氏黏度测定法
BS EN 12596：2007	沥青和沥青胶结料——通过真空毛细管测定动态黏度
BS EN 12597：2000	沥青和沥青胶结料——术语
BS EN 12606-2：2000	沥青和沥青胶结料——石蜡含量的测定　第二部分:萃取法
BS EN 12607-1：2007	沥青和沥青胶结料——热和空气影响下抗硬化性的测定　第一部分:RTFOT法
BS EN 12607-2：2007	沥青和沥青胶结料——热和空气影响下抗硬化性的测定　第二部分:TFOT法
BS EN 12607-3：2007	沥青和沥青胶结料——热和空气影响下抗硬化性的测定　第三部分:RFT法
BS EN 12697-1：2005	沥青混合料——热拌沥青混合料试验方法　第1部分:可溶胶结料含量
BS EN 12697-2：2002	沥青混合料——热拌沥青混合料试验方法　第2部分:粒径分布的测定
BS EN 12697-3：2005	沥青混合料——热拌沥青混合料试验方法　第3部分:沥青回收——旋转脱水器
BS EN 12697-4：2005	沥青混合料——热拌沥青混合料试验方法　第4部分:沥青回收——分馏塔
BS EN 12697-5：2002	沥青混合料——热拌沥青混合料试验方法　第5部分:最大密度确定
BS EN 12697-6：2003	沥青混合料——热拌沥青混合料试验方法　第6部分:沥青试件毛体积密度的确定
BS EN 12697-7：2002	沥青混合料——热拌沥青混合料试验方法　第7部分:通过伽马射线法确定沥青试件毛体积密度
BS EN 12697-8：2003	沥青混合料——热拌沥青混合料试验方法　第8部分:沥青试件真空特性确定
BS EN 12697-9：2002	沥青混合料——热拌沥青混合料试验方法　第9部分:相对密度确定
BS EN 12697-10：2002	沥青混合料——热拌沥青混合料试验方法　第10部分:击实
BS EN 12697-11：2005	沥青混合料——热拌沥青混合料试验方法　第11部分:集料及沥青关联性确定
BS EN 12697-12：2008	沥青混合料——热拌沥青混合料试验方法　第12部分:沥青试件水敏感性确定
BS EN 12697-13：2000	沥青混合料——热拌沥青混合料试验方法　第13部分:温度测量
BS EN 12697-14：2000	沥青混合料——热拌沥青混合料试验方法　第14部分:含水量
BS EN 12697-15：2003	沥青混合料——热拌沥青混合料试验方法　第15部分:离析敏感性的确定
BS EN 12697-16：2004	沥青混合料——热拌沥青混合料试验方法　第16部分:被带钉饰轮胎磨耗

续上表

欧标编号	标准名称
BS EN 12697-17：2004	沥青混合料——热拌沥青混合料试验方法　第17部分:多孔沥青试件粒料损失
BS EN 12697-18：2004	沥青混合料——热拌沥青混合料试验方法　第18部分:烧杯法
BS EN 12697-19：2004	沥青混合料——热拌沥青混合料试验方法　第19部分:试件渗透性
BS EN 12697-20：2003	沥青混合料——热拌沥青混合料试验方法　第20部分:使用立方体试件或马歇尔试件进行凹痕硬度试验
BS EN 12697-21：2003	沥青混合料——热拌沥青混合料试验方法　第21部分:使用平板试件进行凹痕硬度试验
BS EN 12697-22：2003	沥青混合料——热拌沥青混合料试验方法　第22部分:车辙试验
BS EN 12697-23：2003	沥青混合料——热拌沥青混合料试验方法　第23部分:沥青试件的间接拉伸强度
BS EN 12697-24：2004	沥青混合料——热拌沥青混合料试验方法　第24部分:抗疲劳能力
BS EN 12697-25：2005	沥青混合料——热拌沥青混合料试验方法　第25部分:圆环压缩试验
BS EN 12697-26：2004	沥青混合料——热拌沥青混合料试验方法　第26部分:硬度
BS EN 12697-27：2001	沥青混合料——热拌沥青混合料试验方法　第27部分:取样
BS EN12697-28：2001	沥青混合料——热拌沥青混合料试验方法　第28部分:测定胶结料含量和含水量的试件制作
BS EN 12697-29：2002	沥青混合料——热拌沥青混合料试验方法　第29部分:沥青试件尺寸的确定
BS EN 12697-30：2004	沥青混合料——热拌沥青混合料试验方法　第30部分:通过击实来成型试件
BS EN 12697-31：2007	沥青混合料——热拌沥青混合料试验方法　第31部分:旋转压实机制作试件
BS EN 12697-32：2003	沥青混合料——热拌沥青混合料试验方法　第32部分:振动压实机压实试验室沥青混合料
BS EN 12697-33：2003	沥青混合料——热拌沥青混合料试验方法　第33部分:滚筒压实机制作试件
BS EN 12697-34：2004	沥青混合料——热拌沥青混合料试验方法　第34部分:马歇尔试验
BS EN 12697-35：2004	沥青混合料——热拌沥青混合料试验方法　第35部分:试验室拌和
BS EN 12697-36：2003	沥青混合料——热拌沥青混合料试验方法　第36部分:沥青路面厚度测定
BS EN 12697-37：2003	沥青混合料——热拌沥青混合料试验方法　第37部分:热轧沥青碎片黏合剂黏性的热砂试验
BS EN 12697-38：2004	沥青混合料——热拌沥青混合料试验方法　第38部分:一般设备和校准
BS EN 12697-39：2004	沥青混合料——热拌沥青混合料试验方法　第39部分:燃烧测定黏合剂的组分
BS EN 12697-40：2005	沥青混合料——热拌沥青混合料试验方法　第40部分:就地排水能力
BS EN 12697-41：2005	沥青混合料——热拌沥青混合料试验方法　第41部分:抗冻性
BS EN 12697-42：2005	沥青混合料——热拌沥青混合料试验方法　第42部分:回收沥青中粗杂质含量
BS EN 12697-43：2005	沥青混合料——热拌沥青混合料试验方法　第43部分:耐燃性
BS EN 12846：2002	沥青和沥青胶结料——通过黏度计法测定乳化沥青的消散时间
BS EN 12847：2002	沥青和沥青胶结料——乳化沥青沉淀趋势确定
BS EN 12848：2002	沥青和沥青胶结料——添加有水泥的乳化沥青的拌和稳定性测定
BS EN 12849：2002	沥青和沥青胶结料——乳化沥青针入度确定
BS EN 13036-1：2002	道路和机场表面特征——试验方法——使用体积修补技术测量道路表面宏观结构深度

续上表

欧标编号	标 准 名 称
BS EN 13036-3:2003	道路和机场表面特征——试验方法——路面水平排水性的测量
BS EN 13036-4:2003	道路和机场表面特征——试验方法——表面耐滑性的测量方法——摆动法
BS EN 13036-6:2008	道路和机场表面特性——试验方法——在平坦和巨大表面(Megatexture)波长范围内测量横向和纵向剖面
BS EN 13036-7:2003	道路和机场表面特征——试验方法——路面层不平整性测量——直尺检验
BS EN 13036-8:2008	道路和机场表面特性——试验方法——横向不均匀指数的测定
BS EN 13043:2002	路面、机场道面及其他交通地区所用的沥青混合料集料及表面处治用集料
BS EN 13074:2002	沥青和沥青胶结料——用蒸发法从乳化沥青中回收胶结料
BS EN 13075-1:2002	沥青和沥青胶结料——断裂特性的测定　第1部分:通过矿物填充法确定阳离子乳化沥青断裂值
BS EN 13075-2:2002	沥青和沥青胶结料——断裂特性的测定　第2部分:阳离子乳化沥青精细混合时间的测定
BS EN 13108-1:2006	沥青混合料——材料规范　第一部分:沥青混凝土
BS EN 13108-2:2006	沥青混合料——材料规范　第二部分:超薄层沥青混凝土BBTM
BS EN 13108-3:2006	沥青混合料——材料规范　第三部分:软质沥青
BS EN 13108-4:2006	沥青混合料——材料规范　第四部分:热轧压沥青混凝土
BS EN 13108-5:2006	沥青混合料——材料规范　第五部分:沥青玛琦脂碎石混合料
BS EN 13108-6:2006	沥青混合料——材料规范　第六部分:沥青玛琦脂混合料
BS EN 13108-7:2006	沥青混合料——材料规范　第七部分:多孔沥青
BS EN 13108-8:2005	沥青混合料——材料规范　第八部分:再生沥青
BS EN 13108-20:2006	沥青混合料——材料规范　第二十部分:类型测试
BS EN 13108-21:2006	沥青混合料——材料规范　第二十一部分:工厂生产控制
BS EN 13179-1:2000	沥青混合料用填料试验　第一部分:三角环和球试验
BS EN 13179-2:2000	沥青混合料用填料试验　第二部分:沥青值
BS EN 13301:2003	石油及其产品的试验方法——沥青和沥青胶结料——沥青的染色趋势的测定
BS EN 13302:2003	石油及其产品的试验方法——沥青和沥青胶结料——用旋转主轴装置测定沥青黏度
BS EN 13303:2003	石油及其产品的试验方法——沥青和沥青胶结料——工业沥青加热后质量损失的测定
BS EN 13304:2003	沥青和沥青胶结料——氧化沥青规范框架
BS EN 13305:2003	沥青和沥青胶结料——硬质工业沥青规范框架
BS EN 13357:2002	沥青和沥青胶结料——溶于汽油和软制沥青制品流动时间的测定
BS EN 13358:2004	石油及其制品试验方法.BS 2000-525:沥青和沥青胶结料——石油稀释沥青制品的蒸馏特性测定
BS EN 13398:2003	沥青和沥青胶结料——改性沥青弹性恢复的测定
BS EN 13399:2003	石油及其制品的试验方法——沥青和沥青胶结料——改性沥青的储存稳定性的测定
BS EN 13587:2003	沥青和沥青胶结料——通过张拉测试测定沥青胶结料抗拉性
BS EN 13588:2004	沥青和沥青胶结料——沥青胶结料黏结力的测定(摆锤法)

续上表

欧标编号	标准名称
BS EN 13589:2008	沥青和沥青胶结料——用力延性法测定改性沥青抗拉性
BS EN 13614:2004	沥青和沥青胶结料——通过浸水法测定乳化沥青的黏附性——集料方法
BS EN 13702-1:2003	石油及其制品的试验方法——沥青和沥青胶结料——改性沥青动力黏性的测定 第一部分:锥板法
BS EN 13702-2:2003	石油及其制品的试验方法——沥青和沥青胶结料——改性沥青动力黏性的测定 第二部分:同轴圆桶法
BS EN 13703:2003	沥青和沥青胶结料——变形能的确定
BS EN 14023:2005	沥青和沥青胶结料——聚合物改性沥青规范框架
BS EN 14733:2005	沥青和沥青胶结料——乳化沥青、溶解沥青和低熔点沥青的工厂生产控制
BS EN 14895:2006	沥青和沥青胶结料——乳化沥青、溶解沥青和低熔点沥青中胶结料的稳定性
BS EN 14896:2006	沥青和沥青胶结料——乳化沥青、溶解沥青和低熔点沥青胶结料动态黏度测定——旋转阀针黏度计法
BS EN 15326:2007	沥青和沥青胶结料——密度和比重的测定——毛细管——阻断比重瓶方法
BS EN ISO 13473-1:2004	通过使用表面断面来确定路面纹理特性——平均断面深度的确定
DIN EN 14769:2006	沥青和沥青胶结料——通过压力老化炉加速长时间老化的条件
DIN EN 14770:2006	石油及其产品的试验方法——沥青和沥青胶结料——复合剪切模量和相位角的测定——动态剪切流变仪(DSR)
DIN EN 14771:2005	弯曲蠕变模量的确定——弯曲梁流变仪(BBR)
EN 12850—2002	石油及其制品试验方法——沥青和沥青胶结料——沥青乳化液的pH值的测定
EN 13924:2006	沥青和沥青胶结料——硬质铺面等级沥青规范
NF EN 933-10:2002	集料几何特性的试验 第10部分:对细料的评估——填料的等级——(鼓风筛)
NF EN 1097-4:2000	集料物理和力学特性的测定 第4部分:干压填料孔隙率的测定
NF EN 1097-7:1999	集料物理和力学特性的测定 第7部分:填料颗粒密度测定——比重瓶法
NF EN 1426:2007	沥青和沥青胶结料——针入度测定
NF EN 1427:2000	沥青和沥青胶结料——软化点的测定——环球法
NF EN 1428:1999	沥青和沥青胶结料——乳化沥青的含水量测定——共沸蒸馏法
NF EN 1429:1999	沥青和沥青胶结料——乳化沥青残渣物和储存稳定性的测定
NF EN 1430:1999	沥青和沥青胶结料——乳化沥青粒子极性的测定
NF EN 1431:1999	沥青和沥青胶结料——蒸馏法回收乳化沥青中的胶结料和油分
NF EN 1744-1:1998	集料化学性质的测定 第一部分:化学分析
NF EN 12274-3:2003	冷铺沥青材料——试验方法 第三部分:坚固性
NF EN 12274-4:2003	冷铺沥青材料——试验方法 第四部分:测定混合物黏结力
NF EN 12591:1999	沥青和沥青胶结料——铺路沥青规范
NF EN 12592:2007	沥青和沥青胶结料——溶解度测定
NF EN 12593:2007	沥青和沥青胶结料——弗拉斯脆点的测定

附录A 按编号排序的欧洲标准

续上表

欧标编号	标准名称
NF EN 12595:1999	沥青和沥青胶结料——运动黏度测定
NF EN 12596:1999	沥青和沥青胶结料——真空毛细管黏度计测定动力黏度
NF EN 12606-1:2000	沥青和沥青胶结料——蜡含量测定 第一部分:蒸馏法
NF EN 12606-2:2000	沥青和沥青胶结料——蜡含量测定 第二部分:萃取法
NF EN 12607-1:2007	沥青和沥青胶结料——在热和空气的影响下抗硬化性的测定 第一部分:RTFOT法
NF EN 12607-2:2007	沥青和沥青胶结料——在热和空气的影响下抗硬化性的测定 第二部分:TFOT法
NF EN 12607-3:2007	沥青和沥青胶结料——在热和空气的影响下抗硬化性的测定 第三部分:RFT法
NF EN 12697-1:2006	沥青混合料——热拌沥青混合料试验方法 第1部分:可溶胶结料含量
NF EN 12697-2:2003	沥青混合料——热拌沥青混合料试验方法 第2部分:粒径分布的测定
NF EN 12697-3:2001	沥青混合料——热拌沥青混合料试验方法 第3部分:沥青回收 旋转脱水器
NF EN 12697-4:2001	沥青混合料——热拌沥青混合料试验方法 第4部分:沥青回收 分馏塔
NF EN 12697-5:2003	沥青混合料——热拌沥青混合料试验方法 第5部分:最大密度的确定
NF EN 12697-6:2003	沥青混合料——热拌沥青混合料试验方法 第6部分:沥青试件毛体积密度的确定
NF EN 12697-8:2003	沥青混合料——热拌沥青混合料试验方法 第8部分:沥青试件真空特性的确定
NF EN 12697-24 + A1:2007	沥青混合料——热拌沥青混合料试验方法 第24部分:抗疲劳能力
NF EN 12697-27:2002	沥青混合料——热拌沥青混合料试验方法 第27部分:取样
NF EN 12697-33:2004	沥青混合料——热拌沥青混合料试验方法 第33部分:滚筒压实机制作试件
NF EN 12697-33 + A1:2007	沥青混合料——热拌沥青混合料试验方法 第33部分:滚筒压实机制作试件
NF EN 12697-39:2005	沥青混合料——热拌沥青混合料试验方法 第39部分:燃烧测定黏合剂的组分
NF EN 12846:2002	沥青和沥青胶结料——用黏度计法测定乳化沥青的流出时间
NF EN 12847:2002	沥青和沥青胶结料——乳化沥青沉淀趋势的测定
NF EN 12848:2002	沥青和沥青胶结料——掺有水泥的乳化沥青混合稳定性的测定
NF EN 12849:2002	沥青和沥青胶结料——乳化沥青渗透力的测定
NF EN 12850:2002	沥青和沥青胶结料——乳化沥青pH值的测定
NF EN 13074:2002	沥青和沥青胶结料——用蒸发法从乳化沥青中回收胶结料
NF EN 13075-1:2002	沥青和沥青胶结料——断裂特性的测定 第1部分:通过矿物填充法确定阳离子乳化沥青断裂值
NF EN 13075-2:2002	沥青和沥青胶结料——断裂特性的测定 第2部分:阳离子乳化沥青精细混合时间的测定
NF EN 13108-2:2006	沥青混合料——材料规范 第二部分:超薄层沥青混凝土BBTM
NF EN 13108-7:2006	沥青混合料——材料规范 第七部分:多孔沥青
NF EN 13108-8:2006	沥青混合料——材料规范 第八部分:再生沥青
NF EN 13108-20:2006	沥青混合料——材料规范 第二十部分:类型测试
NF EN 13108-21:2006	沥青混合料——材料规范 第二十一部分:工厂生产控制
NF EN 13357:2003	沥青和沥青胶结料——溶于汽油和软制沥青制品流动时间的测定
NF EN 13587:2004	沥青和沥青胶结料——通过张拉测试测定沥青胶结料抗拉性
NF EN 13588:2004	沥青和沥青胶结料——沥青胶结料黏结力的测定(摆锤法)

续上表

欧 标 编 号	标 准 名 称
NF EN 13589:2004	沥青和沥青胶结料——用测力延度测定改性沥青的抗拉性能
NF EN 13703:2004	沥青和沥青胶结料——变形能的确定
NF EN 13808:2005	沥青和沥青胶结料——阳离子乳化沥青规范框架
NF EN 14023:2006	沥青和沥青胶结料——聚合物改性沥青规范框架
NF EN ISO 2592:2001	闪点和燃点的测定——克利夫兰开口杯法

附录 B 按编号排序的法国标准

按编号排序的法国标准汇总见附表 B-1。

按编号排序的法国标准汇总表　　　　　　　　　　　　　　　附表 B-1

欧 标 编 号	标 准 名 称
NF P 18-550：1982	集料精密度和试验方法
NF P 18-552：1990	集料——材料在运输过程中的采样
NF P 18-553：1990	集料——测试样本的制作
NF P 18-554：1990	集料——细砂与砾石的密度、孔隙度、吸收系数及含水量测定
NF P 18-555：1990	集料——细集料密度、吸收率与含水量测定
NF P 18-556：1990	集料的连续性指数
NF P 18-557：1990	集料成分分析
NF P 18-558：1990	集料——细集料绝对密度的确定
NF P 18-559：1992	集料——砂与砾石在石蜡油中的密度测量
NF P 18-560：1990	集料——筛分级配分析
NF P 18-561：1990	集料——片状指数的测定
NF P 18-562：1990	集料——粗砂平均厚度的测定
NF P 18-564：1990	集料——砂子流动时间的测定
NF P 18-565：1990	集料——Rigden 真空指数的测定
NF P 18-571：1990	集料——集料均匀性的测定
NF P 18-572：1990	集料——狄法尔磨耗试验
NF P 18-573：1990	集料——洛杉矶磨耗试验
NF P 18-574：1990	集料——冲击破碎试验
NF P 18-575：1990	集料——细集料加速磨光值的测定
NF P 18-576：1990	集料——细集料压碎系数的测定
NF P 18-577：1990	集料——狄法尔试验
NF P 18-578：1990	集料——用摩擦摆锤测定表面粗糙度
NF P 18-591：1990	集料——表面洁净度测定
NF P 18-592：1990	集料——亚甲蓝试验——滴液法
NF P 18-593：1990	集料——抗冻敏感性
NF P 18-595：1990	集料——亚甲蓝值——用浊度计测定
NF P 18-597：1990	集料——细集料洁净度的测定：砂子相当于 10% 填料
NF P 18-598：1991	集料——砂当量

续上表

欧标编号	标准名称
NF P 98-130：1990	沥青混合料——磨耗层及基层:厚层沥青混凝土—定义—等级划分—特性—制作—铺筑
NF P 98-130：1999	沥青混合料——磨耗层及基层:厚层沥青混凝土—定义—等级划分—特性—制作—铺筑
NF P 98-131：1992	沥青混合料——机场道面用沥青混凝土—制作—分类—特性—定义—铺设
NF P 98-131：1999	沥青混合料——机场道面用沥青混凝土—制作—分类—特性—定义—铺设
NF P 98-132：2000	沥青混合料——磨耗层和基层:薄层沥青混凝土—定义—等级划分—特性—制作—铺筑
NF P 98-132：1994	沥青混合料——磨耗层和基层:薄层沥青混凝土—定义—等级划分—特性—制作—铺筑
NF P 98-133：1991	沥青混合料——罩面碎石沥青混凝土—定义—等级划分—特性—制作—铺筑
NF P 98-134：2000	沥青混合料——磨耗层:透水沥青混凝土—定义—分类—特点—生产—应用
NF P 98-136：1991	沥青混合料——轻交通柔性路面沥青混凝土—定义—分类—制作—特点—铺筑
NF P 98-138：1992	沥青混合料——基层:基层沥青混凝土—定义—分级—特性—生产—应用
NF P 98-138：1999	沥青混合料——基层:基层沥青混凝土—定义—分级—特性—生产—应用
NF P 98-139：1994	沥青混合料——磨耗层:冷沥青混凝土—定义—等级—特性—生产—施工
NF P 98-140：1999	沥青混合料——道路基层:基层高模量沥青混凝土—定义—等级—特性—生产—施工
NF P 98-141：1993	沥青混合料——表层和联结层:高模量沥青混凝土—定义—分类—特性—生产—施工
NF P 98-141：1999	沥青混合料——磨耗层和基层:高模量沥青混凝土—定义—分类—特性—生产—施工
NF P 98-145：1992	沥青混合料——用于人行道和路面磨耗层的玛碲脂沥青—定义—等级—特性—生产—施工
NF P 98-149：2000	沥青混合料——术语:混合料的成分和组成—执行—产品—技术和过程
NF P 98-150：1992	沥青混合料——基层、联结层和表层—混合成分含量—性能检测
NF P 98-160：1994	磨耗层——表面修整规范
NF P 98-200-1：1991	路面相关试验——负载行驶造成的弯沉测量 第1部分:定义、测量方法、特性值(中文)
NF P 98-200-2：1992	路面相关试验——对轮式(汽车)荷载所引起的路面弯沉值的测量第2部分:用改进的贝克曼梁对变形和弯曲部位半径的测定
NF P 98-203-1：1997	路面相关试验——路面变形测量 第1部分:椭圆形试验
NF P 98-216-2：1994	路面相关试验——结构测量 第2部分:非接触式测量方法
NF P 98-217-1：1995	路面试验——宏观结构测定 第1部分:表面排水能力测定
NF P 98-218-1：1992	路面相关试验——平整度检测 第1部分:使用3米直尺测量
NF P 98-218-2：1992	路面相关试验——平整度检测 第2部分:使用3米卷直尺测量
NF P 98-218-3：1995	路面相关试验——平整度检测 第3部分:根据轮廓仪的计算数据确定纵向平整度指数
NF P 98-219-1：1998	路面试验——横向平整度相关试验 第1部分:道路断面轮廓的测定——定义和分类
NF P 98-219-4：1996	路面试验——平整度试验 第4部分:断面连续静态测量
NF P 98-219-5：1996	路面试验——平整度试验 第5部分:通过移动1.50m直尺确定变形等级
NF P 98-220-4：1996	路面试验——抗滑性试验 第4部分:用SCRIM设备测定横向摩擦系数的方法
NF P 98-250-1：1992	路面相关试验——沥青混合料的准备 第1部分:试验室沥青胶结料的拌和
NF P 98-250-2：1997	路面相关试验——沥青混合料的准备 第2部分:平板压实
NF P 98-250-3：1992	路面相关试验——沥青混合料的准备 第3部分:取自于板层的样品

续上表

欧标编号	标准名称
NF P 98-250-5：1993	路面相关试验——沥青混合料的制备 第5部分:使用密度计在实验室测定密度
NF P 98-251-1：2002	路面相关试验——沥青混合料静态试验 第1部分:热拌沥青混合料的DURIEZ试验
NF P 98-251-2：1992	路面相关试验——沥青混合料的静态试验 第2部分:马歇尔试验
NF P 98-251-3：1994	路面相关试验——沥青混合料的静态试验 第3部分:哈费氏(HUBBARD FIELD)稳定性试验
NF P 98-251-4：2004	路面相关试验——沥青混合料的静态试验 第4部分:冷拌沥青混合料种乳化沥青改良过的Duriez试验
NF P 98-252：1993	路面相关试验——压实状态下沥青混合料反应的测定——利用旋转剪切力进行压实试验
NF P 98-253-1：1991	路面相关试验——沥青混合料永久变形 第1部分:车辙试验
NF P 98-253-1：1993	路面相关试验——沥青混合料永久变形 第1部分:车辙试验
NF P 98-254-2：1993	路面相关试验——透水层的表面排水性能 胶结料的连接孔隙率的测定
NF P 98-260-1：1992	路面相关试验——沥青混合料的流变特性测定 第1部分:确定模数及非直线行为下的张力测试
NF P 98-260-2：1992	路面相关试验——沥青混合料的流变特性测定 第2部分:力学挠度的测定
NF P 98-261-1：1993	路面相关试验——水凝混合剂抗疲劳的测定 第1部分:通过恒定测杆的改变温度来试验
NF P 98-274-1：1994	路面相关试验——表面修整特性 第1部分:Anhydric Liants的Vialit Adhesiveness试验
NF P 98-275-1：1992	路面相关试验——喷洒胶结料的确定 第1部分:喷洒量和横向同质性平均值的确定
NF P 98-276-1：1992	路面相关试验——集料破碎率的测定 第1部分:Test with the Rate Box
NF P 98-276-2：1994	路面相关试验——集料破碎率的测定 第2部分:横向规律性的测定
NF T 65-000：2003	碳氢混合物说明和分级
NF T 65-001：1992	沥青和沥青胶结料——铺路沥青规范
NF T 66-002：1984	沥青针入度试验
NF T 66-003：1970	液体沥青和稀释沥青的蒸馏
NF T 66-033：1991	玛琋脂沥青试验——和易性(工作度)系数的测定——Bernard-brunel试验
XP P 18-540：1997	集料——定义、相符性、规格
XP P 18-563：1997	集料——细砾料的流动时间测定
XP P 98-135：2001	道路沥青——厂拌热再生沥青集料特性说明
XP P 98-137：2001	沥青混合料——路面层:薄层沥青混凝土—定义—等级—特性—制作—使用
XP P 98-277-1：1997	路面相关试验——表面修整特性 第1部分:表面缺陷的目测法
NF P 98-818-1-2006	沥青混合料——热拌沥青混合料试验方法 第1部分:可溶胶结料含量

附录 C 按编号排序的美国标准

按编号排序的美国标准汇总见附表 C-1。

按编号排序的美国标准汇总表　　　　　　附表 C-1

美标编号	标准名称
M320-03	沥青胶结料性能分级标准规范
M323-04	Superpave 混合料体积设计标准规范
MP1a-0.4	沥青胶结料性能分级标准规范
MP8-04	沥青玛蹄脂碎石混合料(SMA)设计标准规范
R15-00	沥青添加剂和改性剂推荐标准实践
R18-04	建筑材料试验室建立和推行质量体系的建议标准实践
R26-01	沥青胶结料性能分级供应商认证标准实践
R28-02	用压力老化容器(PAV)加速沥青胶结料老化的标准实践
R29-02	沥青胶结料性能等级的分级和验证标准实践
R30-02	热拌沥青混合料的混合条件标准实践
R35-04	热拌沥青混合料(HMA)的 Superpave 体积设计标准实践
PP41-02	碎石沥青玛蹄脂(SMA)设计标准规范
PP42-02	测定沥青胶结料低温性能等级(PG)标准实践
PP47-02	Superpave 混合料设计和现场管理中不同 Superpave 旋转压实仪评价暂行标准实践
PP48-03	Superpave 旋转压实机内部旋转角评价标准实践
PP52-05	制定热拌沥青混合料质量控制计划
T283-03	压实沥青混合料抵抗水损害阻力标准试验方法
T302-04	聚合物改性沥青及改性乳化沥青中聚合物含量的测定
T304-96	测定松散未压实细集料空隙率标准试验方法
T307-99	确定土和碎石材料回弹模量的标准试验方法
T308-04	用燃烧法测定热拌沥青混合料(HMA)中的沥青胶结料含量标准试验方法
T312-04	用 Superpave 旋转压实机压实制备和测定热拌沥青混合料(HMA)试件和密度标准试验方法
T313-04	用弯曲梁流变仪测量沥青胶结料的弯曲蠕变劲度的标准试验方法
T314-02	直接拉伸(DT)测定沥青胶结料断裂性质标准测试方法
T315-04	用动态剪切流变仪测量沥青胶结料的流变性质(DSR)标准试验方法
T316-04	用旋转黏度计测定沥青胶结料黏度标准试验方法
T317-04	预估沥青混凝土面层温度的标准试验方法
T320-03	采用 Superpave 剪切试验机(SST)测定沥青混合料永久剪切应变和劲度标准试验方法

附录C 按编号排序的美国标准

续上表

美 标 编 号	标 准 名 称
T321-03	用重复弯曲加载确定压实的热拌沥青混合料(HMA)疲劳寿命标准试验方法
T322-03	用间接拉伸试验设备确定热拌沥青的蠕变柔量和强度标准试验方法
T324-04	热拌沥青混合料试件汉堡车辙标准试验方法
TP58-02	用微狄法尔磨耗试验机测定粗集料磨耗阻力暂行标准试验方法
TP62-03	确定热拌沥青混合料动态模量的暂标准试验方法
TP63-03	沥青路面分析仪(APA)车辙试验标准试验方法
TP68-04	用电子表面接触仪测沥青混凝土现场密度暂行标准试验方法
TP69-04	用自动真空密封方法测压实沥青混合料毛体积密度暂行标准试验方法

参 考 文 献

[1] SETRA-LCPC. French design manual for pavement structure[M]. SETRA-LCPC, France, 1997.
[2] SETRA-LCPC. Conception et Aménagement des structures de chaussée[M]. SETRA-LCPC, France, 1994.
[3] SETRA-LCPC. Reseau routier national Cataloque des Structures Type de Chaussées Neuves[M]. SETRA-LCPC, France, 2003.
[4] SETRA-LCPC. Construction des chaussees neuves sur le reseau routier national-guide technique Specifications des variants[M]. SETRA-LCPC, France, 2003.
[5] LCPC LPC Bituminous Mixtures Design Guide, CEN Bituminous Mixture Specification for hot mixture asphalt.
[6] CEN Bitumious Mixture Test methods for hot mixture asphalt.
[7] AASHTO Materials Specification, Sampling and test Methods 2010.
[8] AASHTO. The AASHTO Mechanistic-Empirical Pavement Design Guide[M]. Interim Edition: Manual of Practice, 2008.
[9] AASHTO. AASHTO Guide for Design of Pavement Structure[M]. AASHTO, Washington, D. C, 1993.
[10] Highway Agency Design Manual for Road and Bridges (DMRB) VOL. 7: Pavement Design and Maintenance. Stationery Office Ltd, UK. 2007.
[11] 贾渝. Superpave 混合料设计方法最新进展[J]. 道路科技信息, 2001(4): 2-4.
[12] 贾渝, 关永胜. Superpave 沥青胶结料性能规范的最新进展[J]. 石油沥青, 2008(8).
[13] LPC Bituminous Mixtures Design Guide, CEN Bituminous Mixture Specification for hot mixture asphalt, 2007, 9.
[14] French Design Manual for Pavement Structures, 1997, 5.
[15] Superpave Volumetric Design for Hot Mix Asphalt (HMA), AASHTO R35-09.
[16] AASHTO Guide for Design of Pavement Structures(1993).
[17] Mechanistic-Empirical Pavement Design Guide, A Manual of Practice, interim edition, 2008, 7.
[18] 中华人民共和国行业标准. JTG E42—2005 公路工程集料试验规程[S]. 北京: 人民交通出版社, 2005.
[19] 中华人民共和国行业标准. JTJ 052—2000 公路工程沥青及沥青混合料试验规程[S]. 北京: 人民交通出版社, 2000.
[20] 中华人民共和国行业标准. JTG F40—2004 公路沥青路面施工技术规范[S]. 北京: 人民交通出版社, 2004.
[21] 中华人民共和国行业标准. JTG D50—2006 公路沥青路面设计规范[S]. 北京: 人民交通出版社, 2006.
[22] EN 12591 2009. Bitumen and bituminous binders-Specifications for paving grade bitumens[S].

[23] EN 12597 2000. Bitumen and bituminous binders-Terminology[S].

[24] EN 12591 1999. Bitumen and bituminous binders-Specifications for paving grade bitumens[S].

[25] AASHTO M20-70 (2004). Standard Specification for Penetration-Graded Asphalt Cement[S].

[26] AASHTO M226-80 (2008). Standard Specification for Viscosity-Graded Asphalt Cement[S].

[27] AASHTO M320-10. Standard Specification for Performance-Graded Asphalt Binder[S].

[28] 陈平. 我国沥青指标的试验评价及附加指标的研究[D]. 南京：东南大学，2005.

[29] 高建立. 沥青指标的分析与评价及新指标的研究[D]. 南京：东南大学，2005.

[30] 沥青胶结料路用性能关键指标研究[R]. 江苏省高速公路建设指挥部, 江苏省交通科学研究院, 2006, 5.

[31] EN 1426 2007. Bitumen and bituminous binders-Determination of needle penetration[S].

[32] EN 1427 2007. Bitumen and bituminous binders-Determination of the softening point-Ring and Ball method[S].

[33] EN 12607-2 2007. Bitumen and bituminous binders- Determination of the resistance to hardening under the influence of heat and air- Part 2：TFOT Method[S].

[34] EN 12607-1 2007. Bitumen and bituminous binders-Determination of the resistance to hardening under the influence of heat and air-Part 1：RTFOT method[S].

[35] EN 14769 2005. Bitumen and bituminous binders-Accelerated long-term ageing conditioning by a Pressure Ageing Vessel (PAV)[S].

[36] EN 12592 2007. Bitumen and bituminous binders-Determination of solubility[S].

[37] EN 12606-1 2007. Bitumen and bituminous binders-Determination of the paraffin wax content-Part 1：Method by distillation[S].

[38] EN 12593 2007. Bitumen and bituminous binders-Determination of the Fraass breaking point[S].

[39] EN 15326 2007. Bitumen and bituminous binders-Measurement of density and specific gravity-Capillary-stopped pyknometer method[S].

[40] EN 12596 2007. Bitumen and bituminous binders-Determination of dynamic viscosity by vacuum capillary[S].

[41] EN 12595 2007. Bitumen and bituminous binders-Determination of kinematic viscosity[S].

[42] EN 14770 2005. Bitumen and bituminous binders-Determination of complex shear modulus and phase angle-Dynamic Shear Rheometer (DSR)[S].

[43] EN 14771 2005. Bitumen and bituminous binders Determination of the flexural creep stiffness-Bending Beam Rheometer (BBR)[S].

[44] EN 13587 2003. Methods of test for petroleum and its products-BS 2000-519：Bitumen and bituminous binders - Determination of the tensile properties of bituminous binders by the tensile test method[S].

[45] AASHTO T49-07 (ASTM D5-06e1). Standard Method of Test for Penetration of Bituminous

Materials[S].

[46] AASHTO T53-09 (ASTM D36-06). Standard Method of Test for Softening Point of Bitumen (Ring - and - Ball Apparatus)[S].

[47] AASHTO T51-09 (ASTM D113-07). Standard Method of Test for Ductility of Asphalt Materials[S].

[48] AASHTO T179-05 (ASTM D1754-97). Standard Method of Test for Effect of Heat and Air on Asphalt Materials (Thin-Film Oven Test)[S].

[49] AASHTO T240-09 (ASTM D2872-04). Standard Method of Test for Effect of Heat and Air on a Moving Film of Asphalt Binder (Rolling Thin-Film Oven Test)[S].

[50] AASHTO R28-09. Standard Practice for Accelerated Aging of Asphalt Binder Using a Pressurized Aging Vessel (PAV)[S].

[51] ASTM D6521 2008. Standard Practice for Accelerated Aging of Asphalt Binder Using a Pressurized Aging Vessel (PAV)[S].

[52] AASHTO T 48-06. (ASTM D92-05a). Standard Method of Test for Flash and Fire Points by Cleveland Open Cup[S].

[53] AASHTO T44-03 (2007)(ASTM D2042-01). Standard Method of Test for Solubility of Bituminous Materials[S].

[54] AASHTO T228-09 (ASTM D70-08). Standard Method of Test for Specific Gravity of Semi-Solid Asphalt Materials[S].

[55] AASHTO T202-09 (ASTM D2171-07). Standard Method of Test for Viscosity of Asphalts by Vacuum Capillary Viscometer[S].

[56] AASHTO T201-09 (ASTM D2170-07). Standard Method of Test for Kinematic Viscosity of Asphalts (Bitumens)[S].

[57] AASHTO T315-09. Standard Method of Test for Determining the Rheological Properties of Asphalt Binder Using a Dynamic Shera Rheometer (DSR)[S].

[58] AASHTO T313-09. Standard Method of Test for Determining the Flexural Creep Stiffness of Asphalt Binder Using the Bending Beam Rheometer (BBR)[S].

[59] AASHTO T314-07. Standard Method of Test for Determining the Fracture Properties of Asphalt Binder in Direct Tension (DT)[S].

[60] 中华人民共和国石油化工行业标准. SH/T 0774—2005 沥青加速老化试验法(PAV法)[S]. 北京:石油化工出版社,2006.

[61] 中华人民共和国石油化工行业标准. SH/T 0775—2005 沥青弯曲蠕变劲度测定法(BBR法)[S]. 北京:石油化工出版社,2006.

[62] 中华人民共和国石油化工行业标准. SH/T 0776—2005 沥青断裂性能测定法(DT法)[S]. 北京:石油化工出版社,2006.

[63] 中华人民共和国石油化工行业标准. SH/T 0777—2005 沥青流变性质测定法(DSR法)[S]. 北京:石油化工出版社,2006.

[64] EN 13399 2003. Methods of test for petroleum and its products-BS 2000-517:Bitumen and

bituminous binders-Determination of storage stability of modified bitumen[S].

[65] EN 13398 2003. Methods of test for petroleum and its products- BS 2000-516：Bitumen and bituminous binders-Determination of the elastic recovery of modified bitumen[S].

[66] ASTM D 5976-2000. Standard Specification for Type Ⅰ Polymer Modified Asphalt Cement for Use in Pavement Construction[S].

[67] ASTM D 5841-2000. Standard Specification for Type Ⅲ Polymer Modified Asphalt Cement for Use in Pavement Construction[S].

[68] ASTM D5801 1995. Standard Test Method for Toughness and Tenacity of Bituminous Materials [S].

[69] AASHTO T301-08. Standard Method of Test for Elastic Recovery Test of Asphalt Materials by Means of a Ductilometer[S].

[70] LPC Bituminous Mixtures Design Guide[S].

[71] The use of standards for hot mixes[S].法国道路工程协会.

[72] 热拌沥青混合料路面混合料类型选用指南[S].美国沥青路面协会和联邦公路管理局,2001.

[73] G. A. Huber,W. Pine,J. F. Corté,et al. The Effect of Mix Design Technology on the Characteristics of Asphalt Pavements[A].

[74] "Superpave 沥青混合料设计(SP-2)"2001 年版[S].美国沥青协会,江苏省交通科学研究院译.

[75] Thomas Harman, John R. Bukowski, Francis Moutier. Gerald Huber and Robert McGennis. The History and Future Challenges of Gyratory Compaction 1939 to 2001[R].2001.

[76] G. W. Maupin,Jr. Comparison of several asphalt design methods[R]. Virginia Transportation Research Council.

[77] 汪海涛.沥青混合料微细观结构及其数值仿真研究[D].西安:长安大学,2007.

[78] EN 12697-12. Bituminous mixtures-Test methods for hot mix asphalt—Part 12：Determination of the water sensitivity of bituminous specimens[S].

[79] NF P 98-251-1. Essais statiques sur mélanges hydrocarbonés, Part 1：essai DURIEZ sur mélanges hydrocarbonés à chaud[S].

[80] AASHTO T 324-04. Hamburg Wheel-Track Testing of Compacted Hot Mix Asphalt (HMA) [S].

[81] AASHTO T283-07. Resistance of Compacted Hot Mix Asphalt (HMA) to Moisture-Induced Damage[S].

[82] 丁小军,柴福斌,李刚,等.高模量沥青混合料在阿尔及利亚东西高速公路的应用[J].中外公路,2009(4).